JN437188

개정3판

물류관리론

LOGISTICS MANAGEMENT

장 성 기 저

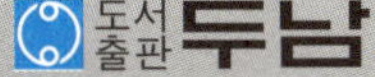

머리말 / 개정3판

물류라는 용어가 우리에게 널리 알려진 것은 1980년대 이후로 비교적 짧은 역사를 가지고 있으나 물류환경은 급변하여 기업의 물류에 대한 인식은 크게 바뀌게 되었다. 과거 수송이나 하역 등의 제한된 부문을 대상으로 한 대량생산·대량판매에 적합한 대량유통의 효율화를 지원하는 물적유통이 중심이었다면 현재는 고객중심의 물류시스템이라고 할 수 있는 다품종소량생산시대에 적합한 로지스틱스의 개념이 일반화되면서 물류서비스의 고도화와 물류비의 절감이 동시에 중시되면서 물류효율화가 주요 경영과제로 대두하게 되었다.

최근에는 전사적인 관점에서 물류의 전체적 흐름을 전략적으로 효율화하려는 목적으로 공급사슬관리라는 개념으로 발전되고 있다. 즉 공급사슬 내의 모든 구성원을 하나의 사슬로 연결하여 물류의 효율화를 도모한다는 것이다. 기업 내부의 물류 프로세스를 아무리 효율화한다 하더라도 기업이 필요로 하는 자재의 수입 프로세스가 효율화 되어 있지 않다면 결과적으로 재화의 창출속도가 늦어지게 되고, 이는 신속한 납품을 필요로 하는 고객의 욕구를 충족시키지 못하게 될 것이기 때문이다. 따라서 경쟁력 혁신을 위한 물류의 개념은 재화와 정보의 공급사슬로 연결된 전체 집단의 물류 프로세스를 효율화하는 개념, 즉 공급사슬관리에 초점을 맞추어야 할 것이다.

따라서 이와 같은 물류관리에 대한 개념을 명확히 이해하고 전체 공급사슬 속에서 각 구성원의 역할을 재조명하며 전체 공급사슬의 효과성과 효율성을 추구하는 것이 바람직하다 할 것이다. 이를 위해 본서는 공급사슬이라는 전체 틀 속에서 물류관리를 조명하려고 노력하였다.

이 책은 14장으로 구성되어 물류관리의 기본적 주제들과 핵심 내용을 본문에서 다루고, 주제에 맞추어 국내외 기업들의 사례를 소개하여 독자들의 이해를 높이고자 하였다. 가능한 대학이나 대학원에서 한 학기 동안에 처음부터 끝까지 수업할 수 있는 분량으로 정리하였다. 이 책이 물류관리 관련한 학생들과 실무자들에게 조금이라도 보탬이 되기를 기대한다.

이번 개정3판의 발간을 위해 적극적으로 도와주신 도서출판 두남 전두표 사장님과 이승구 상무님께 감사를 드린다.

2022년 7월

저자 장성기

차례

제1장 물류관리의 이해

제2장 물류전략과 물류조직

■■■ 제3장 수요예측 ■■■

■■■ 제4장 재고관리 ■■■

제5장 구 매

제6장 운 송

제7장 창고관리와 하역

제8장 포 장

제9장 물류관리를 위한 정보기술

제10장 물류비

■■■ 제11장 글로벌 로지스틱스 ■■■

■■■ 제12장 제품과 물류 설계의 조정 ■■■

제13장 물류비즈니스의 전략적 제휴

제14장 공급사슬관리

제1장

물류관리의 이해

제1장

물류관리의 이해

1 물류관리의 개념

물류는 물적 유통의 줄임말로써 물자의 흐름을 의미한다. 한국, 일본, 중국 등에서는 물류라는 용어를 사용하고 있지만, 구미에서는 로지스틱스라는 용어로 정착되어 있다. 구미에서도 원래 Physical Distribution이라 하여, 공장에서 소비자에 이르기까지 완제품의 유통과정을 의미하는 판매물류를 지칭하였다. 그것이 군사용어인 병참, 즉 로지스틱스로 진화되면서 판매물류뿐만 아니라 조달물류, 생산물류, 역물류를 포함한 총체적인 물자의 흐름으로 변모하게 되었다. 따라서 물류관리란 총체적인 물자 흐름의 최적화를 의미한다.

물류의 영어단어 'logistics'는 프랑스의 나폴레옹이 자기 군인들에게 음식을 공급하고, 말에게 사료를 대는 부대를 'logistique'라 명명한 데서 유래되었다고 한다. 우리나라에서도 'logistics'를 '병참'이라는 군사용어로 먼저 사용했던 것으로 볼 때 물류의 어원에는 무기나 식량 등의 수송물을 제대로 조달·공급하는 것이 승패의 관건이 되었던 전쟁의 절박성이 함축되었다고 할 수 있다.

그러나 Physical Distribution과 로지스틱스 양자 간에는 그 기능과 사상에 약간의 차이가 있다. Physical Distribution은 경영의 한 기능 혹은 한 영역을 의미하며, 이 기능 내지는 영역에 관하여 기업이 어떠한 사고방식과 방법으로 대처할 것인가 하는 방법을 모색하는 것이 로지스틱스로서 즉, 로지스틱스가 방법론의 세계라고 한다면, Physical Distribution은 기능론의 세계라고 할 수 있다.

Physical Distribution에서 로지스틱스로 변환하는 과정은 [그림 1-1]과 같이 확대와 통합으로 요약 가능하다. 물적유통이 대상으로 하는 것은 생산부문에서 생산된 제품으로 대상영역은 생산과 그 제품의 소비자 혹은 이용자 간의 이동과정이다. 아보(1994)에 의하면 오래 전부터 개별적인 경제활동으로 존재하고 있던 수송, 보관, 하역, 포장, 물류정보와 같은 개별기능이 통합되어 기존의 물적유통시스템이 구성되었다. 그러나 생산이나 구매부분의 협력이 없는 제품물류만의 합리화는 불요불급품의 재고증가와 필요품의 품절을 발생시키므로 기업 전체적으로 물적유통에 생산부문이 관리하고 있던 재화의 흐름과 수량조절기능, 구매부문의 조달기능을 통합하여 로지스틱스 시스템이 형성되었다.

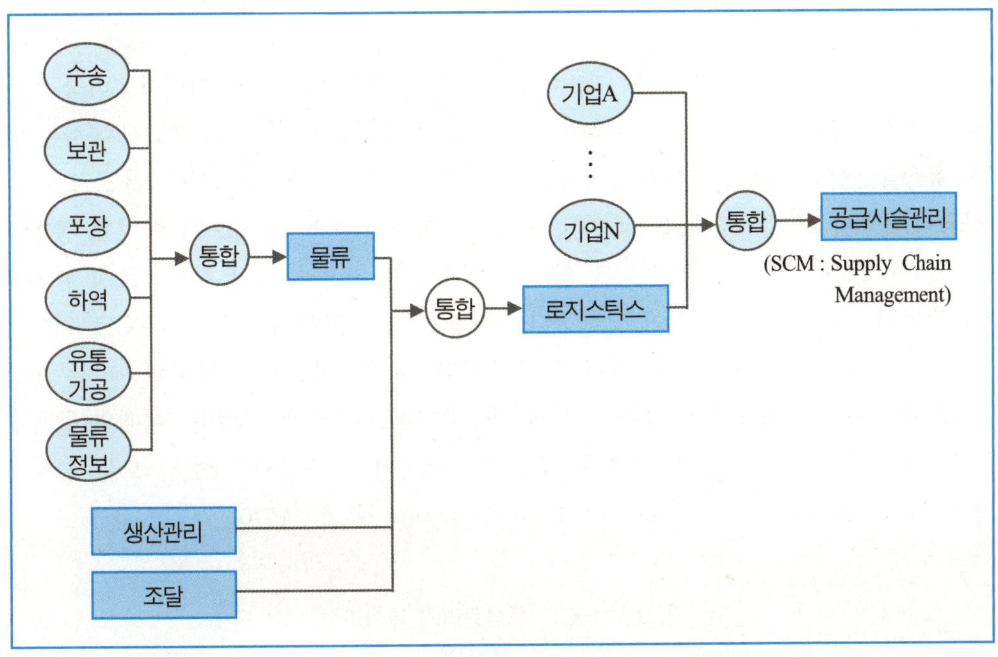

| 그림 1-1 | 물류에서 로지스틱스로의 변환과정

시대별로 물류관리로부터 공급사슬까지의 진화된 내용을 요약하면 〈표 1-1〉과 같다.

| 표 1-1 | 시대별 물류관리의 범위

구분	Physical Distribution(물류)	Logistics	SCM(공급사슬관리)
시기	1970년대	1980년대	1990년대 이후
목적	물류부문별 효율화	기업내 물류 효율화	공급사슬, 전체 효율화
대상	수송, 보관, 하역, 포장 등	생산, 물류, 판매	공급자, 제조업자, 도소매업, 고객
수단	물류부문내 시스템의 기계화 및 자동화	기업내 정보시스템, POS, VAN, EDI	파트너십, ERP, SCM, 기업간 정보시스템
주제	효율화(전문화, 분업화)	물류비용과 서비스대행, 다품종소량, JIT, MRP	ECR, ERP, 3PL, QR, 재고감소
구호	무인으로의 비전	Total 물류	종합업무 시스템

2 물류관리의 정의

기업의 물류활동은 지난 수십 년간 그 영역과 초점이 변천하여 물류에 대한 정의도 함께 변하여 왔다. 미국에서 기업들이 자재 및 제품의 흐름을 개선하여 비용을 절감하거나 서비스를 향상시키려고 처음 관심을 가졌던 분야는 물적 유통(physical distribution)분야였다.

이 용어는 1920년대 등장하여 제2차 세계대전 이후에 널리 사용되었다. '미국 마케팅 협회(American Marketing Association) 용어정의위원회의 1948년 보고서'에서는 물적 유통을 "생산지점으로부터 소비지점까지 제품을 이동하고 취급하는 것"으로 정의하였다. [그림 1-2]는 자재흐름과 관련된 여러 영역이 어떤 명칭으로 어떻게 통합되어 왔는지를 보여 준다. 제일 먼저 불리기 시작한 명칭은 물적 유통관리로서 완제품의 전달과정에 관리의 초점이 맞춰졌다. 다음으로는 자재관리라는 이름으로 완제품 생산을 위한 원자재의 구매와 사용이 다루어졌다. 마지막으로는 물류관리라는 이름하에 원자재부터 완제품 재고까지 전체 과정을 다 포함하게 되었다. 이때의 물류관리는 "원자재, 재공품 재고, 완제품 재고의 구득·이동·저장과 관련된 모든 활동을 총체적으로 관리하는 것"이라고 정의된다(La Londe et al., 1970).

그림 1-2 물류관리의 통합과정

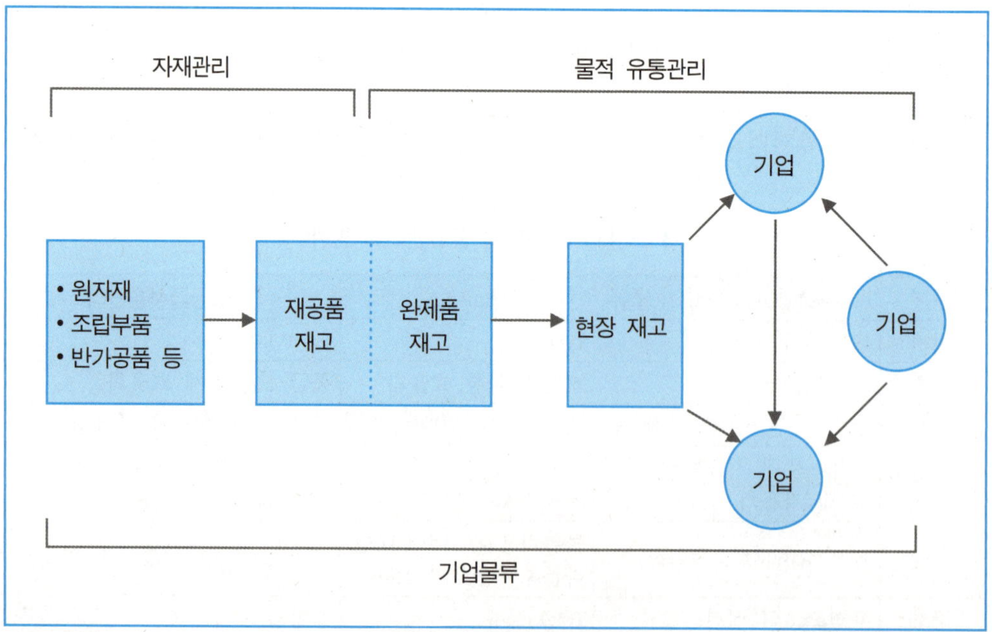

한편, 미국 물류관리협의회(Council of Logistics Management)는 “물류란 소비자의 요구를 만족시키기 위하여 원산지에서부터 소비지까지 원자재, 재공품 재고, 완제품 재고 및 관련정보의 흐름과 저장을 효율적인 방법과 저비용으로 계획하고, 실행하고, 통제하는 과정이다.”라고 더 확대되고 포괄적인 내용의 정의를 내렸다. 이 정의는 상당부분 물류의 핵심을 포함하고 있으나 혹자는 이 정의가 간과한 점을 지적하면서 또 다른 정의를 다음과 같이 제시하기도 하였다. “미국 물류관리협회의 정의는 마치 물류관리에서 다루는 것이 유형의 제품만인 듯한 인상을 준다. 사실 물류는 서비스 부문도 포괄하는 것이며, 많은 서비스 기업이 물류관리를 잘 함으로써 많은 이익을 거둘 수 있다. 물류의 사명은 기업에 최대의 공헌을 하면서 원하는 제품이나 서비스를 원하는 장소와 시간에 원하는 상태로 제공하는 것이다.”(Ballou, 1992)

3 기업에서의 로지스틱스의 역할

최근에 효과적인 로지스틱스 경영은 기업의 수익성과 경쟁적 성과를 향상시키기 위한 중요한 기회로 인식되어, 1980년대 말과 1990년 초까지 많은 기업에서 고객 서비스가 중심위치를 차지하였다. 이전부터 마케팅 개념을 강조해온 기업들조차 고객주도가 무엇을 의미하는지를 재검토하기 시작하였다.

1) 로지스틱스의 마케팅 지원

마케팅 개념은 목표시장의 니즈와 욕구를 결정하는 것과 경쟁자보다 효과적이고 효율적으로 바람직한 만족수준을 전달하는 것에 따라 조직의 목적이 달성된다는 마케팅 경영철학이다. 그러므로 마케팅 개념은 기업은 고객 욕구를 충족시키기 위해 존재한다는 사실을 인식하는 “고객주도”시각이다. 로지스틱스와 마케팅 개념의 세 가지 핵심적인 요인과의 관계가 [그림 1-3]에 나타나 있다.

마케팅 믹스의 4P는 적정 가격에 적절한 제품을 보유하고 적절한 판매촉진을 통해 적절한 장소에서 구매할 수 있도록 통합되어야 함을 요구한다. 로지스틱스는 특히 적정 장소에 제품이 전달되도록 지원하는데 핵심적인 역할을 수행한다. 효용과 더불어 제품 혹은 서비스는 고객이 필요로 하는 시점과 장소에서 구입가능할 때만 고객만족을 유발한다. [그림 1-4]는 마케팅 믹스의 주요 요인들과 로지스틱스간의 상충관계를 보여 주고 있다.

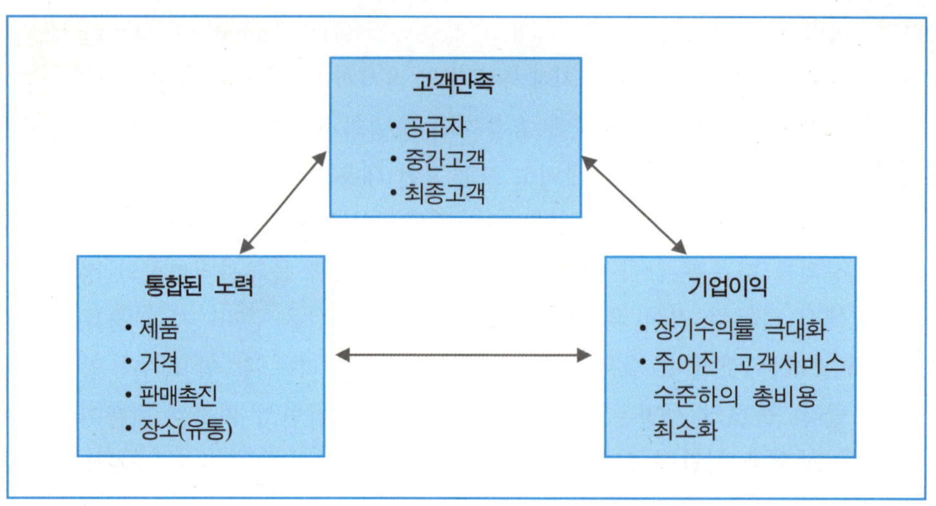

| 그림 1-3 | 마케팅/로지스틱스 경영의 개념

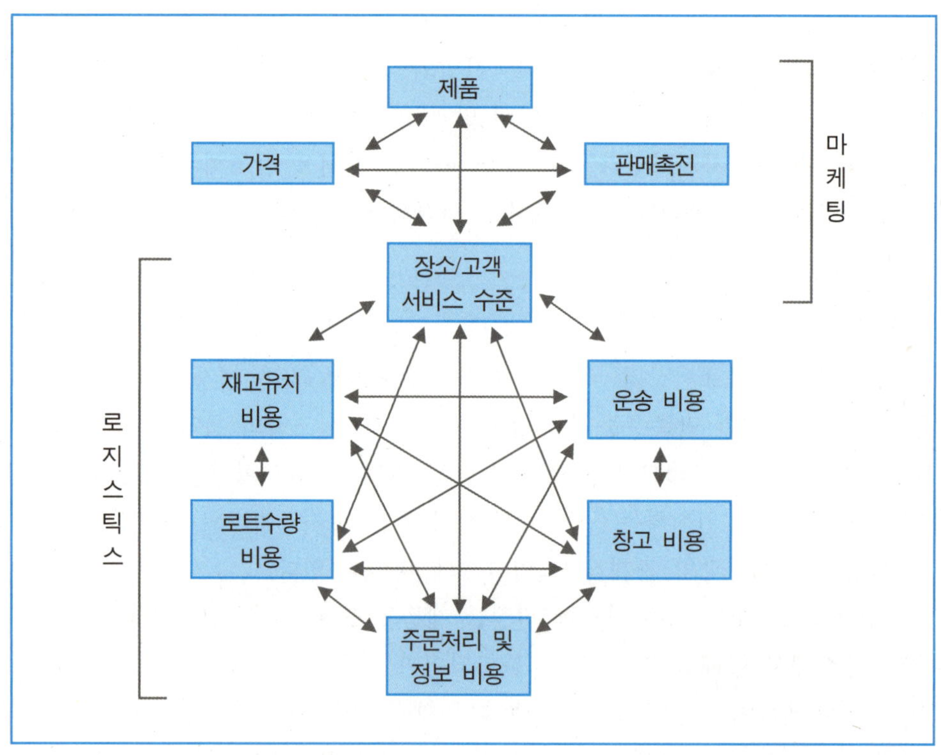

| 그림 1-4 | 마케팅과 로지스틱스에서 요구되는 비용 상쇄관계

그러므로 기업은 제품의 마케팅뿐만 아니라 로지스틱스에 의해 예견된 욕구를 연계하는데 있어 시스템 접근방법을 사용할 필요가 있다. 고객만족을 획득하는데 있어 기업 내부뿐만 아니라 공급업체 및 궁극적인 고객과의 통합적인 노력이 필요하다.

또한 기업의 궁극적인 목적이 장기적인 수익성 혹은 공공 및 비영리부문에서는 자산의 효과적인 사용을 극대화하는 것임을 이해하는 것이 중요하다. 이를 달성하기 위한 중요한 방법 중의 하나가 [그림 1-4]에서 제시된 바와 같이, 여러 대안 간의 상충관계를 검토하여 시스템 내의 활동들의 전반적인 총비용을 감소시키는 것이다.

마케팅 믹스의 주요 요인들 간의 상호작용 방식과 주요 요인들이 로지스틱스 운영에 의해 어떻게 영향을 받는지를 살펴보기로 한다.

(1) 제품

제품은 고객이 구매의 결과로서 획득하는 효용/특성의 집합이다. 제품가격을 낮추려는 목적으로 경영자는 제품 품질을 낮추거나, 제품의 특성을 제거하거나, 제품 종류의 범위를 축소시키거나, 고객서비스 혹은 보증 지원을 감소시킬 수 있다. 그러나 이러한 행동들은 고객에게 제품에 대한 매력도를 감소시키기 때문에 고객 감소를 유발하여 결국 장기적인 이윤 감소로 나타난다. 잘못된 의사결정을 방지하기 위하여 경영진은 로지스틱스와 여러 마케팅 활동들 간의 상충관계 및 상호관계를 이해할 필요가 있다.

(2) 가격

가격은 제품 혹은 서비스 제공에 대해 고객이 지불하는 화폐 금액이다. 가격에 포함되어야만 하는 항목들에는 대량 구매 혹은 특정 소비자 군에 속한 고객을 위한 할인, 재고가 위탁판매로 제공되는지, 그리고 누가 납품비용을 지불할 것인지에 따른 리베이트가 포함된다. 공급업체는 제품가격을 낮추고 지불 기간 및 서비스 제공을 변경함으로써 판매를 증가시키려고 하나 품목이 가격에 매우 민감하지 않는 한, 이러한 전략은 판매량을 증가시키지만 낮은 가격을 충분히 상쇄시킬 수가 없어 이윤이 감소하게 된다. 이러한 현상은 고객수요가 상대적으로 고정되어 있고 경쟁자가 가격 하락을 추종하는 성숙된 시장에서는 특히 그러하다. 전체 산업의 수익성과 판매량은 감소한다.

(3) 판매촉진

제품 및 서비스의 판매촉진은 영업사원에 의한 판매와 광고를 포함한다. 광고비

지출 혹은 영업사원의 규모를 증가시키는 것은 판매에 긍정적인 영향을 미치지만 수확이 체감하는 변곡점이 존재한다. 이 변곡점은 추가지출을 정당화할 정도로 판매 혹은 이윤에 있어 충분한 증가를 나타내지 못하는 지점을 의미하는데 기업들이 언제 이러한 지점에 도달하는지를 이해하는 것이 중요하다. 이는 자본의 왜곡된 배분을 방지할 수 있기 때문이다. 기업은 보다 현명한 아이디어를 바탕으로 자본을 보다 효과적으로 사용하려고 노력할 것이다. 보다 많은 부가가치 서비스를 고객에게 제공하기 위해 영업사원을 훈련시키거나 뛰어난 로지스틱스 서비스를 통해 현재 제공되는 부가가치를 고객이 인식하도록 하는 방법이 시도될 수 있다.

(4) 유통경로

유통경로는 로지스틱스와 직접 접하는 마케팅 믹스의 주요 요인이다. 유통경로에 대한 지출을 통해 기업은 고객서비스 수준을 지원한다. 고객서비스 수준은 적시 납기, 높은 주문 충족률, 일정한 이동 시간 등과 같은 이슈들을 포함한다. 고객서비스는 로지스틱스 시스템의 산출물이다.

대부분의 기업에 있어 고객서비스는 경쟁 우위를 획득하는 주요 방편이 될 수 있다. 고객이 원하고 기꺼이 지불하고자 하는 것을 충족시키기 위해 고객서비스 수준을 조정함으로써 기업들은 서비스 수준의 향상과 비용 감축을 동시에 이룰 수 있다. [그림 1-5]에 제시된 로지스틱스의 모든 상충관계는 고객서비스 수준에 대한 영향력 측면에서 고려되어야만 하며, 이러한 분석을 수행하기 위해 총비용 개념이 사용되어야만 한다.

2) 총비용 개념

총비용 개념은 로지스틱스 프로세스를 효과적으로 관리하기 위한 핵심 요인이다. 기업의 목적은 로지스틱스의 개별적인 활동에 독립적으로 집중하는 것보다는 로지스틱스 활동들의 총비용을 감축하는 것이 되어야만 한다. 예를 들면, 운송부분처럼 한 부분에서의 비용 감소는 재고유지비용을 증가시킨다. 그 이유는 장기간의 이동시간을 보상하기 위해 혹은 이동시간에서의 불확실성이 증가하는 것에 대비하기 위해 더 많은 재고가 필요하기 때문이다.

경영진은 [그림 1-5]에서 제시된 모든 비용에 관한 의사결정의 관련성에 관심을 두어야 한다. 이러한 여섯 가지 주요 비용 범주는 핵심 로지스틱스 활동을 포함한다.

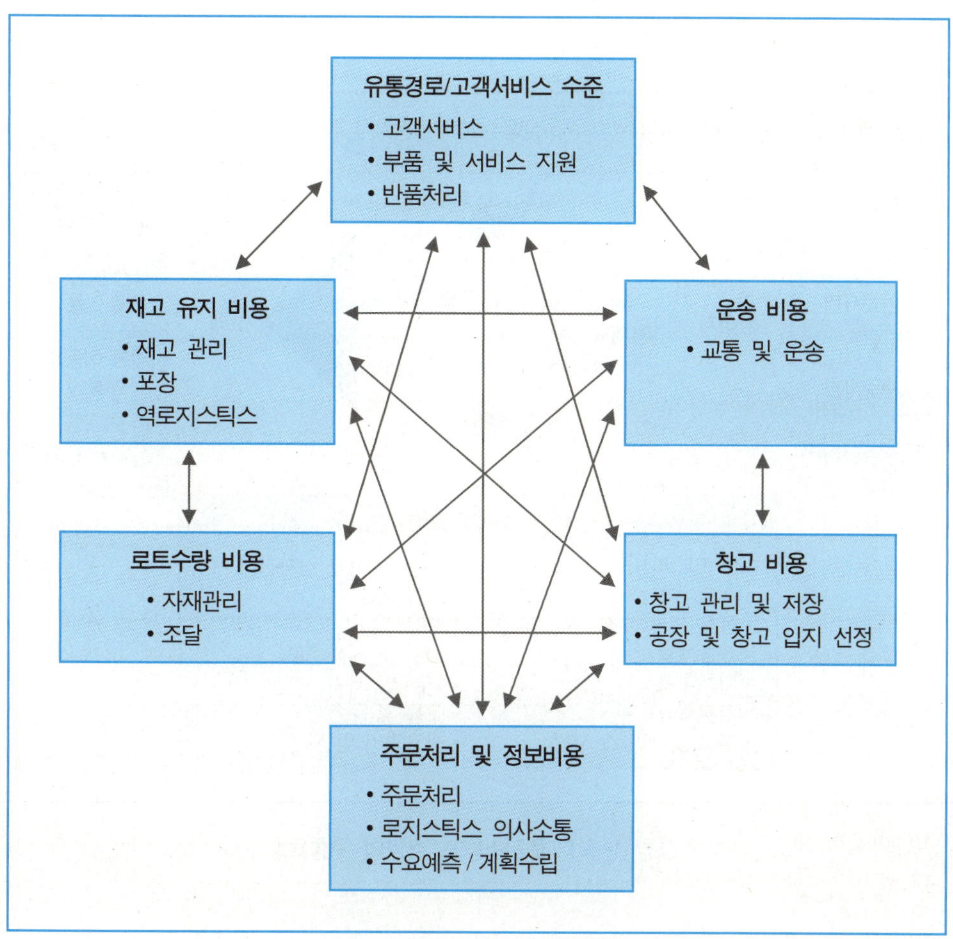

그림 1-5 총로지스틱스 비용

3) 주요 로지스틱스 활동

제품의 원천에서 최종 소비 시점까지의 흐름을 원활하게 하는 핵심 활동들은 전반적인 로지스틱스 프로세스의 일부분으로 인식될 수 있다.

모든 기업들이 이러한 활동들을 로지스틱스 활동의 일부분으로 고려하지는 않지만, 각각의 활동들은 [그림 1-6]에서 보는 바와 같이 로지스틱스 프로세스에 영향을 미친다.

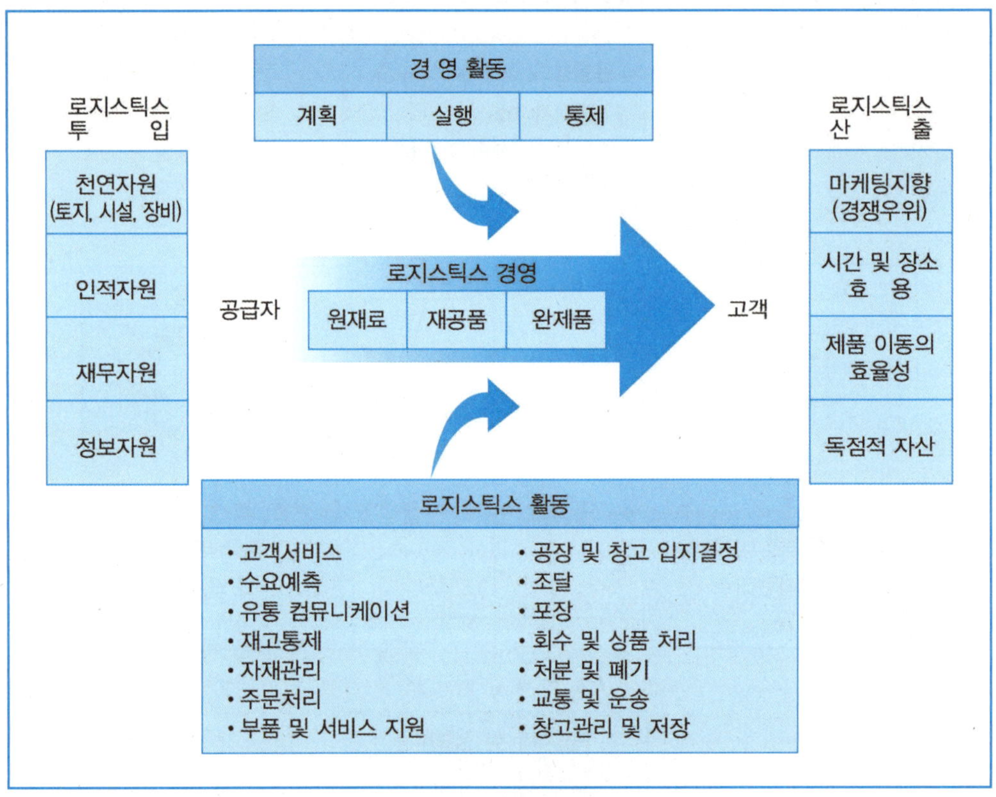

그림 1-6 로지스틱스 경영의 구성요소

(1) 고객서비스

고객서비스는 "미리 정해진 최적 비용-서비스 믹스 범위 내에서 고객 접점의 모든 요인들을 통합하고 관리하는 고객주도의 경영철학"으로 정의되어 왔다. 고객서비스는 로지스틱스 시스템의 산출물로서 이는 적절한 제품을 적절한 위치의 적절한 고객에게 적절한 상태를 유지하면서 적시에 가장 낮은 총비용으로 전달하는 것을 포함하며, 탁월한 고객서비스는 고객만족을 유발하며 고객만족은 전체 마케팅 프로세스의 산출물이다.

(2) 수요 예측/계획

여러 형태의 수요 예측 방법이 존재하는데 마케팅에서는 주로 판매촉진, 가격, 경쟁 등에 기반을 두고 고객 수요를 예측한다. 제조 부분에서는 마케팅의 판매 수요 예측과 현 재고수준에 기반을 두고 필요 생산량을 예측한다. 일반적으로 로지스틱스는 공급업체로부터 구매를 통해 얼마만큼을 주문하여야 하는지 그리고 기업이 담당하고 있는 각 시장으로 이동 혹은 유지되어야 하는 완제품이 얼마만큼 인지를 예측한다. 몇몇 기업에서는 로지스틱스가 생산량을 계획하기도 한다. 그러므로 로지스틱스는 마케팅의 예측/계획과 생산 부문의 예측/계획을 연계하는데 필요하다.

(3) 재고관리

재고관리에는 높은 고객서비스 수준을 획득하기 위해 유지하는 재고수준과 재고에 투자된 자본, 보관비용, 노후화 등을 포함하는 재고유지비용 간의 상충관계가 포함된다. 하이테크 상품, 자동차, 계절적 품목과 같이 높은 비용이 발생하는 품목을 갖고 있는 기업에서는 재고관리에 특별한 관심을 기울이고 있다.

(4) 로지스틱스 커뮤니케이션

커뮤니케이션은 점점 자동화, 복잡화, 신속화 됨에 따라, 로지스틱스는 커뮤니케이션 프로세스에 있어 여러 다양한 사업 부문과 연계하고 있다. 커뮤니케이션은 다음과 같은 부문 간에 반드시 발생한다.

① 기업, 공급업체, 고객
② 로지스틱스, 설계, 회계, 마케팅, 생산과 같은 기업의 주요 부문들
③ 앞서 제시한 로지스틱스의 여러 활동들
④ 원자재, 재공품, 완제품 창고의 조정과 같은 개별 로지스틱스 활동들
⑤ 기업과 직접적으로 연계되지 않는 중간 매개자, 2차 소비자 혹은 공급업체와 같은 공급사슬의 여러 참가자들

커뮤니케이션은 기업의 유통시스템 혹은 보다 확장된 공급사슬에 관계없이, 시스템이 효율적으로 작동하도록 핵심적인 역할을 수행하며, 시스템 내의 뛰어난 커뮤니케이션은 경쟁우위의 핵심원천이 될 수 있다. 월마트 성공의 일정부분은 공급업체와 실제 고객 판매량을 주기적으로 연계하여, 공급업체가 최신 수요 정보를 바탕으로 계획을 수립하여 월마트에 적시에 적절한 재고보충이 이루어지도록 하는 컴퓨터화된 최신 커뮤니케이션 시스템 덕분이다.

(5) 자재관리

자재관리는 공장 혹은 창고 내의 원자재, 재공품, 완제품 등의 모든 이동을 포함한다. 기업에서는 특정 품목이 부가가치를 창출하지 못하면서 이동하거나 처리될 때

비용이 발생하기 때문에, 자재관리의 중요한 목적은 가능하면 자재처리를 피하는 것이다. 이동거리, 병목, 재고수준의 최소화, 그리고 폐기, 잘못된 처리, 망실, 손상으로 인한 손실의 최소화가 포함된다.

(6) 주문처리

주문처리는 기업이 고객으로부터 주문을 받고, 주문 상황을 점검하고, 주문 상황에 대해 고객과 커뮤니케이션하고 실제로 주문을 이행하여 고객에게 전달할 수 있는 시스템을 요구한다. 재고상황 점검, 고객 신용, 송장, 외상 매출 등이 주문처리에 포함된다. 그러므로 주문처리는 광범위하고 자동화 수준이 높은 분야이다. 주문처리 주기는 고객과 기업의 접촉에서 가장 핵심적인 분야이기 때문에 서비스에 대한 고객인식과 고객만족에 막대한 영향을 미친다. 오늘날의 기업들은 점차 주문처리 프로세스의 속도를 높이고 정확성과 효율성을 향상시키기 위하여 전자문서교환(EDI), 전자자금결제(EFT)와 같은 주문처리 방법을 채택하고 있다.

(7) 포장

포장은 광고/마케팅의 형식뿐만 아니라 로지스틱스 면에서 제품보호와 보관을 위해 중요한 역할을 한다. 포장에는 고객에게 제공할 중요한 정보를 담을 수 있으며 또한 미적으로 우수한 포장은 고객의 시선을 끌 수 있다. 로지스틱스 측면에서 포장은 보관 및 이동시 제품을 보호한다. 특히, 국제운송에서처럼 다중 운송 수단을 통한 장거리 선적에서는 제품 보호는 매우 중요하다. 포장을 창고 규격과 자재처리 장비에 적합하도록 설계함으로써 포장은 제품의 이동 및 보관을 용이하게 한다.

(8) 부품 및 서비스 지원

원자재, 재공품, 완제품의 이동을 통해 생산을 지원하는 것과 더불어 로지스틱스는 판매 후 서비스 지원을 제공한다. 로지스틱스의 판매 후 서비스 지원에는 딜러에게 수선 부품을 납품하는 것, 적정 예비부품을 보관하는 것, 고객으로부터 불량 혹은 망가진 제품을 수거하는 것, 수선 요구에 신속히 대응하는 것 등이 포함된다. 수선부품을 기다리는 동안 생산을 중단하거나 지연하여야 하는 기업 고객에는 고정시간은 매우 많은 비용을 초래한다.

(9) 공장 및 창고 위치 선정

기업의 공장 및 창고 위치를 결정하는 것은 원자재와 완제품의 운송비용뿐만 아니라 고객서비스 수준과 반응 속도에도 영향을 주는 전략적인 의사결정이다.

최근 새로운 제조설비를 유치하기 위하여 지역 간에 상당히 많은 경쟁이 존재한다. 이러한 사례로는 반도체 설비를 어디에 설립할 것인지에 관한 인텔 기업의 의사결정을 들 수 있다. 인텔은 미국 오레곤 주의 포틀랜드, 텍사스 주의 오스틴, 아리조나 주의 피닉스 외곽인 챈들러 등 여러 주요 도시들로부터 권유를 받았는데 궁극적으로 인텔은 챈들러를 선택하였다. 그 이유는 인텔은 이미 챈들러에 설비를 보유하고 있었으며, 피닉스 주변은 성장하는 도시이며 풍부한 노동력을 갖고 있으며 인텔은 지방 정부와 좋은 관계를 유지하고 있고 또한 여러 매력적인 인센티브를 제공받았기 때문이다.

(10) 조달

제품과 서비스의 아웃소싱이 증가함에 따라 조달 기능은 기업에서 중요한 역할을 수행한다. 대부분의 미국 산업들은 기업 외부로부터 원자재 및 서비스를 조달하는데 매출액의 40% ~ 60%를 사용한다. 조달은 기업에서의 생산, 마케팅, 판매, 로지스틱스 운영을 지원하기 위해 외부 기업으로부터 원자재와 서비스를 구매하는 것이다. 구매, 공급관리, 여러 다른 이름으로 불리는 조달에는 공급업체 선정, 가격 협상, 기간 및 수량, 공급업체 품질 평가와 같은 활동 등이 포함된다. 기업이 소수의 핵심 공급업체와 장기적인 관계를 형성함에 따라 조달의 중요성과 기업 공헌도가 점점 증가하고 있다.

(11) 반품처리

반품은 제품 성능에 문제가 있거나 혹은 단순히 고객 마음이 변했을 때 발생한다. 반품처리는 기업이 고객에게 제품을 운송하는 익숙한 방식이 아니라 고객으로부터 소량의 제품이 운송되어 오기 때문에 복잡하다. 많은 로지스틱스 시스템은 이러한 형태의 이동을 처리하는데 어려움이 있고 또한 매우 많은 비용이 발생한다. 제품이 고객으로부터 생산자에게 채널을 통해 역으로 이동하는 비용은 동일한 제품을 생산자가 고객에게 정상적으로 이동시킬 때 발생하는 비용의 약 9배에 달한다. 그러므로 막대한 비용과 서비스가 발생하는 이 부문에 대한 관심이 증가하고 있다.

(12) 역로지스틱스

로지스틱스는 또한 생산, 유통, 포장 프로세스로부터 쓰다 남은 자재의 제거 및 처리를 포함한다. 폐기물의 처리, 재사용, 재작업, 재생을 위한 장소에는 이러한 폐기물을 차후에 운반하기 위한 일시적인 저장소가 있다. 재생 및 재사용 포장재에 관한 관심이 증가함에 따라 이러한 이슈들이 점차 중요해지고 있다. 특히 부분적으로 제한된 쓰레기 매립지로 인하여 포장재와 심지어 폐제품의 제거에 매우 심한 규제를 하는 유럽에서는 많은 관심을 두고 있다.

(13) 운송

핵심적인 로지스틱스 활동은 실제로 원자재 원천으로부터 소비 지점까지 뿐만 아니라 궁극적인 폐기 지점까지 원자재와 제품을 이동시키는 것이다. 운송에는 운송수단의 선정, 선적이 이루어지는 지역의 규제에 따른 선적 경로의 선택, 운송업자의 선정 등이 포함된다. 운송은 로지스틱스 활동 가운데 단일 항목으로 가장 많은 비용을 발생시킨다.

(14) 창고 및 보관

창고는 이미 생산되어 유지되고 있는 품목의 미래 소비가 가능하도록 함으로써 시간 및 장소 효용을 지원한다. 이러한 품목들은 필요로 하는 곳과 근접한 곳에서 유지될 수도 있으며 혹은 나중에 운송될 수도 있다. 창고 및 보관 활동은 창고 배치, 디자인, 소유관리, 자동화, 작업자 훈련, 그리고 관련 이슈들과 관계가 있다.

4 물류의 구성과 영역

1) 물류의 구성

물류가 경제나 경영활동의 한 기능이라면 이 기능을 발휘하기 위한 활동이 필요하게 된다. 물류라는 개념이 인식된 것도 이러한 활동이 존재, 이 활동을 통합, 시스템화하려고 하였기 때문이다.

수·배송, 보관, 하역, 포장, 재고관리, 유통가공의 6가지 활동을 일반적으로 물류활동이라고 한다. 여기에 수·발주처리, 정보처리를 포함하기도 한다. 그러나 정보는 이러한 활동들과 동렬에 두기보다는 전체 활동에 관여하는 활동이라고 해석하여야 할 것이다.

그러나 기업경영에 있어서는 물류는 물류활동의 측면에서 보다는 경영의 레벨에 따라 물류의 단계가 다르다. 먼저 경영전략내지는 마케팅전략에 기초한 '물류전략'이 있다. 다음으로 이 전략을 바탕으로 하여 '물류계획'이 수립되고, 이를 수행할 '물류체계'가 구축된다. 여기에는 '물류시설'의 설치와 그리고 기계화, 물류관리조직 등이 포함되고, 물류관련 시설과 조직을 연결하는 '물류네트워크'와 '물류조직'의 결정, 기업경영의 총괄적인 입장에서 본 '물류예산제도' 등이 있다.

다음으로 구체적인 물류활동에는 '물류작업'과 '물류관리'가 있다. 물류관리는 '물류활동의 컨트롤'이며, 물류작업의 관리, 작업계획, 노무관리, 시설관리 등이 포함된다. 그러나 물류관리는 '물류매너지먼트'를 말하며, 물류계획과 물류체계를 포함한 것이라고 이해되고 있다. 이를 간단하게 나타낸 것이 [그림 1-7]이다.

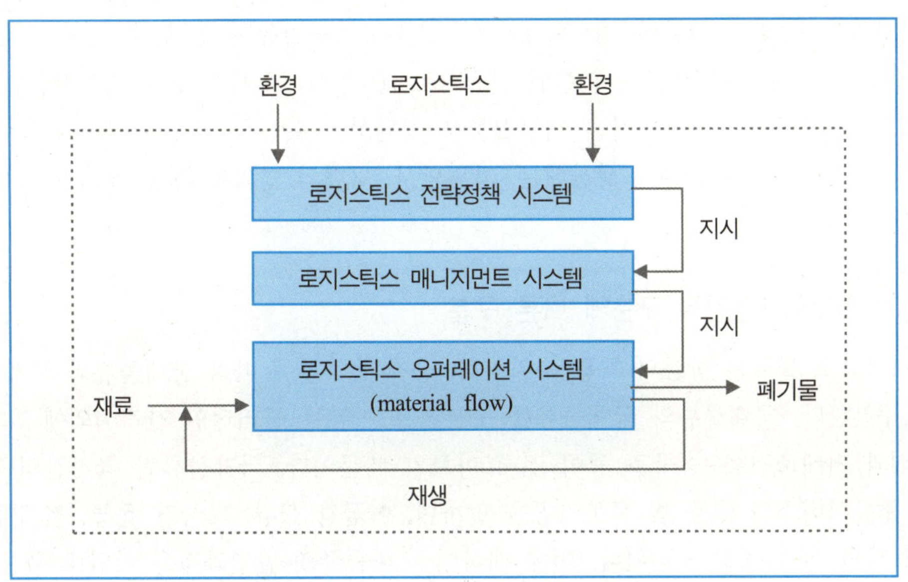

| 그림 1-7 | 로지스틱스의 기본구조

2) 물류의 영역구분

물류영역의 구분에는 상품의 흐름에 따른 구분, 물류활동에 따른 구분, 공간적인 구분의 세 가지 관점이 있다.

(1) 상품의 흐름에 따른 구분

물류를 객관적으로 개별기업의 입장에서 상품의 제조, 판매, 소비라는 일반적 개념으로 볼 경우 '조달물류', '사내물류(생산물류)', '판매물류(시장물류)', '역물류'로 구분할 수 있다. 최근에는 여기에 일반소비자를 대상으로 하는 '소비자물류'를 포함시키기도 하지만 이러한 분류는 보편적인 것은 아니다. 완제품업자에게는 조달물류지만, 중간재업자에게는 판매물류이고, 소비자물류의 경우에도 통신판매업자에게는 판매물류이기 때문이다.

(2) 물류활동에 따른 구분

다음으로 물류활동에 따른 구분에 의하면 기본활동과 지원활동으로 나눌 수 있다. 기본활동에는 물자유통활동과 정보유통활동이 있다. 물자유통활동이란 운수에 관련된 활동으로 ① 수송기초시설 활동(물류인프라 시설을 제공하는 활동), ② 수송활동, ③ 보관활동, ④ 하역활동, ⑤ 포장활동, ⑥ 유통가공활동이 있다.

정보유통활동이란 통신에 관련된 활동으로 ① 통신기초시설 활동, ② 전달활동이 있다. 지원활동이란 이와 같은 기본활동을 지원하는 활동을 말한다. 물류활동에 따른 구분방법은 조달물류나 생산배분, 자원탐사, 구매의 영역에 대한 배려가 없는 문제점이 있다.

(3) 지역적, 공간적 구분에 따른 구분

다음으로 물류는 상품의 흐름을 지역적, 공간적 구분에 따라 국내물류와 국제물류로 구분한다. 국내물류와 국제물류를 구분하는 이유는 물리적인 간격이외에도 거래방식과 거래조건, 수송구조 등이 전혀 다르기 때문이다. 국제물류란 국가간의 재화나 물류서비스의 이동 및 유통가공을 말하며, 이국간 물류, 다국간 물류, 전세계 대상물류의 세 단계로 구분된다. 이에 대하여 국내물류의 발전과정은 기업내 물류, 기업 간 물류, 산업물류, 사업물류로 구분되며 사회물류는 지역사회 물류와 국가레벨 물류로 구분할 수 있다.

여기서는 개별기업의 입장에서 본 물류의 각 부문별 정의에 대하여 살펴보기로 한다.

① 사내물류(생산물류)

사내물류는 기업물류 가운데 자사 내에서 이루어지는 부분을 말한다. 이를 생산물류라고 하는 것은 제조업의 경우를 가정하고, 공장에서 생산된 상품을 자사내의 판매거점인 자사와 영업소에 공급하는 부분을 가리켜서 하는 말이다.

그러나 제조업뿐만이 아니라 유통업에도 이러한 부분이 존재한다. 도매업의 경우, 자사의 집약센터에서 각 중계포인트나 택배로의 상품공급이 이에 해당되고, 소매업의 경우는 상품센터에서 각 점포에의 공급이 이에 해당된다. 즉, 자사 시설간의 상품 이동에 관한 것을 사내물류라고 정의할 수 있다.

사내물류를 생산물류라고 부르는 것은 제조업의 경우, 성격이 특수하기 때문이다. 일반적으로, 생산기지는 시장에서 멀리 위치하고 있고, 그곳에서 대도시나 타지역, 전세계를 향하여 지역 간 수송 내지는 무역운송이 이루어지고 있다. 또 생산물류라고 할 경우 생산이란 기능이 전제되고, 생산은 그 자체가 계획되고, 생산효율이 중시된다. 물류에 맞추어서 생산하는 경우는 거의 없기 때문이다. 최근에는 물류비용이 증가되어 생산을 물류에 맞추려는 움직임도 있지만, 대부분은 생산에 물류를 합치시키려는 경향이 강하다. 단, 사내물류는 자사내의 물류 시스템이기 때문에 자사의 사정에 맞추어 설정할 수 있다.

② 판매물류(시장물류)

판매물류를 시장물류라고도 하는데 왜냐하면 판매물류는 고객에 대하여 행하여지는 상품의 이동이라고 할 수 있고, 이러한 일들이 행하여지는 곳이 시장이기 때문이다. 자사에서 타사로의 이동이기 때문에 거래가 있고 거래조건이 존재한다.

이 거래조건을 물류의 측면에서 말한다면 '납품장소', '납품시간', '납품소요시간', '납품량', '납품단위', '납품형태', '비용부담', '부가서비스', '전표처리' 등과 같은 조건이 있다. 즉, 판매물류란 이러한 고객과의 거래조건의 구체화라고 할 수 있다.

고객이 요구하는 것은 필요한 상품을 필요한 때에 필요한 양만 조달하는 것이다. 이를 가장 잘 나타내고 있는 것이 JIT(Just In Time)라고 할 수 있다. 한편 납품하는 측에서는 물류 효율화를 위하여 계획적으로 로트 단위의 간단한 형태로 납품하고자 한다. 판매는 이를 조정하는 것이라고 할 수 있으며 이에 거래조건의 교섭이 존재하게 된다. 그러나 한 기업과 고객과의 교섭으로 물류조건이 결정되는 것은 아니다. 판매물류의 조건은 시장에 있어서의 기업 간의 경쟁에 의해 결정된다. 예를 들면, 경쟁기업이 주문수주에서 고객배송까지의 리드타임을 24시간 이내로 한다면 이쪽이 고객과 아무리 밀접한 관계를 가지고 있더라도 리드타임을 36시간으로 할 수는 없기 때문이다. 판매물류는 판매를 실현하기 위하여 행하여지기 때문에 모든 물류 시스템 설정 시 가장 핵심이 되는 것은 바로 경쟁기업을 고려한 판매가능성이라고 할 수 있다.

③ 조달물류

한 기업의 판매물류는 상품의 납품을 받는 쪽에서 보면 조달물류이다. 제조업체의 공장에서는 원재료와 기계, 자재를 조달하기 위한 물류가 조달물류이고 도소매업이 재

판매를 행하기 위하여 상품을 구입하는 일도 조달물류가 될 수 있다. 물류 개념의 도입초기에는 조달물류는 물류의 개념에 포함되지 않았다. 물류는 physical distribution으로 자사상품을 시장에 공급하는 부분을 가리킨 것이고, 조달부분은 physical supply로 물적 조달이었다. 그러나 조달물류도 납품하는 측에서 보면 판매물류가 되므로 현재는 물류의 한 영역으로 취급된다. 로지스틱스라는 개념이 그 대상영역을 조달, 생산, 판매물류를 하나의 연결고리로 보고 그 시스템을 과학적으로 관리하는 것을 특징으로 하고 있기 때문에 로지스틱스 사상의 도입이 조달물류를 중요하게 하였다.

최근 물류시스템 중에서 가장 각광을 받고 있는 것 중의 하나가 이 조달물류라고 할 수 있다. 그 중에서 대표적인 것이 JIT시스템으로, 이는 부품재고를 가지지 않고 공장이 부품을 필요로 하는 때에 필요량만큼 조달하는 방식을 말한다.

대형체인점이 POS 시스템을 이용하여 다빈도 소량발주를 행하고, 이에 따라 납품시키는 것도 조달물류이다. 조달물류는 지금까지 납품업자의 판매물류로 행하여지는 것이 보통이었지만 조달물류가 중시되면서 납품을 받는 측에서 스스로 시스템 개발을 행하는 사례도 늘고 있다.

④ 역물류

상품의 생산에서 소비로 향하는 통상의 흐름과 반대의 흐름을 총칭하여 역물류라고 한다. 반대의 흐름이란 의미에서 통상적인 물류흐름을 대상으로 하는 순물류에 대비하여 역물류라고 일컫는다. 역물류는 크게 다음과 같이 세 가지로 분류할 수 있다.

ⓐ 반품물류 : 반품의 요건이란 제품이나 상품의 문제점(예를 들어, 상품 자체의 파손이나 이상 등)의 발생이나 물류과정에서 발생하는 파손·이상·하자 등이 발생하는 것뿐만 아니라, 고객요구의 불일치로 인하여 발생하는 것까지 포함된 포괄적인 개념이라 할 수 있다.

ⓑ 회수물류 : 제품이나 상품의 판매물류에 부수적으로 발생하는 파렛트, 컨테이너 등과 같은 빈 물류용기와 판매와 관련하여 발생되는 빈 판매용기의 회수 및 재사용 예컨대 공병, 공 파렛트, 운송용 컨테이너 등을 일컫는다.

ⓒ 폐기물류 : 파손 또는 진부화 재고, 포장용기 등의 폐기물류활동에 발생하는 것으로 폐기처리의 요건으로는 진부화 혹은 소모 등에 의해 제품이나 상품, 또는 포장용기 등의 물류기기가 제 기능을 수행할 수 없는 상황이거나 또는 제 기능을 수행한 후 소멸되어야 할 상황을 의미한다.

순물류와 역물류를 비교하면 다음 〈표 1-2〉와 같다.

표 1-2 순물류와 역물류

순물류(forward logistics)	역물류(reverse logistics)
• 동종제품의 포장형태 균일 • 동종제품의 경우 가격과 품질이 동일 • 재고관리의 편리·정확 • 제품수명주기 및 물류비용 파악 용이 • 공급사슬 구성원 간의 거래조건이 단순함	• 동종제품인 경우도 포장형태 상이 • 동종제품의 경우도 가격과 품질이 각기 상이 • 재고관리의 어려움·부정확 • 제품수명주기 관리, 물류비용 파악 어려움 • 환경오염을 유발하는 경우 발생 • 공급사슬 구성원 간의 거래조건이 복잡함

⑤ 소비자물류

소비자물류란 용어는 일본의 운수성이 만들어 낸 용어로써, 물류 서비스 가운데서 소비자와 직접 관련이 있는 부분을 타 부분과 구별하여 소비자물류라고 한 것이다. 통상적으로 운수업의 대상은 화물수송으로 산업용이 대부분이고 대상시장은 기업이었다. 물론 이전부터 우편소포, 철도소화물, 이사화물, 창고업의 자재보관 등이 존재했지만 최근에는 직접 소비자를 대상으로 하는 물류 서비스의 개발이 중시되고 있으며 대표적인 예가 택배라고 할 수 있다.

제2 장

물류전략과 물류조직

제2장

물류전략과 물류조직

물류개선의 효과를 극대화하기 위해서는 물류활동을 전략적 시각에서 접근하여야 하며 물류의 제 요소들이 하나의 통합된 단위로 활동할 때 물류는 기업의 핵심적 역량으로서 중요한 전략적 위치를 점할 수 있을 것이다. 물류전략은 물류시스템이 시장에서 유지해야 하는 서비스수준을 물류비용을 고려하여 전략적으로 결정하는 작업으로 기업전체의 전략적 목표, 마케팅 전략, 고객서비스 충족수준, 경쟁자의 비용 대 서비스 관계 등을 고려하여야 한다.

또한 물류관리에서 다루는 문제는 기업 내·외부의 다른 기업조직과 연관되기 때문에 이와 관련된 조직관리와 인적자원관리는 물류관리의 성공을 위한 필수적 전제조건이다. 이 장에서는 물류의 전략적 중요성, 물류전략 수립과정, 성공적인 물류관리와 조직 및 인적 자원과의 관계, 그리고 좋은 인력관리 방안과 관리자의 역할에 대하여 살펴보고자 한다.

1 물류전략

경영자가 기업의 물류활동을 전략적으로 접근하기 위해서는 우선 물류전략과 계획수립 과정에 대하여 충분히 이해하고 있어야 한다. 국내 제조업의 상당히 많은 비용이 물류 관련비용으로 소요되고 있다는 점은 경영자에게 물류활동이 더 이상 운영적 차원에서 다루어져서는 안 되며, 물류에 대한 전략적 사고가 필요함을 시사하고 있다. 1970년대 미국에서도 물류활동이 성공적 기업경영을 위한 전략적 역할을 할 수 있다고 인식하는 경영자는 거의 없었다. 그 당시에는 물류기능을 원·부자재 및 완제품의 물리적 분배 및 운송이라는 개념으로 인식하였다. 그러나 최근 들어 경영자들이 공급사슬관리가 기업의 경쟁력 확보 및 수익률 제고에 많은 영향을 미치고 있다는 점을 깨달은 후부터는 물류활동을 전략적인 과제로 받아들이고 있다.

1) 물류의 전략적 기능

(1) 전략적 기능으로서의 물류의 역할

미국의 세계적 유통업체인 월마트(Wal-Mart)가 어떻게 항상 저렴한 가격에 탁월한 서비스로 상품을 판매할 수 있는지에 대한 연구결과, 월마트 경쟁전략의 핵심은 재고수준을 최저로 유지하면서 제품을 적시에 보충하는 방법을 찾아내는 데 있음을 발견하였다(Stalk et. al., 1992). 즉, 물류전략이 월마트가 내세우는 'Everyday Low Price' 슬로건을 뒷받침하고 있는 것이다. 효과적인 물류활동의 전개가 세계적인 유통업체의 경쟁전략의 핵심이 되고 있다는 사실은 현대 기업활동에 있어 물류가 전략의 핵심이라는 것을 잘 표현하고 있다.

전략적 경영에서 중요한 것은 기업활동에 있어 각 영역간의 조화와 균형을 이루는 것인데, 기업의 장기적인 활동과 단기적인 활동 사이의 이러한 역할을 물류가 담당하고 있는 것이다. 전략은 기업의 모든 주요 기능들을 연계시켜 포괄적으로 실행되어야 한다는 점을 감안할 때 전략의 전개에 필요한 조화와 균형을 유지하는 기능이 물류에 있다는 것이다. 이러한 물류의 전략적 역할은 [그림 2-1]과 같이 나타낼 수 있다.

기업전략이 변화하는 시장환경에서 차별화된 기업의 고유 위상을 찾아내고 유지하는 데 초점이 맞추어져 있음을 생각할 때 전략적 경영에 있어 물류의 중요성은 더욱 강조되는데 그 이유는 물류가 매우 복잡하기 때문이다.

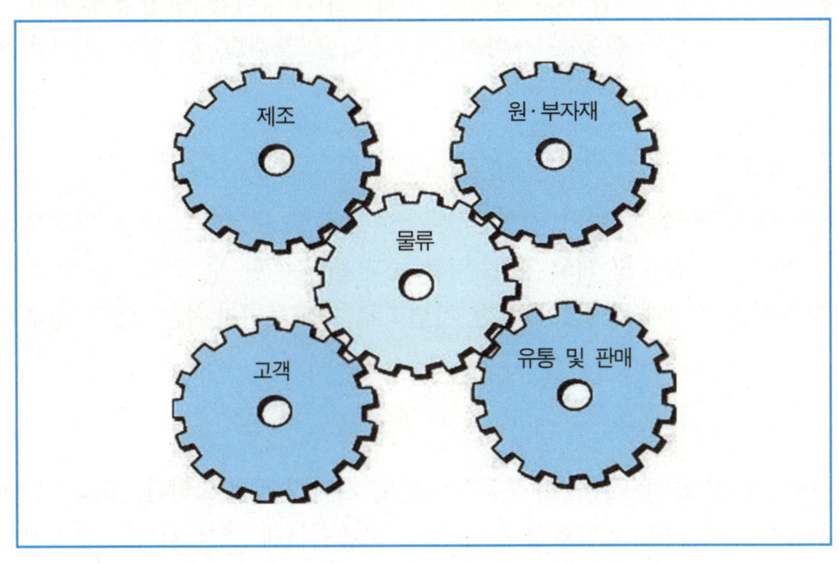

그림 2-1 물류의 역할

물류활동이 잘 이루어지고 있다는 의미는 물류와 관련 있는 수많은 개별요소들이 완벽하게 조화를 이루고 있으며, 동시에 전체로서 통합이 잘 관리되고 있다는 것이다. 그러므로 물류와 관련된 복잡한 기능이 제대로 이루어지고 있다는 점만으로도 해당기업의 전략적 기능이 어느 정도 이루어지고 있음을 알 수 있다. 따라서 기업의 핵심역량과 경쟁력 측면에서 물류가 가지는 전략적 중요성은 아무리 강조하여도 지나치지 않다.

(2) 경쟁우위 제고방법으로서의 물류

기업에서 물류활동이 어떻게 가치를 창출하는가를 이해하기 위해서는 다음 두 가지가 핵심적인 사항이다.

- 기업은 고객욕구를 충족하면서 경쟁자보다 나은 성과를 창출하기 위해서 어떠한 능력을 가지고 있어야 하는가?
- 기업이 다른 기업과 비교하여 물류부문의 독특한 차별화를 할 수 있는 것은 무엇인가?

일반적으로 기업에서 물류전략과 계획을 수립할 때 첫 번째 질문에 대해서는 제대로 파악하려고 노력하지만 두 번째 질문은 기업으로서는 더 중요함에도 불구하고 제대로 파악하지 않는 경우가 대부분이다. 그러므로 기업이 전략을 개발할 때 자신의 물류능력으로 어떻게 경쟁우위를 창출할 것인가를 생각하는 것이 중요하다.

Copacino(1992)는 물류활동을 통하여 경쟁우위를 창출할 수 있는 방안을 다음의 다섯 가지로 요약하였다.

① 저원가

효율적인 물류활동을 통하여 기업은 원가를 절감할 수 있고, 이를 바탕으로 저가격전략에 의한 시장점유율 제고 및 수익률 증대를 추구할 수 있다. 특히, 물류를 통한 저가격전략은 일상제품처럼 특별한 차별화를 도모하기가 쉽지 않은 경우에 유효한 수단이 될 수 있다.

② 높은 수준의 고객서비스 제공

고객서비스를 평가하는 척도로 주문 후 인도 시까지의 소요시간, 고객주문에 대한 제품의 가용성, 주문처리의 정확성 등이 주로 사용되는데 고객 서비스 평가척도에 큰 영향을 미치는 것이 바로 물류활동이다. 특히, 서비스 산업에서 이런 측면이 강조된다.

③ 부가적 서비스 제공

고객이 최종소비자가 아닐 경우 효율적인 물류활동은 고객의 경쟁능력을 높여 줄 수 있는 부가적인 서비스를 제공할 수 있다. 이러한 활동에는 고객이 원하는 장소로 직접배달, 신속한 재고보충, 고객에 대한 교육훈련 등이 포함된다.

④ 유연성 제공

효과적인 물류시스템은 서비스의 고객화를 가능하게 하고, 또한 특정고객의 요구에 적합한 가격제시가 이루어질 수 있도록 유연성을 제공한다. 이러한 유연성을 보유하면 고객의 다양한 요구를 저렴한 비용으로 충족시킬 수 있으므로 넓은 고객층을 확보할 수 있다.

⑤ 재창조능력 제공

물류시스템은 그 자체의 재창조능력에 의하여 기업에게 가치와 경쟁우위를 가져다준다. 이는 물류시스템이 시장의 요구를 충족시키는 새로운 방법을 만들 수도 있고, 또한 기존의 방법을 혁신시킬 수도 있음을 의미한다.

2) 물류전략의 수립과정

물류활동이 기업성과를 높일 수 있는 많은 잠재력을 가지고 있는 것을 인식한다면 그 다음 문제는 어떤 방법으로 물류의 전략적 잠재력을 개발할 것인가이다. 물류의 잠재력을 효과적이고 효율적으로 개발하기 위해서는 우선적으로 물류전략을 수립하는 것이 필요하다.

물류전략을 개발하는 과정에서 중요한 것은 물류시스템을 통하여 고객의 가치를 창출하고 동시에 기업의 전략적 가치를 도출하여야 한다는 점이다. 그러므로 물류시스템에 의한 진정한 가치를 창출하기 위해서는 물류시스템의 각 요소들이 조화를 이루면서 제대로 움직일 수 있는 능력과 방안을 창출하는 것이 중요하다.

Robenson과 Copacino(1994)는 [그림 2-2]와 같이 물류전략의 요소를 10가지로 구분하고, 이 10가지 요소를 4계층으로 구분하여 나타내고 있다. 물류활동이 제대로 이루어지기 위해서는 4계층으로 구분된 10가지 구성요소가 조화를 이루면서 완벽하게 통합된 형태로 움직여야 할 것이다.

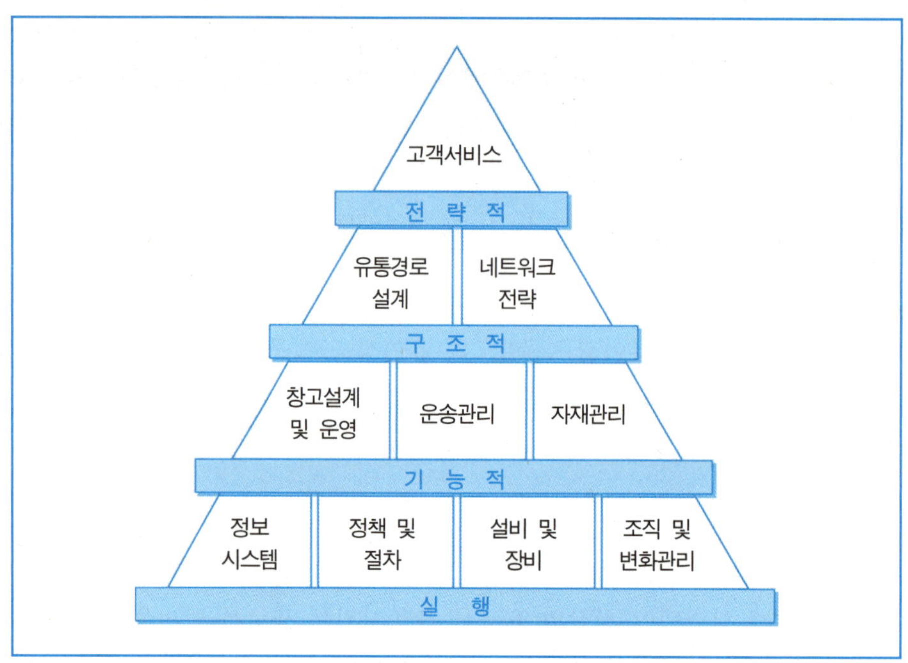

그림 2-2 물류전략의 핵심구성요소

(1) 고객 서비스 수준에 의한 전략방향 설정

전략방향을 설정할 때 우선적으로 고려되어야 할 사항은 고객이 무엇을 원하는가를 파악하는 일이다. 고객 서비스란 주문에서부터 고객에게 인도되는 동안 또는 인도 후 고장수리 및 보상교환 등의 애프터서비스를 포함하는 고객을 만족시키는 활동을 총칭한다. 고객 서비스 수준은 기업의 공급사슬 전체에 영향을 주는데 물류뿐만 아니라 생산 및 마케팅에도 영향을 미친다. 그러므로 고객이 무엇을 원하는지를 제대로 파악하는 것이 물류전략 수립에서는 무엇보다도 중요하다. 고객 서비스 수준은 물류시스템이 갖추어야 할 수준과 물류시스템의 수준을 결정하기 때문에 물류전략 수립과정에서 최우선적으로 결정되어야 한다.

물류비용의 개념으로 볼 때 서비스 수준의 증대는 엄청난 비용의 증대를 초래하기 때문에 효과적인 물류체계를 운영하기 위해서는 고객이 원하는 서비스 수준과 물류비용을 고려하여 서비스 수준을 결정하는 것이 중요하다. 그러나 여기서 비용문제를 고려하는 것은 적절하지 않다. 고객의 요구에 어떻게 부응할 것인가에 대한 문제는 그 다음 과제로서 전략설정 단계에서는 고려할 사항이 아니다.

생산업자로서는 고객 서비스 수준을 설정하기 위하여 고객이 되는 유통업자들의 형태를 구분할 필요가 있다. 고객 서비스 수준을 어떻게 구분할 것인가에 대하여, Laughlin과 Copacino(1994)는 운영상의 정교함 및 상품화 방향의 2가지 차원을 이용하여 [그림 2-3]과 같이 6가지로 구분하고 있다. 이러한 구분방식은 전통적인 방식과는 다소 다르지만 6가지 각 형태에서 고객가치와 고객 서비스에 필요한 사항을 이해할 때 용이하다는 이점이 있다.

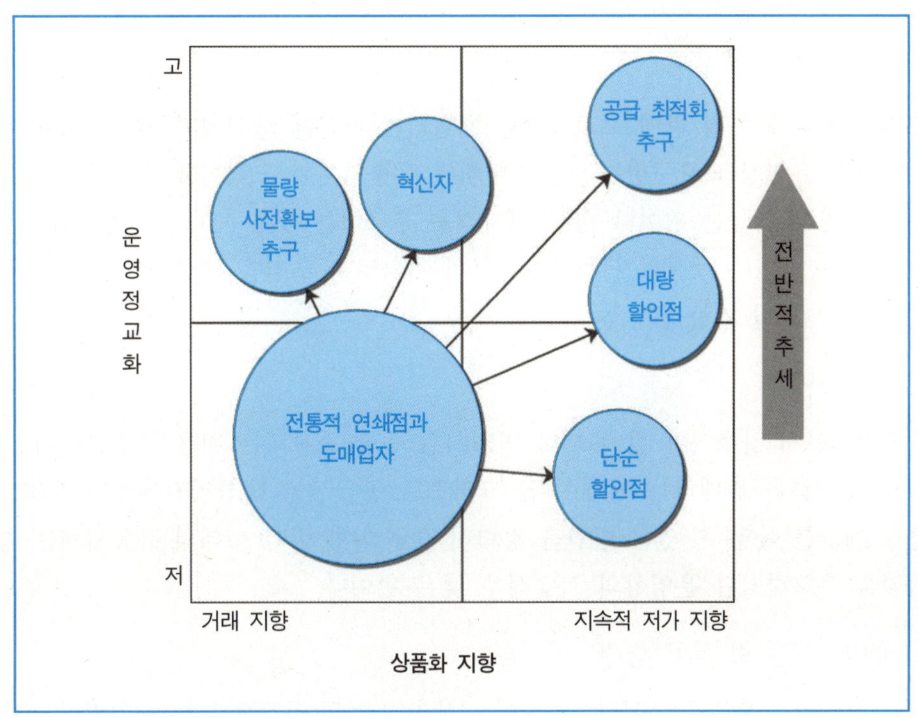

그림 2-3 유통업자 세분화의 프레임워크

① 전통적 방식의 연쇄점 및 도매상

일반적으로 흔히 볼 수 있는 형태로 운영상의 복잡성도 낮고 일반적인 상거래의 형태를 따르기 때문에 생산업자로서는 최소한의 고객 서비스만 필요하다. 그러나 최근에는 이런 형태의 유통업자가 다른 형태의 유통방식으로 많이 전환되는 추세이다.

② 공급최적화 추구 형태

월마트와 같은 형태로서 이런 유통업체는 공급업자들에게 상당히 까다로운 조건을 요구한다. 공급업체로부터 평활한 흐름을 유지하기 위하여 생산업자에게 완벽한 납기준수 및 차질 없는 물량공급을 요구한다. 이런 형태의 유통업체는 운영 및 관리가 상당히 복잡하고 항상 저가격을 추구하는 특징이 있다.

③ 대량할인 판매점

흔히 볼 수 있는 대량할인 판매점의 형태로 킴스 클럽 등이 여기에 해당된다. 유통업자들은 낱개포장이 아니라 여러 개를 하나로 묶은 포장을 요구하고, 짧은 납기 및 판매장으로의 직접배달 등을 요구한다. 이런 형태의 유통업체는 항상 저가격을 추구하지만 운영상의 복잡성은 보통이다.

④ 혁신추구 형태

고객들을 위해 특별 판매 프로그램을 개발하기 때문에 생산업자들에게 이에 부응할 수 있는 유연성을 요구한다. 이런 형태의 유통업체는 고객화를 추구하기 때문에 운영의 복잡성은 높은 편이나 항상 저가격을 추구하는 것은 아니다. 그러나 이들에게 제품을 공급하는 생산업자로서는 상당히 까다로운 조건을 맞추어야 하기 때문에 어려운 거래가 될 가능성이 높다.

⑤ 단순할인점

유통업체로서 갖추어야 할 설비나 편의시설 등에 소요되는 비용을 절감하여 최저가격으로 제품을 판매하는 형태이다. 그러므로 공급선인 생산업자에게 유통경로의 효율성 제고를 높일 수 있는 방안을 강력히 요구하며, 이런 형태의 유통업체는 항상 저가격을 추구하지만 운영상의 복잡성은 낮은 편이다.

⑥ 물량 사전확보 추구 형태

이런 형태의 유통업체는 생산업자들이 판매촉진 등의 목적으로 다소 저렴한 가격에 판매할 때 저렴한 가격에 대량으로 물품을 확보한 후 판매하는 형태이다. 이들은 구매원가의 저렴성에서 오는 수익과 다량의 물품을 상당 기간 보유하는 데 따른 재고비용 간의 차이에서 이익을 창출하게 된다. 적절한 수익을 창출하기 위해서는 운영상의 다소 복잡성을 띠게 되지만 가격 등 다른 요소는 일반적인 거래형태를 취한다.

(2) 물류시스템의 구조적 요소 개발

고객의 서비스 요구사항을 파악한 후 필요한 것은 요구사항을 어떻게 충족시킬 것인가를 결정하는 것이다. 요구사항을 충족시키는 실체는 물류시스템의 구조로 나타날 것이다. 물류시스템의 구조적 요소는 [그림 2-2]에서 보는 바와 같이 유통경로와 네트워크의 두 가지로 생각할 수 있다.

① 유통경로 설계

유통경로 설계는 고객 서비스 수준을 충족시키기 위하여 누가 어떤 활동과 기능을 어떤 방식으로 수행할 것인가를 결정하는 것이다. 유통경로 설계에는 많은 요인들이 영향을 미치는데 고객의 수요, 경로 자체의 경제성, 경로담당자들의 역할, 경로의 중요성 등이 중요한 요인들이다.

일반적으로 물류활동은 원·부자재 구매활동에서부터 재공품의 흐름, 완제품의 이동까지를 포괄하는 의미이지만, 경로설계에서는 주로 완제품을 고객 혹은 최종소비자에게 전달하는 과정에 초점을 맞춘다.

경로구조를 결정하기 위해서는 상당히 면밀한 분석과 조직의 비전 설정이 필요한데 이는 유통경로가 한번 구축되면 그것을 변경하는 것이 쉽지 않고, 변경하는 경우에도 상당한 시간이 소요되기 때문이다. 그러나 고객의 요구사항이 변하고 경쟁상황에 변화가 있으면 유통경로에 대한 재검토는 필요하다. 일반적으로 마케팅 경로로는 완제품 인도에 초점을 맞추기 때문에 Stern과 El-Ansary(1992)가 제시한 마케팅 경로 설계과정 10단계에 준하여 유통경로 개발과정이 이루어진다. 10단계로 구성된 유통경로 설계과정은 단계별로 이루어진다기보다는 동시적으로 수행된다.

단계 1 : 경로상에 전달되고 있는 제품 및 서비스는 고객에게 어떤 가치를 전달하고 있는가?
단계 2 : 기존경로를 무시하고 제로 베이스(zero base)에서 고객을 분석
단계 3 : 고객을 위한 분배창구 설계
단계 4 : 이상적인 분배시스템 설계
단계 5 : 기존 시스템 분석
단계 6 : 기업 내외부의 제약요인과 기회요인 조사
단계 7 : 각 대안별 비교분석
단계 8 : 조직 외부에 의한 경영목표 및 제약조건에 대한 분석
단계 9 : 경영목표 및 제약조건에 대한 절충 모색
단계 10 : 최적배분 시스템 도출

② 네트워크 전략

고객에게 가치를 최대한 전달하기 위해서는 경로전략과 네트워크 전략이 개별적으로 수립되어서는 안 되며, 통합되어 조화를 이루면서 수립되어야 한다. 예를 들면, 생산자의 창고와 유통업자의 창고가 얼마 떨어져 있지 않은데도 각 창고에 같은 종

류의 제품을 많이 보관하고 있다는 것은 별 의미가 없다. 그러므로 물류 네트워크 전략은 완제품 유통과정에 대한 부분뿐만 아니라 원·부자재 공급과정과 생산과정의 재공품 흐름 등 공급사슬 전반에 걸쳐 통합적인 차원에서 수립될 필요가 있다.

네트워크 전략의 역할과 구성을 제대로 이해하기 위해서는 전략을 통하여 어떤 질문에 대하여 답을 줄 수 있는지를 파악하는 것이 도움이 된다. 네트워크 전략은 궁극적으로 다음 질문들에 대하여 명확한 답을 제공할 수 있어야 한다.

- 얼마나 많은 설비가 필요하며, 각 설비는 어디에 위치하여야 하며, 각 설비의 역할은 무엇인가?
- 각 설비는 어느 고객과 제품 라인을 담당하여야 하는가?
- 고객의 서비스 기대수준을 충족시키기 위해서는 어떤 운송수단이 제공되어야 하는가?
- 물류시스템 내에서 고객으로부터 반환되는 장비나 포장재들은 어떻게 관리되고 처리되어야 하는가?
- 물류활동의 어느 부분을 자체에서 담당하고, 어느 부분을 외부 전문업체에게 맡길 것인가?

(3) 물류의 기능적 요소 결정

[그림 2-2]에서 제시된 물류전략 기본틀의 세 번째 단계는 물류전략의 기능적 요소에 관한 것으로 운송, 창고 및 자재관리 등 물류시스템의 기능적 요소에 대한 구체적 내용이다. 자재관리란 예측, 재고계획, 생산계획, 생산일정 및 구매를 포함하는 전반적인 원·부자재 및 완제품의 보충과정을 의미한다. 이러한 기능적 요소에 대해서는 전략적인 문제와 전술적인 문제가 고려될 수 있다. 다음은 대표적인 전략적 문제들이다.

- 물류활동 중에서 지금보다 얼마나 더 많은 부분을 외부에 의존할 것인가?
- 창고나 운송 부분을 외부 전문업체에 맡길 것인가?
- 창고 관련 서비스를 직접운영, 리스 혹은 용역계약 등 어떤 방식으로 처리할 것인가?

전략적인 차원에서 이러한 문제들은 기업의 핵심역량과 성공요소에 상당히 큰 영향을 미치기 때문에 신중하게 결정되어야 한다. 전술적인 차원에서 보면 기업이 물류기능 그 자체를 얼마나 탁월하게 수행할 수 있는지의 여부로 결정될 것이다. 그리고 물류의 기능적 부분은 전문적인 지식과 경험을 필요로 하는 경우가 많으므로, 물류기능의 우월성 여부를 판단할 때는 외부 전문가의 도움도 필요할 것이다.

또한, 물류부문의 탁월한 성과를 가지고 있는 기업을 벤치마킹하는 것도 물류성과를 제고시키는 기회를 포착하는데 도움이 된다. 그러나 벤치마킹에 의한 물류 기능적 성과를 높이려고 하는 경우 다음과 같은 몇 가지 주의해야 할 사항이 있다.

- 첫째, 기업마다 고유의 독특한 물류시스템을 가지고 있으므로 어떤 물류 시스템도 서로 같을 수 없다. 기업마다 외부로부터 조달하는 데 따르는 제약조건들이 다르고, 시장 형태 및 성격도 차이가 있고, 고객 서비스 요구수준도 다르기 때문에 같은 물류 시스템을 가질 수 없다. 그러므로 다른 기업의 물류 시스템과 비교·분석하는 경우 항상 비용과 서비스 수준에서 차이가 있을 수밖에 없다는 점을 인식할 필요가 있다.
- 둘째, 자신의 물류 시스템이나 벤치마킹하려는 상대기업을 분석하는 경우 전체 물류 프로세스나 시스템 차원에서 성과를 분석해야지 기능적 성과에 국한하여 분석하고 비교해서는 안 된다. 다시 말하면, 한 분야의 비용절감을 추구하기 위하여 전체 시스템의 성과가 낮아져서는 안 된다는 것이다.

물류 시스템의 각 기능적 요소들은 지속적으로 성과 측면에서 개선되고 있으며, 시장상황이나 고객 서비스 요구수준도 계속적으로 변하고 있다. 그러므로 물류 시스템의 기능적 요소들에 대한 구성이나 운영방법도 지속적으로 수정되고 보완되어야 전체적인 성과를 제고시킬 수 있을 것이다.

(4) 구축 및 실행

[그림 2-2]에서 제시된 물류전략 기본틀의 네 번째 단계는 전략의 구축 및 실행 단계이다. 이 단계에서는 첫째, 각종 물류관련 정책과 활동을 지원하는 장비의 구축, 둘째, 물류관련 설비와 장비의 구축, 운용 및 유지보수에 대한 절차, 셋째, 물류활동을 담당할 조직 및 인력에 대하여 다루어진다.

2 성공적 물류관리를 위한 인적 자원조직

1) 전통적 기능별 물류관리

기존의 많은 기업들은 물류관리를 전체적으로 파악하기 보다는 개별·기능별로 관리하여 왔다. 예를 들어, 운송·창고관리·재고관리·구매부서 등으로 물류기능을 나누어 별도의 조직에서 관장하였는데, 이러한 기능별 분리관리가 이루어진 것은 다음과 같은 원인에 기인한다고 볼 수 있다.

첫째, 분리된 예산관행으로 구매예산, 운송관리예산, 창고관리예산 등이 각각 별도로 관리되고 있다.

둘째, 기능별로 조직이 구축되고 별도로 분리된 통제와 관리관행을 가지고 있다.

셋째, 기업회계에서 운송비용이 상대적으로 적게 나타나는 경향이 있다.

물류의 문제를 통합적으로 다루기 위해서는 이러한 관행·경향과 같이 통합을 저해하는 내용에 대한 이해가 선행되어야 한다.

(1) 통합관리가 이루어지지 못한 물류관리 활동

전통적으로 운송과 재고는 마케팅이나 생산부문 하부의 문제로 간주되어 왔다. 예를 들어, 운송관리자는 저렴한 운송방법이나 운송사업자의 선정 등 운송비용에만 관심이 있을 뿐 재고비용에는 관심이 적을 수밖에 없다. 또한 이들 운송관리자는 각 사업부서나 지역본부의 지휘 하에 있기 때문에 전사적인 사항에 대한 책임감은 적다. 한편, 재고관리자의 경우도 마찬가지로 판매부서나 생산부서 수준에서 운송부문과는 독립적으로 활동하여 소비자 만족이나 생산효율성 증대에는 다소 성공적일지는 몰라도 운송관리 부문과는 유리되어 있다.

그런데 전사적 차원에서의 여러 물류 관련기능들 간 상쇄관계를 계량적으로 보여주는 것은 대단히 어렵다. 또한 분리된 기능이나 조직의 1차적인 목표는 개별기능의 비용 최소화를 추구하는 경향을 가진다. 따라서 각 개별기능이나 조직에서는 부분적인 비용 최소화를 이룬다고 하더라도 전사적인 효율성 극대화나 비용 최소화를 이루기는 어렵다. 이러한 기능 간의 괴리현상은 통상적 기업회계 시스템의 현상에 기인하는 바가 크다. 여러 기능과 연관되어 이루어지는 물류관리 전체 비용은 기존의 인건비, 이자비용, 연료비 등과 같은 분류방식으로는 사실상 개별주문에 관련된 특정 물류관리 비용을 산출하기가 어렵다.

즉, 기존 회계에서의 비용분류 방식은 대체로 부서단위로 비용이 집계되어 실제 물류 프로세스와는 직접적인 연관을 지우기가 용이하지 않기 때문이다. 그 결과 창고비용, 재고관리비용, 주문비용 등으로 프로세스에 따라 파악되어야 할 물류비용을 정확하게 파악하기가 어렵고, 더욱이 특정주문을 중심으로 물류비용과 수익성을 파악하는 것은 거의 불가능하다.

(2) 운송비의 상대적 현시성

물류관리가 전사적 관점에서 통합적으로 관리되어야 한다는 새로운 사고는 물류비용 중 운송비의 상대적인 비중의 변화와 관계가 깊다. 최근 많은 산업에서 물류비용 중 운송비의 비율이 통상적으로 운송비가 전체 물류비의 50% 정도를 차지하고 있다. 이에 따라 다른 물류비용에 비하여 운송비는 비교적 잘 관리되어 왔으며 그 결과 많은 기업에서는 물류의 문제를 운송비의 절감 정도로 국한해 생각하고 있다. 이에 따라 다른 물류비용에 비하여 운송비는 비교적 잘 감시되어 왔다. 그 결과 많은 기업에서는 물류의 문제를 운송비의 절감 정도로 국한하고 있다.

이에 따라 운송비의 비중이 높은 산업에서는 전사적인 물류관리의 이점을 간과하기가 쉽다. 이런 산업에서는 운송비, 재고비용, 주문처리비용, 기타 물류비용 간의 상쇄관계를 정성적으로 분석하는 것이 어렵다. 설령 그런 상쇄관계를 이해한다고 하더라도 다른 물류비용을 절감하기 위하여 운송비 비용의 지급을 증가시키기가 어렵다. 또한, 기능별 물류관리 경향은 지나치게 운송비의 절감에만 치우치게 되어 결과적으로 전체적인 통합물류관리에는 실패하게 된다.

(3) 전사적인 통합물류관리의 배경

전사적 통합물류관리는 다음의 4가지 부문 경영학의 발전에 영향을 받고 있다.

- 전체 원가분석 기법의 발전
- 시스템 방법론의 발전
- 고객 서비스 향상에 대한 관심 고조
- 마케팅 경로구성에 대한 관심도 증대

1950년대의 항공 운송비용에 관한 연구에서 물류관리를 통합적으로 보려는 새로운 관점이 제시되었다. 이런 연구에서는 전체 원가분석을 통하여 항공운임이 비싼 경우에도 시간, 고객관리 등 전체적인 관점에서는 오히려 경제적일 수 있다는 것을 보여주었다. 사실 이러한 전체 원가분석은 제조부문에서는 일찍부터 알려져 있었지만 물류관리 부문에서의 원가개념의 적용은 혁신적인 것이었다.

한편, 1950년대 GE사에서의 마케팅 개념의 발전은 고객 서비스에 대한 관심을 증대시켜, 기업들은 점차 물류부문의 성과를 지속적으로 향상시켜 고객만족을 추구하기 시작하였다. 이러한 고객지향적 마케팅은 1980년대의 품질경영 철학을 가져오게 하였다. 품질지향적 기업이라 함은 기업의 모든 활동을 고객만족에 초점을 맞추는 기업이다. 물류관리의 이점을 전략적으로 활용하는 것은 고객만족을 얻는 또 다른 방법이다.

물류부문의 통합적 접근은 일개 기업의 수준에서 그치는 것이 아니다. 즉, 기업 간 물류의 통합이라는 새로운 관점이 등장하게 된다. 물류 경로 상에서 여러 기업에서 중복된 기능을 수행하는 것은 전체 효율을 저해하는 중요한 원인이다. 1990년대에 들어서 다음과 같은 요인들로 인하여 기업에서는 통합물류관리에 대한 관심이 커지게 되었다.

- 물류관리의 전략적 가치인식 : 기업의 최고경영층에서 물류관리의 전략적 활용으로 경쟁우위를 도출할 수 있다는 것을 인식하게 되었다.
- 통합경영 철학 : 물류의 여러 기능에 대한 관리를 통합적으로 발전시키지 못하면 비효율성으로 인하여 경쟁에서 뒤지게 되었다.
- 과정중심 관리 : 공급사슬의 전체 과정에 대한 관리는 과정 간의 원가간 상쇄관계를 잘 이용하여 상당한 원가절감을 얻을 수 있고, 또한 공급사슬에 참여하는 여러 관련기업들의 시너지효과를 얻을 수 있다.
- 경로관리 : 통합적 물류 경로관리를 통하여 중복되는 비용을 줄이거나 전체적인 불확실성을 감소시킬 수 있다.
- 기업경영의 복잡성 증대 : 최근 기업경영 환경이 점차 복잡해짐에 따라 통합적 노력을 통하지 않고서는 효율적인 물류관리를 달성할 수 없게 되었다.

2) 기업조직의 변화

통합관리는 조직의 변화를 요구하게 된다. 통합물류관리를 추구하는 기업들에서는 몇 가지 뚜렷한 구조변화가 나타났다. 처음에는 대부분의 기업에서 물류관리는 기능별로 이루어졌다. 기능별 관리에는 명령과 통제에 기초한 조직구조가 일반적이었으나 최근의 통합관리에서는 기능중심의 조직 그룹의 형성보다 업무의 흐름을 연결시키는 과정중심 관리(process management)가 중시되는 새로운 조직구조가 나타나게 되었다. 이러한 조직은 구조나 활동방향을 최고의 실적과 성과를 얻게 하는 데에 초점을 맞추고 있다.

(1) 기능별 조직의 변화

대부분 처음에는 물류관리를 위하여 기능별 조직형성을 최적으로 보았다. 기능별 조직형성은 다음의 3단계로 발전해 왔다.

① 완전기능별 조직분화

물류관련 조직은 전통적인 관점에 따라 마케팅·생산·재무 등으로 나뉘고, 이들 간의 통합 내지 협력 관리는 사실상 각 부서의 관리자간 협력의 수준에 불과하다.

② 주요 기능별 집단화

두 번째 단계로는 2~3개의 주요 물류관리 기능을 중심으로, 예를 들어 자재관리나 물적 유통관리 등으로 엮어진다. 대체로 이러한 수준의 통합은 전통적인 계층적 기능조직이 아닐수록 더 잘 이루어진다.

③ 기능별 조직통합

세 번째 단계로는 자재 및 물적 유통관리 부서가 통합되어 전체적인 통합물류관리를 담당하는 하나의 조직으로 만들어지는 것이다.

첫 번째 조직구조에서 물류관리는 기능 간의 협력에 의존할 수밖에 없다. 다음 두 번째 단계의 조직구조에서도 기능들이 소수의 조직구조에 할당되기는 하였지만 여전히 전통적인 명령통제 구조 하에서의 기능할당에 불과하다. 이러한 통합의 전제조건은 기능 간 서로 가까이 있고 같은 경영층에게 보고한다는 것이다.

물류관리 조직에 관한 과거 연구들에서는 이러한 3단계 조직구조의 패러다임에 따라 각 기업의 물류관리 단계를 나누기도 하였다. 또 다른 연구는 물류관리를 담당하는 임원들의 경력이 무엇이었는지에 따라 조직변화를 분석하기도 하였다. 이러한 연구들은 서로 출발점은 달랐지만 결국 기능별 조직형성으로 나아가는 변화를 보여 주고 있다. 예를 들어, 물류나 배송 부서를 담당하는 경영층이 늘어가고 있는 데에서도 그 변화를 알 수 있다.

그러나 비록 많은 연구에서 물류기능들이 점차 통합되고 있다는 것을 보여 주고 있지만 기능의 통합이 실행과 성과의 통합으로 바로 연결되지는 못하고 있다. 즉, 아직도 조직들이 과거의 명령과 통제의 패러다임에서 벗어나지 못하고 있는 것이다.

(2) 과정중심 조직

1980년대 우수한 물류관리 조직은 기업에 따라 구조형태는 매우 다양하지만 최선의 성과 달성을 위하여 보다 강력하게 품질지향적이고 과정중심 의사결정을 추구하고 있다는 것을 알게 되었다. 그 뿐만 아니라 우수한 물류관리 조직은 물류관리 기능은 물론이고 과거 전통적 중심기능 부문에 까지 책임영역을 확대하고 있다는 것을 알게 되었다. 또한, 기능별 조직형성의 중요성도 상당히 감소되었다. 실제로 많은 관리자들은 사업이나 일의 성공적 수행을 물류관리가 지원할 수 있다고 보게 되었다. 즉, 기능중심적 관리형태에서 최고의 성과를 추구하는 과정중심적인 관리형태로 나아가고 있는 추세를 보여 주는 것이었다.

이러한 과정중심 관리는 전통적인 조직구조의 유효성에 대한 의문에서 출발한다. 이제 조직은 과정통합을 편리하게 만들 수 있어야 하는 것이며, 이는 마치 종합병원에서 여러 분야의 의료전문가들이 하나의 수술을 성공적으로 마치기 위하여 각각의 전문능력을 엮어나가는 팀과 같은 것이 되어야 하는 것이다.

이러한 변화는 과거 전통적 기능조직에서 마치 각 기능부서의 중간관리자들을 불필요하게 만들고 있다. 또한, 계층적 기능별 조직구조를 보다 얇고 넓은 과정중심 조직구조로 바꾸고 있다. 따라서 기능간의 장벽을 뛰어넘는 과정중심적 팀 조직의 구축은 필연적으로 기존의 전통적 명령통제 조직의 해체를 필요로 한다. 이러한 조직구조의 해체 및 과정중심의 조직통합은 다음의 3가지 수준으로 나타나고 있다.

① 고객중심적 과정으로의 통합

최근 소비자의 행동은 급격하게 변화하고 있다. 세계화·개방화·정보화의 추세에 따라 소비자들은 보다 많은 상품정보를 쉽게 얻게 되었고 보다 폭넓은 선택권을 가지게 되었다. 이에 따라 소비자들은 점차 상표에 대해 얽매이지 않게 되었으며, 이들은 보다 높은 부가가치와 보다 다양한 옵션을 요구하고 있다. 이에 기업은 보다 정교한 마케팅 믹스 전략을 구사하려고 하고, 물류관리는 경쟁우위를 확보할 수 있는 중요한 방법이 되고 있다.

② 제품의 수명주기 전 과정에 걸친 통합

한편, 제품은 수명주기는 단축되고 있고, 다양한 형태를 가지게 되었다. 그 결과 연구개발에 투자한 자본을 회수할 수 있는 기간이 짧아지고 있다. 이런 경향은 신제품의 빠른 출시, 저비용 마케팅, 제조, 물류활동을 요구하게 되었다. 대체로 전통적인 명령-통제 조직구조는 이러한 상황에 적응할 수 있는 유연성을 저해하고 있다. 그래서 많은 기업들은 관리자의 숫자를 줄이고 내부기능들을 아웃소싱으로 외부화 시키고자 한다. 이러한 조직의 축소 경향과는 달리 과정중심 관리는 관리자의 책임범위는 기존의 기능별 영역을 뛰어넘어 오히려 넓어지고 있다. 구체적으로 물류관리자의 임무는 종래의 자재관리와 배송관리의 영역을 넘어서 다른 기능에까지 훨씬 넓어지고 있다.

③ 조직구조 간의 통합

전통적인 명령-통제 조직은 부서, 생산 라인, 본부 등의 조직구조의 형태로 기능별 독립성을 추구하고 있는 데에 비하여 과정중심 관리에서는 기능 간의 상호보완성을 조정하는 데에 정보기술을 이용한다. 즉, 과정중심 통합을 추진하는 데에는 과거와 다른 새로운 방법이 필요하다. 그 예로 EDI(Electronic Data Interchange)와 같은 새로운 기술은 정보의 상호보완을 기능하게 하여 과정중심 관리를 보다 용이하게 한다. 또한 ABC(Activity Based Costing) 방법은 전통적인 회계가 가지는 부서중심 원가관리에서 과정·활동 중심의 원가관리를 가능하게 한다. 즉, ABC를 통하여 부서가 아니라 자원이 직접 활동(과정)에 적절한 비용이 부과될 수 있도록 한다. 그리하여 과정중심 관리에서 책임소재를 분명히 할 수 있는 방법을 제공한다.

기능별 명령으로 움직이는 전통적 조직구조는 정보에 기초한 경쟁 환경에서 활동하는 데 최선의 길이 될 수 없다. 전통적 조직구조는 현재 대부분의 기업조직에서 볼 수 있고 앞으로도 상당기간 더 남아 있겠지만 변화에 대한 요구는 더욱 거세게 될 것이다. 그러한 조직변화의 요구로는 다음과 같은 것들이 있다.

- 팀에 힘을 실어 주고 의사결정 권한을 주어야 한다. 이를 위해서는 팀 조직원들에 대한 교육훈련, 새로운 경영방법, 조직문화 규범의 변화가 필요하다.
- 중간관리 층에 대한 수요는 줄어들 것이다. 그런데 기존의 중간관리 층이 변화하는 조직구조에서 요구되는 새로운 역할을 담당하기는 쉽지 않을 것이다.
- 정보와 관련하여 조직 내에서 쓸데없는 분쟁을 방지해야 한다. 정보의 독점적 소유가 아니라 팀 조직원 간의 자유로운 정보의 공유가 필요하다.
- 조직 간의 비전 공유가 요구된다. 즉, 개인의 관심사를 팀과 기업 전체의 관심사와 일치시킬 수 있어야 한다.
- 조직의 규범, 가치, 조직 내 역학관계 등은 팀이 만드는 경영기술을 향상시키도록 변화되어야 한다.
- 팀워크 구축, 팀 조직원 간의 네트워크 구축에 대한 동기부여를 위하여 새로운 보상방법, 성과에 대한 인정, 승진정책이 필요하다.
- 유능한 관리자를 구해야 한다.
- 관리자의 역할은 매우 복잡하기 때문에 고도의 훈련이 필요하다.
- 종래의 명령-통제 조직구조에서 통합형 조직구조로 바꾸는 것은 경영관리 과정이다. 따라서 이 과정에는 적절한 소요시간, 변화에 대한 유연성, 리더십이 요구된다.
- 효과적인 정보시스템 하부구조를 구축하는 것도 매우 중요하다.

3) 물류 활동들의 조정

다양한 물류 활동들의 조정은 여러 가지 방법을 통해 이루어질 수 있다. 기본적인 시스템의 구조는 일반적으로 다음의 조합에 의해 이루어진다.

- 전략적 대 운영적 구조
- 집중화 대 분산화 구조
- 라인 대 스태프 구조

(1) 전략적 대 운영적

전략적 대 운영적 구조는 물류 활동이 기업 내에서 위치하는 수준을 일컫는다. 전략적으로, 기업의 각 계층 안에서 다른 활동(예를 들어, 마케팅, 제조, 재무/회계) 등에 대비해 물류의 위치를 파악하는 것이 중요하다. 이와 함께, 물류 경영진의 관리하에서 수행되는 창고, 재고관리, 주문 과정, 운송 및 기타 다양한 물류 활동들의 운영적 구조도 똑같이 중요하다.

(2) 집중화 대 분산화

집중화된 유통은 물류활동이 중앙에서 관리되고 있는 시스템을 일컫는 말이다. 일반적으로 기업의 중심부 또는 운영 권한이 하나의 조직 또는 개인에 의해서 조절되는 시스템을 말한다. 주문 과정, 수송 또는 재고관리와 같이 중앙에서 관리하는 활동들은 규모의 경제에 의해 원가 절감에 기여할 수 있다.

반면, 물류활동의 분산화는 어떤 기업에 있어서는 효과적일 수도 있다. 어떤 이들은 분산화된다는 물류활동이 더 높은 수준의 고객서비스로 연결될 수 있다고 주장한다. 그러나 컴퓨터 기술과 정보시스템의 발전으로 인하여 집중화된 물류활동을 통하여 더 높은 고객서비스를 제공할 수 있게 되었다.

(3) 라인 대 스태프

조직 구조의 세 가지 기본적인 분류 하에서, 물류활동은 라인과 스태프 또는 그 둘의 조합으로 이루어질 수 있다. 라인 활동으로서의 물류는 작업자들이 다양한 업무와 같은 무엇인가를 수행하고 있다는 면에서 판매 또는 생산과 비교 가능하다. 이러한 업무가 끝나면 개개인은 유통 작업의 수행에 책임을 지게 되어 있다.

스태프 조직에서는 주문 과정, 수송, 그리고 창고와 같은 라인활동들이 물류 부서장 또는 생산, 마케팅, 재무/회계에서 이루어진다. 다양한 스태프활동은 라인기능을 도우며 상호 협력한다. 라인과 스태프 활동의 조합은 이들 두 가지 종류의 조직을 통합하며 따라서 라인과 스태프 활동이 협력하지 못하는 부분인 시스템적 결점을 제거해 준다.

조직에 대한 전형적인 스태프접근에서는, 물류는 주로 조언적인 역할을 하고 있다. 라인 조직에서 물류의 책임은 일상적인 의사결정의 범위인 운영적인 부분에 대한 것이다. 라인과 스태프 조직의 조합은 가능하며, 대부분의 기업들이 이런 형태의 구조를 가진다.

이와는 다른 조직적인 접근들도 가능한데, 예로는, 기능으로서의 물류, 프로그램으로서의 물류, 과정으로서의 물류 그리고 매트릭스 조직적 접근이 포함된다. 다음의 [그림 2-4]에는 기능으로서의 물류를 위한 조직 설계를 보여주고 있다. 기능적 접근을 도입하고 있는 기업의 예는 주로 운송, 항공, 전력발전, 그리고 건설 산업에서 기술, 관리 그리고 관련된 서비스를 제공하는 벡텔 그룹(Bechtel Group)을 들 수 있다.

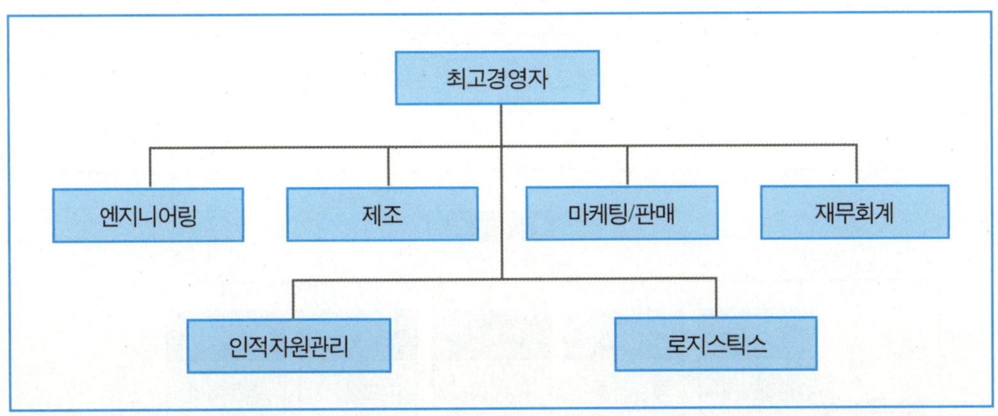

| 그림 2-4 | 기능으로서의 로지스틱스를 위한 조직설계

물류가 프로그램으로 조직된다면([그림 2-5] 참조), 유통활동은 기업 전체가 참여하는 프로그램의 역할로 가정하며 각각의 기능 영역들은 프로그램에 따라 부차적으로 존재한다. 최적의 물류 조직은 기능과 프로그램 접근으로 대변되는 두 개의 극단, 그 사이에 놓여져 있다고 할 수 있다.

매트릭스 관리 접근은 조직 내에서 유니트 라인들 사이의 협동을 필요로 한다. 따라서 최고 경영자가 성의 있게 물류 책임자를 지원하는 것이 절실히 필요하다. 그러나, 최고경영자의 지지에도 불구하고 협력의 복잡함을 완전히 이해한다는 것은 힘든 일이다. 예를 들어 매트릭스 관리 조직에서는 흔히 여러 개의 보고 책임이 존재하고, 다른 목표를 가지고 있는 여러 관리자에게 보고하는 과정에서 문제가 발생할 수도 있다. 이러한 문제 때문에 결과적으로 많은 조직들은 팀 구조를 채택하였다.

어떤 산업에서는 팀 조직이 매우 효과적일 수 있다. 특히, 고도의 기술을 다루는 기업에게는 팀 구조가 적합하다. 왜냐하면, 작업의 발생정도가 높거나 여러 기능적인 분야들에 걸치는 프로젝트 방식의 활동 때문이다. 팀 구조는 요즘 많은 기업들이 경험하고 있는 조직의 층을 줄이는데 도움이 되고 있다.

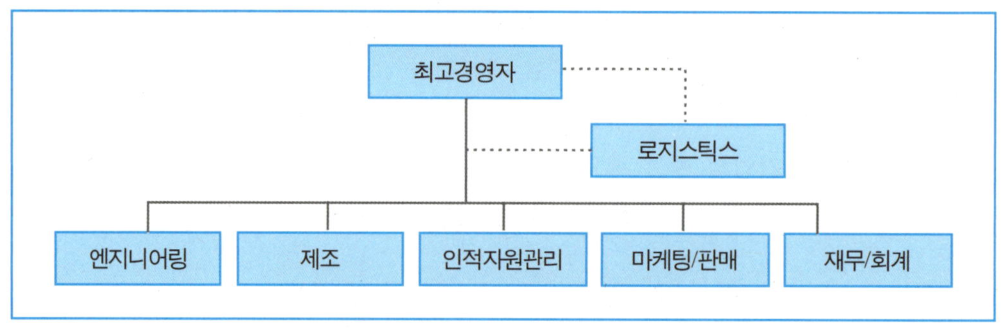

| 그림 2-5 | 프로그램으로서의 로지스틱스를 위한 조직설계

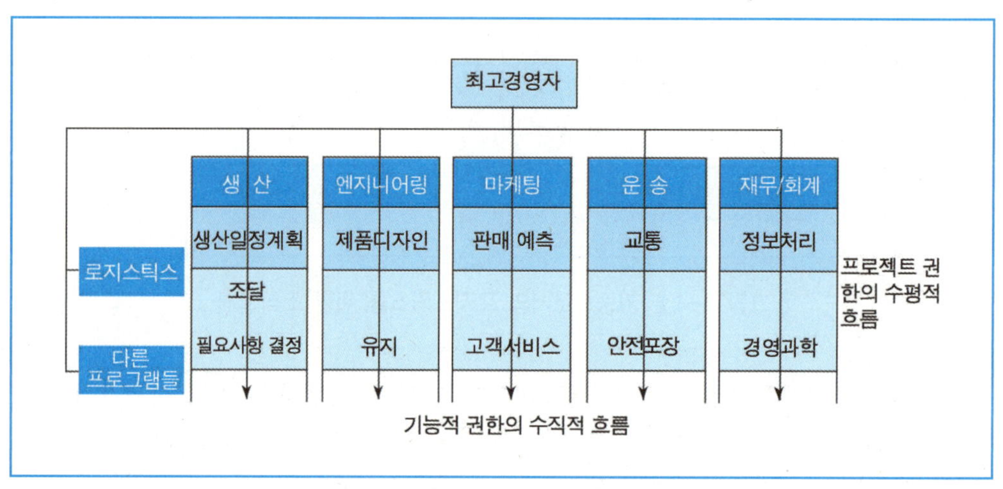

| 그림 2-6 | 매트릭스 조직에서의 로지스틱스

팀 구조는 서로 보완적인 기술, 공통의 목표, 상호간의 책임, 그리고 그 목표를 달성하기 위해 자원과 권리를 가진 적은 수의 사람들로 구성된 그룹을 포함한다. 이것은 전통적인 매트릭스 조직에 가까운 작업 그룹과는 다른데, 왜냐하면 팀에 있는 사람들은 작업그룹과는 달리 결과를 위해 개개인별로 책임을 가지는 대신에 상호적으로 자발적인 책임을 가진다. 매트릭스 시스템에서는 관련된 사람들의 수적 측면 때문에 의사 결정을 하기 힘들다. 따라서 요즘에는 팀 구조의 인기가 많아지고 있다.

4) 기업영역의 외부확장

정보기술에 대한 비용이 상대적으로 저렴하게 되어감에 따라 물류관리 조직에서 내부과정의 통합이 용이하게 되었다. 최근의 경향은 이러한 내부적인 통합을 넘어서 여러 기업이 연관되는 전체 공급사슬에 걸친 물류과정의 통합이 시도되고 있다. 이러한 새로운 도전은 경쟁우위를 노리는 기업들에게 배송경로가 새로운 기회를 제공한다. 과거 포드나 GM과 같은 거대기업의 경우 배송경로 통합의 시너지 효과를 관련기업의 소유를 통한 수직적 통합(Vertical Integration)으로 이루려고 하였다.

그러나 현대와 같은 불확실한 기업환경에서 이러한 독점적 소유방식은 거대한 노동과 자본이 필요하므로 비현실적인 것이 되었다. 또한 이러한 독점은 기업 활동의 유연성을 상실하게 할 가능성도 매우 크다. 지금은 과거와 같이 소유에 의한 통합이 아니라 각 기업 간의 파트너십이 대안이 될 것이다. 이때 정보기술은 1개 기업의 한계를 수직적 결합의 특성을 지닌 파트너십으로 넓혀나갈 수 있게 한다.

(1) 시간에 기초한 전략

최근 급속하게 발전하는 정보기술로 시간에 기초한 전략이 용이하게 되었다. 이러한 전략은 제조와 배송 부문시스템에서의 중복과 낭비를 방지하는 것에 초점을 두는 전략이다. 실제로 자동차, 소매유통, 소프트웨어 산업에서는 경쟁우위를 얻기 위하여 시간에 기초한 전략을 사용하고 있다. JIT(Just-in-Time)이나 신속대응(QR: Quick Response) 기법은 재고와 정보의 활용으로 기업의 자원을 가장 효율적으로 하는 경영기법이다. JIT에서는 공급경로 상 꼭 필요한 만큼의 재고를 필요로 할 때에만 보유하도록 한다. 빠른 재고자산 회전은 공급경로와 관련된 여러 기업들에게 다음 2가지 이점을 준다. 첫째, 생산은 고객의 주문에 의하여만 이루어진다. 즉, 주문이 있어야만 생산이 시작되기 때문에 판매 예상에 기초한 생산이 필요 없고 제품의 노후화가 되지 않게 한다. 둘째, JIT하에서는 주문 사이클을 불량품과 부가가치가 없는 활동을 제거하여 최소화시킬 수 있다. 이렇게 단축된 주문 사이클로 고객 서비스를 향상시켜 타경쟁자가 따라오기 어려운 확고한 경쟁우위를 구축할 수 있다. 이러한 성과는 관련당사자 모두에게 도움이 된다. 일본의 도요다 자동차는 JIT를 통하여 경쟁력을 획득하였다.

한편, 신속대응 기법(QR)은 미국의 대형 소매유통업체나 의류판매체인 등에서 널리 사용되고 있다. QR은 최종제품의 재고수준을 혁신적으로 개선시키는 정보시스템이다. JIT에서와 같이 QR에서도 고객의 구매패턴에 더 근접하도록 상품을 배송하게 된다. 이렇게 실시간 정보유통을 통하여 유통사업자들은 공급업자와 작업을 조정할 수 있고 전체적인 공급사슬의 성과를 높인다.

(2) 영역의 확장

배송경로상 기업영역의 확장이라는 개념은 최근 정보 네트워크의 기술발전이 통제능력을 제고시킴으로써 실행이 가능하도록 만들었다. 특히, 아웃소싱에 있어서 적절한 통제를 어떻게 확보할 것인지가 관건이 된다. 정보 네트워크를 통하여 생산일정, 자재현황, 고객주문 현황과 기업의 일상 활동상의 중요한 정보를 즉각적으로 공유할 수 있게 되었다. 이러한 정보공유는 과거에 적절한 통제와 책임소재를 분명히 하기 위해 요구되어 왔던 골치 아픈 조직구조의 구축과 같은 단계 없이 경영과정의 통합을 가능하게 하였다. 영역의 확장은 최초의 부품공급자로부터 최종소비자에 이르는 과정을 효과적으로 관리할 수 있게 하는 핵심적인 사항이다. 원활한 물류관리는 여러 관련기업들의 적극적인 참여로 실현될 수 있다. 하나의 개별기업 수준에서는 그 기업이 전체 물류관리 과정상 아무리 중요하다고 하더라도 공급업자와 고객 간의 긴밀한 협력 없이는 원활한 물류관리를 이끌어낼 수 없다. 이러한 협력이 성공적인 물류관리에 중요하게 될수록 파트너십이 공급사슬의 전체적 성과 향상을 실질적으로 만들어낼 수 있는 길이다.

(3) 파트너십

물류경로 내에서 적대적 관계는 더 이상 인기가 없으며 스스로를 위해서도 기업들은 주요 공급업자와 고객 간의 파트너십을 통한 협력의 이점을 추구하고 있다. 이러한 동반자적인 관계의 흔한 형태는 전체 물류경로 내에서의 전문화의 추구이다. 전문화는 전체 과정의 여러 목표달성에 매우 효과적이다. 예를 들어, 미국의 물류전문기업들은 공급사슬에 따라 관련조직들을 연계시키는 독특한 물류관리 해법을 만들었다.

파트너십이 일상화될 것이라는 예측은 오래 전부터 있었는데 이러한 변화의 배경에는 물류 관련비용의 절감과 모든 활동의 최적화가 그 목표가 되고 있다. 파트너십은 여러 관련기업들에게 전문화를 하게 만들고, 이들 기업은 자신이 최선의 성과를 낼 수 있는 전문분야를 개발하게 한다.

우리나라와 일본의 계열화는 수직 또는 수평적으로 연계된 네트워크를 이용한 것이다. 이러한 연계관계는 상호지분 관계로 얽혀지는 경우가 많고, 또 이는 파트너 관계가 아닌 경쟁자와의 격심한 경쟁에 대항하는 협력과 연합방법이 된다. 유럽기업에서는 이러한 연계관계를 금융기관이 해당 기업들의 소유권을 보유함으로써 이루어지고 있다. 미국 기업의 경우도 법적 계약에 의한 공동연구 개발과 같은 방식을 통하여 유사한 전략을 사용하는 예가 급속하게 늘어나고 있다. 예를 들어, 미국의 3대 자동차 메이커와 미국 정부는 전기자동차에 사용될 전지의 개발을 공동으로 수행하고 있다. 미국 기업의 전략적 파트너십의 구축은 공동 활동의 효율성을 증대시키는 데에 목표를 두고 있다. 이러한 아이디어는 파트너십에 참여하는 기업은 고객에게 더 좋은 서비스를 제공할 수 있고, 또한 고객이 성공하는 것이 이들 기업이 번창하는 길이라는 것이다.

한편, 미국 월마트(Wal-Mart)사는 공급사슬에 깊이 관여함으로써 유통업계의 총아로 부상할 수 있었다. 이 회사의 성공비결은 바로 기업 내의 매우 효율적인 배송 네트워크와 사외에서 잘 선정된 파트너들을 결합시키는 능력에 있다.

5) 새로 나타나는 물류관리 조직

앞으로는 물류관리에서의 성과가 기업의 중요한 성공요인이 될 것으로 기대된다. 그러나 어떠한 물류관리 조직구조가 기업 내부 및 외부의 기능통합(또는 기업영역의 확장)에 유리한지는 아직 분명하지 않다. 물류관리에서 성과의 중요성이 커질수록 기업들은 고객 서비스 향상을 위하여 보다 나은 방법들을 추구할 것이다. 또한, 이는 기업 내부뿐만 아니라 외부에까지 활동영역을 넓힐 수 있는 완전히 새로운 조직구조를 만들어낼 것이다.

미래의 물류관리 조직구조는 기업 전체 조직이 물류관리 성과에 민감하게 되어감에 따라 점점 더 조화롭게 되어갈 것이다. 따라서 전통적인 명령-통제 조직구조는 정보 네트워크에 의하여 연결된 팀 조직으로 바뀌어 질 것이다. 기업은 일상적인 물류관리 활동을 효율적으로 다룰 수 있고, 고객만족을 위한 복잡한 업무들을 잘 처리할 수 있는 물류관리 조직을 구축하여야 한다. 또한, 새로운 물류관리 조직은 갑자기 일어나는 사태에 적절히 대응할 수 있어야 하고, 새로운 기회를 포착할 수 있어야 한다. 이러한 물류관리 부문에서의 능력이 기업의 경쟁력으로 바뀌게 된다. 그리고 관리자들의 창의력을 각 기업들의 개별적 상황에 맞게 적응할 수 있도록 조직구조를 만드는 것이 무엇보다 중요하다.

3 효율적 물류관리를 위한 인적 자원관리

물류관리는 전통적으로 배송상의 문제를 해소시킬 수 있는 기능분야이다. 물류관리 담당자들은 물류관리 제 분야를 통합·조정할 수 있는 권한을 요구해 왔는데, 이는 물류와 연관된 마케팅, 제조, 원·부자재 조달의 통합을 쉽게 할 수 있다고 보고 있기 때문이다. 그러나 많은 기업에서의 경험을 보면 경영층에서 물류관리 기능통합에 대한 비전을 세우고 하부관리자에게 물류관리 기능통합의 지시를 해보지만 하부관리 계층은 이런 변화를 싫어한다.

한편, 물류관리 담당자들은 흔히 권한은 없고 책임만 있다는 말을 한다. 이는 이들이 공식적인 권한 없이 서로 다른 목표·관심사·전망을 가지고 있는 여러 부서장으로부터 협력을 위한 행동을 이끌어내야 하기 때문이다. 따라서 물류관리 책임자들은 물류관리의 잠재적인 이점도 알아야 하지만 통합적 물류관리의 실행의 어려움도 잘 이해해야 한다. 실제로 물류관리 담당관리자 중에는 상존하는 조직 내 타성을 이겨내고 효과적인 프로그램을 성공적으로 도입한 경우도 있다. 이들은 직무의 어려움을 회피하지 않고 나아가는 사람들로 변화에 대한 저항에 내재되어 있는 근본적인 요인들을 이해하고 통합적 물류관리를 얻어내기 위한 새로운 방법들을 찾아내는 데 성공한 것이다. 특히, 이들 성공적인 물류관리자들은 변화에 대한 저항원인과 관리의 요체가 모두 사람에게 있다는 것을 알고, 물류관리 문제를 다루기 위하여 인적 자원관리에 관심을 쏟는다. 인적 자원관리에는 다음의 내용이 포함되어야 한다.

1) 인적 자원관리의 기초

인적 자원관리에는 보상관리, 성과 측정, 인적 자원의 모집, 경력개발, 승진과 전보관리 등이 포함되고, 이에 대한 정책은 기업 조직원들의 행태와 능력에 결정적인 영향을 준다. 이러한 인적 자원관리 정책은 첫째, 기업경영에 있어서 기업의 목표를 정하고, 이 목표에 대하여 전체 조직원들과 의사소통을 원활하게 한다. 둘째, 조직원들로 하여금 기업의 목표 달성에 각자의 노력을 집중시킬 수 있도록 동기를 부여한다. 셋째, 기업에서 수행하는 사업이 발전해 나갈 수 있도록 인적 자원의 능력을 개발하거나 획득하게 한다.

(1) 보상관리와 성과 측정

경영층이 지향하는 목표가 무엇인지를 정하고 이를 알리는 데에 매우 중요한 역할을 하고, 기업으로 하여금 그 목표를 달성하게 한다. 그런데 많은 기업들은 보수지급 방법 등 다소 지엽적이거나 기술적인 부분에만 집착하고 있는 데 비하여 보상관리와 성과 측정의 목적을 규정하는 데에는 신경을 쓰지 못하고 있다. 이러한 문제는 전략적 투명성을 확보하지 못했기 때문에 일어나는 것으로 흔히 기업에서 여러 부서 간에 각자가 생각하는 암묵적인 기업의 목표가 모호하거나 서로 다르게 인식되어 갈등을 일으키게 할 수도 있다. 이러한 상황에서는 기업 내 각 기능들은 서로 다른 목표를 지향하게 되고 변화에 대한 저항이 심하게 된다. 또한, 이때 성과 측정 시스템의 적용은 문제를 더 악화시키기도 한다.

(2) 인력모집과 선발관리

기업에 있어서 장기간에 걸쳐 여러 계층의 인적 자원능력을 어떻게 구성할 것인지를 결정한다. 개인은 한 방면에서는 유능하지만 다른 방면에서는 능력이 부족할 수 있다. 따라서 경영층은 기업경영의 현재와 미래에 어떤 부문이 중요한지를 알아야 한다. 예를 들어, 어떤 기업에서는 부서 간 또는 타 기업과의 조정능력이 필요한 경우 기술적인 능력이 뛰어난 사람보다는 다른 사람들과의 관계와 상호변화에 대한 유연성이 뛰어난 사람이 요구된다.

(3) 경력개발

업무수행 영역의 발전뿐만 아니라 지식의 획득과 훈련을 포함하는 것이 되어야 한다. 과거의 경력개발은 기술이나 기능 훈련에 집중되어 있었으나 근래에는 다소 경영관리 능력에 대한 훈련이 부가되었다. 어떤 기업에서는 다년에 걸쳐 여러 업무에 순환 근무하게 하는 직무 로테이션 제도를 적용하고 있다. 이러한 제도는 한 개인이 여러 분야의 업무에 관한 지식과 경험을 쌓을 수 있도록 하기 위한 것이다.

이러한 전통적 경력개발방안은 다음과 같은 문제가 있다. 첫째, 지나치게 내부지향적이기 때문에 관리자로 하여금 부품 공급자나 고객, 외부기업의 성공적 관리방법 등 외부에 대한 충분한 이해를 가지게 하기 어렵다. 둘째, 경력개발 프로그램들이 대체로 일반적인 관리능력과 지식에 초점을 두고 있기 때문에 특정사업 목표에 알맞은 능력을 개발하는 것에는 부적절하다. 따라서 경영자들은 경력개발에 대한 과거의 인식을 바꾸어야 한다. 이는 기업 내의 기능별 장벽을 넘어서는 것뿐만 아니라 기업 간의 경계를 넘을 수 있는 것이어야 한다. 특히, 기업 간의 경계를 넘는 경력개발은 지식뿐만 아니라 특히 주요 경영자들은 잘 짜여진 계획 하에 여러 기업에서 직접 업무경험을 쌓을 수 있어야 한다.

(4) 승진

승진은 단순히 기업목표를 더욱 강화하거나 동기를 부여하는 기능만을 하는 것은 아니다. 승진정책을 통하여 경영층은 조직원들에게 기업의 목표와 정책의 의지를 전달할 수 있다. 이렇게 승진이 주는 영향은 첫째, 승진 그 자체가 개인에게는 강력한 인센티브로 작용하고, 전체 조직원들에게는 경영층 의지의 중요한 신호로 작용하며 둘째, 기업의 목표에 충실한 사람들에게 더 많은 책임과 권한이 주어지는 지위와 역할을 맡게 한다.

(5) 해고

해고는 전체 조직원에 대하여 더 강력하고 명백한 신호이다. 어떤 기업이든 한두 번은 개인적으로 실적이 나쁘거나 사업 자체가 불화에 빠졌을 때 해고조치를 해보았을 것이나 기업이 전체 조직원들에게 사전에 해고조치 목표를 분명하게 밝히고, 공정하게 해고를 하는 경우는 많지 않다. 대부분 이런 경우 최고경영층에 문제가 있다.

경영층은 훈련을 통하여 기업의 목표를 조직원들에게 분명히 밝히는 데에 실패한 경우가 많고, 심지어 기업의 성과 측정방법이나 인센티브 제도가 기업의 목표 달성과는 반대방향으로 움직이는 경우도 있다. 이러한 어려움 때문에 기업의 목표에 맞지 않는 인적 자원관리 형태가 고쳐지지 않고 전략적으로 여러 과정을 조정하고 조율하는 데에 끈질긴 방해요소가 되고 있다.

2) 인적 자원관리에 있어서 새로운 환경과 변화

물류관리자가 성공하기 위해서는 전 회사의 기능에 대한 통합적인 비전을 가져야 하고 인적 자원에 대한 능력을 가져야 한다. 통합적 비전은 부서간·기업간의 통합적인 프로그램을 만들어내고 이를 통하여 물류가 회사 내에서 뿐만 아니라 전체 공급사슬에서 원활하게 흐르게 할 수 있다.

이러한 예는 유명한 Baxter Health Care사의 개별 병원의 물품 관리 대행업무 수행과 같은 데에서 볼 수 있다. 즉, Baxter사는 병원의 복잡한 물품관리를 대행 서비스하고 자신은 그 병원에 물품을 납품한다. 이로써 병원은 재고관리와 재고투자의 부담을 줄이고 Baxter사는 안정된 고객을 확보하게 되었다. 이와 같은 협력에 의한 원가절감은 전체적으로 30% 이상이 될 수 있을 것으로 전망되고, 개선된 공급흐름과 빠른 고객 니즈 대응으로 매출액의 증대도 기대할 수 있다. 이러한 개선은 바로 과정조정을 통하여 이루어지지만 이는 관리자가 완전히 새로운 개선방안을 만들어내지 않고서는 불가능하다.

통합물류관리의 전략적 가치가 커짐에 따라 최고경영층은 다음과 같은 물류관리상의 조율을 해내야만 전략적 성공을 바라볼 수 있게 되었다. 첫째, 최고경영자는 잘 조율된 물류가 기업의 전략적 성공에 필수적이라는 것을 알아야 한다. 둘째, 최고경영자는 물류관리 담당자들에게 실질적인 개혁이 가능하도록 전사적인 인적 자원에 대한 의사결정에 관여할 수 있는 권한을 주어야 한다.

3) 물류관리를 위한 인적 자원관리

물류관리에서 효과적인 인적 자원관리가 이루어지기 위해서는 분명한 목표가 제시되어야 하고, 인적 자원관리에 대한 정교한 정책들이 만들어져야 한다. 통합물류관리를 도입하는 것은 기업의 업무수행 과정에 획기적인 변화를 요구하기 때문에 매우 복잡한 과정이다. 물류관리에서의 변화는 기업의 인적 자원에 대한 정책변화를 필수적으로 동반해야 한다. 따라서 인적 자원정책에 대한 변화 없이는 물류관리의 혁신목표의 달성은 불가능하다.

(1) 최고경영층 역할의 중요성

물류관리의 효율화에 의한 이점이 큰 대신에 커다란 조직의 변화가 요구된다. 그 중에서도 물류관리 부문에 대한 최고경영층의 직접적인 참여가 필수적으로 요구된다. 즉, 최고경영층이 여기에 관련된 프로그램을 강력하게 추진시켜야 성공할 수 있다. 구체적으로 최고경영자가 해야 할 일은 대내적으로는 모든 조직원들에게 물류관리 부문의 통합적 조율의 목표·방법·추진의 개시를 분명히 알려야 하고, 대외적으로는 최고경영층 간의 접촉을 통하여 기업 간의 조율을 위한 파트너십을 구축하여야 한다. 특히, 기업 간의 파트너십은 상호간의 중요성을 확인시킬 뿐만 아니라 협력관계를 발전시킬 수 있도록 기업 내부 인적 자원정책에 물류관리의 초점을 집중시킬 수 있다. 이는 물류부문의 관리자에게 인적 자원정책에 대하여 힘을 미칠 수 있도록 함으로써 가능할 것이다. 즉, 물류관리 부문은 다른 활동과 독립된 것이 아니다. 물류관리 부문의 개혁은 기업 내 여러 부문과의 협력이 절대로 필요하고, 이를 위하여 물류부문의 관리자는 다른 기능부문에 대하여 영향력을 행사할 수 있도록 힘의 레버리지를 가질 수 있어야 한다.

기업 간 업무연계는 그 자체만으로는 물류관리 부문의 통합에 충분하지 못하다. 그 제휴가 효과적으로 발전되기 위해서는 명시적인 협정이 필요할 경우도 많다. 이는 장래에 있을 수 있는 많은 문제의 발생을 근원적으로 줄일 수 있다. 이러한 협정이 성공하기 위해서는 역시 최고경영층의 물류관리에 대한 직접적 참여가 필수적이다.

(2) 성과측정·배분의 혁신

통합물류관리로의 개혁은 당연히 기업 조직원들의 성과 측정과 배분에 대하여 영향을 끼치게 된다. 물류를 효율적으로 위해서는 기업 내 각 기능부서 간의 협력이 필요하므로 물류관리자는 각 기능부서와 기능관리자가 해야 할 일에 대하여 분명히 알고 있어야 한다. 각 기능부서의 책임자 역시 자신이 해야 할 일과 협력관계의 파트너를 알고 있어야 한다. 이러한 분명한 인식은 효과적인 조직원들의 보상과 성과측정에 있어 매우 중요하다.

통합물류관리 체제에서는 각 기능별 관리자는 개별 기능부서의 관점에서가 아니라 전체 물류경로의 이익을 위한 활동을 해야 한다. 예를 들어, 제조부문 관리책임자는 전체적인 물류의 최소화를 위하여 자신이 담당하는 재공품을 오히려 증가시킬 수도 있어야 한다. 또한, 구매담당자는 원자재의 확보를 위하여 거래선의 다변화가 아니라 거래선의 집중화를 해야 할 경우도 생기게 된다. 이러한 예는 각 부서로서는 비효율적으로 보일 수도 있으나 전체적인 효율화를 위하여 각 부서 활동의 성과 측정 내용과 방법이 달라져야 하고 이에 따라 성과 배분도 달라져야 한다. 효과적인 기업이라고 한다면 각 부서의 활동에 대하여 전사적인 관점에서 측정된 성과 자료가 제공될 수 있어야 한다. 많은 성공적 기업에서는 흔히 고객만족, 총자산수익율, 시장점유율과 같은 척도를 사용하고 있다. 또한, 여러 부서의 협력으로 얻어진 성과의 경우는 적절한 배분기준에 따라 부서간의 기여를 반영하기도 한다.

(3) 인력모집과 경력개발

인력모집과 경력개발은 기업의 인적 자원능력을 결정하게 되고, 결국 기업발전의 폭을 결정하게 된다. 통합물류관리는 대부분의 기업에 대하여 완전히 새로운 경영자의 책무를 규정짓게 된다. 즉, 장기적 관점에서의 성과 추구는 보다 멀리 내다볼 수 있고, 유연성이 있는 관리자를 요구하게 되었고, 과거와는 다른 경력개발과 승진경로가 필요하게 되었다. 특히, 인력모집은 현재의 관리자가 아니라 변화하는 미래의 관리자에 대한 요구를 반영하는 것이어야 한다. 이에 따라 통합물류관리에 따라 변화하고 증대되는 관리자의 책임범위를 반영할 수 있는 인사정책이 마련되어야 한다.

제3장

수요예측

제3장

수요예측

수요예측은 성공적인 물류관리를 위해서 매우 중요하다. 즉, 중간공급자와 최종소비자에 대한 수요는 많은 전략적·일상적 의사결정을 수반한다. 예를 들어, 장기예측은 제조와 물류설비에 대한 네트워크, 부품공급업자와의 계약 그리고 기타 장기적 물류결정 등에 큰 영향을 미치며, 또한 중기예측은 계절변화에 따른 생산량 증가 또는 임시 고용계획 및 계약에 관련한 정책수립에 영향을 미친다.

또한 단기예측을 통해서 각 기간마다 제공되어야만 할 제품 및 서비스의 정확한 혼합을 알아야 할 필요가 있다. 총괄생산계획은 주일정계획으로 변환된다. 그러면 부품 및 자재가 구매되고, 자원들이 특정한 과업이나 생산지시에 배정된다. 단기예측은 며칠이나 몇 주를 대상으로 하고, 자주 갱신되며, 고객주문을 포함한다. 실제로 단기예측은 불확실성이 매우 높기 때문에 판매시점(POS : point-of-sale) 자료를 이용하는 것이 일반적이다.

1 예측의 본질

1) 수요예측의 특성

우리가 예측하여 얻은 값이 실제의 값과 일치한다면 더할 나위 없이 바람직한 일일 것이나, 이는 거의 불가능한 일이다. 그러므로 예측의 목적은 이들 사이의 오차를 최소화하는 것이다.

예측기법은 매우 다양하며 서로 다른 특성을 가지고 있으나, 모든 예측에 공통되는 다음과 같은 특성들이 있다.

(1) 모든 예측은 과거의 경향이나 인과관계가 미래에도 그대로 지속될 것이라고 가정한다. 예를 들면, 시계열분석 기법들은 과거의 수요변동 패턴이 미래에도 그대로 지속될 것이라고 가정하며, 회귀분석은 과거의 함수관계가 미래에도 그대로 지속

될 것이라는 가정을 전제로 예측하는 것이다.

(2) 완벽한 수요예측이란 없다.

많은 요인들로 인해 예측오차는 항상 생길 수 있기 때문에, 예측오차의 정도를 잘 검토하고 이에 적절하게 대비하여야 한다. 이를 위해서 몇 가지 다른 예측기법을 다양하게 적용하여 예측의 정확성을 확인하거나, 어떤 상황에도 적응할 수 있는 신축적인 예측시스템을 구성하는 방법 등이 고려될 수 있다.

(3) 개별수요예측보다 총괄수요예측이 정확하다.

집단 내 품목간의 예측오차는 상쇄되는 효과가 있기 때문에 품목 집단에 대한 총괄수요예측이 개별 품목에 대한 수요예측보다 더 정확하다. 따라서 다양한 용도를 갖는 부품이나 자재의 종합수요는 비교적 정확하게 예측할 수 있다. 이로 인해 부품이나 자재의 조달, 생산 및 재고관리를 효율적으로 수행할 수 있다.

(4) 예측대상기간이 멀수록 예측의 정확도는 떨어진다.

장기예측보다는 중기예측이, 중기예측보다는 단기예측이 더 정확성이 높다. 먼 미래의 예측이란 불확실성이 매우 높으며, 이는 예측이라기보다 추리 내지는 예측자가 기대하는 미래의 이상이나 희망을 나타낸 것으로 보는 것이 적절할 것이다.

2) 예측과정의 단계

예측과정은 기본적으로 다음의 5가지 기본단계를 거치게 된다.

(1) 제 1 단계

예측의 목적과 예측이 필요한 시기를 결정한다. 이것이 결정되면 얼마나 상세하고 정확한 예측이 요구되는가에 따라 필요한 사용 인력, 자금, 자원 등을 정한다.

(2) 제 2 단계

예측기간이 길수록 정확성은 감소한다는 사실을 감안하여 예측대상기간의 범위를 정한다.

(3) 제3 단계

다음 사항들을 고려하여 사용할 수요예측기법을 결정한다.

- 사용자의 기법 이해 능력
- 가용시간과 자원

- 예측의 용도(장기, 중기, 또는 단기계획용인가 등)
- 자료의 유무
- 자료의 변동양상

(4) 제 4 단계

자료를 수집하고 분석하여 예측치를 추정한다. 또한 예측할 때 사용되는 필요한 가정들을 정의한다.

(5) 제 5 단계

예측이 잘 이루어지고 있는지를 파악하기 위해 예측결과를 점검한다. 만약, 잘 이루어지지 않았다면 예측방법과 가정, 자료의 타당성 등을 다시 점검하여 필요에 따라 수정하고 수정된 예측을 마련한다.

3) 예측의 시간영역

(1) 장기예측

일반적으로 3년에서 10년까지의 예측으로 새로운 공장 혹은 창고의 생산능력 확장, 새로운 공급계약 및 자재취급 그리고 물류기술 등에 관한 전략적 분석을 위해 사용된다.

(2) 중기예측

6개월부터 3년까지의 예측으로 중기생산과 주기적 수요나 공급을 계획하는 데 사용된다.

(3) 단기예측

1주에서 몇 개월까지의 예측으로 단기 수요변화에 대응하기 위한 생산수준과 재고를 관리하기 위해 사용된다.

4) 전체예측과 상세예측

전체예측은 우선 전체를 예측한 후 상세예측으로 세분하는 계층적 접근방식이 보다 적합한데 그 이유는 중요한 의사결정은 전체예측에 의해 이루어지는 경우가 많기 때문이다. 상세예측은 크게 3가지로 나눌 수 있다.

(1) 지역적 분할

산업형태에 따라 지역적으로 특정시장에 집중될 수 있는데 이 경우 해당산업 혹은 관련 산업의 과거 자료를 활용하는 것이 바람직하다.

(2) 제품군 혹은 항목에 의한 분할

일반적으로 수요분포는 비대칭으로 나타난다. 즉, 많은 품목들이 금액 면에서는 상대적으로 적은 반면 적은 품목들이 상당한 비중을 차지하는 경우가 많다. 이와 같은 현상은 다음 2가지 의미를 내포한다. 첫째, 여러 경제적 요인이나 과거의 측정치를 전체예측에서 상세예측을 분할하기 위해 사용할 때 회사는 느리게 회전하는 품목을 위한 여러 가지 다른 형태의 자재나 물류관리를 선택할 수 있다. 둘째, 이러한 비대칭분포는 단일의 전체예측으로부터 모든 항목들에 대한 예측을 추정하기 위한 특수한 분석기법을 가능하게 한다.

(3) 고객별·주문별·시장별 분할

예측은 시장, 고객, 주문 등에 의해 세분화할 필요가 있다. 시장의 형태에 따라 유통 채널이 상이한 경우 시장에 따라 나누어질 필요가 있다. 예를 들면, 국내와 해외, 개인주문시장과 일반시장 그리고 각기 다른 포장의 크기를 요구하는 시장 등이 있을 수 있다. 또한, 고객수요 가치의 분포도 종종 비대칭으로 나타나며 이 경우 적은 수의 고객이 전체 수요의 상당부분을 차지하게 된다. 특히 요즈음에는 유통 채널 간의 조정이 중요한데 소매업자의 수요를 예측하는 제조업자는 최종소비자 수요에서의 불안정보다 단순히 가격 상승을 수반하는 정책에 따른 비정상적 패턴을 볼 수도 있다.

2 수요의 패턴과 예측기법의 종류

수요예측기법은 크게 정성적 기법(qualitative method)과 계량적 혹은 정량적 기법(quantitative method)으로 구분할 수 있다.

정성적 기법은 예측자의 주관적 판단이나 의견을 근거로 예측하는 방법이다. 이 기법은 주로 과거의 자료를 이용할 수 없는 경우나 또는 단시간 내에 의사결정을 내려야 하는 경우에 사용되며, 이에는 델파이(Delphi)조사법, 패널(panel)조사법, 판매원이용법, 시장조사법, 역사적 자료유추법 등이 있다.

계량적(정량적) 기법은 과거의 객관적인 자료를 처리하여 미래를 예측하는 기법으로서, 역사적 자료를 통해 과거의 동향과 변화를 파악하고, 변수들 간의 관계규명을 통해 미래를 예측한다. 계량적 기법은 크게 시계열 분석과 인과형 분석이 있다. 시계열 분석(time series analysis)은 과거 자료의 시간에 따른 변화를 관찰하여 일정한 패턴을 발견하고, 이를 통해 미래를 예측하는 기법으로 수요변화의 양상이 비교적 안정적인 경우의 단기 및 중기예측에 이용될 수 있다. 이에는 이동평균법, 지수평활법, 박스젠킨스 모형(Box-Jenkins model) 등이 있다.

인과형 분석기법은 변수간의 상호관계를 모형화하여 예측하는 기법으로 회귀분석(regression analysis), 투입산출모형(Input-Output model), 계량경제모형(econometric model) 등이 있다. 이 밖에도 수요변동에 영향을 미치는 요인들 사이의 복잡한 상호작용을 보다 사실적이고 체계적으로 분석하여 예측하는 시뮬레이션모형(simula- tion model)이 있다([그림 3-1]).

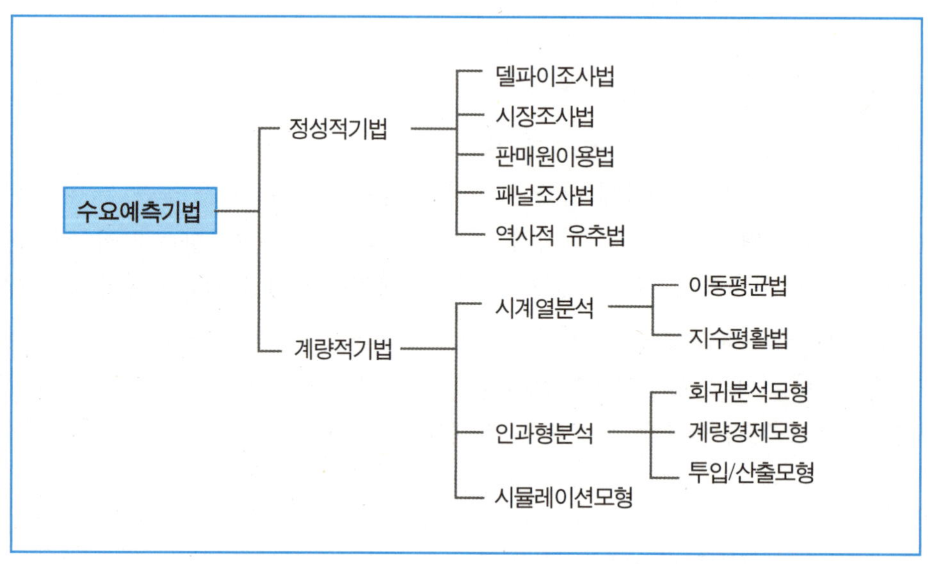

그림 3-1 수요예측기법

1) 정성적 예측기법

(1) 델파이조사법(Delphi method)

랜드사(Rand Corporation)의 핼머(Halmer)와 레쉬(Rescher)에 의해 개발된 것으로 인간의 직관력을 이용하여 미래를 예측하는 기법이다. 델파이기법은 전문가 집단으로부터 일치된 의견을 얻기 위해 설문지를 배포하고, 전문가들의 예측치 및 견해를 회수하여 요약·정리한 후 다시 배포하고 회수하는 과정을 반복하는 방법이다. 위원회법의 보스 의견 집중경향이나 대세편승효과와 같은 단점을 없애기 위해 전문가들의 이름은 밝히지 않는다. 이 과정에서 전문가들은 예측과 그러한 예측을 지지하는 견해를 밝힌다. 주관자는 이러한 예측치와 견해를 요약·정리하여 다시 설문지와 함께 보내준다. 전문가들은 다른 사람들의 예측 및 견해를 참조하여 다시 수정된 예측을 할 수 있게 된다. 이러한 과정을 반복하면 일치된 예측을 얻을 수가 있다. 보통 2회에서 5회 정도까지 이러한 과정이 진행되면서, 어느 정도의 합의에 이르게 되면 종료한다.

이 방법은 장기수요예측, 과거의 자료가 없는 신제품의 수요 예측, 그리고 신기술 예측 등에 유용하게 이용된다.

(2) 패널(위원회) 조사법

다수의 의견이 소수의 의견보다 더 우월하다는 전제하에서 경영자, 생산자, 소비자, 판매원 등의 위원회를 구성하고 이들이 모여 자유로운 의사개진을 통해 미래수요를 예측하는 방법이다. 한 사람의 전문가가 범할 수 있는 오류를 방지하기 위한 방법이므로 참가한 모든 전문가들의 의견일치를 보았을 때 비로소 결정되는 것이다. 그러나 어느 한 사람이 영향력을 크게 발휘하게 될 경우 그 사람의 견해로 집약되거나, 대세에 편승하는 경향에 따른 오류가 발생된다. 이 방법은 비용이 저렴한 반면에 정확도가 떨어진다.

(3) 판매원 이용법

각 지역에 흩어져 있는 판매원들은 그 지역의 고객들과 많은 접촉을 하게 되어 담당지역의 소비자들을 가장 잘 알고 있으므로, 이들로 하여금 담당 지역의 수요를 예측하게 하여 이를 종합하는 방법이다. 이 조사결과와 경제적 상황 및 경쟁업체 등을 함께 고려하여야만 한다.

이 방법은 비교적 단기간 내에 저렴한 비용으로 쉽게 수행할 수 있다는 것이 장점이다. 그러나 판매원들이 예측할 때, 최근의 동향에 지나치게 영향을 받을 가능성이 크다는 단점이 있다. 예컨대, 최근 판매량이 호조를 보이고 있으면 낙관적 예측을 하기 쉽다.

(4) 시장조사법

실제제품에 대한 수요의 결정주체는 소비자이므로 이들의 의견을 수렴하여 미래수요를 예측하는 것이 타당성 있는 방법이라 할 수 있다. 이러한 방법을 시장조사법이라 하는데 이를 위해서는 각 필요한 정보를 얻기 위해 설문지를 작성하여야 한다. 조사방법은 전화 인터뷰, 우편, 직접면접, 시험판매 등이 있다.

이 기법의 문제점은 대부분의 경우 모집단인 소비자의 범위가 너무 넓고, 특히 신제품에 대한 조사를 하는 경우는 소비자의 존재가 확실하지 않으므로, 조사대상을 파악하기 어렵다는 점이다. 그래서 이 기법은 잠재적인 소비자 중에서 표본집단을 추출하고, 이들로부터 얻은 의견을 여러 가지 방법으로 통계분석하여 수요예측을 한다.

통계처리 방법을 신중하게 결정하여 정확한 정보를 얻도록 하는 것이 중요하다. 이 방법은 단기예측에서 매우 우수한 방법이나, 조사기간이 길고 많은 비용이 따르는 단점이 있다.

(5) 역사적 자료유추법

역사적 자료유추법은 이용하여야 할 자료가 없을 경우 비슷한 제품이나 상황의 자료를 이용하여 결과를 유추하는 방법이다. 예를 들면 신제품에 대한 수요를 예측하는 경우 과거의 자료를 사용할 수 없으므로 어려움을 겪게 된다. 이와 같은 경우 이용할 수 있는 방법은 신제품과 유사한 기존제품의 과거자료를 통해서 신제품의 미래 수요를 예측하는 것이다. 이 방법은 적은 비용으로 예측을 할 수 있으나, 유사제품과 그 역사적 자료를 찾기가 어렵고, 유사제품이 신제품의 수요를 얼마나 정확하게 예측할 수 있는가에 관련해서 정확성의 문제를 발생시킨다.

2) 계량적(정량적) 기법

(1) 시계열분석

시계열(time series)이란 어떤 현상에 관한 계량적 자료가 일정 시간 간격으로 나열되어 있는 것을 말한다. 그러므로 시계열분석은 예측하고자 하는 변수들에 대한 과거의 시계열자료를 이용하여 미래의 현상을 예측한다. 즉 시계열분석에서 사용하는 모든 자료는 과거의 수요에 대한 자료들뿐이다.

시계열분석의 대표적 기법으로는 이동평균법, 지수평활법 등이 있다.

① 시계열의 구성요소

시계열이란 일정한 시간간격으로 본 일련의 과거자료를 말한다. 예를 들면, 일별, 주별, 월별 판매량 같은 것이다. 시계열은 때로는 확연히 드러나지 않는 경우도 있지만 대개 어떤 패턴을 가지며, 이러한 패턴은 추세(T : trend), 계절적 변동(S : seasonal variation), 순환요인(C : cyclical element), 불규칙 변동 혹은 우연변동(R : irregular or random variation)으로 구성되어 있다. 이들 4요소는 [그림 3-2]에 잘 나타나 있으며, 이들을 좀 더 구체적으로 살펴보면 다음과 같다.

- 추세(T)란 수요가 일정한 율로 증가 또는 감소하는 경향을 나타낸다.
- 계절적 변동(S)은 추세선 상하로의 변동을 나타내며 1년 단위로 반복된다.
- 순환요인(C)이란 1년 이상의 장기간에 걸쳐 수요가 상하로 순환적으로 변하는 것을 나타내며 주로 경기 변동에서 비롯된다.
- 불규칙변동 혹은 우연변동(R)이란 수요변동을 추세, 계절적 변동 및 순환요인에 의해 규명하였을 때 나머지 설명할 수 없는 변동으로서 예측이나 통제가 불가능하다. 이러한 우연변동은 전쟁, 석유파동, 천재지변 등과 같은 우연한 요인에 의해 발생하므로 어떠한 패턴도 갖지 않는다.

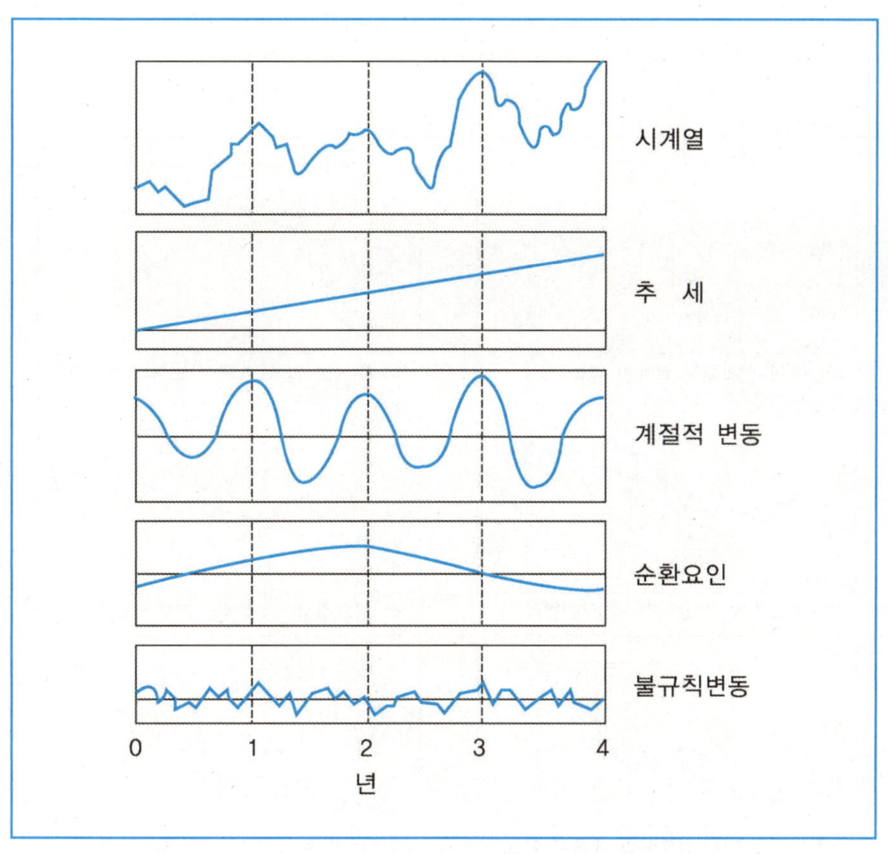

| 그림 3-2 | 시계열의 구성요소

시계열분석기법에서는 수요를 이와 같은 4가지 요소의 복합작용으로 파악한다. 즉, 시계열분석모형에서는 수요 Y를 다음과 같이 시계열의 4가지 구성요소의 함수로 파악한다.

$$Y = f(T, S, C, R)$$

이 함수에서 시계열의 4가지 구성요소가 상호 어떻게 결합되어 있느냐에 따라 시계열 분석모형은 일반적으로 승법모형(multiplicative model)과 가법모형(additive model)으로 구분된다. 승법모형에서는 시계열의 4가지 구성요소가 서로 곱하기 형태를 취하며, 가법모형에서는 더하기 형태를 취한다. 일반적으로 승법모형이 가법모형보다 더 많이 사용되고 있다. 다음의 식 (3·1)과 (3·2)는 각각 승법모형과 가법모형을 나타내고 있다.

$$Y = T \cdot S \cdot C \cdot R \qquad (3 \cdot 1)$$

$$Y = T + S + C + R \qquad (3 \cdot 2)$$

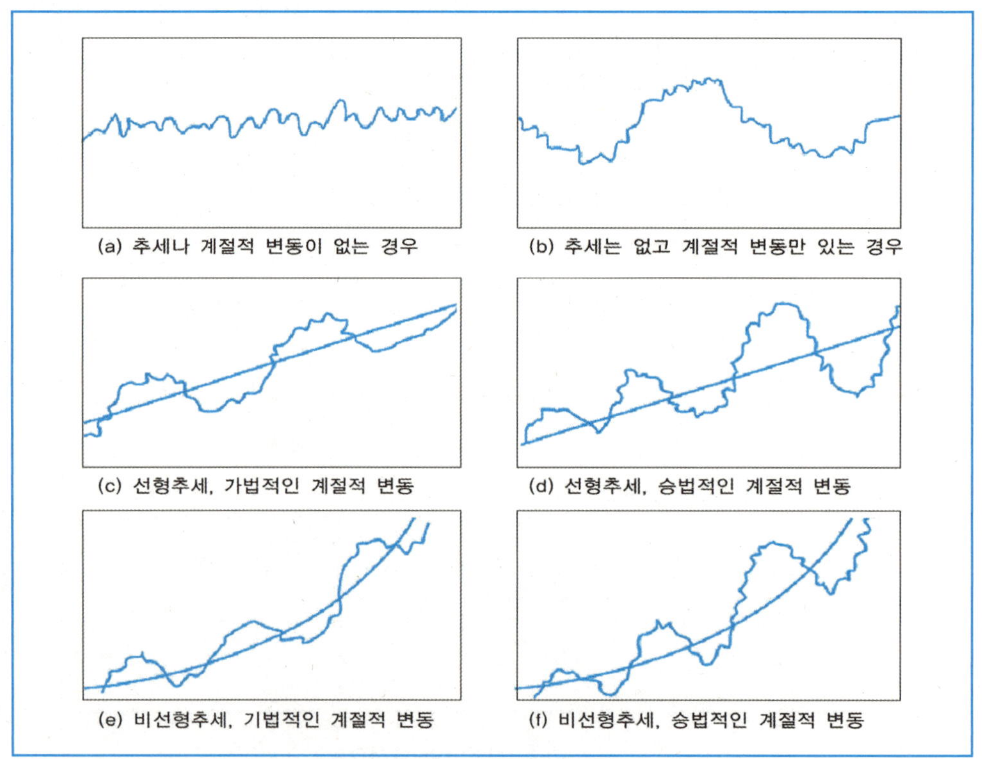

그림 3-3 시계열의 패턴

과거의 자료를 가장 잘 나타내는 모형의 유형을 결정하기 위해서는 시계열을 그래프로 표시해 보면 도움이 된다. [그림 3-3]은 몇 가지 가능한 시계열의 패턴을 보여주고 있다.

② 이동평균법(moving average method)

과거의 자료를 이용하다 보면 불규칙적인 변동을 보이는 것을 볼 수 있으며, 이렇게 불규칙적인 변동은 예측에 커다란 오차를 일으키게 한다. 불규칙적인 변동을 고르게 하기 위해 사용하는 방법이 이동평균법이다. 이동평균법은 일정기간 동안의 자료의 평균값으로 다음 기간의 값을 예측하는 방법으로, 이에는 단순이동평균법과 가중이동평균법이 있다.

ⓐ 단순이동평균법(simple moving average method): 가장 가까운 일정기간 동안의 평균값을 다음 기간의 예측치로 이용하는 방법이다.

단순이동평균법에 의한 예측 : $F_t = \sum_{i=1}^{n} \frac{A_{t-i}}{n}$

$$= \frac{1}{n}(A_{t-1} + A_{t-2} + A_{t-3} + \dots + A_{t-n})$$

여기서, F_t : t 기의 예측치, A_{t-i} : $(t-i)$ 기의 실제치, n : 이동평균대상기간

예제

아래의 타이어판매 자료를 토대로 4기간 단순이동평균을 적용하여 10월의 수요예측을 하시오.

표 3-1

(단위 : 천 개)

월	5	6	7	8	9
수요량	20	24	23	27	26

풀이 10월의 수요예측치

$$F_{10} = \frac{(A_9 + A_8 + A_7 + A_6)}{4} = \frac{(26 + 27 + 23 + 24)}{4} = \frac{100}{4} = 22$$

그러므로 10월의 기대수요는 25,000개이다.

ⓑ 가중이동평균법(weighted moving average method): 단순이동평균법에서는 모든 기간의 값들이 동일한 조건하에서 변동하고 있다는 가정을 전제로 하고 있다. 그러나 미래의 상태는 일반적으로 먼 과거보다는 최근의 상태에 의해 영향을 받을 가능성이 더 높다고 생각할 수 있다. 이에 따라 시기별로 가중치를 달리하여 예측하는 것이 보다 바람직하다고 볼 수 있다.

가중이동평균법에 의한 예측 : $F_t = \dfrac{\sum_{i=1}^{n} w_{t-i} \cdot A_{t-i}}{\sum_{i=1}^{n} w_{t-i}}$

여기서, F_t : t 기의 예측치

w_{t-i} : $(t-i)$ 기에 부여된 가중치, A_{t-i} : $(t-i)$ 기의 실제치

예제

지난 5개월 동안 한 백화점에서의 자동 커피 제조기 판매량은 다음과 같다. 가중이동평균법에 의해 6월의 수요예측치를 구하시오. 단, 가중치는 최근 월로부터 각각 0.4, 0.3, 0.2, 0.1로 부여한다.

| 표 3-2 |

(단위 : 천 개)

월	1	2	3	4	5
수요량	82	70	85	80	90

풀이 6월의 수요예측치:

$$F_w = \frac{(0.4 \times 90) + (0.3 \times 80) + (0.2 \times 85) + (0.1 \times 70)}{0.4 + 0.3 + 0.2 + 0.1}$$

$$= 36 + 24 + 17 + 7$$

$$= 84$$

그러므로 6월의 기대수요는 84,000 개다.

③ 지수평활법(exponential smoothing method)

일종의 가중평균법에 속하지만 가중치를 부여하는 방법이 다르다. 지수평활법에서 예측치를 구하기 위해 부여하는 가중치는 과거로 거슬러 갈수록 지수함수적으로 감

소하게 된다. 즉, 최신 자료일수록 가중치는 커지고 오래된 자료일수록 가중치는 작아진다. 지수평활법은 정확성이 높고, 지수함수적 모형의 설정이 비교적 용이하며 이해하기가 쉽다. 그리고 모형을 사용하는 데는 많은 시간이 필요하지 않기 때문에 시계열분석에서 단기예측을 하는 데 가장 많이 활용된다.

지수평활법에 의한 예측 : $F_t = F_{t-1} + \alpha(A_{t-1} - F_{t-1})$

$$= \alpha A_{t-1} + (1-\alpha)F_{t-1} \quad (1)$$

여기서, α : 지수평활상수 $(0 \le \alpha \le 1)$

A_{t-1} : $(t-1)$기의 실제치

F_{t-1} : $(t-1)$기의 예측치

A_t : t 기의 예측치

지수평활법을 실제 적용할 경우, 두 가지 사항을 고려하여야 한다. 하나는 평활계수(α)의 값을 결정하는 문제이고, 다른 하나는 최초의 예측치이다.

평활상수 α는 '0'과 '1'사이의 값을 갖는다. '1'보다 작은 수는 곱할수록 작아지기 때문에 최신의 자료에 부여되는 가중치는 크고 과거로 멀어질수록 가중치는 작아지며, 대상기간 전체의 가중치의 합은 1이다. α값이 1에 가까울수록 최근의 가중치는 커지고 과거로 갈수록 더 빨리 작아진다. 따라서 자료의 안정성이 낮을수록 평활상수(α)의 값은 커져야 함을 알 수 있다.

지수평활법을 처음 도입하는 경우, 최초의 예측치 F_1을 어떻게 구하느냐가 문제가 되는데 이를 구하는 절대적인 방법은 없다. 다만 자료의 개수가 매우 많을 경우(보통 20개 이상인 경우) 이등분하여 전반부의 평균을 구하여 이를 후반부의 최초의 예측치로 이용하는 방법이 있다. 그러나 자료의 개수가 아주 작은 경우(보통 5개 이하)에는 최초의 실제치를 최초의 예측치로 이용하는 방법도 있다. 또한 자료의 수가 중간 정도인 경우 처음 몇 개를 평균하여 이용할 수도 있는데, 이때 평균대상기간수(n)은 다음 식을 이용하여 구한다.

$$n = (\frac{2}{\alpha}) - 1$$

지수평활법은 보다 최근의 자료에 더 큰 비중을 두어 미래수요를 예측하는 방법인데, 위의 식(1)을 다음과 같이 연속적으로 전개시켜 그 의미를 살펴보자.

기간1 : A_1, F_1 (F_1은 최초 예측치로 주어져 있고, 기간1의 말에는 A_1 또한 알 수 있음)

기간2 : $F_2 = \alpha A_1 + (1-\alpha)F_1$

기간3 : $F_3 = \alpha A_2 + (1-\alpha)F_2$

$$= \alpha A_2 + (1-\alpha)(\alpha A_1 + (1-\alpha)F_1)$$

$$= \alpha A_2 + \alpha(1-\alpha)A_1 + (1-\alpha)^2 F_1$$

기간4 : $F_4 = \alpha A_3 + (1-\alpha)F_3$

$$= \alpha A_3 + (1-\alpha)(\alpha A_2 + \alpha(1-\alpha)A_1 + (1-\alpha)^2 F_1)$$

$$= \alpha A_3 + \alpha(1-\alpha)A_2 + \alpha(1-\alpha)^2 A_1 + (1-\alpha)^3 F_1$$

따라서 일반적으로 F_t는 다음과 같이 표현된다.

$$F_t = \alpha A_{t-1} + \alpha(1-\alpha)A_{t-2} + \alpha(1-\alpha)^2 A_{t-3} + \cdots\cdots + \alpha(1-\alpha)^{t-2}A_1 + (1-\alpha)^{t-1}F_1$$

위 식에서 기간 t의 수요예측치는 과거 모든 기간의 실제수요의 지수적 가중평균(exponentially weighted average)임을 알 수 있다. 그리고 위 식에서 각 가중치는 모든 $\alpha(0 \le \alpha \le 1)$ 값에 대하여

$$\alpha \ge \alpha(1-\alpha) \ge \alpha(1-\alpha)^2 \ge \cdots\cdots \ge \alpha(1-\alpha)^{t-2}$$

이므로 지수평활법은 보다 최근의 자료에 더 큰 비중을 두어 수요를 예측함을 알 수 있다. α값이 크면 클수록 먼 과거의 자료에 대한 가중치는 급격하게 떨어지게 되므로 α값이 크면 클수록 보다 최근의 자료가 예측치에 더 많이 반영됨을 알 수 있다.

다음 〈표 3-3〉은 α가 0.1일 때와 0.9일 때의 영향력을 비교한 것이다.

표 3-3

계수	α	$\alpha(1-\alpha)$	$\alpha(1-\alpha)^2$	$\alpha(1-\alpha)^3$	$\alpha(1-\alpha)^4$
$\alpha = 0.1$	0.1	0.09	0.081	0.0729	0.06561
$\alpha = 0.9$	0.9	0.09	0.009	0.0009	0.00009

α가 0.1정도로 낮게 주어질 때 최근 3기간은 예측치에다 27.1% (0.1+0.09+0.081= 0.271) 밖에 반영하지 못하지만, α가 0.9정도로 높게 주어지면 최근 3기간의 예측치에다 99.9% (0.9+0.09+0.009=0.999)를 반영하는 것을 보여주고 있다.

지수평활법에서 평활상수 α는 평활(smoothing)의 정도와 예측치와 실제치와의 차이에 반응하는 속도를 결정한다. 즉, α값이 클수록 예측치는 수요변화에 더 많이 반응하며, α값이 작을수록 평활효과는 더 커진다. 일반적으로 α값은 생활필수품의 경우에는 작게 주고, 고가품이나 유행성 품목 등에는 α값을 크게 준다. 왜냐하면 α값이 클수록 탄력성이 커지기 때문이다.

예제

지난 6개월 동안의 컬러 TV의 판매 실적은 다음과 같다. 0.5의 평활상수를 가지고 지수평활법을 이용하여 컬러 TV의 7월 수요를 예측하시오.

표 3-4

(단위 : 천대)

월	1	2	3	4	5
수요량	10	14	9	13	15

풀이

가. 우선 초기예측을 결정한다. 초기예측은 지난 n기간 동안의 자료에 대한 평균을 사용한다. 즉 $n = (\frac{2}{\alpha}) - 1 = 3$ 이므로, 현재를 기준으로 이전의 3기간만큼의 평균을 초기 예측치(4기 예측치)로 사용한다. 즉 $F_4 = (10+14+9)/3 = 11$이 된다.

나. 각 기간에 대해 지수평활법의 식을 사용하여 수요예측을 계산한다.

$$F_5 = F_4 + 0.5(A_4 - F_4) = 11 + 0.5(13 - 11) = 12$$

$$F_6 = F_5 + 0.5(A_5 - F_5) = 12 + 0.5(15 - 12) = 13.5$$

$$F_7 = F_6 + 0.5(A_6 - F_6) = 13.5 + 0.5(10 - 13.5) = 11.75$$

그러므로 7월의 컬러TV의 기대수요는 11,750대이다.

(2) 인과형 분석(causal analysis)

시계열분석은 시간의 변화에 따른 수요를 관찰하여 미래를 예측하였다. 즉, 수요와 시간과의 관계를 분석하였다. 그러나 수요는 시간에 의해서만 영향을 받지 않는다. 인과형 분석은 시간 외에도 다른 여러 가지 요인들이 수요에 영향을 끼친다는 사실을 근거로 하여 전개된 예측기법이다. 이 기법은 영향을 미치는 변수(독립변수)들과 영향을 받는 수요(종속변수)와의 관계를 통하여 미래를 예측하고자 하는 계량적 기법으로, 장기 예측에 적합한 모형이다. 예를 들면 제품의 매출액은 가격, 품질, 소비자 기호, 경제동향, 경쟁제품의 매출 등 여러 가지 요인들에 의해서 영향을 받는다. 그러므로 각 변수들이 매출에 어느 정도의 영향을 미치는지의 인과관계를 조사하여 이들을 정형화된 수식으로 만들고, 이 수식을 이용하여 미래의 매출액 수준을 예측한다.

이 기법은 역사적 자료를 이용할 수 있고, 영향을 미치는 각 변수들의 종류와 관계가 알려져 있을 때 사용될 수 있으며, 대표적인 분석기법으로는 회귀분석이 있으며, 그 외에도 투입/산출모형, 계량경제모형 등이 있다.

여기서는 가장 일반적으로 이용되고 있는 선형회귀분석에 대해 설명하고자 한다.

① 선형회귀분석(linear regression analysis)

회귀분석이란 하나 이상의 독립변수들(원인)과 종속변수(결과)와의 관계를 파악하여 회귀방정식을 도출하고, 이 회귀방정식을 이용하여 미래를 예측하는 인과형 분석의 가장 대표적 모형이다.

특히 선형 회귀분석은 회귀분석 중에서 독립변수와 종속변수가 선형의 관계로 표현할 수 있는 경우를 말한다. 회귀분석에서 종속변수는 예측하고자 하는 변수를 말하며, 독립변수는 종속변수의 결정에 영향을 미치는 원인이 된다. 회귀분석에서는 시간도 추세나 계절성을 갖는 종속변수의 결정에 영향을 미치므로 역시 독립변수로 사용될 수 있다.

회귀분석을 통해서 우리는 여러 가지의 정보를 얻을 수 있는데, 첫째로 독립변수와 종속변수간의 상호관련성 여부를 알 수 있고, 둘째로 종속변수와 독립변수의 상관관계의 정보를 파악할 수 있으며, 셋째로 변수간의 종속관계의 성격 즉 변수간의 관계가 양의 관계를 갖고 있는지, 음의 관계를 갖고 있는지 알 수가 있다. 선형회귀분석은 단순선형 회귀분석과 다중선형 회귀분석으로 나눌 수 있다.

ⓐ 단순선형 회귀분석(simple linear regression analysis): 단순회귀분석은 종속변수에 영향을 미치는 독립변수의 수가 1개인 회귀분석을 의미한다. 선형회귀식을 수립하기 위해서는 먼저 독립변수(X_i)와 종속변수(Y_i)가 다음과 같은 선형 관계를 갖는다는 가정이 필요하다.

$$Y_i = \alpha + \beta X_i + \epsilon_i$$

여기서, α =선형회귀식의 Y절편

β = 선형회귀식의 기울기

ϵ_i = 회귀식에 의해 설명할 수 없는 오차

선형 회귀분석에서 우리가 알고자 하는 것은 절편 α와 기울기 β이다. 이들을 추정하기 위해 최소자승법(least square method)과 최우추정법(maximum likelihood method)의 방법을 사용할 수 있는데 여기서는 최소자승법을 이용한 회귀분석에 대해 설명하고자 한다.

최소자승법은 실제 Y_i와 Y_i의 추정치의 차이인 오차들의 합이 최소가 되도록 하는 절편과 기울기의 추정치를 구하는 방법이다. Y_i의 추정치는 다음과 같이 표현될 수 있다.

$$Y_i = \alpha + \beta X_i$$

이때 선형회귀식의 목적함수는

$$\sum (Y_i - Y_i)^2 = \sum [Y_i - (\alpha + \beta X_i)]^2$$

의 최소화로 표현된다. 이제 목적함수를 최소화시키는 계수를 찾아내기 위해서 목적함수를 구하고자 하는 계수 α와 β에 대해 편미분하여 각 식을 0으로 놓고 풀면, 다음과 같은 결과를 얻게 된다.

$$\hat{\beta} = \frac{n\sum XY - \sum X \sum Y}{n\sum X^2 - (\sum X)^2}$$

$$\hat{\alpha} = \frac{\sum Y - b\sum X}{n} = \hat{Y} - \hat{\beta} X$$

단순회귀분석에서 독립변수(X)와 종속변수(Y)가 어느 정도 관계를 갖고 있는가는 상관계수(r)에 의해 측정될 수 있다. 상관계수(correlation coefficient)는 종속변수와 독립변수관계의 강도와 방향을 측정하는 것으로 -1에서 1 사이의 값을 갖는다. 상관계수는 다음 식으로 나타낼 수 있다.

$$\rho = \frac{n\sum XY - \sum X \sum Y}{\sqrt{[n\sum X^2 - (\sum X)^2][n\sum Y^2 - (\sum Y)^2]}} = \frac{COV(X, Y)}{S_X S_Y}$$

$\rho = 0$이라는 것은 두 변수간의 상관관계가 없음을 의미하며, -1은 강한 음(-)의 상관관계를 +1은 강한 양(+)의 상관관계를 가짐을 의미한다.

ⓑ 다중선형 회귀분석(multiple linear regression analysis): 현실적으로 기업의 매출액은 가격, 판촉, 경쟁자, 시장동향, 회사의 명성 등 다양한 독립변수에 의해 영

향을 받는다. 이러한 경우 회귀분석에서 종속변수(Y)는 하나의 독립변수로 설명하는 것이 불가능하다. 이와 같이 여러 개의 독립변수를 갖는 회귀분석모형을 다중 회귀모형이라고 한다. 다중선형 회귀는 다음과 같은 형태로 표현될 수 있다.

$$\hat{Y} = a + b_1X_1 + b_2X_2 + \ldots + b_nX_n$$

예제

지난 8 년간의 신문구독 부수와 그 마을의 주민수가 다음과 같이 주어져 있을 때 주민수의 변화에 따른 신문구독 부수를 예측하고자 한다. 만일 내년의 주민수가 42,000명으로 예측되었을 때 단순 선형 회귀모형을 사용하여 내년도의 신문구독수가 얼마나 될지를 추정하시오.

| 표 3-5 |

(단위: 주민수: 만명, 신문구독수: 천부)

연도	신문구독수	주민수
1993	3.0	2.0
1994	3.5	2.4
1995	4.1	2.8
1996	4.4	3.0
1997	5.0	3.2
1998	5.7	3.6
1999	6.4	3.8
2000	7.0	4.0

풀이

$\hat{\alpha}$와 $\hat{\beta}$의 계산을 위해 필요한 자료가 〈표 3-6〉에 주어져 있다.

$$\hat{\beta} = \frac{n\sum XY - \sum X \sum Y}{n\sum X^2 - (\sum X)^2} = \frac{8(127.9) - 39.1(24.8)}{8(80.2) - (24.8)^2} = 2.01$$

$$\hat{\alpha} = \frac{39.1 - 2.01(24.8)}{8}$$

$$= -1.34$$

따라서 주민수와 신문구독수와의 관계를 나타내는 회귀방정식은 $Y = -1.34 + 2.01X$ 이다. 만일, 내년의 주민수가 42,000명으로 예측되었을 때 회귀방정식으로부터 신문구독수가 얼마나 될 것인지를 추정해 보면 $Y = -1.34 + 2.01(4.2) = 7.1$, 즉 내년도 신문구독 수요에 대한 추정치는 7,100부 이다.

| 표 3-6 |

연도	신문구독수(Y)	주민수(X)	X^2	XY
1993	3.0	2.0	4.0	6.0
1994	3.5	2.4	5.8	8.4
1995	4.1	2.8	7.8	11.5
1996	4.4	3.0	9.0	13.2
1997	5.0	3.2	10.2	16.0
1998	5.7	3.6	13.0	20.5
1999	6.4	3.8	14.4	24.3
2000	7.0	4.0	16.0	28.0
$\sum$	39.1	24.8	80.2	127.9

② 그 밖의 인과형 모형

회귀분석 외의 인과형 모형에는 계량경제모형, 투입/산출 모형이 있다. 계량경제모형(econometric model)은 여러 개의 독립적인 방정식에 의해 경제의 여러 분야를 설명하는 모형이고, 투입/산출모형은 각 산업의 매출액과 다른 회사나 정부와의 관계를 집중적으로 관찰하여 수요를 예측하고자 하는 모형이다.

3 수요예측의 정확성 판정

미래의 수요는 여러 가지 요인들에 의해 영향을 받으므로, 정해진 모형에 의해 미래를 정확히 예측하는 것은 불가능하다. 아무리 좋은 예측기법을 사용하여 예측한 경우라도 그 예측치는 반드시 오차를 갖게 마련이다. 그러나 수요예측에 따른 오차의 크기를 측정하는 것은 다양한 예측기법들 중에서 어느 한 기법을 선택할 경우나 사용 중인 기법의 정확성을 평가하는 경우에 있어 기준이 되기 때문에 매우 중요하다 하겠다.

1) 수요 예측오차 측정방법

예측오차의 측정은 절대편차 평균(MAD : mean absolute deviation)과 오차제곱 평균(MSE: mean squared error)이 많이 이용되고 있다.

$$\text{절대평균편차(MAD)} = \frac{\sum|\text{실제치} - \text{예측치}|}{n}$$

$$\text{오차제곱평균(MSE)} = \frac{\sum(\text{실제치} - \text{예측치})^2}{n-1}$$

예제

아래의 주어진 자료에 대하여 MAD와 MSE를 계산하시오.

표 3-7

기간	실제치	예측치	오차	| 오차 |	(오차)²
1	217	215	2	2	4
2	213	216	-3	3	9
3	216	215	1	1	1
4	210	214	-4	4	16
5	213	211	2	2	4
6	219	214	5	5	25
7	216	217	-1	1	1
8	212	216	-1	4	16
합계			-2	22	76

풀이

$$\text{MAD} = \frac{\sum|e|}{n} = \frac{22}{8} = 2.75$$

$$\text{MSE} = \frac{\sum e^2}{n-1} = \frac{76}{8-1} = 10.86$$

만일 예측오차가 정규분포를 이루고 평균이 0이라면, MAD와 MSE의 값은 다음과 같은 관계가 있다.

$$\sqrt{\text{MSE}} = \sqrt{\frac{\pi}{2}}\text{MAD} \fallingdotseq 1.25\ \text{MAD}$$

이 측정치들은 서로 다른 예측기법들을 비교하는데 이용된다. 예를 들면, 지수평활법에서 평활상수 α를 0.1, 0.2, 0.3,⋯ 등등을 적용하여 예측을 해보고, 각 경우에서 MAD나 MSE를 계산한다. 그리고 이들을 비교하여, 최소의 MAD나 MSE를 갖는 경우의 α값을 찾아 예측모형에 이용할 수 있다.

2) 추적지표(tracking signal)에 의한 예측기법 통제

추적지표(tracking signal)란 누적예측오차(cumulative forecast error)와 그에 대응하는 절대평균오차(MAD)의 비이다.

추적지표는 예측의 정확도를 나타내 주는 신호로서 이 값이 음수(-)의 값을 나타내면 예측치가 실제치보다 크고, 양수(+)의 값을 나타내면 예측치가 실제치보다 낮은 것을 의미한다. 추적지표가 합리적인 관리한계 내에서 정상적으로 움직이면 예측치가 실제치를 잘 따라가고 있다고 판단한다. 추적지표가 관리한계를 벗어나거나 관리한계 내에서도 비정상적으로 움직이면 그 원인을 조사하여 조치를 취해야 함을 의미한다. 추적지표의 관리한계로는 일반적으로 ±4를 사용한다.

앞의 예에서 추적지표를 구하시오.

풀이

$$TS = \frac{\text{누적예측오차}}{MAD} = \frac{-2}{2.75} = -0.727$$

4 수요예측기법의 선택

적합한 예측기법을 선택하기 위해서는 각 기법의 내용이나 장·단점에 관한 명확한 이해가 선행되어야 함은 물론, 예측대상의 수준, 예측용도, 예측기간, 요구되는 정확도, 과거자료의 유무 및 유형, 예측에 소요되는 시간 및 비용 등 여러 가지 요인을 고려하여야 한다.

시계열분석기법이나 인과형 모형은 상당한 양의 역사적 자료를 필요로 한다. 따라서 충분한 과거자료가 없거나 이들 자료를 수집하는데 시간과 비용이 엄청나게 소요된다면 이들 기법은 사용할 수 없고 정성적 기법이 사용된다. 또한 신제품의 수요예측과 같이 역사적 자료가 전혀 없을 때에도 정성적 기법이 사용된다. 그리고 역사적 자료가 충분하여 시계열분석기법이나 인과형 모형을 사용할 수 있는 경우에도 과거자료가 안정적이냐 아니면 추세나 순환변동이나 계절적 변동을 가지고 있느냐의 여부에 따라 구체적인 기법이 선정된다.

예측의 용도나 예측기간의 장단에 따라서도 적합한 기법이 달라진다. 일반적으로 정성적 기법은 장기예측에, 인과형 모형은 중기예측에, 그리고 시계열분석기법은 주로 단기예측에 많이 사용된다.

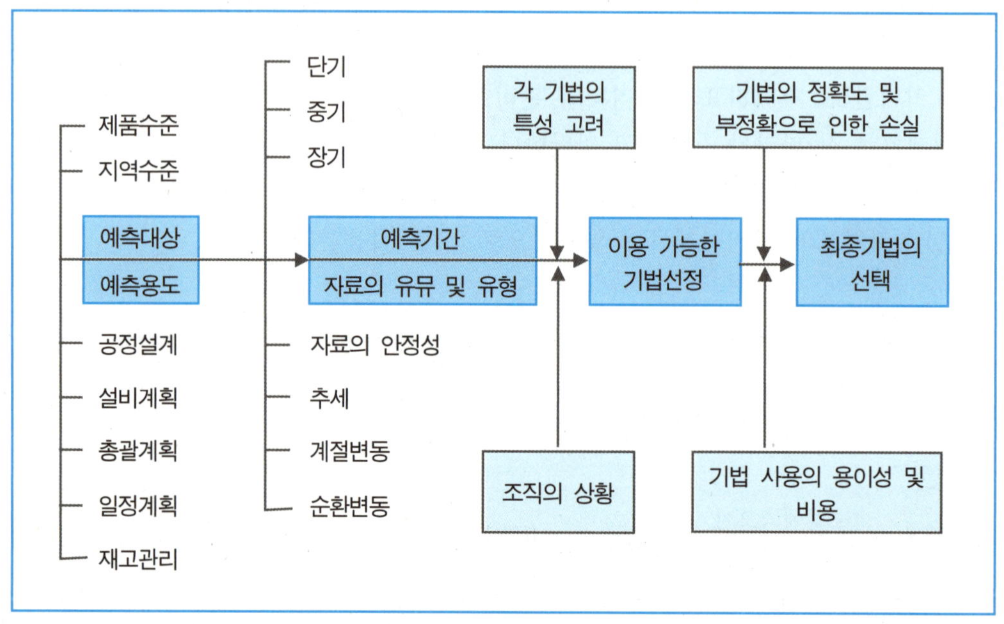

그림 3-4 적합한 수요예측기법의 선택과정

자료의 유무나 유형, 예측용도 및 예측기간이 결정되면 개인이나 조직의 상황에 비추어 실제 사용이 가능한 여러 가지 기법들을 찾아낼 수 있다. 거기에다 요구되는 예측의 정확도, 사용비용, 소요기간, 사용의 용이성 등을 고려한 후에, 예측에 소요되는 비용과 예측의 부정확으로 인해 발생하는 비용의 합계, 즉 예측관련 총비용을 최소화하는 기법을 최종적으로 선택한다. 그러나 최종적으로 선택된 기법이 꼭 하나일 필요는 없으며 여건이 허락하면 여러 기법을 사용하여 여러 예측치를 얻은 후 상호 비교하여 최종결과를 얻는 것이 좋다. 최종예측치는 여러 예측치 중 하나를 선택할 수도 있고 각 예측치에 가중치를 두어 종합해도 좋다. [그림 3-4]는 적합한 수요예측기법의 선택과정을 보여 주고 있다.

제4장

재고관리

제4장 재고관리

많은 사람들이 재고는 바람직하지 않고 절대적으로 제거되어야 한다고 주장하는데 이는 복잡한 물류공급 시스템보다는 제조활동 내부에서 비교적 쉽게 달성될 수 있다. 기업활동은 끊임없이 수요공급의 불확실성 그리고 특정 자재나 제품들의 계절적 변동 등을 겪을 것이고 더구나 운송과 관련한 과정들은 상당한 시간을 필요로 한다. 그러나 물류관리자들은 TQM(Total Quality Management), JIT(Just in Time), CI(Continuous Improvement) 등과 같은 기법으로부터 다음과 같은 것들을 배워야 한다.

- 재고를 제거할 수 없다면 재고를 발생시키는 요인들을 가능한 최대로 줄여야 한다.
- 이러한 요인들을 제거할 수 없는 경우에는 필요한 최소의 재고를 유지해야 한다.

1 재고관리의 구조

1) 공급사슬과 물류 네트워크

공급사슬의 개념은 기본단위의 원자재가 최종고객의 사용시점에서 완제품으로의 변환과정을 나타내는 것이다. 현실적으로 하나의 기업은 공급사슬 내에서 복수의 공급자와 자재, 복수의 생산 공장과 물류센터, 복수의 고객들을 포함한다. 고객에게 도달되기 전에 하나의 품목이 여러 단계를 거칠 때 이를 다단계(multi-echelon) 네트워크라고 부른다.

재고는 전 네트워크에 걸쳐 여러 이유와 형태로 존재하는데 이들은 다음과 같은 공통점이 있다.

- 하류단계는 상류단계의 재고수요를 창출한다.
- 재고를 필요로 하는 요인들과 결합하여 수요는 어느 한 지점에서 요구되는 재고수준을 결정한다.

물류의 기본전제는 전체 공급사슬이 하나의 시스템으로 관리될 때 최소의 재고가 실현되므로 모든 필요한 재고가 전 사슬을 통해 조정되어야만 한다는 것이다.

2) 재고보유의 이유와 형태

재고발생의 주된 이유는 생산의 여러 단계가 분리되어 있기 때문이다. 즉, 원자재 재고는 원자재 공급자와 제조업자가 분리되어 있고, 재공재고는 생산의 각 단계가 분리되어 있으며, 완제품 재고는 고객과 제조업자가 분리되어 있기 때문이다. 이러한 부문 간 단절로 발생되는 재고 외에 별도로 재고유지의 필요한 경우는 다음과 같다.

(1) 안전(safety) 재고

안전재고는 공급사슬 내에 존재하는 불확실성에 대비하기 위하여 필요하다. 소매업자나 유통업자들은 갑작스런 고객의 수요나 보충 주문을 받을 때, 재고가 품절되는 것을 원하지 않기 때문에, 그들은 안전재고를 유지한다. 일반적 규칙으로서, 불확실성의 수준이 높으면 높을수록, 요구되는 안전재고의 수준은 높아진다.

(2) 주기(cycle) 재고

주기재고는 제품을 주문하는 주기의 기간에 걸쳐서 제품수요에 맞추도록 요구되는 재고이다. 주기재고는 작은 양을 계속적으로 주문하는 것 보다는 큰 양을 일시에 주문하는 것이 바람직하기 때문에 존재한다. 제품의 최종 사용자는 제품을 일 년 내내 계속적으로 작은 양을 사용할 수 있다. 그러나 그 제품의 유통업자나 제조업자는 사용 패턴에 따르지 않고 커다란 배치(batch)를 생산하고 재고로 갖고 있는 것이 비용 면에서 훨씬 효율적이라는 것을 발견할 것이다.

(3) 계절적(seasonal) 재고

계절적 재고는 고정 생산 능력을 가지고 있는 회사가 미래 수요를 기대하여 제품을 재고로 쌓아두기로 결정할 때 발생한다. 미래수요가 생산능력보다 초과할 것이라면, 수요가 낮은 기간에 제품을 생산하여 미래의 높은 수요에 맞추기 위해 재고로 가지고 갈 수 있다.

계절적 재고에 관한 의사결정은 공급사슬 내 각 회사의 주어진 능력에서 최대 규모의 경제를 얻으려는 욕망과 비용구조에 의하여 도출되어진다. 만약 제조업자가 그들의 생산능력을 증가하는 데 비용이 많이 소요된다면, 능력은 고정된 것으로 간주할 수 있다. 한번 제조업자의 제품 연간 수요가 정해지면, 고정능력을 활용할 수 있는 가장 효율적인 일정이 계산되어질 수 있다.

(4) 이동재고

이동재고는 한 지점에서 다른 지점으로 이동하는 자재를 말하며, 원활한 재고의 이동을 위하여 보유하게 된다. 이러한 재고는 공장의 입지결정과 운송수단에 따라 달라진다.

2 보유재고 최적량의 결정

재고발생의 원인을 전부 제거하지 못한다면 얼마만큼의 재고를 보유할 것인가에 대한 의사결정을 해야 한다.

많은 회사들은 경쟁자들의 재고에 대하여 벤치마킹을 하며 또 어떤 회사들은 어느 특정한 수준의 회전율을 유지하거나 점차 이를 늘려가면서 관리한다. 이러한 단순한 접근은 장점도 있지만 재고를 발생시키는 원인과 회사가 보유하여야 할 재고수준 등과 같은 핵심사항들을 감안하지 않는다.

이 분석에서는 재고를 보유함으로써 발생하는 모든 관련 비용들을 고려하여야 하며 해당품목의 보다 광범위한 공급사슬을 감안하여야 한다.

1) 재고관련 비용

많은 재고관리문제들은 경제적 기준을 이용하여 해결할 수 있다. 그러나 중요한 선행조건 중의 하나는 적절한 비용구조의 이해에 있다. 재고와 관련하여 고려해야 할 비용에는 구매단가, 주문비용, 재고유지비용, 품절비용의 네 가지가 있다.

(1) 구매단가

구매단가란 재고품목 한 단위를 구입하기 위하여 물품의 공급자에게 지불하는 금액을 말한다. 일반적으로 재고품목의 구매단가를 정확하게 산정하기는 쉽지 않다. 왜냐하면 물품의 단가는 공급자에 의해 수시로 바뀔 수 있고, 구입량에 따라 다른 가격이 적용될 수도 있기 때문이다. 구매단가의 정확한 파악은 두 가지 이유에서 중요하다. 첫째, 구매단가는 일정기간 동안의 총구매비용을 산정하기 위한 기준이 된다. 둘째, 재고유지비용이 주로 구매단가에 의하여 좌우되기 때문이다.

(2) 재고유지비용

재고유지비용이란 실제로 재고를 보유함으로써 발생하는 제비용을 말한다. 재고를 보유함으로써 직접적으로 발생하는 비용으로는 창고비, 세금, 보험료, 고장, 파손, 도난, 진부화, 재고에 묶인 자금에 대한 기회비용 등을 들 수 있다. 재고유지비용을 구성하는 항목 중에서 가장 높은 비용을 차지하는 것은 재고에 묶인 자본의 기회비용이다. 재고유지비용은 보통 다음과 같이 계산된다.

연간 재고유지비용 = (평균재고)(구매단가)(i)

위 식에서 i는 연간 재고유지 비용률로서, 주로 평균재고투자액의 자본비용을 의미한다. 자본의 기회비용은 쉽게 설명될 수 있다. 이론적으로 자금이 재고에 묶여서 포기해야 하는 투자안들의 가장 높은 수익률이 바로 재고유지로 인한 자본의 기회비용이 된다. 그러나 이와 같은 한계비용적 개념의 비용을 실무에 적용하기는 쉽지 않다. 예를 들어서 기회가 상실된 투자안의 내용은 시간이 변화함에 따라 다를 수 있고, 이에 따라 그들의 최고수익률도 수시로 변한다. 그렇다면 수시로 다른 자본비용을 재고유지비용에 적용해야 하는가? 이론적으로는 그렇게 해야 하겠지만, 실제로 이와 같이 변동적인 비용요소를 재고유지비용의 분석에 활용하는 데에는 한계가 있다. 따라서 실제 재고시스템에서는 일정기간 동안 고정된 자본비용률을 적용하다가, 기업환경에 중요한 변화가 발생할 때에만 다시 수정하는 것이 일반적이다.

(3) 주문비용

필요한 자재나 부품은 외부공급자로부터 구입하든지 또는 제조업체 내의 생산에 의해 조달받든지 하게 된다. 외부공급자로부터의 구입이든지 내부조달이든지 물품을 주문하여 획득하는 과정에서 비용이 발생하게 된다. 외부로부터 물품을 조달할 때 소요되는 제비용의 예로서는 주문처리 및 발송비용, 수송비, 검사비, 입고비 및 관련 인건비를 들 수 있다. 내부 조달의 경우에는 생산준비비용이 들게 된다. 생산준비비용이란 특정품목의 생산에 필요한 공구 및 장비의 교체, 필요자재의 준비, 보고서작성 등과 관련하여 발생하는 비용을 말한다.

주문비용의 항목들은 대개 주문의 크기보다는 주문횟수에 의하여 더 직접적인 영향을 받는다. 예를 들어서 연간수요가 10,000개일 때, 일회 주문량이 1,000개이면 1년 동안 10번의 주문비용이 발생하지만, 주문량이 5,000개이면 두 번의 주문비용이 발생하게 된다. 따라서 주문량이 커질수록 연간총주문비용은 감소한다. 그러나 주문량이 커지면 평균재고가 증가하여 재고유지비용이 상승하게 된다.

(4) 품절비용

품절비용은 재고를 불충분하게 보유하여 발생하는 것으로 기업 외부적으로 발생하는 비용과 내부적으로 발생하는 비용을 나누어서 생각할 수 있다. 외부적 품절비용은 물품의 결손으로 고객의 주문에 즉각적으로 응하지 못하여 발생하는 부재고(backorder) 비용, 판매유실에 의한 이윤감소, 그리고 신용 저하로 인한 미래의 이윤감소를 들 수 있다. 여기서 부재고란 물품이 다시 보충되면 우선적으로 처리하여야 할 미충족 수요를 말한다. 내부적 품절비용은 원재료 부족이나 재공품의 부족으로 후공정의 생산유실에서 발생하는 유휴인력과 장비의 기회비용, 선적지연에 의한 손해배상 및 신용저하 등을 들 수 있다.

외부적 품절비용은 물품결손에 대한 고객의 반응에 따라 달라진다. 즉각적으로 충족되지 않은 수요에 대해 부재고처리가 가능한지, 대체 품목에 의한 충족이 가능한지, 아니면 바로 판매유실로 이어지는지에 따라 품절비용의 평가가 달라지게 된다. 부재고가 발생하면 독촉비용, 긴급처리비용, 특별 발송 및 포장비용 등이 발생하게 된다. 품절에 대한 고객의 반응이 어떠하든지, 빈번한 품절은 신용의 실추를 유발하여 고객은 다시 물품을 구입하러 오지 않을 수도 있다. 내부적 품절은 때론 일부 품목의 결손으로 인하여 전체 생산라인을 폐쇄시키게 되는 엄청난 비용을 유발할 수 있다.

2) 전체 공급사슬의 고려

현재까지 공급사슬을 최적화하는 기법은 존재하지 않는다. 그러므로 어느 한 시점에서 재고를 위한 최적의 의사결정을 가져다주는 요소들의 집합과 이와 같은 의사결정들이 서로 함께 적용이 가능한지를 알아보기 위해서는 전 공급사슬의 시뮬레이션이 필요하다. 이와 같은 시뮬레이션은 관리자들로 하여금 여러 가지의 수정과 가상질문(what-if question)을 가능하게 하는데 이러한 목적을 달성하는 한 가지 방법은 상용 DRP(Distribution Resource Planning)와 MRP(Material Resource Planning)에서 제공되는 가상(what-if)의 기능을 사용하는 것이다.

3 독립수요와 종속수요

재고관리에서 수요가 독립적이냐 종속적이냐 하는 것을 구별하는 것은 매우 중요하다. 독립수요품목이란 주로 각 기업의 최종 완제품으로 소비자에 의해 그 수요가 결정되는 품목을 말하며, 종속수요품목이란 다른 제품의 수요에 의해서 그 수요가 종속적으로 결정되어지는 품목으로서 원재료, 부품, 반제품 등이 이에 속한다.

종속수요의 파악은 단순한 계산의 문제라고 할 수 있다. 종속수요품목의 필요량은 그것이 사용되는 상위 품목의 수요로부터 계산될 수 있다. 예를 들어서 자동차는 독립수요품목이지만 타이어는 자동차의 수요에 의해 종속적으로 그 소요량이 결정되는 종속수요 품목이다. 자동차의 수요가 500대라면 타이어의 수요는 500 × 5 = 2,500본으로 바로 계산(스패어 타이어 포함)이 나온다. 반면에 자동차의 수요는 자동차 회사의 외부적인 요인에 의해 독립적으로 결정된다.

독립수요품목의 수요 파악은 주로 예측에 의존하며, 재고관리기법으로는 정량발주 또는 정기발주 등의 재발주법이 주로 사용된다. 반면에 종속수요품목은 독립수요품목과는 달리 수요 예측이 필요 없으며, 재고관리기법도 자재소요계획(MRP: material requirements planning) 시스템이 주로 사용된다.

독립수요와 종속수요는 서로 다른 수요 패턴을 가지고 있다. 독립수요는 수요량면에서 안정된 연속 수요를 보이지만 이는 불확실한 시장수요를 바탕으로 한 것이어서 정확한 수요예측내지 안전재고를 필요로 한다. 반면에 종속수요는 산발적인 무더기 수요(lumpy demand)를 보이고 있지만 모 품목(parent item)의 수요에 따라 수요가 발생하므로 수요예측이나 안전재고의 필요성이 적다. 이것은 수요량과 시기를 모품목의 생산계획이나 MPS로부터 알 수 있기 때문이다. 따라서 재고 관리 시스템은 수요의 패턴에 따라 구분하여 적용할 필요가 있으며, 독립수요품목의 재고관리에는 정량발주 방식과 정기발주 방식을, 종속수요 품목의 재고관리에는 MRP 시스템을 적용하는 것이 좋다.

표 4-1 수요패턴과 재고관리 시스템

수요패턴	재고관리 시스템	재고모델
독립수요	독립수요품의 재고관리	정량발주 방식, 정기발주 방식
종속수요	종속수요품의 재고관리	MRP 시스템

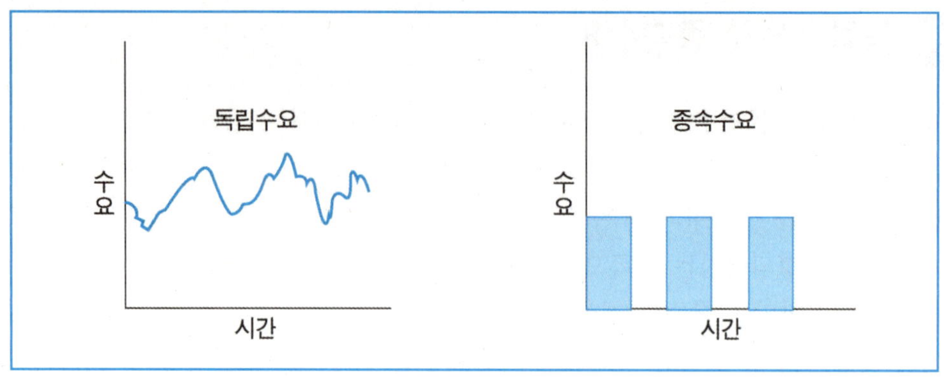

| 그림 4-1 | 독립수요와 종속수요의 패턴

2개의 다른 수요형태는 재고관리에 있어 서로 다른 접근법을 필요로 한다. 독립수요는 '보충'의 개념이 사용된다. 재고를 사용하게 되면 사용한 만큼의 재고를 확보하기 위해 보충을 하게 된다. 따라서 재고가 바닥이 나기 시작하면 재고를 보충하기 위해 주문을 하게 된다. 종속수요는 '소요'의 개념이 사용된다. 주문되는 재고의 양은 상위수준에 있는 품목의 소요량에 의해 결정된다. 재고가 떨어지기 시작했을 때 원자재나 재공품 재고는 추가로 주문하지 않고 자재의 주문은 단지 상위수준이나 최종제품의 필요에 의해 이루어진다. 따라서 수요의 본질에 따라 재고관리에는 2가지 다른 개념이 사용된다.

재고시스템에서는 총재고관련비용을 최소화하도록 재고품목의 주문시기와 주문량을 결정해야 한다. 재고시스템은 주문시기와 주문량을 어떻게 결정하느냐에 따라 고정주문량모형(fixed-order quantity model)과 정기주문모형(fixed-order interval model)의 두 가지 유형으로 구분된다. 또한 재고시스템은 수요와 조달기간이 확정적이냐 또는 확률적이냐에 따라 확정적 모형과 확률적 모형으로도 구분된다. 따라서 이 두 가지 구분을 결합시켜 보면 [그림 4-2]와 같이 총 네 가지의 기본 유형이 가능하다.

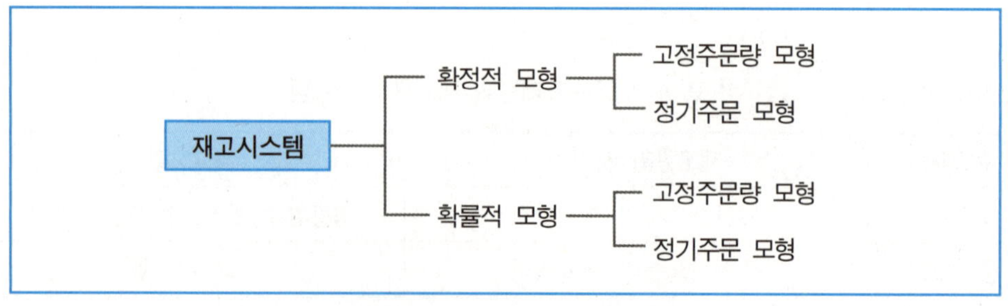

| 그림 4-2 | 재고시스템의 유형

(1) 고정주문량모형

고정주문량모형에서는 재고수준이 미리 정해진 재주문점 R에 도달하면 일정한 양 Q만큼 주문한다. 재주문점에 도달하는 시기는 재고품목의 수요에 따라 달라지므로 주문간격은 일정하지 않다. 그리고 재고수준이 재주문점 R에 도달하였는지를 알기 위해서는 계속적으로 재고수준을 검토해 보아야 하므로 고정주문량모형은 지속적 재고검토시스템(continuous review system)이라고도 불린다. 또한 주문간격은 일정하지 않지만 주문량은 매번 Q로 일정하기 때문에 고정주문량모형을 Q시스템이라고도 한다. 조달기간(lead time), 즉 주문시점부터 주문한 물품이 도착할 때까지 걸리는 시간을 L이라 할 때 고정주문량시스템은 [그림 4-3]과 같다.

이 그림에서 보면 재고수준이 재주문점 R에 도달할 때마다 일정한 양 Q만큼 주문하며, 주문량 Q는 조달기간 L이 지나면 들어온다(여기서 조달기간 L은 일정한 경우도 있고 그렇지 않은 경우도 있다). 그리고 수요변화에 따라 재고수준이 재주문점 R에 도달하는 시간간격은 매번 달라지므로 주문간격은 일정하지 않다.

고정주문량모형에서는 재고와 관련된 총비용이 최소가 되도록 재주문점 R점과 1회 주문량 Q의 최적값이 결정되어야 한다.

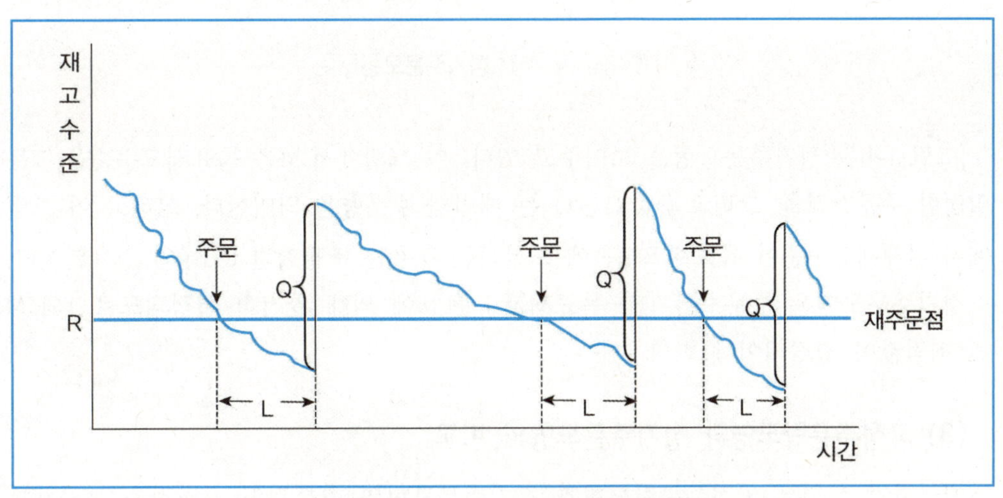

▎그림 4-3 ▎ 고정주문량모형

(2) 정기주문모형

정기주문모형에서는 미리 정해진 일정한 시간간격마다 주문을 한다. 예컨대 매주 말마다 또는 매월말마다 주문하는 재고모형을 정기주문모형이라 한다. 정기주문모형에서는 주문시점마다 필요한 양을 주문하는데, 보통은 목표재고수준(target inventory level) 또는 재고보충수준을 미리 정해 놓고 주문시점의 재고수준과 목표재고수준과의 차이만큼을 주문한다. 따라서 수요변화에 따라 주문량은 매번 달라진다. 정기주문모형에서는 계속적으로 재고수준을 검토할 필요가 없으며, 다만 매 주문시점마다 주문량을 결정하기 위하여 정기적으로 재고수준을 검토한다. 이와 같은 특성 때문에 정기주문모형은 주기적 재고검토시스템(periodic review system)이라고도 불리며, 또한 주문기간 또는 주문 간격이 매번 일정하다고 해서 P시스템이라고도 한다.

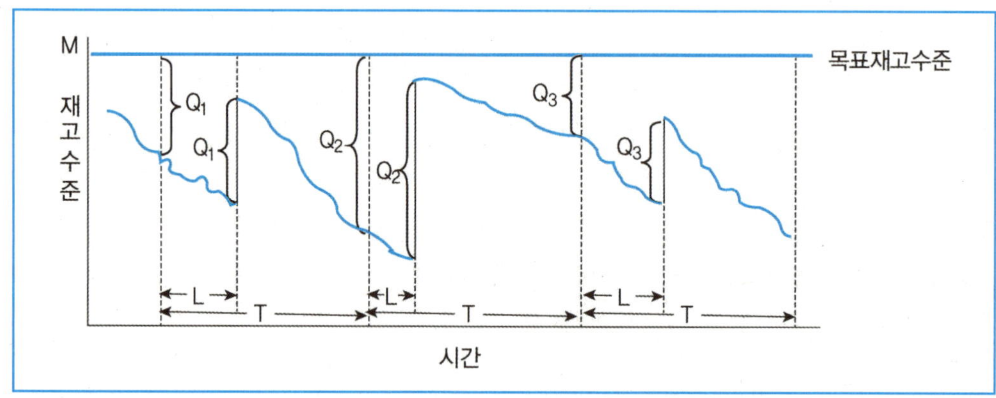

| 그림 4-4 | 정기주문모형

[그림 4-4]는 정기주문모형을 보여주고 있다. 이 그림에서 M은 목표재고수준을, T는 일정한 주문간격을, 그리고 Q_1, Q_2, Q_3는 매번의 주문량을 의미한다. 그리고 이 그림에서 실제재고수준이 목표재고수준에 도달하는 경우는 조달기간 L이 0인 경우뿐이다.

정기주문모형은 주문주기 T와 목표재고수준 M에 의해 완전히 결정되므로 T와 M의 최적값이 결정되어야 한다.

(3) 고정주문량모형과 정기주문모형의 비교

지금까지 살펴본 고정주문량모형과 정기주문모형의 기본적인 차이점을 요약해보면 〈표 4-2〉와 같다.

현실에서는 Q시스템과 P시스템, 그리고 양 시스템의 여러 변형이 사용되고 있다. 이 두 시스템 중 어느 것을 선택하느냐는 경제적인 측면뿐만 아니라 경영 관행에도 달려 있다. 하지만 다음과 같은 경우에는 일반적으로 P시스템이 Q시스템보다 선호된다.

① 주문이나 납품이 특정 기간마다 이루어지는 경우에는 P시스템이 사용되어야 한다. 예를 들면, 식료품점이 통조림제품을 매주 주문하여 납품받는 경우에는 P시스템이 사용된다.
② 동일한 공급자에게 여러 품목을 함께 주문하여 납품받는 경우에는 P시스템이 사용되어야 한다. 이 경우 공급자는 여러 품목을 합하여 단일 주문을 받는 것을 선호한다. 예를 들면, 페인트 공급자에게 여러 가지 색상의 페인트를 함께 주문하여 한꺼번에 납품을 받는 경우가 이에 해당한다.
③ 볼트(bolt)나 너트(nut)와 같이 계속적으로 재고기록을 하지 않는 값싼 품목에 대해서는 P시스템이 사용된다.

요컨대 P시스템은 재고의 보충이 사전에 정기적으로 계획되고 재고기록이 덜 요구된다는 이점을 갖고 있다. 하지만 P시스템에서는 재고수준을 계속적으로 검토하지 않고 매 주문주기의 말마다 정기적으로 검토하기 때문에 조달기간뿐만 아니라 주문주기기간에 대해서도 품절의 위험에 대비한 안전재고를 고려해야 한다. 따라서 일반적으로 P시스템은 Q시스템보다 더 많은 안전재고를 요구한다. 이 때문에 고가의 품목에 대해서는 안전재고에 대한 투자를 줄이기 위해 보통 Q시스템이 사용된다. 따라서 Q시스템과 P시스템 중 어느 것을 선택하느냐는 재고보충의 시기, 사용 중인 재고기록시스템의 유형, 재고품목의 가격 등에 달려 있다.

표 4-2 고정주문량모형과 정기주문모형의 차이점

유 형	주문시기	주문량	재고수준의 검토
고정주문량모형 (Q시스템)	재고수준이 재주문점에 도달할 때	일정	계속 검토
정기주문모형 (P시스템)	미리 정해진 주문주기의 말	변함	주문주기의 말에만 검토

4 확정적 재고모형

시장의 수요와 조달기간이 일정하다고 가정할 때 주문량을 결정하는 것이 확정적 재고모형이다. 먼저 가장 대표적인 확정적 모형인 경제적 주문량 모형과 이의 몇 가지 변형을 소개한 다음, 확정적 정기주문모형을 소개하고자 한다.

1) 경제적 주문량 모형

재고에 있어서 가장 기본적인 경제적 주문량(EOQ: economic order quantity) 모형은 재고주문비용과 재고유지비용의 합을 최소화하는 것으로서 1915년 해리스(F. W. Harris)에 의해서 고안되었다.

(1) 모형의 기본 가정과 정책의 형태

경제적 주문량 모형은 다음과 같은 기본적인 가정을 한다.

- 단일 제품만을 대상으로 한다.
- 수요율이 일정하고 연간 수요율은 확정적이다.
- 조달기간은 알려져 있고 일정하다.
- 주문량은 전량 일시에 입고된다.
- 수량할인(가격할인)은 없다.
- 모든 수요는 재고부족 없이 충족된다.
- 주문비용 또는 준비비용은 고정비로서 일정하다.

이상과 같은 가정 하에 경제적 주문량 모형에서는 재고수준이 재주문점R에 도달할 때마다 일정한 양 Q만큼 주문한다. 따라서 총관련비용이 최소가 되도록R과Q의 값을 결정해야 한다.

우선 재주문점 R은 조달기간 동안의 수요량에 해당하는 재고수준이 된다. 왜냐하면 주문한 양이 들어오는 시점에서 재고가 0이 되게 하는 것이 재고유지비용의 측면에서 가장 유리하기 때문이다. 따라서 경제적 주문량 모형에서는 총관련비용을 최소화하는 Q, 즉 경제적 주문량을 어떻게 결정하느냐가 문제가 된다.

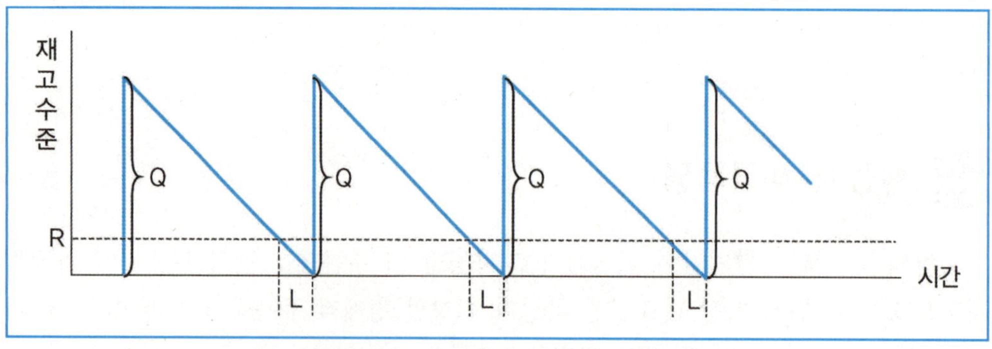

그림 4-5 경제적 주문량 모형

[그림 4-5]는 이와 같은 경제적 주문량 모형을 보여 주고 있다. 이 그림에서 보면 재고수준이 재주문점 R에 도달하면 Q만큼 주문하고, 주문량 Q는 일정한 조달기간 L이 경과하여 재고가 0이 되는 시점에서 전량이 들어온다.

(2) 경제적 주문량의 유도

이제 총 관련비용을 최소화하는 Q, 즉 경제적 주문량을 결정해 보자. 경제적 주문량 모형에서는 [그림 4-5]와 같은 재고패턴이 시간의 흐름에 따라 계속되므로 어떤 임의의 단위기간당 총 관련비용을 최소화하는 Q를 구하면 이것이 곧 무한대기간에 걸쳐 총 관련비용을 최소화하는 Q가 된다. 단위기간은 주, 월, 년 어느 것도 무방하나 여기서는 편의상 1년을 단위기간으로 사용하기로 한다.

우선 다음과 같이 기호를 정의한다.

- TC = 연간 총비용
- D = 연간 수요
- Q = 1회 주문량(최적 주문량을 경제적 주문량이라 하며, EOQ 또는 Q^*로 표시한다.)
- C = 단위당 구입가격(생산의 경우 단위당 생산비용)
- S = 주문비용 혹은 준비비용(고정비)
- H = 연간 단위당 재고유지비용(1단위를 1년간 재고로 유지하는 데 드는 비용을 말하며, 보통 단위당 구입가격의 몇 %로 표시한다. 즉, 연간 단위당 재고유지비용이 구입단가의i%라면 $H = \frac{iC}{100}$가 된다.)
- R = 재주문점
- L = 조달기간

한 번에 얼마씩 주문하든 연간 수요 D는 반드시 재고부족 없이 충족시켜야 하므로 연간 총주문량은 D가 되고 따라서 연간 구입비용은 DC가 된다. 하지만 연간 구입비용 DC는 주문량 Q의 크기와 관계없이 일정하므로 경제적 주문량을 구하는 데는 고려할 필요가 없다. 결국 경제적 주문량과 관련되는 연간 총비용은 연간 주문비용과 연간 재고유지비용으로 구성된다.

연간 주문비용은 다음과 같은 논리로 계산된다. 한 번에 Q씩 주문하여 연간 수요 D를 만족시키려면 연간 주문횟수는 D/Q가 된다. 그리고 주문비용은 S이므로 연간 주문비용은 (D/Q)×S가 된다. 즉,

$$연간주문비용 = (연간주문횟수) \cdot (주문비용) = \frac{연간\ 수요}{1회\ 주문량} \cdot (주문비용) = \frac{D}{Q} \cdot S$$

위의 식에서 1회 주문량 Q가 커지면 연간 주문횟수가 줄어들고 따라서 연간 주문비용이 감소함을 알 수 있다. 즉, 연간 주문비용은 1회 주문량 Q가 커지면 감소하고, Q가 작아지면 증가한다.

연간 재고량은 평균재고수준 Q/2와 같고 연간 단위당 재고유지비용은 H이므로 연간 재고유지비용은 다음과 같다.

$$연간\ 재고유지비용 = (연간\ 재고량) \cdot (연간\ 단위당\ 재고유지비용) = (평균재고수준) \cdot (연간\ 단위당\ 재고유지비용) = \frac{Q}{2} \cdot H$$

위의 식에서 연간 재고유지비용은 주문량 Q에 비례적으로 증가하는 비용임을 알 수 있다.

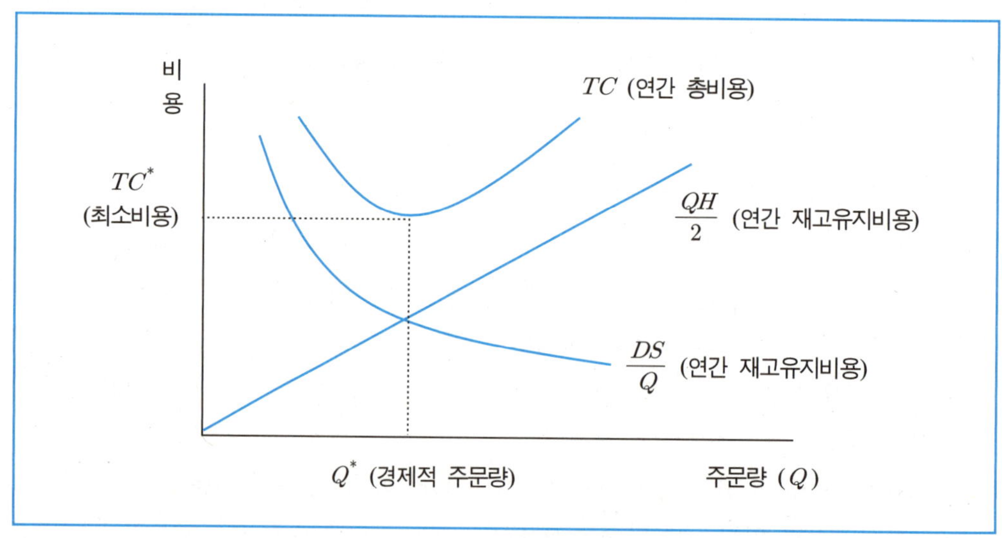

그림 4-6 주문량과 비용간의 관계

따라서 연간 총비용은 다음과 같이 정리된다.

$$\text{연간 총 비용} = \text{연간주문비용} + \text{연간 재고유지비용}$$
$$TC = \frac{D}{Q} \cdot S + \frac{Q}{2} \cdot H$$

주문량 Q와 연간 주문비용, 연간 재고유지비용 및 연간 총비용간의 관계는 [그림 4-6]과 같다. 이 그림에서 연간 총비용곡선은 아래로 볼록하며, 연간 총비용은 연간 주문비용과 연간 재고유지비용이 같은 주문량에서 최소가 됨을 알 수 있다.

이제 연간 총비용 TC를 최소화하는 주문량 Q^*, 즉 경제적 주문량을 구해보자. [그림 4-6]에서 연간 총비용 곡선은 아래로 볼록하고 최소점을 가지므로 TC를 Q에 대해 미분한 뒤 0으로 놓고 Q에 대해 푼다. 즉,

$$\frac{\partial TC}{\partial Q} = -\frac{DS}{Q^2} + \frac{H}{2} = 0$$
$$\frac{DS}{Q^2} = \frac{H}{2}$$
$$Q^2 = \frac{2DS}{H}$$
$$\therefore Q^* = \sqrt{\frac{2DS}{H}} \quad \cdots\cdots (1)$$

한편 연간 총비용의 최소값 TC^*는 Q^*의 값을 바로 식에 대입하면 구할 수 있다. 또는 식 (1)을 식 (2)에 대입하여 정리해 보면 TC^*는 다음과 같이 D, S, H이 값으로도 표현될 수 있다.

$$TC^* = \frac{DS}{Q^*} + \frac{Q^*H}{2} \quad \cdots\cdots (2)$$
$$= \frac{DS}{\sqrt{\frac{2DS}{H}}} + \frac{\sqrt{\frac{2DS}{H}} \cdot H}{2}$$
$$= \sqrt{\frac{DSH}{2}} + \sqrt{\frac{DSH}{2}} = 2\sqrt{\frac{DSH}{2}} = \sqrt{2DSH}$$

재주문점 R은 조달기간 동안의 수요량에 해당하므로 다음과 같다.

$$R = d \cdot L$$

여기서, d = 일간수요

L = 조달기간(일)

한편 연간 최적주문횟수(N^*)와 최적주문주기(T^*)는 다음과 같다.

$$N^* = \frac{D}{Q^*} = \sqrt{\frac{DH}{2S}}$$

$$T^* = \frac{1}{N^*} = \frac{Q^*}{D} = \sqrt{\frac{2S}{DH}}$$

예제

(주)천성에서는 경제적 주문량모형을 이용하여 재고정책을 수립하려고 한다. 관련 자료는 다음과 같다.

연간 수요(D) = 1,000단위 / 년

주문비용(S) = 1,000원 / 회

연간 단위당 재고유지비용(H) = 200원 / 단위 • 년

조달기간(L) = 5일

풀이 이 자료를 가지고 경제적 주문량Q^*, 연간 최소비용TC^*, 연간 최적주문횟수N^*, 최적주문주기T^*및 재주문점R을 구해 보면 다음과 같다.

$$Q^* = \sqrt{\frac{2DS}{H}} = \sqrt{\frac{2(1{,}000)(1{,}000)}{200}} = 100\text{단위}$$

$$TC^* = \frac{DS}{Q^*} + \frac{Q^*H}{2} = \frac{(1{,}000)(1{,}000)}{100} + \frac{(100)(200)}{2}$$

$$= 10{,}000 + 10{,}000 = 20{,}000\text{원}$$

$$N^* = \frac{D}{Q^*} = \frac{1{,}000}{100} = 10\text{회}$$

$$T^* = \frac{1}{N^*} = \frac{1}{10}\text{년} = 36.5\text{일}$$

$$R = d \cdot L = \left(\frac{1{,}000}{365}\right)(5) = 14\text{단위}$$

따라서 이 회사는 재고수준이 14단위에 도달할 때마다 100단위씩 주문하면 된다.

(3) 경제적 주문량 모형의 민감도분석

〈표 4-3〉은 예제에서 주문량과 총비용간의 관계를 나타내고 있다. 이 표에서 보면 총비용곡선은 최소점 부근에서 매우 평탄함을 알 수 있다.

표 4-3 총비용과 주문량과의 관계

Q	TC
50	25,000
60	22,667
70	21,286
80	20,500
90	20,111
100(Q*)	20,000(TC*)
110	20,091
120	20,333
130	20,692
140	21,143
150	21,667

예를 들어, 경제적 주문량 100대신 90 또는 110단위를 주문하더라도 총비용은 약 0.5%밖에 증가하지 않는다. 심지어 80이나 120단위를 주문하더라도 총비용의 증가폭은 2.5% 이내임을 알 수 있다. 따라서 관리자는 총비용에 크게 영향을 미치지 않으면서도 필요하다면 주문량을 상당폭 조정할 수 있다.

또한 주문비용과 재고유지비용 그리고 수요도 반드시 정확히 추정할 필요가 없다. 왜냐하면 경제적 주문량과 총비용은 이들의 값에 상당히 둔감(insensitive)하기 때문이다. 예를 들면, 만약 주문비용을 50% 과대 추정하더라도 경제적 주문량 공식의 제곱근 때문에 경제적 주문량은 단지 22.5%만 증가한다. 따라서 앞서 예제의 경우 경제적 주문량은 122.5단위로 계산되고, 총비용의 증가분은 〈표 4-3〉에서 약 2% 정도임을 알 수 있다. 즉, 주문비용을 50%나 과대 추정하여 경제적 주문량을 구하더라도 총비용은 최적값에 비해 2% 정도밖에 증가하지 않는다는 것이다.

이와 같이 경제적 주문량 모형의 총비용곡선은 최소점 부근에서 평탄하므로 주문비용, 재고유지비용 및 수요의 추정오차에 매우 둔감하다. 따라서 총비용에 크게 영향을 주지 않으면서도 현실 상황에 따라 경제적 주문량을 다소간 조정할 수 있고, 또한 주문비용, 재고유지비용 및 수요를 정확히 추정하지 않더라도 총비용은 크게 변하지 않는다. 이 점이 바로 경제적 주문량 모형의 특징이자 장점인 것이다.

2) 확정적 정기주문모형

이제 확실성하의 정기주문모형을 생각해 보자. 정기주문모형에서는 T 기간마다 주문을 하며, 주문량은 주문시점의 재고수준과 목표재고수준 M과의 차이가 된다. 따라서 정기주문모형에서는 최적주문주기 T^*와 최적목표재고수준 M^*의 값을 구해야 한다.

EOQ모형과 동일한 가정을 하고 재고부족을 허용하지 않으면 한 주문주기당 주문량 Q는 주문주기 T 기간 동안의 수요를 충족시켜야 하므로 다음과 같다.

$$Q = DT$$

더욱이 재고유지비용을 최소화하기 위해서는 주문량이 도착하는 시점에서 재고가 0이 되어야 하므로 확정적인 정기주문모형의 재고패턴은 [그림 4-7]과 같다. 이 그림에서 Q_i (i = 1,2,3,……)는 매회의 주문량을 의미하며 D와 T가 일정하므로

$$Q_i = Q = DT,\ i = 1,2,3,\ \cdots\cdots$$

가 되어 주문량은 매회 일정하게 된다. M은 목표재고수준(즉, 재고보충수준)을 나타내며, 실제 재고량이 이 수준에 도달하는 경우에는 조달기간 L이 0인 경우뿐이다.

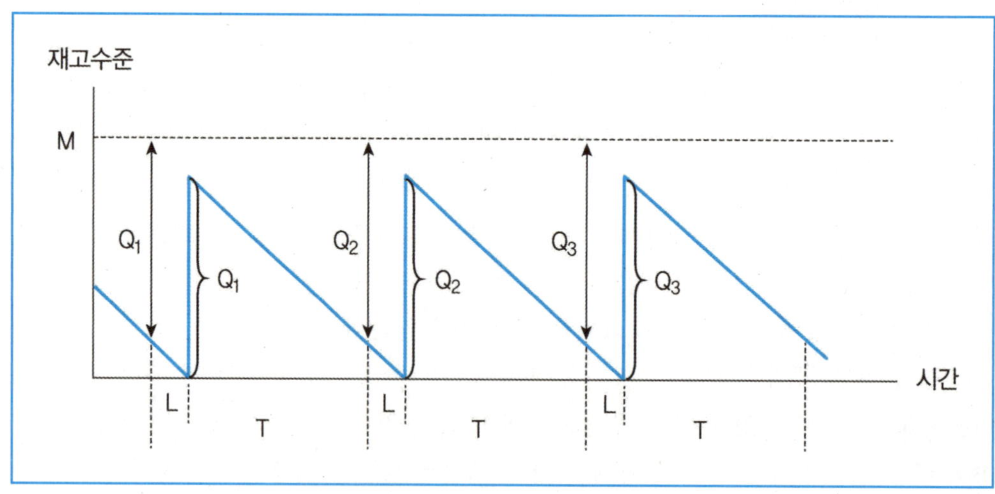

▎그림 4-7 ▎ 확정적 정기주문모형

확실성하의 정기주문모형은 [그림 4-7]에서 보듯이 기본적인 EOQ모형과 재고패턴이 같다. 하지만 정기주문모형에서는 EOQ모형과는 달리 최적주문주기 T^*와 최적목표재고수준 M^*의 값을 구해야 한다. 먼저 연간 주문비용을 구해 보면, 주문주기 T 동안 주문은 한 번 이루어지므로 연간 주문횟수는 $1/T$이 되며, 주문비용은 S이므로 연간 주문비용은 S/T가 된다. 한편 평균재고수준은 [그림 4-7]에서 $Q/2$이고 앞에서 $Q = DT$이므로 연간 재고는 $Q/2 = DT/2$이며, 따라서 연간 재고유지비용은 $DTH/2$가 된다. 그러므로 연간 총비용 TC는 다음과 같이 표현된다.

$$TC = \frac{S}{T} + \frac{DTH}{2}$$

위의 식을 T에 대해 미분한 다음 0으로 놓고 풀면 다음과 같이 최적주문주기 T^*를 구할 수 있다.

$$\frac{\partial TC}{\partial T} = -\frac{S}{T^2} + \frac{DH}{2} = 0$$

$$T^2 = \frac{2S}{DH}$$

$$\therefore T^* = \sqrt{\frac{2S}{DH}}$$

이 최적주문주기T^*는 EOQ모형의 최적주문주기와 같음을 알 수 있다. 이때 최적주문량은

$$Q^* = D \cdot T^* = D \cdot \sqrt{\frac{2S}{DH}} = \sqrt{\frac{2DS}{H}}$$

가 되어 EOQ모형과 정확히 일치한다. 이는 고정주문량 모형과 정기주문모형이 언제나 같음을 의미하는 것은 아니고 단지 수요와 조달기간이 일정하다는 가정하에서 얻어진 결과일 뿐이다. 즉, EOQ모형의 기본적인 가정 하에서는 고정주문량모형과 정기주문모형은 서로 일치한다.

한편 [그림 4-7]에서 보면 M^*는 Q^*에 조달기간 L동안의 수요를 더한 값이므로 다음과 같다.

$$M^* = Q^* + d \cdot L$$
$$= \sqrt{\frac{2DS}{H}} + d \cdot L$$

5 확률적 재고모형

확정적 재고모형에서는 수요가 확실하며, 일정하다고 가정하였으나 현실에 있어서는 수요는 확정적이 아니며 확률적으로 발생한다. 확률적 재고모형이란 수요와 조달기간이 일정치 않은 불확실한 수요에 대처하는 모형이다.

1) 확률적 정량발주모형

확률적 정량발주모형은 수요의 불확실성 때문에 안전재고를 어느 정도 확보하고, 언제 주문해야 할 것인가를 결정해야 한다.

안전재고는 서비스수준에 의해 결정되어진다. 서비스수준이란 고객의 요구에 대응한 재고수준이다. 서비스수준을 높이면 고객에게 만족감을 줄 수 있으나 안전재고량이 늘어나 재고유지비가 증가한다. 어느 제품에 대한 연간 수요가 100개인 경우에 재고를 100개 모두 가지고 있다면 서비스 수준은 100%가 된다. 그러나 90개를 가지고 있다면 서비스수준은 90%가 되고, 품절될 확률은 10%가 된다. 즉 서비스수준이란 어느 품목이 조달기간 동안 품절되지 않을 확률이다.

정량발주모형에서는 재고수준이 재주문점(R)에 도달하면 주문을 한다. 일반적으로R은 0보다 크므로 품절이 발생할 수 있는 기간은 조달기간뿐이다.

따라서 특정 서비스수준을 만족시키는 R의 값을 결정하기 위해서는 조달기간 동안의 수요의 확률분포를 알아야 한다. 여기서는 조달기간 중의 수요가 정규분포를 이루는 것으로 가정한다.

[그림 4-8]은 조달기간 동안의 수요의 확률분포를 나타내고 있다. 이 그림에서 R은 조달기간 동안의 평균수요 μ에 안전재고 s를 더한 값이다. 조달기간 동안의 수요가 R보다 작거나 같을 확률, 즉 서비스수준을 나타내는 확률이며, 흰 부분은 조달기간 동안의 수요가 R보다 클 확률, 즉 품절확률을 나타낸다.

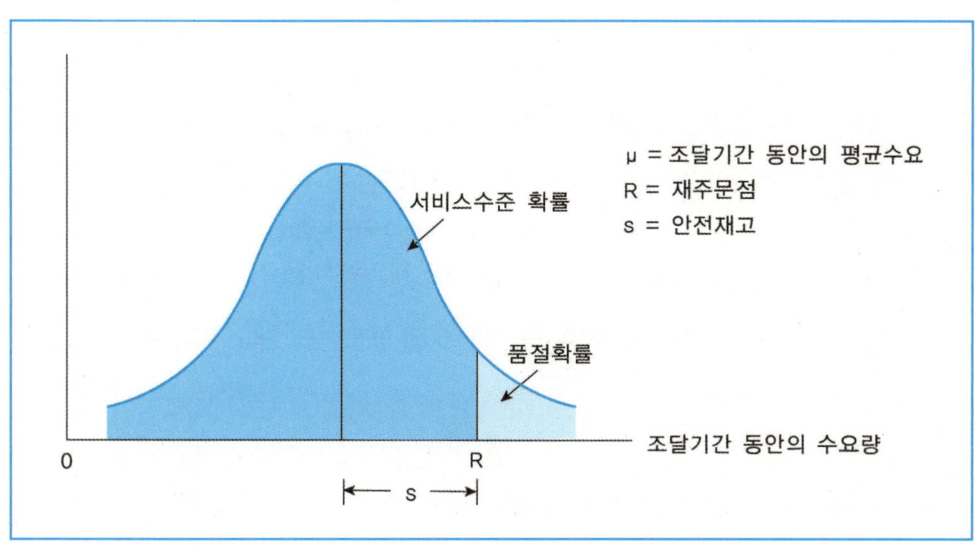

| 그림 4-8 | 조달기간 동안의 수요의 확률분포

재주문점 계산은 다음과 같다.

서비스수준 = 100% - 재고부족위험수준

재주문점(ROP) = 조달기간동안의 평균수요 + 안전재고

$$Z = \frac{R - \mu_L}{\sigma_L}$$

여기서, R : 재주문점

μ_L : 조달기간동안의 평균수요

σ_L : 조달기간동안의 표준편차

Z : 표준편차

따라서 재주문점 R은 다음과 같다.

$$R = \mu_L + Z \times \sigma_L$$

여기서 $Z \times \sigma_L$은 안전재고를 나타낸다. Z값을 크게 할수록 재주문점과 서비스수준은 높아진다. 즉, Z값을 작게 하면 안전재고는 줄어드나 서비스수준은 낮아지고, Z값을 크게 하면 서비스수준은 높아지나 안전재고는 늘어난다.

예제

어느 상점에서 판매되는 제품의 1일 수요는 정규분포를 하며 관련 자료는 다음과 같다고 한다.

- 1일 평균수요(d) = 200단위/일
- 1일 수요의 표준편차 = 150단위
- 조달기간(L) = 4일
- 요구되는 서비스수준 = 95%
- 1회 주문비용(S) = 2,000원/회
- 연간 단위당 재고유지비용(H) = 200원/단위·년

그리고 이 상점은 1주일에 5일, 연간 50주, 즉 연간 250일 영업한다고 한다. 정량발주모형을 취할 때 최적재고정책을 구하라.

풀이 연간 평균수요D는

$$D = 250(200) = 50{,}000\text{단위/년}$$

이므로, 1회 주문량 Q를 EOQ모형을 이용하여 구해보면 다음과 같다.

$$Q = \sqrt{\frac{2DS}{H}} = \sqrt{\frac{2(50{,}000)(2{,}000)}{200}} = 1{,}000\text{단위}$$

1일 평균수요는 200단위이고 조달기간은 4일이므로 조달기간 동안의 평균수요μ_L은 다음과 같이 계산된다.

$$\mu_L = d \cdot L = 200(4) = 800\text{단위}$$

1일 수요의 표준편차가 150단위이므로 1일 수요의 분산은$(150)^2$이고, 매일의 수요는 독립적이라고 볼 수 있으므로 조달기간 4일 동안의 수요의 분산은 $4(150)^2$이 된다. 따라서 조달기간 동안 수요의 표준편차 σ_L는 다음과 같이 계산된다.

$$\sigma_L = \sqrt{4(150)^2} = 300\text{단위}$$

95% 서비스수준에 해당하는 z의 값은 1.65이므로 재주문점 R은 다음과 같이 계산된다.

$$\begin{aligned} R &= \mu_L + Z \times \sigma_L \\ &= 800 + 1.65(300) \\ &= 800 + 495 \\ &= 1{,}295\text{단위} \end{aligned}$$

따라서 이 상점은 재고수준이 1,295단위가 될 때마다 1,000단위씩 주문하면 된다. 그리고 이 경우 안전재고는 다음과 같다.

$$s = z\sigma = 1.65(300) = 495\text{단위}$$

2) 확률적 정기발주모형

정기발주모형에서는 재고수준을 연속적으로 검토하는 것이 아니라 일정한 주문주기 T마다 정기적으로 재고수준을 검토하여 그 때의 재고수준과 목표재고수준 M과의 차이만큼을 주문한다. 여기서는 수요가 확률적일 때의 정기발주모형을 살펴보기로 한다.

정기발주모형에서는 목표재고수준을M으로 하여 다음 주문주기 T와 조달기간 L 동안의 수요를 충족하게 된다. 왜냐하면 (T + L)기간 동안 주문량은 단 한번만 들어오고 이 주문량은 (T + L)기간초의 재고수준과 목표재고수준 M과의 차이에 해당하는 양이기 때문이다.

정기발주모형은 두 개의 변수 T와 M에 의해 완전히 결정된다. 주문주기 T의 최적값에 대한 근사치는 다음과 같이 구한다.

$$T = \sqrt{\frac{2S}{DH}}$$

한편 조달기간 동안만 품절의 위험이 있는 정량발주모형과는 달리 정기발주모형에서는 주문주기 T와 조달기간 L전체에 걸쳐 품절의 위험이 발생하므로 목표재고수준 M은 (T + L)기간 동안의 특정 서비스수준에 의해 결정된다. 따라서 특정 서비스수준을 유지하기 위한 M의 값은 (T + L)기간 동안의 평균수요에 안전재고를 더한 값으로 표시된다. 즉,

$$M = \mu_{T+L} + s'$$

여기서, M : 목표재고수준

μ_{T+L} : $(T+L)$ 기간 동안의 평균수요

s : 안전재고

안전재고는 요구되는 특정 서비스수준을 만족시키도록 다음과 같이 결정된다.

$$s' = z\sigma_{T+L}$$

여기서, σ_{T+L} : (T+L) 기간 동안의 수요의 표준편차

z : 요구되는 특정 서비스수준을 유지하기 위한 표준편차의 배수

따라서

$$M = \mu_{T+L} + z \cdot \sigma_{T+L}$$

가 되고, 목표재고수준과 서비스수준은 z값에 의해 조정된다.

앞의 예제에서 사용된 자료를 가지고 확률적 정기발주모형의 재고정책을 구해 보시오.

풀이

$$T = \sqrt{\frac{2S}{DH}} = \sqrt{\frac{2(2,000)}{(50,000)(200)}} = \frac{1}{50}\text{년} = \frac{1}{50} \times 250\text{일} = 5\text{일}$$

목표재고수준 M은 다음과 같다.

$$M = \mu_{T+L} + z \cdot \sigma_{T+L}$$

여기서, μ_{T+L}은 $T+L = 5+4$일 동안의 평균수요이므로

$$\mu_{T+L} = 9(200) = 1,800\text{단위}$$

가 되고 σ_{T+L}은 $T+L = 9$일 동안의 표준편차이고 1일 수요의 표준편차는 150단위이므로

$$\sigma_{T+L} = \sqrt{9(150)^2} = 450\text{단위}$$

가 된다. 그리고 서비스수준 95%에 해당하는 z값은 1.65이므로 목표재고수준 M은 다음과 같이 계산된다.

$$M = 1,800 + (1.65)(45) \fallingdotseq 2,543(\text{단위})$$

그러므로 이 상점이 정기발주모형을 사용한다면 재고정책은 매 5일(영업일 기준)마다 재고수준을 검토하여 그 때의 재고수준과 목표재고수준 2,543단위와의 차이만큼을 주문하는 것이 된다. 그리고 이 경우 안전재고 s′는 다음과 같다.

$$s' = 1.65(450) \fallingdotseq 743(\text{단위})$$

여기서 한 가지 유의할 점은 동일한 자료를 사용했음에도 불구하고 정량발주모형에서는 안전재고가 495단위였음에 비하여 정기발주모형에서는 안전재고가 743단위나 된다는 점이다. 사실상 동일한 자료를 사용하는 경우 정기발주모형은 정량발주모형에 비해 언제나 더 많은 안전재고를 필요로 한다. 이는 정량발주모형에서는 조달기간 L 동안만 품절의 위험에 대비하면 되지만 정기발주모형에서는 (T + L)기간 전체에 대한 품절의 위험에 대비해야 하기 때문이다.

6 재고관리와 관련한 기법

재고관리는 공급사슬 활동을 관리하는 핵심적인 부분이다. 재고관리는 고객의 요구를 만족시키는 동시에 재고유지비용을 최소화하는 것을 목표로 한다. 고객서비스 수준과 재고유지 수준은 상충관계에 있다고 말할 수 있다.

재고를 관리하고 고객서비스 수준을 균형 있게 하는데 포함된 상충관계를 관리할 수 있는 수많은 도구와 기법들이 있다. 그 대표적인 것들은 다음과 같다.

1) 파레토 개념을 적용한 ABC분석

ABC분석은 간단하나 재고의 서로 다른 분류를 찾아내는데 매우 중요한 기법이다. 이는 가끔 파레토개념으로 알려져 있는데 왜냐하면 파레토의 80/20법칙을 적용하기 때문이다. 다른 말로 하면 80%의 가치가 20%의 양으로부터 나온다. 이것들이 재고의 "A"항목이다. "B"항목은 10%의 가치와 30%의 양을 나타내고, 반면 "C"항목은 10%의 가치를 나타내나 50%의 양으로 구성되어 있다.

이것은 어떠한 재고에도 적용할 수 있는 유용한 개념이다. 이는 관리자로 하여금 그들의 시간과 노력을 할당하는데 보다 중요한 것에 집중할 수 있는데 도움이 된다. 이 개념을 설명하기 위해서 간단한 예로서 자동차를 만드는데 수많은 서로 다른 부품들을 필요로 하는 자동차 제조업자를 생각하여 보자. 자동차의 자재명세서(BOM) 분석은 부품의 계층구조를 나타낸다. [그림 4-9]는 자동차를 만드는 데 필요한 부품의 압축된 요약을 나타낸다.

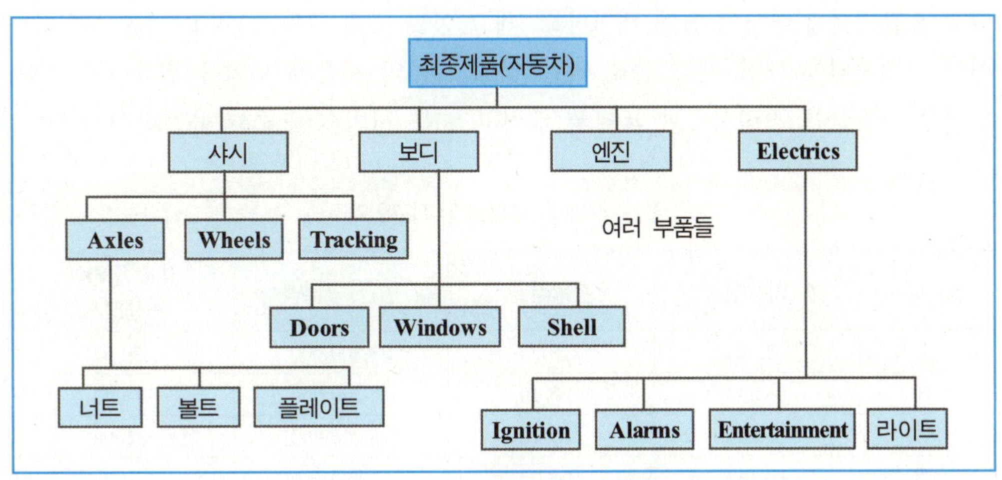

그림 4-9 자동차의 자재명세서

높은 가치 항목은 "A"로, 중간 가치는 "B"로 그리고 낮은 가치는 "C"로 분류되어 질 것이다. 이 법칙은 어떠한 재고에도 적용될 수 있다. 재고항목의 대부분은 낮은 가치/높은 양이 항상 될 것이며, 가장 작은 양의 분류가 높은 가치/작은 양이 될 것이다. 위의 사례에서 최종 자동차를 만드는 최종제품항목(자동차, 엔진과 중간 반조립품)이 아마도 "A"분류를 구성할 것이다. "B"분류는 반조립품을 만드는 항목이 될 것이고, "C"분류는 너트, 볼트, 리벳(rivets), 플레이트(plates), 와이어링(wiring) 등과 같이 수량은 많으나 단위비용이 상대적으로 낮은 항목들이 될 것이다. 이러한 구체적인 값들은 조직에 따라 어느 정도 다르게 된다. 어떠한 조직은 세 개 이상의 분류를 사용하기도 하나 기본 원칙은 항상 동일하다.

이것은 관리자로 하여금 가장 높은 수익을 약속하는 영역에 그들의 관심과 노력을 집중할 수 있도록 하여 준다. 제조업체의 예를 〈표 4-4〉에서 보는 바와 같이 볼 수 있다.

〈표 4-4〉에서 보는 예는 실제로 어떻게 실제 퍼센티지 가치와 양이 변하는가를 보여 준다. 이러한 형태의 분석은 또한 고객과 공급업자에게도 적용될 수가 있다. 예를 들면, 어느 조직은 적은 수의 고객으로부터 수익의 많은 부분을 얻을 수가 있고, 또한 상대적으로 적은 수의 공급업체들로부터 공급품의 많은 부분을 얻을 가능성이 매우 크다. 어떠한 경우이든지 관리자가 C항목보다는 A와 B분류에 속하는 높은 가치의 항목에 그들의 관심을 기울이는 것은 여러 가지로 득이 있는 일일 것이다.

[그림 4-10]은 재고항목 양의 퍼센티지에 대한 재고가치 퍼센티지를 그래프로 나타낸 것이다. 〈표 4-4〉로부터 데이터를 그래프로 표시하기 위하여 누적빈도곡선(cumulative frequency curve)으로 만든 것이다.

많은 기업들의 최근의 경향은 소수의 공급업자와의 관계를 관리함으로써 협약을 맺고 품질문제에 대하여 함께 대처하고, 재고 없는 구매 협약, 그리고 최종 사용자에 대한 거래책임에 대한 계약 등을 하는 것에 그들의 시간과 노력을 집중하고 있다. 이러한 기법들은 관리시간과 노력을 줄이고 높은 서비스 수준을 유지하게 한다.

표 4-4 항목별 누적구입액

급(class)	항목수	항목비율	년간 구입액	평균 구입액 퍼센티지
A	2,325	18.78	28,500,000	79.61
B	3,232	26.10	4,100,000	11.45
C	6,825	55.12	3,200,000	8.94
계	12,382	100.00	35,800,000	100.00

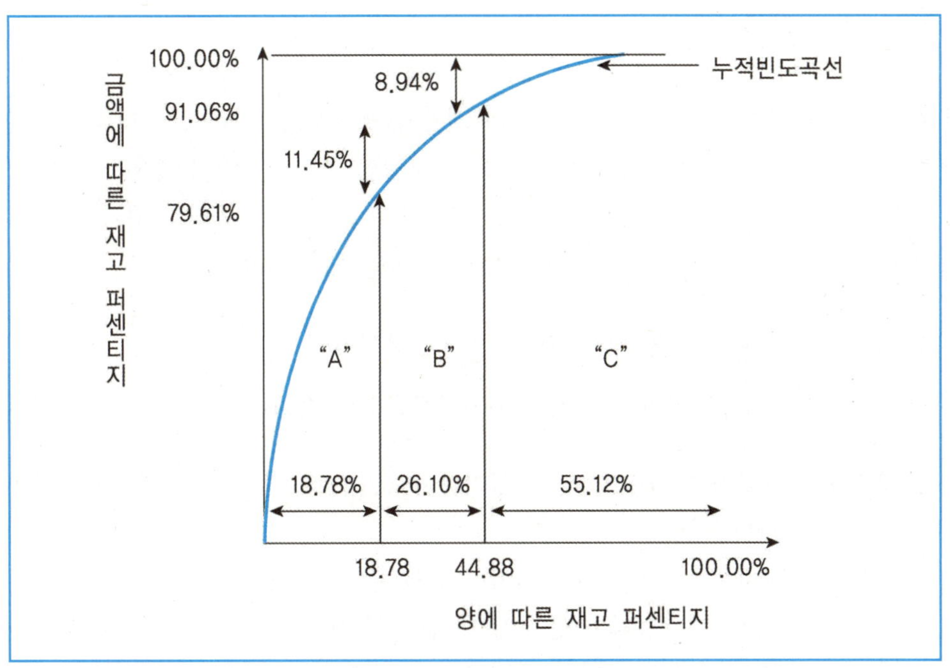

| 그림 4-10 | 누적빈도곡선

2) Just-in-Time(JIT)

Just-in-Time은 오랫동안 알려져 왔던 경영 원칙의 하나이나 1970년대와 80년대 전에는 모든 재고의 분류에 일관적으로 적용하기에는 어려움이 많았다. 주요 이유는 수행하기에는 많은 복잡한 계산을 요구하는 수학적 알고리즘을 포함하기 때문이었다. 그러나 이러한 계산을 용이하게 하는 1970년대 고성능 비즈니스 컴퓨터가 등장함으로써 JIT의 적용이 활발하게 되었다. 일본의 자동차 업체인 도요타(Toyota)는 그들의 "Kaisen" 철학의 부분으로써 수많은 혁신적인 경영 실천의 선도역할을 해 왔는데 JIT는 이러한 접근과 긴밀하게 연관 되었다.

기본 원리는 간단하다. 필요할 때 재고항목을 주문하는 것이다. 이것은 어떠한 재고도 보유할 필요를 피하고 그 결과 재고의 진부화, 과다 또는 폐기의 위험을 없애준다. 이의 실천에는 효과적으로 관리하여야 할 프로세스의 조정이 요구된다. 이는 공급품을 주문할 시 신속하게 대응하여야만 하는 공급업자들에게 많은 책임감을 부여한다. 부품과 원자재는 그들이 필요로 하는 정확한 때에 생산센터에 도착하여야만 한다. 이것은 재고를 보유할 필요를 없애 주고 재공재고(work-in- process)에서 기다리는 시간을 단축시킨다. 필요한 물건을 필요한 장소에 필요한 시간에 제공하는 것이 JIT의 기본 개념이다.

수요와 공급이 JIT시스템에서는 균형을 이루게 된다. 고객 수요가 주문을 일으킴에 따라 필요한 공급이 조정되는 프로세스의 설계가 필요하다. 시스템에 대해 투입물을 균형 잡는 이러한 프로세스는, 고객의 수요에 부합한 프로세스와 산출물은 생산 흐름을 원활하게 해 주고, 재고는 생산이 발생하는 아주 짧은 시간 동안만 유지되게 된다. JIT는 EOQ모델에서는 고정비로 처리한 셋업(set-up) 주문비용을 변동비로 취급한다.

(1) JIT접근에 있어서의 세 가지 핵심 TQM개념

JIT접근에 있어서 세 가지의 핵심적 TQM 개념은 다음과 같다.

① 제조자가 품질에 대하여 책임이 있거나 혹은 구매자들은 가끔 '품질은 주어진다'라고 말한다.

② 품질은 검사하는 것(inspected-in)이라기보다는 만들어지는 것(built-in)이다. 이는 각각의 개별 생산자들이 품질에 대하여 책임이 있는 것이지 단순히 품질관리 검사자의 책임만은 아니라는 것을 의미한다.

③ 구매자에 의하여 정해진 품질 기준에 반드시 따라야하는 의무가 있다.

(2) Kanban시스템

Kanban은 간단하고 효과적인 통제시스템이다. 이는 JIT시스템을 효과적으로 운영하기 위한 눈에 보이는 도구로써 JIT에는 필수적이다. Kanban은 일본말로 단순히 카드를 의미한다. 칸반은 작은 로트 크기 즉 양은 많고 가치는 적은 ABC분류에서 "C" 분류에 속하는 항목들에 가장 잘 이용될 수 있다. 칸반은 단일 혹은 복수 카드시스템이다. 복수 카드시스템에서는 두 가지 형태의 카드 즉 운반(C: conveyance)과 생산(P: production) 카드가 있다. 단일 카드시스템에서는 C카드만 사용되어 진다.

복수 카드시스템의 규칙들은 다음과 같다.

① 생산을 허락하는 P-칸반 없이는 어떠한 파트(parts)도 만들지 않는다. 작업자들은 필요한 부품을 만들기보다는 유지, 청결 혹은 작업개선 프로젝트를 행한다. 마찬가지로 C-칸반은 부서간의 부품의 이동을 통제한다.

② 표준 컨테이너만 사용되고 그들은 항상 채워진다.

③ 하나의 컨테이너에는 한 개의 P-칸반과 한 개의 C-칸반이 있다.

이 눈으로 보이는 통제시스템의 핵심은 원하지 않는 재고 축적을 방지하는 것이다. 재고축적은 종종 많은 심각한 문제들을 숨긴다. 비용을 줄일 뿐만 아니라 문제들을 찾아내야 한다. 예를 들면, 어느 조직은 단순히 공급조직의 비효율성을 충당하기 위해서 완충 재고를 보유하기도 한다.

(3) 공급관리를 위한 JIT시스템의 관계

물류를 수송하는 것은 경로(routing)가 픽업과 배달 조직에 매우 중요한 JIT시스템을 잘 적응할 수 있도록 주의 있게 조직할 필요가 있다. 배달은 중앙 창고에서 항목들이 필요한 장소로 옮기는 재조직이 필요할 수도 있다. 이것은 이중 취급을 피하게 한다. 많은 조직들이 그들의 수송과 창고 능력을 JIT와 효과적으로 운영할 수 있도록 조직하고 있다. 예를 들면, JIT 보충시스템을 운영하는 많은 소매업자들은 'cross-docking'을 조직하였다. 이것은 배달이 수송저장창고에 도착해서 어느 기간 동안이라도 재고로 저장되어지지 않고 'cross-docked'되는 것이다. 즉, 물건을 실어온 운송차로부터 그들의 최종 목적지로 향하는 취급을 용이하게 할 수 있는 표준화된 컨테이너로 옮기는 것이다. 이와 같은 수송의 조정은 시스템을 효과적으로 관리하기 위해서 중요하다.

McLachin과 Piper(1990)에 의하면 JIT시스템의 이득은 다음과 같다.

- 준비시간 단축
- 소 로트 생산 가능
- 소 로트 운송 가능
- 자동화를 통한 복수 프로세스 취급
- 무결점 품질관리
- 설비 유지관리
- 생산 흐름의 원활화와 혼합
- 후속 프로세스에 의한 인출
- 사내 변경과 설비의 생산
- JIT 공급 조정
- 지속적 개선에 종업원 참여

(4) JIT시스템에서의 구매자-공급자 관계

JIT시스템을 채택할 시 요구되는 커다란 조정의 하나는 구매자와 공급자간에 필요한 협력의 긴밀한 수준이다. JIT시스템을 운영하는 회사들은 종종 적은 수의 공급자들을 가지나 그들은 공급사슬의 서로 다른 부분을 조정하기 위해서 공급업자들과 매우 긴밀하게 일을 하여야만 한다. 데밍박사는 TQM 14개의 원칙에서 기업은 적은 수의 공급업자들과 긴밀한 관계를 개발할 필요가 있다고 처음으로 제창하였다.

7 MRP시스템

MRP 시스템은 초기에 매우 단순한 자재소요계획(Material Requirements Planning)의 기법으로 출발하였으나 오늘날에는 회사전체의 전사적 자원관리(Enterprise Resource Planning : ERP) 시스템으로 자리잡게 되었다. 즉 자재소요계획(협의의 MRP)은 제조자원계획(Manufacturing Resources Planning : MRP II)시스템과 전사적 자원 관리시스템의 핵심 기능으로서 그 진화과정에 따라 원래 자재를 주문하는 새로운 기법으로 여기던 것이 그 후 제조부문의 일정계획을 올바르게 유지하는 우선순위관리 시스템으로 변모하였다. 오늘날의 MRP 시스템은 이 부분을 핵심으로 하여 회사의 모든 자원을 계획하고 관리하는 제조자원계획(MRP II)체계로 발전되어 왔다. 그리고, 생산관리시스템의 기반으로서 MRP 시스템을 두고 여기에 CAD/CAM, 자동화라인, 자동창고 등을 구축하여 컴퓨터통합생산(CIM)시스템을 완성하려는 시도가 미국과 일본을 중심으로 활발하게 이루어져 왔다.

1) MRP시스템의 발전과정

(1) 자재발주 기법으로서의 MRP

MRP 시스템은 1960년대 초 필요한 자재의 소요량을 계산하여 발주하는 자재소요계획(Material Requirements Planning : MRP I)으로 시작되었다. 이는 당시에 주로 사용되었던 발주점방식이 회사의 모든 자재에 대하여 개별적으로 조달기간(lead time) 동안의 소요량을 산정하여 발주하던 것에 대한 대안으로서 창안된 것이다.

Olicky는 자재를 독립수요 품목과 종속수요 품목으로 나누고 종속수요 품목에 대한 소요량은 부품구성표(Bill of Material : BOM)를 이용하여 계산함으로써 개별적인 소요량을 예측할 필요없이 정확한 소요량이 산출될 수 있음을 제시하였다. 즉 자재소요계획(MRP)방식에서는 최종제품이나 서비스부품 등 독립수요 품목에 대한 수요만 예측이 된다면 나머지 하위의 종속 수요품목의 소요량은 예측이 아닌 계산으로써 파악될 수 있다는 개념이 MRP 시스템 발전의 초석이 된 것이다. 이 당시에는 능력계획과 연결되어 있지 않은 단순한 재고관리 시스템의 기능을 갖춘 것이었다.

(2) 우선순위 계획시스템으로서의 MRP

1970년대에 이르러 MRP시스템의 기능은 단순한 자재 소요량의 계획으로부터 우선순위 계획시스템(priority planning system)으로 확장되었는데 이 단계에서부터 MRP시스템은 본격적인 일정계획 시스템의 체계를 갖추게 되었다.

계획시스템으로서의 MRP에서는 기준생산 일정계획 (master production schedule : MPS)의 중요성이 인식되어 이것을 토대로 자재소요계획을 비롯한 하위 단계의 계획기능을 동기화하고자 하는 발상이 실현된 것이라고 볼 수 있다. 이에 따라 상위 단계의 계획인 기준생산 일정계획이 수요의 변화 등 외적요인에 의하여 변경되면 MPS와 관련된 하위 단계의 계획내용이 연동적으로 재계획되어 새로운 우선순위를 반영하기 때문에 변경에 대한 대처가 용이한 계획 지향적 시스템이 되었다.

기업실무에 적용 가능한 순위계획을 실현할 수 있으려면 계획기간(planning horizon)은 더욱 길어지고 계획기간의 단위인 시간단위(time bucket)는 보다 짧아져야 하는데 이는 당시 컴퓨터의 계산처리 능력과 데이터의 저장 능력이 증대됨에 따라 가능하게 되었다.

(3) 폐쇄루프 MRP 시스템

우선순위 계획 MRP시스템이 실용화되면서 사용자들은 MRP시스템의 계획기능에 상응하는 통제기능이 필요함을 인식하게 되었는데 이러한 시스템을 폐쇄루프(closed loop) MRP시스템이라 하고, 이 이전 단계의 MRP를 개방 루프(open loop) MRP시스템이라 한다. MRP시스템의 가장 기본적인 기능중의 하나는 제조기업의 제반활동을 가장 정확하게 컴퓨터 내에 설정하는 것이다. 그런데 과거의 MRP시스템에서는 실현 불가능한 MPS에 의하여 하위 단계의 계획들이 제조활동의 실제 우선순위를 제대로 반영하지 못하는 결과를 가져와서 결과적으로 시스템의 효용을 반감시키는 경우가 많았다. 현실에 맞는 MPS가 되기 위해서는 MPS를 실행하기 위하여 소요되는 자재소요량은 물론 생산능력 소요량이 현실적인지 검토하는 기능이 요구된다.

결과적으로 폐쇄 루프 MRP 시스템의 단계에서는 기존의 MRP 시스템에 능력소요계획(capacity requirements planning)이 추가되어 작업장별로 보유하고 있는 생산능력과 자재계획상의 작업부하가 서로 조화되고 있는지 검증할 수 있게 되었고 이에 따라 제조지시의 실행책임을 제조현장에 부여하면서 동시에 이의 실행 결과를 피드백(feedback)할 수 있는 현장 제조관리(shop floor control)가 정착되었다. 보통 광의의 MRP시스템이란 이러한 단계의 MRP를 말하는 것으로 생산재고관리의 4가지 기본기능으로 알려진 우선순위계획(priority planning), 생산능력계획(capacity planning), 우선순위통제(priority control), 생산능력통제(capacity control)를 포괄하여 종합시스템적인 운영이 가능하게 하는 기반을 마련하였다.

(4) 제조자원계획 시스템(MRP II)

1980년대에 이르러 MRP시스템은 폐쇄루프 MRP시스템을 더욱 보강하여 기업의 제조자원을 총괄하여 관리하는 시스템으로 확장하고자 하는 시도가 계속되어, 그 명칭도 제조자원계획(manufacturing resource planning)시스템 또는 MRP II 시스템이라 하였으며 자재소요계획 시스템인 MRP와 구분하였다.

이 단계의 MRP시스템은 회사의 각 부문활동을 사업계획의 기준 하에 종합적으로 조정하여 조직간 수평, 수직적인 균형을 이룰 수 있도록 생산, 자재 부문만이 아니라 영업, 기술, 재무 분야의 통합 또는 상호연계를 도모하는 기능을 갖추었다. MRP II는 제조활동의 계획, 관리뿐만 아니라 재무, 마케팅에서의 계획과 관리를 포괄한 시스템으로서 기업에서의 모든 자원을 관리하는 전사적 정보시스템으로 확장되었다.

2) MRP시스템의 구성요소

MRP 시스템에서 3가지 주요 투입요소는 기준생산 일정계획(MPS), 부품구성표(BOM) 및 재고기록철(inventory record file)이다.

(1) 기준생산 일정계획(Master Production Schedule : MPS)

이것은 최종품목(end item)의 계획기간과 소요량을 표시한 것으로 무엇을, 언제, 얼마만큼 생산할 것인가를 나타낸 기본적인 계획표이다. MRP기법을 통한 계획수립의 모든 절차는 실질적으로 MPS로부터 출발하기 때문에 MPS가 잘못되면 계획전체가 무의미하게 된다. MPS는 다음과 같은 기본요소로 이루어져 있다.

① 최종 품목(end item)

MPS에 기입되는 품목으로서 부품구성표(BOM) 상에서 최상위 단계에 있는 것이다. 보통 최종 품목이 될 수 있는 것은 최종제품, 서비스 부품, 모듈부품, 주요 조립품 등이며, 최종 품목이 되기 위한 조건은 독립수요 품목이어야 한다.

② 계획기간(planning horizon)

계획 또는 예측 상에 포함되는 총기간이다.

③ 기간별 구분(time–phase)

이것은 MPS상에서 연속되는 시간의 흐름을 인접하는 소기간으로 세분하는 것으로, 다시 말해서 적당한 단위기간(time-bucket)의 크기로 구분하는 것이다.

④ 계획단위기간(time–bucket)

계획기간(planning horizon)을 기별로 구분(time-phase)하여 그 하나하나를 계획단위기간(time-bucket)이라고 한다. 즉 time-phased된 각 기간을 time-bucket라 하며, bucket의 크기를 MRP에서는 보통 1주간 또는 1일로 하고 있다. 그런데 이 bucket방식으로 표현할 경우 그 bucket의 초, 중간 또는 종일이라든가 그 날의 착수일이나 종료일등을 미리 약속하여 정해 놓아야 한다.

(2) 재고 기록철(inventory record file)

품목 마스터 파일(item master file), 재고상황철 또는 품목상황철(item status file)이라고도 하는데, 이것은 부품구성표(BOM, bills of material)의 각 단계(level)에 있어서 개개 품목의 현재 재고 상태에 있는 수량을 나타낸 것이다.

이 상황을 기록한 철은 개개 품목의 재고 변동이 일어날 때 마다 갱신된다. 여기서 말하는 재고변동은 품목의 수입, 불출, 스크랩화 수량의 변화에 관한 것이다. 또한 이 재고기록철에는 계획오더량과 그 시기를 결정하는데 주로 이용되는 계획요인으로 각 품목의 리드타임(lead time), 안전재고, 감손여유량(scrap allowance), 로트 사이즈화 방식 등이 포함되어 있다.

(3) 부품구성표(bill of material, BOM)

보통 자재명세서, 제품구조도(product structure), 또는 간단히 부품표라고도 하는데 이것은 최종 품목이 어떤 부품으로 구성되어 있는가를 나타낸 표이다. 여기에 기재되는 각 품목은 MPS상의 품목과 같이 품목의 명칭이 아닌 부품번호로 표시된다. 이들 품목에 대해서는 MPS상의 표시와 반드시 일치해야 한다. 부품구성표는 보통 설계용 부품표(engineering bill of material, E-bill)와 제조용 부품표(manufacturing bill of material, M-bill)로 대별된다.

주요 산출요소(outputs)는 다음과 같다.

① 주요 산출요소

- 계획오더(구매오더 또는 가공오더)의 발령에 대한 지시

- 발령된 오더의 완료예정일의 변경지시
- 발령된 오더(open order)의 취소 또는 일시적인 중지 지시
- 품목상황의 분석에 필요한 자료
- 앞으로 발령될 예정인 계획오더의 자료

② 부차적 산출요소

- 재고수준 계획의 자료(재고예측)
- 구매계약의 자료
- 수요의 원천에 대한 확인자료(소요량 용도확인 보고자료)
- 능률(성과)에 대한 자료(performance report)
- 예외자료(exception report)

3) MRP시스템의 전개절차

MRP시스템은 전술한 기본요소들은 토대로 하여 전개되는데, 협의의 MRP관점에서의 전개를 위한 준비과정 및 그 전개절차에 대하여 설명한다. 이 중에서 소요량 계산(부품전개)은 MRP시스템에서 가장 중요하고 핵심적인 과정으로서 계산과정이 어렵거나 그리 복잡한 것은 아니다. 몇 가지 규칙과 간단한 산술로 도출이 가능한 것이다.

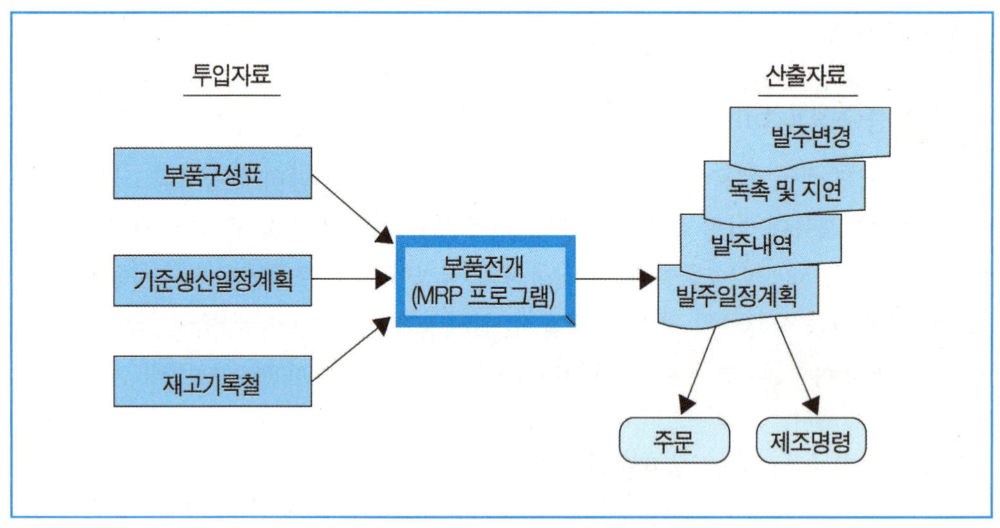

그림 4-11 MRP시스템의 투입요소와 산출자료

(1) 제품의 총 수요량 산정

과거의 판매실적과 고객의 주문 영업소 창고의 수요 등을 토대로 수요예측을 하여 총수요량을 산정한다. 그리고 제품의 재고를 얼마로 유지할 것인가도 고려한다.

(2) 생산계획(production plan)의 수립

산정된 총 수요량에 대하여 대략적인 생산능력을 고려하여 계획을 수립한다. 즉 수요예측과 생산에 필요한 자원을 반영하여 수립된 예측자료이다.

표 4-5 생산계획표의 예

제품 \ 기간	1	2	3	4	5	6	7	8	9	10	11	12	13	14
X생산량														
Y생산량														

(3) 기준생산 일정계획(Material Production Schedule, MPS) 작성

MPS는 어떤 제품을 생산하는데 있어서 「무엇을, 언제, 얼마나 생산할 것인가」를 나타낸다. 즉 MPS로부터 제품별 생산량과 생산일정을 파악해야 한다.

MPS는 전체 계획기간(planning horizon), 계획단위기간(time bucket)등이 표시되어야 하며, 전체계획기간은 능력소요계획, 부품구성표에서의 최장 누적 리드타임 등을 고려하여 결정하고 계획단위기간은 보통 주단위 또는 일단위로 한다.

다음 〈표 4-6〉은 MPS의 예를 보통의 매트릭스 형태로 나타낸 것이다.

표 4-6 MPS의 예

최종품목 (end item)	기간(period)							
	1	2	3	4	5	6	7	…
A	100		100		100			
B	15	20	25	20	15			
C	50	60		60				

(4) 부품구성표(Bill of Material, product tree)의 작성

부품구성표는 보통 제품별로 흐름공정도 등에 의거 조립단계 및 가공순서 등을 고려하여 작성할 수 있으며, 부품구성표에 의하여 제품전개를 행할 수 있다. 이를 통하여 제품생산에 필요한 구성품의 종류별 수량과 이들의 구성관계를 정확하게 파악할 수 있다.

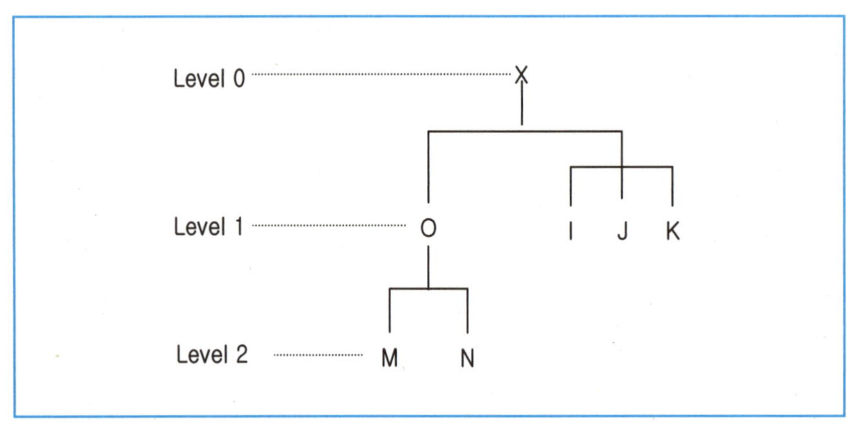

그림 4-12 부품구성표의 예

(5) 재고기록철(Inventory record file)의 작성

재고기록철은 각 품목별 수불현황, 재고수준 및 조달기간(lead time), 표준시간, 부품단가 등을 고려하여 작성한다.

(6) 소요량계산(부품전개)

지금까지의 절차, 즉 제품의 생산량 및 생산일정을 파악하고 구성부품의 제품분석과 이들의 재고 현황을 파악한 것은 MRP 계산을 위한 준비과정이 되며, 다음 절차가 제품분석 또는 부품전개(parts explosion)기법을 통한 소요량계산을 행하여 MRP시스템의 산출자료가 되는 MRP계획표를 작성하는 본 과정이 된다. 즉 소요량계산은 MRP의 가장 중요한 핵심이 되는 과정으로서 MPS를 기본으로 하여 부품구성표에 있는 각 부품의 소요량을 계산한다. 이때 필요한 자료는 MPS외에 부품구성표, 품목마스터 자료(item master data)등이다. 소요량 계산의 대상이 되는 품목은 종속수요품목이며 상위 품목의 소요량과 해당 품목의 원단위(原單位)를 토대로 계산한다. 다음은 해당 품목의 불량률을 고려했을 경우의 소요량 계산 공식이다.

$$\text{소요량} = \text{상위품목의 소요량} \times \text{원단위} \times \frac{1}{1\text{-불량률}}$$

상위 품목 소요량이란 전개 전 품목의 오더 수량이며 여기에다 부품구성표에 설정되어 있는 원단위를 곱하여 자품목의 소요량을 산출한다.

표 4-7 재고기록철의 예

부품No	리드타임(주)	작업장	로트 사이즈화 규칙	안전재고	표준시간		감손율	단가	1회준비비
					준비시간	단위당 표준시간			
X	2	1		500		0.52	10%	1,250	
O		1							
M		1							
N		1							
L		1							
A	2	2							
B	2	3							
C	3	4							
D	2	5							

불량률이나 감손률은 보통 부품구성, 품목마스터 자료에 설정한다. 또 원 단위는 모품목(바로 위 품목)을 1단위 만드는데 필요한 수량이나 중량, 길이 면적 등을 말한다. 소요량 전개는 크게 1단계 전개 기능과 추출기능으로 나눌 수 있다. 1단계 전개 기능은 부품전개를 하면서 자부품의 소요량을 계산하고 그 결과를 low level code 순서대로 등록한다. low level code는 부품표 중에서 그 품목이 쓰이고 있는 가장 하위의 해당 레벨 코드(번호)를 말한다. 또 추출기능은 low level code의 위에서부터 순서대로 등록되어 있는 품목을 빼낸다. 이들 두 기능은 서로 쌍을 지어 움직이며 Level Table, Activity chain을 이용하여 단계별 소요량 계산방법(level by level)의 전개를 해 나간다. 소요량 전개과정을 나타내면 다음 그림과 같다.

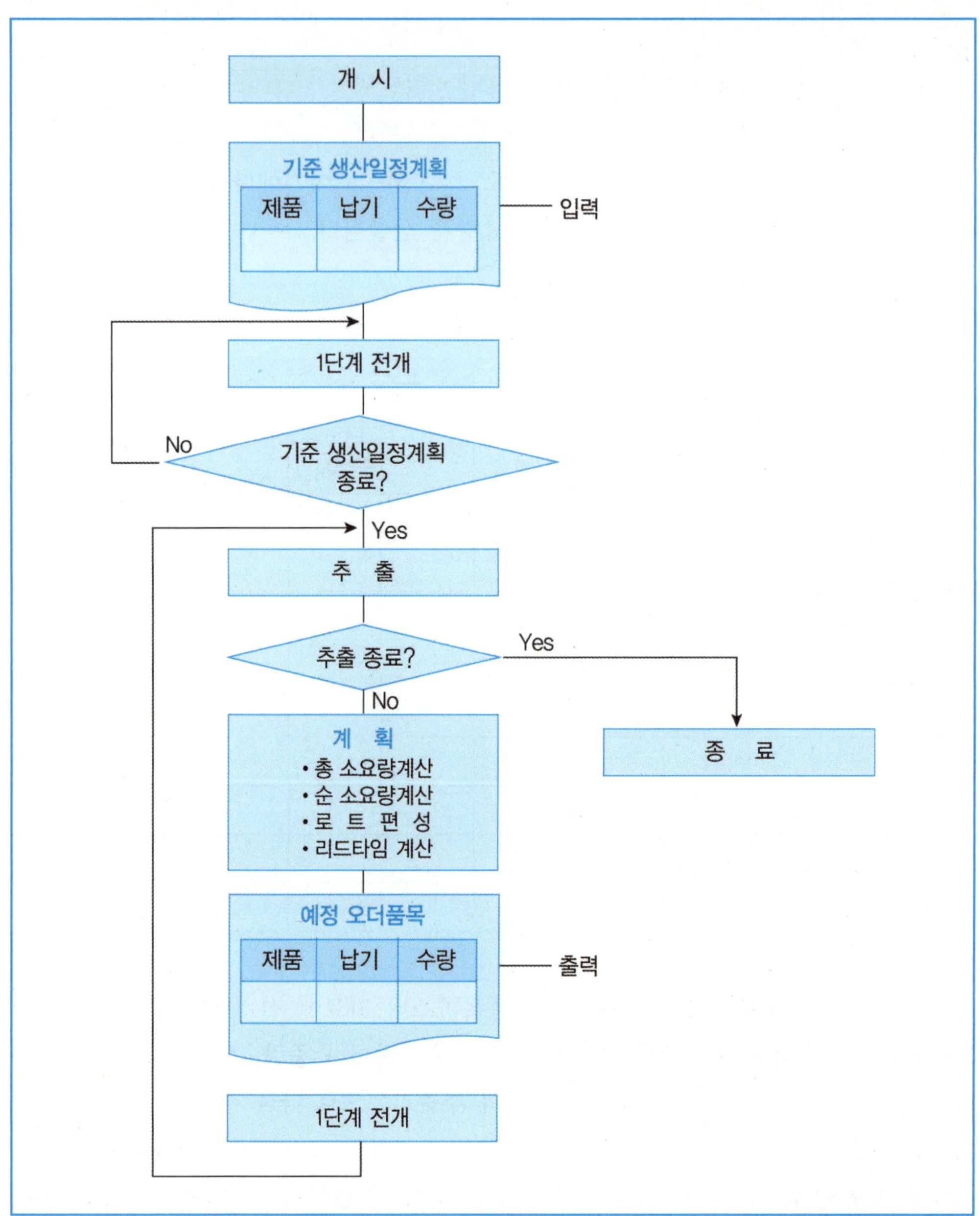

| 그림 4-13 | 소요량 전개과정

[기본절차]

① 총 소요량(gross requirement)계산

먼저 MPS로부터 총소요량을 얻는다. MPS는 기간별 계획이므로 전개결과는 기간별 총소요량이 되고, 이를 사용계획(불출계획)시에 필요한 총소요량이라고 보면 된다. 이것은 각 기간별로 그 만큼의 자재(부품)를 제조현장에 공급할 것을 나타낸다. 총소요량은 각 품목마다의 요구량을 말하는데 여기에는 상위품목(parent item)을 만들기 위한 부품으로서 요구되는 것과 서비스 부품으로서 요구되는 것을 기간별로 합한 것이다. 즉 생산계획에 의거하여 원단위에 생산 대수를 곱하여 각각의 부품을 전개한 것이며, 생산계획의 변경에 의하여 변하게 된다.

② 순소요량(net requirement)계산

순소요량이란 품목요구량(총 소요량)에 대하여 재고나 발주잔량(on order)으로써 충당한 후에 실제로 새로이 수배를 필요로 하는 수량을 말한다. 충당가능재고(= 전기의 이용가능 재고 + 수입예정량)에서 총소요량을 뺀 수량, 즉 각 기간의 예상 이월 재고에서 실질적으로 사용량을 충당시키지 못하는 수량 부분이다. 순 소요량을 계산하기 위해서는 먼저 당기의 이용가능 재고(available inventory) 또는 현재고(on hand)를 산정한 후 산정한다.

[이용가능재고(또는 현재고)의 산정]

이용가능재고 = 전기의 이용가능재고 (또는 현재고) + 수입예정량(또는 발주잔량)
- 총소요량 (안전재고)

전기의 이용가능재고는 전기의 재고잔량이며 안전재고는 별도로 설정되어 있는 경우에 감산한다. 그리고 수입예정량 또는 발주잔량은 제조지시서 또는 구매발주서를 발행했으나 아직 들어오지 않은 미납된 수량을 말한다. 현재고(on hand)는 창고 또는 생산라인(line)에 위치(완성된 오더)하여 언제든지 생산에 직접투입 가능한 자재를 총칭한다.

[순 소요량 계산]

순 소요량계산 → 이용가능재고의 – 양수인 경우 : 순소요량 = 0
계산결과치 – 음수인 경우 : 전기(前期)와 차를 구한 수량

즉 순 소요량은 이용가능재고의 계산결과치가 0이상의 양수일 때는 더 이상 수량이 필요 없으므로 순 소요량이 0이 되고, 음수가 나온 부분에 대해서만 고려하는데 음수의 값에 대해서는 바로 앞 기(期)와의 차를 구하여 이 값(절대값)이 해당 기의

순 소요량이 된다. 최초로 나온 음수 값에 대해서는 그 절대값 만을 취하면 그 자체가 순 소요량이 된다. 순 소요량의 계산 예를 나타내면 [그림 4-14]와 같다.

이용가능재고의 계산식(= 전기의 이용가능재고 + 수입예정량 - 총소요량 - 안전재고)에 의하여 이용가능재고를 구하면 다음과 같다(여기서 안전재고는 별도로 설정되어 있지 않으므로 안전재고 = 0이며, 따라서 계산에서는 제외시킨다).

1기 : 14 + 50 - 27 = 37

2기 : 37 + 0 - 0 = 2

3기 : 37 + 0 - 35 = 2

4기 : 2 + 0 - 0 = 2

5기 : 2 + 50 - 19 = 33

6기 : 33 + 0 - 45 = -12 → 이용가능재고 : 0, 순 소요량 : 12

7기 : 0 + 0 - 0 = 0

8기 : 0 + 0 - 25 = -25 → 이용가능재고 : 0, 순 소요량 : 25

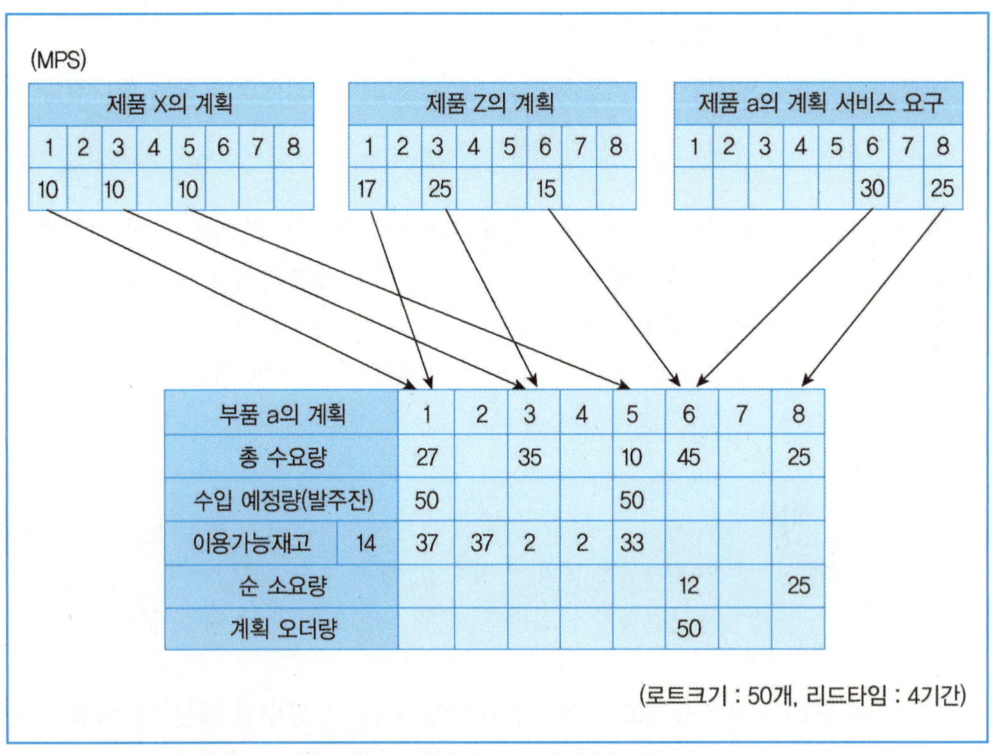

(MPS)

제품 X의 계획							
1	2	3	4	5	6	7	8
10		10		10			

제품 Z의 계획							
1	2	3	4	5	6	7	8
17		25			15		

제품 a의 계획 서비스 요구							
1	2	3	4	5	6	7	8
					30		25

부품 a의 계획		1	2	3	4	5	6	7	8
총 수요량		27		35		10	45		25
수입 예정량(발주잔)		50				50			
이용가능재고	14	37	37	2	2	33			
순 소요량							12		25
계획 오더량							50		

(로트크기 : 50개, 리드타임 : 4기간)

그림 4-14 순 소요량 계산 예

[순 소요량 산정]

1 ~ 5기, 7기와 같이 이용가능재고 계산결과치가 0 또는 양수일 경우에는 결과치를 그대로 이용가능 재고값으로 결정하면 되지만, 6기와 8기와 같이 음수값일 경우에는 이용가능재고는 0이 되고, 순 소요량은 각각 전기 이용가능재고 값과의 차를 구하여 이를 순 소요량으로 한다. 단, 최초로 나온 음수값에 대해서는 이용가능재고 결과치의 절대값만 취하면 그 자체가 순 소요량이 된다.

예컨대, 6기의 경우는 이용가능재고값이 최초로 나온 음수값이므로 절대값을 취하면 12가 되는데 이것이 6기의 순 소요량이 된다.

8기의 경우에는 이용가능재고가 -25이고, 전기(7기)의 이용가능재고가 0이므로, 이 둘의 차를 구하여 절대값을 취하면 순 소요량은 25가 된다.

③ 로트편성 계산(lot sizing)

MRP계획표상의 순 소요량에 있는 각 기별 수치는 완성품, 즉 재고잔량으로서 재고가 되거나 모부품의 제조공정에 투입 또는 공급될 수량인데 산출된 순 소요량은 반드시 그대로 수배량이 된다고는 할 수 없다. 제조의 용이도, 조달의 용이도, 경제성 등을 고려하여 다시 로트로 편성할 경우가 있다. 즉 순 소요량 그대로 발주나 제조량으로 하기에는 부적합한 경우가 있는데 원가절감이나 작업효율을 고려하여, 산출된 순 소요량을 일정한 양으로 종합(합산)하여 수배하게 된다.

로트편성 방법은 다음 [그림 4-15]와 같이 나눌 수 있다.

고정기간 편성은 일반적으로 수요가 불규칙적이고 비교적 고가의 품목에 적합하고, 고정수량 편성이나 경제적 발주량 편성은 비교적 수요의 변동이 안정되어 있고 수요의 발생이 연속적인 품목에 적용된다.

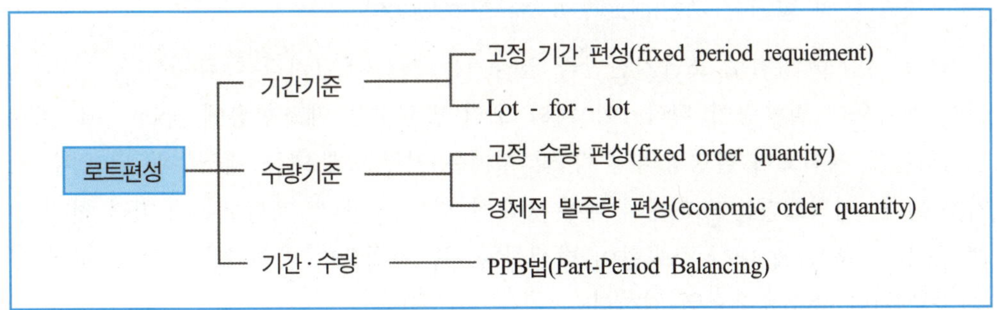

| 그림 4-15 | 로트편성방법

고정수량 편성은 보통 어떤 로트단위로 제조되거나 구매되는 품목에 적용된다. 이러한 품목은 전형적으로 준비비용이나 발주비용이 있어서 즉시 필요한 소요량보다 많이 발주하는 것이 합리적인 경우에 이용된다.

lot-for-lot 방법은 각 기간에 발생한 순 소요량 자체를 그대로 오더수량으로 하는 것인데 주로 고가품목이나 단속적으로 요구가 발생하는 품목, 예를 들면 설계에 바탕을 둔 주문 품목, 저장된 서브어셈블리를 이용하여 조합되는 완제품, 또는 사용되는 라이프 사이클이 짧은 경우나 자작조립품 등에 이용된다.

④ 계획 오더량(planned order) 산정

각 기간별로 산출된 순소요량을 기준으로 조달의 용이도, 경제성 등을 고려한 발주방침에 따라 일정 수량을 로트로 편성하게 되는데, 이렇게 편성된 로트가 계획 오더(planned order)량이다. 즉 순 소요량을 일정한 lot size로 합산하여 발주할 양이다. 이러한 계획 오더는 어디까지나 계획상의 오더로서 발령예정량이다. 즉 계획오더는 제조(제작)하거나 발주(구매, 외주)할 것이 정해진 오더로서 제조현장이나 외주처에는 아직 통보하지 않은 것이다. 필요에 따라서는 계획오더에다 공정중의 감손율(불량률), 원자재 절단 요인, 상한 및 하한치 등을 감안하여 계획 오더량을 배수(multiples, nearest multiple) 조정할 수 있다. 이 경우에는 각 기별 계획 오더량이 감손율(불량률) 만큼 증가하게 된다.

⑤ 조달기간 차감계산(offsetting for lead time, lead time offset)

로트편성 계산에 의하여 작성된 계획오더는 그 기간에 제조완료(외주품인 경우 입고 완료)되어야 할 시점이다. 이러한 계획오더에 대하여 완료시점을 기산점으로 조달기간만큼 차감계산하여 제조착수시점(외주품인 경우 주문서 발행시점)을 지정하는 것이 조달 기간 차감 계산이다.

⑥ 계획 오더 발령량 계산(planned order release)

계획오더량을 기별로 조달기간만큼 앞당기는 계산(조달기간 차감계산)을 하면 이것이 계획오더 발령량이 된다. 이 계획 오더 발령량은 제조현장에 open order로서 투입되는데 계획오더 발령량의 수량 및 시기는 자부품에 대한 제조수량 및 입수 시기가 된다. 계획오더는 MRP에서 매우 중요한 역할을 한다. 계획오더에 따라 하위 단계 품목(자 품목)에 대한 소요량이 발생한다. 즉 계획오더 발령량을 그대로 받아 부품(자부품)의 총소요량으로 취한다.

MRP에서 계획오더는 그 보다 하위에 있는 부품(자재)에 대한 소요량이 계산되게 하는 중요한 기능 외에 다른 중요한 기능을 가지고 있다. MRP에서는 계획오더와 작업순서 파일을 이용하여 능력소요계획을 하는 것이 가능하다. 오픈 오더는 작업장 내에 투입되어 있는 오더(scheduled receipts), 작업장에서 가공을 기다리고 있는 오더, 완성된 오더(on hand)가 있다.

항목 \ 기간	1	2	3	4	5	6	7	8
총 수요량	27		35		10	45		25
수입 예정량(발주잔)	50				50			
이용가능재고 14	37	37	2	2	33			
순 소요량						12		25
계획 오더량			리드타임(4기간) 만큼 앞당김			50		
계획 오더 발권량		50						
자 부품의 계획	1	2 50	3	(로트크기 : 50개, 리드타임 : 4기간)				

그림 4-16 리드타임 차감계산

[그림 4-16]에서 보는 바와 같이, 계획오더량과 계획오더 발령량은 시점 측면에서도 차이가 있는데, 리드타임만큼 시간적인 간격이 있다.

즉, 계획오더는 해당 품목의 완료(예정)시기, 즉 납기를 가리키는데 반하여, 계획오더 발령은 현장에서의 작업(가공) 착수시기 또는 자부품의 입수시기가 된다.

제5장

구 매

제5장

구 매

오늘날 구매는 전략적으로 중요한 활동으로 관점이 바뀌어지고 있는데 이와 같은 변화는 원자재와 부품의 구매가 비용절감과 경쟁력의 중요한 원천으로 인식하기 시작하였기 때문이다. 즉, 경쟁의 격화로 매출이 크게 늘어나는 것을 기대할 수 없게 된 지금, 구매활동이 이익 창출의 주역으로 나서게 된 것이다. 구매가 단순히 회사 내부로의 제품과 서비스의 흐름을 찾아내고 창출하고 유지하던 이제까지와는 다른 새로운 역할을 요구하고 있다. 더구나 자신의 핵심역량에만 초점을 맞추고 그 밖에는 아웃소싱이 증가하는 상황에서 구매의 역할은 더욱 그 중요성이 높아지고 있다.

1 구매의 역할

구매(purchasing) 혹은 조달(procurement)은 기업의 여러 기능 중 하나이며 공급자 확인 및 선정, 구매협상 및 계약, 공급시장 조사, 공급자 측정 및 개선, 구매시스템 개발 등의 활동을 수행한다. 이러한 구매가 관심을 더욱 받게 된 것은 구매가 경쟁우위 확보를 위한 수단으로 이용될 수 있음을 인식하게 되었기 때문이다. 즉, 구매관리를 통한 비용절감, 품질 향상, 신제품 개발 시간 단축 등으로 경쟁우위를 확보하는 것이 가능하게 되었다는 것이다. 구매관리가 이러한 중요한 역할을 하게 된 근본적인 이유는 공급자와의 밀접한 관계유지, 글로벌 조달, 공급자의 신제품 개발 참여 등과 같이 구매관리의 방법이나 환경이 과거와는 크게 달라졌기 때문인 것으로 생각할 수 있다.

전통적으로 기업에서의 구매부서의 활동은 저렴한 가격으로 공급을 할 수 있는 공급자를 선정하여 공급을 받는 것이었으나 이제는 조달이라는 확대된 기능으로써 그 중요성이 커지게 되었다. 조달은 고객이 원하는 제품이나 서비스를 습득하는데 필요한 모든 활동을 포함한다.

다시 말해서 적절한 구매 활동이란 다음과 같은 요건을 만족시켜야 한다.

- 요구하는 품질의 물품이나 서비스를 확보한다.
- 요구하는 물품이나 서비스를 싼 가격으로 확보한다.
- 요구하는 물품이나 서비스를 필요한 시기, 필요한 장소에 확보한다.
- 요구하는 물품이나 서비스를 적절한 공급자로부터 확보한다.
- 제조 기능을 보완한다.
- 거래처와 신뢰 관계를 구축한다.

구매의 중요성은 다음과 같은 여러 가지 측면에서 나타난다.

첫째, 우선적으로 제품에 투여되는 외부에서 조달된 원자재나 부품의 가치가 전체 비용에서 차지하는 비율이 매우 높다. 즉 구매는 기업의 총비용에 결정적인 영향을 미치는 요소이기 때문에 비용절감의 주요 대상이 된다.

둘째, 구매는 제품이나 서비스의 품질에 상당한 영향을 미친다. 제품의 생산에 투입되는 원자재나 부품의 품질이 제품의 품질을 좌우하게 된다. 특히 JIT시스템에서는 부품이 조달되는 대로 부품에 대한 품질검사 없이 곧바로 생산라인에 투입되는 경우가 많으므로 부품의 품질이 좋아야 한다. 이러한 품질은 공급자의 선정에서부터 비롯되므로 구매의 역할이 중요함을 알 수 있다. 또한 아웃소싱이 증가하는 추세에 있으므로 공급자 품질의 중요성은 더욱 증가하게 된다.

셋째, 구매는 공급자와 엔지니어의 연계 역할을 하게 되므로 제품이나 서비스의 디자인 개선에도 상당한 역할을 하고 있다. 공급자를 제품의 디자인에 참여시키는 기업의 경우 참여시키지 않는 기업에 비하여 원자재비용과 제품개발시간 등이 20% 정도 감축되고 품질은 오히려 20% 정도 상승하는 것으로 알려져 있다.

2 구매관리의 목표 및 구매과정

구매관리는 다음과 같은 중요한 목적을 가진다.

(1) 내부고객의 요구를 충족하는 전통적인 활동을 수행한다.

구매의 전통적인 역할은 원자재, 부품, 부분품, 수리용품, 서비스 등을 내부고객의 요청에 의하여 구입하여 제공하는 것이다. 아웃소싱이 급진적으로 증가하면서 중요한 사업 프로세스를 관리하는데 대한 책임이 더욱 더 공급자에게 의존하게 되었는데, 이때 구매는 내부고객이 요구하는 고품질의 제품이나 서비스가 원활하게 제공되도록 지원해야 한다. 이를 위해 외주품이 적정 가격에, 적정 공급자로부터, 적정량을, 적정시기에, 고객의 요구에 맞는 사양으로 제공되도록 최선을 다하여야 한다.

(2) 구매과정을 효율적이고 효과적으로 관리한다.

제한적인 자원을 최대한 효율적으로 이용하려는 노력이 필요하며, 생산성 향상을 위한 구매시스템 개발과 관련된 지속적인 노력이 요구된다.

(3) 최적의 공급자를 선정, 개발 및 유지 관리한다.

비용, 품질, 기술, 배송, 신제품 개발 등의 차원에서 탁월한 공급자를 찾아 그들과 관계를 구축하고 지속적으로 공급자들이 경쟁력을 유지하도록 공동 노력을 기울이는 것이 중요하다. 이를 위해서는 기존의 공급자들이 경쟁력을 유지하는지 지속적으로 관찰하고, 탁월한 성과에 대한 잠재력을 가진 공급자를 발굴하여 관계를 구축하고, 경쟁력이 떨어지는 기존의 공급자를 향상시키고 개발하는 노력이 필요하다.

(4) 기업 내의 다른 기능들과 긴밀한 관계를 유지한다.

구매는 자신의 내부 고객인 기업의 다른 기능들, 즉 마케팅, 생산, 엔지니어링, 재무 등과 밀접한 관계를 갖는 것이 중요하다. 예컨대, 부품의 품질에 이상이 발생하여 생산에서 문제를 일으키면 구매가 공급자와 협력하여 품질을 높이도록 해야 한다.

(5) 조직의 목표를 지원한다.

예를 들어, 조직의 목표가 공급사슬상의 재고수준을 감축하는 것이라고 한다면 구매가 공급자와 협력하여 소량으로 자주 공급하도록 하여 재고수준을 감축할 수 있다.

(6) 조직의 전략과 일치하는 구매전략을 개발한다.

조직의 전략을 지원하는 차원에서 다양하고 글로벌 경쟁력을 갖춘 공급자그룹을 형성한다든지, 기업의 계획에 맞추어 공급옵션이나 상황계획을 개발한다든지, 공급시장의 추세를 관찰하고 이러한 추세가 기업의 전략에 미치는 영향에 대하여 분석한다든지 등 구매계획 혹은 전략이 조직의 전략과 일치되도록 노력한다.

이러한 목적달성을 위해서는 구매과정에 대한 이해가 필요하며 구매과정을 효과적으로 관리할 필요가 있다. 구매과정은 일반적으로 다음의 여섯 단계로 구분할 수 있다.

① 단계 1 : 제품이나 서비스에 대한 고객의 요구를 파악한다.

내부고객이 필요한 원자재나 서비스를 파악한 후 이것을 구매부서에 전달한다. 전달하는 방법에는 여러 가지 형태가 있는데, 예를 들어, 원자재나 부품의 구매를 요청할 때에 이용되는 구매요청서, 필요한 서비스를 요청할 때에 이용하는 작업명세서 등이 있으며, 때로는 고객의 주문이 들어오거나 혹은 수요예측에 의하여 자동적으로 필요한 원자재나 부품에 대한 정보가 전달되기도 한다. 이 이외에도 재고관리에서 재주문점 시스템을 이용할 경우에는 재고수준이 재주문점보다 낮을 경우에 시스템이 자동적으로 이를 알려주게 된다.

② 단계 2 : 후보 공급자를 평가한다.

내부고객의 요구가 파악되면 승인받은 공급자가 데이터베이스에 입력되어 있는지를 확인하게 된다. 반복구매의 경우에는 이미 공급자와 가격, 품질, 배송 등과 관련하여 계약이 체결되어 있는 경우가 많다. 따라서 작은 액수일 경우에는 별도의 승인 없이 이용자가 바로 구매를 할 수 있는 경우가 대부분이며, 액수가 큰 경우에는 구매 승인 과정을 거치게 된다. 특히 액수가 크고 선정된 공급자가 없는 경우에는, 후보 공급자들로부터 가격 제시나 입찰을 받아 그것을 바탕으로 하여 공급자를 선정하게 되는데 가격 제시는 적어도 세 개 이상 받는 것이 일반적이다.

일상적이거나 표준제품의 경우에는 공급자에 대한 평가가 필요 없는 경우가 대부분이나 복잡하고 새로운 품목의 경우에는 자격이 되는 공급자를 평가할 필요가 있다. 공급자의 평가기준으로 이용되는 것은 주로 공급자의 능력, 과거의 성과, 품질에 대한 공약, 경영능력, 기술적 능력, 배송성과, 비용성과 등이다.

③ 단계 3 : 공급자를 선정한다.

공급자 선정은 장기적으로 영향을 미치므로 매우 중요하며, 주로 경쟁 입찰이나 협상을 통하여 이루어지는 것이 보통이다. 경쟁 입찰은 가격이 지배적인 기준이 되고 품목이 일상적이거나 표준화된 경우에 주로 이용된다. 가격과 관련이 없는 다른 중요한 변수가 있을 경우에는 협상을 통하여 공급자 선정이 이루어지는 것이 보통이다. 협상은 시간과 비용이 많이 소요되므로 협상에 앞서 경쟁 입찰을 통하여 협상 대상 공급자의 수를 줄이기도 한다.

④ 단계 4 : 구매승인과정을 거친다.

구매부서는 구매주문서(purchase order)를 작성하여 공급자에게 전달함으로써 계약을 제안하며, 공급자는 사인을 하여 구매부서에 돌려줌으로써 계약을 받아들인다.

특정 공급자로부터 반복적으로 구매하는 품목의 경우는 매번 구매주문서를 작성하지 않고 포괄구매주문서(blanket purchase order)를 발행하여 대신한다.

포괄구매주문서가 발행된 경우 이미 공급자와의 계약요건이 정해져 있으므로 구매주문은 품목번호, 수량, 납기, 배송 장소 등의 내용이 담겨있는 일상적인 주문방출(order release) 양식을 공급자에게 전달함으로써 주문이 이루어지게 된다. 포괄구매주문서에는 유효기간이 명시되어 있으나 공급자의 성과가 미흡할 경우 구매자가 언제든지 취소할 수 있다는 조항이 들어 있는 것이 일반적이다.

⑤ 단계 5 : 주문 후 제품이나 서비스를 수령한다.

이 과정은 실제로 주문한 제품을 수령하는 과정으로 일상적인 과정이다. 구매부서는 주문에서부터 주문품이 입고될 때까지 걸리는 시간을 최소한으로 해야 한다. 최근 EDI를 이용한 주문시스템이 대폭 증가하였으며, 이러한 방법을 통하여 주문주기가 많이 단축되었다. 또한 공급자와의 관계를 밀접하게 하여 적기 적소에 적량을 공급받는 JIT 주문시스템의 도입에도 상당한 진전이 있었다. JIT시스템에서는 공급자가 납품시 첨부하는 포장전표(packing slip)나 입고검사가 생략된다.

⑥ 단계 6 : 공급자의 성과를 측정한다.

주문주기는 공급자의 선정 및 주문품의 입고로 끝이 나는 것이 아니고, 개선의 기회 및 공급자의 성과를 확인하기 위하여 공급자의 성과에 대한 지속적인 관찰 및 측정이 필요하다.

구매가 경쟁우위를 확보하는데 중요한 역할을 하는 만큼 구매프로세스는 지속적으로 개선되어야 한다. 많은 기업들이 낮은 가치를 지닌 품목의 구매에 너무나 많은 시간과 노력을 투자하고 있다고 알려져 있다.

이에 대해 Trent & Kolchin은 다음과 같이 저가치 품목의 구매프로세스를 개선하는 방법을 제시하고 있다.

① 온라인 구매요청 시스템

온라인 구매요청 시스템은 기업의 내부 고객이 구매부서에 필요한 품목에 대해 구매요청을 할 때에 효율적이고 신속하게 하기 위한 시스템이다. 이러한 시스템도 구매부서의 지원이 필요한 경우에만 이용하고 지원이 필요 없는 경우에는 다른 시스템을 이용하면 된다. 특히 저가치 품목의 경우에는 사용자가 직접 공급자로부터 조달하는 시스템을 개발하는 것이 바람직하다.

② 조달카드 발행

사용자에게 일종의 신용카드를 발행하여 저가치 품목의 경우 사용자가 직접 공급자와 접촉하여 카드를 이용하여 구매하게 하는 시스템이다. 이미 정해진 공급자가 없는 경우에도 이러한 방법을 이용하게 되면 구매부서가 관여하여 공급자를 찾는 것보다 상당히 비용이 절감된다.

③ 인터넷을 이용한 전자상거래

인터넷을 이용한 조달이 점점 증가하고 있다. 전자상거래를 이용하면 공급자에게 구매주문서의 전송, 주문 상황 추적, 공급자에게 가격제시 요청, 공급자에게 주문, 전자 대금 지급 등의 활동을 신속하고 쉽게 해결할 수 있다.

④ 장기 구매계약

공급자가 만족스러운 성과를 보장한다는 조건으로 공급자와의 장기적인 구매계약을 통하여 거래비용을 절약한다. 이것은 포괄구매주문(blanket purchase order)과 유사한데 차이점은 포괄구매주문은 장기구매계약에 비하여 주로 저가치 품목에 이용되고 계약내용도 장기구매계약에 비하여 덜 상세하다는 점이다.

⑤ 온라인 주문시스템

이 시스템은 구매자의 시스템과 공급자의 시스템이 웹 등을 통하여 서로 직접 연결이 된 것이다. 공급자와 구매자 간에 포괄구매주문이나 장기 구매계약이 체결된 경우 매우 적합하며 구매자가 공급자의 주문 입력시스템에 주문을 입력하게 된다.

⑥ 구매 프로세스의 재설계

특히 저가치 품목에 대한 구매 프로세스의 재설계를 통하여 주문주기의 단축과 프로세스의 단순화를 꾀함으로써 거래비용을 절감한다.

⑦ 전자문서교환(EDI: electronic data interchange)

구매자와 공급자 간의 의사소통을 효율적으로 하기 위하여 사업문서나 정보를 전자적으로 전달하는 시스템이다. 이 시스템의 장점은 시간과 비용이 절감된다는 것이다. 그러나 EDI의 성장률은 기대했던 것보다 못한데 그 이유는 소규모 기업의 경우는 EDI 를 이용하는 것보다 저렴한 자동팩스를 선호하기 때문이다.

⑧ 전자 카탈로그를 통한 온라인 주문

사용자들로 하여금 인터넷을 통하여 공급자들이 제공하는 카탈로그를 확인하고 조달카드를 이용하여 주문을 처리하도록 하는 시스템이다. 공급자를 찾는데 드는 비용이 절감되고 구매부서를 통하지 않고 주문이 이루어지며, 주문주기가 빨라지고 주문비용도 절감된다는 장점이 있다. 단점으로는 전자 카탈로그를 제공하는 공급자의 수가 제한적이라는 것과 전자상거래의 안전성 문제이다.

3 구매통합전략

구매통합이란 경쟁우위 확보를 위한 능력을 갖추기 위하여, 구매부서 혹은 기능이 기업 내부의 다른 기능 및 기업 외부의 다른 조직과 밀접하게 통합되어야 한다는 것이다. 기업 내부의 다른 기능과의 통합을 내적 통합, 기업 외부의 공급자 등과의 통합을 외적 통합이라 한다. 통합이 이루어지면 다양한 사람들이 그들이 가진 정보와 전문지식을 공유할 수 있고 또한 관점이 다양해지므로, 예전에는 생각하지 못했던 관점에서 문제를 바라볼 수 있는 장점이 있다. 기업에서는 이러한 장점을 이용하고자 기업 내부의 여러 기능으로부터 사람들이 모여 이루어지는 다기능 팀을 조직하여 운영하기도 하며, 신제품 개발을 위한 조달기능, 엔지니어링, 공급자 등을 통합하여 운영하기도 한다.

1) 내적 통합

구매는 기업 내부의 다른 기능과 밀접하게 연계되어야 한다. 예를 들어, 생산기능과의 관계를 살펴보면 구매가 생산에 필요한 투입요소의 조달에 책임이 있으므로, 구매 관리자는 생산부분과 협력하여 생산계획의 실행을 조정할 필요가 있다. 구매가 생산부분의 요구에 신속하게 대응할 수 있도록 하기 위해 구매인력을 생산구역에 상주하게 하는 기업도 있다. 아웃소싱의 증가에 따라 구매와 품질보증 기능과의 관계는 최근에 더욱더 중요하게 되었다. 즉 공급자가 좋은 품질의 원자재나 부품을 공급할 수 있도록 구매와 품질 보증 기능과의 밀접한 협력관계가 유지되어야 한다.

이들 두 기능이 함께 공급자 품질훈련, 공급자 프로세스 능력조사, 개선활동계획 등의 협력 프로젝트를 수행하기도 하고, 어떤 기업의 경우에는 공급자 품질관리에 대한 책임을 구매부서의 책임 하에 두기도 한다. 구매와 엔지니어링의 관계는 신제품개발의 개발속도를 높이는 차원에서 매우 밀접해야 한다. 엔지니어링은 구매부서에서 공급자를 선정할 때에 엔지니어링이 원하는 품질과 생산능력을 가진 공급자를 선정하기를 원하고, 또한 공급자가 디자인 프로세스의 초기에 참여하여 독창적인 아이디어를 제공하기를 원하며, 신제품에 통합될 수 있는 새로운 기술을 가진 공급자를 발굴해 주기를 바라고 있다.

구매는 또한 회계 및 재무 기능과도 연계되어 있는데 이러한 관계는 생산, 엔지니어링, 품질기능과의 관계보다 강하지는 않다. 구매와 관련된 정보는 모두 회계시스템으로 전달되며 구매성과의 측정에 회계시스템을 통하여 수집된 정보가 이용된다. 또한 구매는 자금획득 의사결정시 재무기능과 협력한다. 구매는 마케팅과는 간접적인 관계를 가지고 있다. 신제품에 대한 아이디어가 주로 마케팅에서 나오고 구매부서는 신제품의 개발 및 생산에 대한 지원을 해야 하므로 마케팅과 간접적으로 관계가 있다고 할 수 있으며, 또한 생산계획의 기본이 되는 수요예측도 주로 마케팅에서 담당하는 것이므로 구매와 간접적인 관계가 있다고 할 수 있다.

2) 외적 통합

구매의 가장 중요한 외부관계는 공급자와의 관계이다. 대부분의 구매자와 공급자는 비용, 품질, 배송, 시간 차원에서의 개선을 위해서 공급자와의 협력이 중요하다는 점을 인식하고 있다. 이렇게 공급자와 협력관계를 유지하는 것을 협력적인 접근법(collaborative approach)이라고 한다. Monczka 등은 전통적인 접근법과 협력적인 접근법의 차이를 〈표 5-1〉과 같이 설명하고 있다.

구매자와 공급자가 협력적인 관계를 유지하게 되면 신뢰관계가 형성되는데, 신뢰관계가 형성될 경우의 이점은 서로 비용자료를 공유하게 되어 공동으로 비용절감을 위한 노력을 기울일 수 있게 된다는 것과 공급자가 구매자의 신제품 개발의 초기단계에서부터 참여함으로써 기여를 하게 된다는 것이다. 또한 구매자와 공급자의 협력적인 관계는 장기적인 계약을 맺을 가능성이 높아지므로 양측 모두 장기계약의 혜택을 얻게 된다.

예를 들어, 장기계약을 하게 되면 공급자는 구매자가 원하는 제품을 효율적으로 생산할 수 있는 공장이나 설비에 투자를 하게 되어 낮은 원가로 구매자에게 공급을 할 수 있게 된다. 또한 장기계약은 공동 기술개발, 공급자능력의 개발 등을 가능하게 한다. 그러나 이러한 협력적인 관계를 유지하는데 있어 비밀 유지, 법적 장애, 변화에 대한 저항, 공급자의 파워가 큰 경우 등 여러 가지의 장애요인이 있을 수 있는데 이러한 장애요인을 확인하고 극복할 수 있는 방법을 찾아야 한다.

표 5-1 공급자와의 협력관계 비교

	전통적 접근법	협력적 접근법
공급자 수	다수의 공급자와 거래	소수의 공급자와 거래
비용절약의 분배	구매자가 비용절약 모두 차지	비용절약 공평 배분
공급자 성과의 공동개선 노력	거의 무	상호 공동 개선의 노력
분쟁해결	구매자가 일방적으로 해결	분쟁해결 메커니즘 존재
의사소통	최소한의 의사소통, 양방향 정보교환 거의 무	개방적, 양방향 정보교환
시장 환경변화에 대한 조정	대응방안 구매자가 결정	구매자와 공급자가 공동으로 대처
품 질	구매자가 제품 수령 후 검사	제품 자체가 무결점이 되도록 디자인 됨

3) 다기능 조달팀

다기능 조달팀이란 기업의 여러 기능 간의 의사소통, 협조를 위해 여러 기능에 소속된 사람과 점차적으로 공급자까지 포함하여 구성되는 팀으로 제품 디자인, 공급자 선정, 구매원가의 절감, 품질개선 등 구매 관련 업무를 담당하게 된다. 다기능 조달팀의 성격과 업무의 형태는 과제의 지속성(지속적 vs. 한시적)과 팀 구성원의 신분상태(풀타임 vs. 파트타임)에 따라 달라지게 된다. 풀타임이지만 과제가 한시적인 경우는 조달팀이 프로젝트 단위로 업무를 수행하는 경우이고, 풀타임이면서 과제가 지속적인 경우는 팀이 지속적으로 유지되면서 여러 가지 구매 관련 업무를 풀타임으로 수행하게 된다.

파트타임의 경우는 구성원들이 자신이 속한 기능에서 고유 업무를 수행하면서 파트타임으로 구매업무에 임하는 경우이다. 이 경우에 과제가 한시적인 경우에는 과제가 종료되면 조달팀이 해체되고 과제가 지속적인 경우는 지속적으로 구매업무를 지원하게 된다. 다기능 조달팀의 장점은 과제의 완료시간이 단축되고, 다른 기능에 대한 이해 및 의사소통이 원활해지고, 시너지효과, 문제해결을 신속하게 할 수 있다는 점이다.

4 전략적 조달

구매는 조직의 목표 및 목적과 연관된 활동이나 프로세스의 조정에 초점을 맞춤으로써 기업의 수익성에 공헌을 해야 하며, 기업이 경쟁우위를 확보할 수 있도록 구매

전략이 수립되어야 한다. 이를 위해 우선 기업의 목적을 구체적인 구매목표로 전환하고, 이 목표를 어떻게 달성할 지에 대한 구체적인 행동계획인 전략적 구매프로세스의 동력으로 삼아야 한다. 구매전략의 형태로는 다음과 같은 것이 있다.

(1) 공급자 집단 최적화

적합한 공급자 수와 그 구성을 최적화하는 것으로 일반적으로 공급자 수를 감축하는 전략이다. 따라서 세계적 수준의 성과를 달성하지 못하는 공급자는 제거되는 것이 보통이다. 또한 이러한 프로세스는 한 번으로 끝이 나는 것이 아니라 지속된다.

(2) 공급자의 품질관리

공급자의 품질을 개선하기 위하여 공급자로 하여금 6시그마를 도입하게 하고 또한 통계적 공정관리, 공정능력분석, 품질검사, 프로세스 변동의 제거, 문제 확인 및 수정능력 등을 요구한다. 또한 공급자로 하여금 지속적인 개선을 추구함과 동시에 무결점 철학을 전개하도록 요구한다. 공급자의 품질관리가 중요한 것은 일반적으로 제품의 품질관련 문제의 발생에 있어 가장 큰 비중을 차지하는 것이 공급자가 공급하는 제품이나 서비스이기 때문이다. 이러한 추세는 아웃소싱의 증가와 더불어 확대되고 있으며, 공급자의 품질이 좋지 않은 경우 기업의 전체적인 품질개선 노력에 커다란 악영향을 미치게 된다.

(3) 글로벌 소싱

전 세계를 공급원으로 하는 글로벌 소싱을 추구한다. 글로벌 소싱의 목적은 비용이나 품질에 있어서의 개선뿐만 아니라 제품이나 프로세스 기술을 접할 기회를 얻고, 공급원의 수를 늘리며, 해외시장에서의 입지를 구축하기 위함이다. 또한 글로벌 소싱을 통하여 국내의 공급자에게 경쟁을 유발하기도 한다.

(4) 장기적인 공급자와의 관계

탁월한 성과를 내거나 혹은 독자적인 기술을 가진 공급자와 장기적인 관계를 맺는 것으로 이와 같은 장기적인 관계는 비용과 지적자산을 공유하는 공동제품개발도 포함하게 된다.

(5) 공급자의 설계 초기 참여

신제품 개발의 초기단계에 공급자를 참여시키는 전략이 중요한 것은 공급자가 단순히 부품의 생산뿐만 아니라 그 이상으로 기여할 수 있기 때문이다. 예컨대, 공급자의 설계 능력을 이용함으로써 신제품 개발의 효과를 최대로 할 수 있다.

(6) 공급자 개발

공급자의 능력이 미흡하지만 공급자 교체비용이 너무 많이 든다든지 등의 이유로 거래를 중단할 수 없는 경우에, 공급자와 공동으로 공급자의 능력을 개선하는 노력을 기울이는 것이다. 이러한 공동 노력의 동기는 공급자의 능력이 개선되면 공급자나 구매자나 모두 득을 보게 된다고 믿기 때문이다.

(7) 총 소요비용

제품의 가격 및 수송비뿐만 아니라 배송지연, 낮은 품질, 공급자의 성과 미흡 등으로 인한 비용 등을 포함하는 구매품목과 관련된 다양한 비용을 파악하여 구매의사결정에 이용하거나 비용변동의 원인 파악에 이용한다.

(8) e-Reverse Auction(e-RAs)

구매자의 요구사항에 대하여 다수의 공급자가 인터넷상에서 온라인으로 입찰하고, 이 중에서 선택되는 공급자가 제품이나 서비스를 공급한다.

5 구매/생산 의사결정 프레임워크

파인(Fine)과 휘트니(Whitney)가 개발한 외주 혹은 자체생산에 관한 의사결정 두 가지 주요 요인들은 다음과 같다.

(1) 가용 능력 기준

이 경우 기업은 자체생산을 위하여 요구되는 정보 및 기술은 가지고 있으나 기타 이유로 외주를 결정한다.

(2) 지식 기준

이 경우 기업은 인력, 기술, 그리고 생산을 위하여 요구되는 정보를 가지고 있지 않으며, 이러한 것들을 가지고 있는 기업을 통하여 원하는 제품을 얻게 된다. 물론 구매 기업은 고객의 요구를 평가하는 지식과 정보를 가지고 있어야만 하며 이를 이용하여 외주업체를 통제하여야 한다.

위의 2가지 요인을 설명하기 위해 파인과 휘트니는 일본의 도요타 자동차의 외주 결정 과정을 이용하였다. 도요타사는 디자인을 포함하여 전 부품의 30%를 자체 생산한다. 구체적으로 살펴보면,

- 도요타사는 자동차 엔진의 100%를 자체 생산한다.
- 트랜스미션의 경우 70%를 외주업자에게 의존한다.
- 자동차 전자 시스템은 100% 외주에 의존한다.

파인과 휘트니는 도요타사의 외주 결정이 핵심요소와 서브시스템의 전략적 역할에 따라 변한다는 것을 발견하였다. 전략적으로 중요한 요소일수록 외주업체의 능력과 지식에 가능한 적게 의존해야 한다. 이는 외주를 결정할 때는 생산구조의 정확한 이해가 필요함을 의미한다.

〈표 5-2〉는 파인과 파인/휘트니에 의하여 발전된 외주 및 자체생산에 관한 간단한 의사결정 구조를 보여준다.

표 5-2

제품	지식과 생산능력에 의존	지식에는 독립적이나 생산력에는 의존	지식 및 생산능력에 독립적
모듈 생산	외주 생산은 위험	외주 생산은 기회	외주 생산을 통한 원가절감 기회
통합 생산	외주 생산은 매우 위험	외주 생산은 선택 사항	내부 생산

이 의사결정 구조는 모듈생산과 통합생산을 동시에 고려하고 있으며, 기업의 생산능력과 지식에 대한 의존을 고려하고 있다. 모듈생산에 관하여는, 지식의 습득이 매우 중요한 반면 자체생산 능력은 그다지 크게 중요하지 않다. 예를 들면 PC제조업자의 경우 지식의 습득은 각각의 부품들에 대한 설계능력에 의한 것일 것이다. 기업이 관련 지식을 습득하고 있다면 외주는 가격절감의 기회를 제공할 것이다. 반면 기업이 지식과 생산능력 모두 가지고 있지 않다면 외주는 공급자들에 의한 지식의 발전으로 경쟁업체로 부각할 수 있기 때문에 매우 위험한 전략이 될 것이다. 통합생산에 관해서는 생산능력과 지식 모두를 가지고 있는 것이 매우 중요하다. 그러나 두 가지 모두를 가지고 있지 않다면 그 기업은 경영을 잘못한 것이다.

위의 프레임워크는 구매/생산 의사결정에 대한 일반적 접근법을 제시하지만 부품

단위의 외주 전략에는 큰 도움이 되지 않는다. 어떻게 하면 특정 부품을 외주 혹은 자체생산할 것인가를 결정할 수 있을까? 여기에 대해 Fine et al.은 다음과 같은 다섯 가지 기준을 제시한다.

(1) 고객 중요성

해당 부품이 얼마나 고객에게 중요한가? 부품이 고객 경험에 어떠한 영향을 주는가? 부품은 고객의 선택에 영향을 주는가? 즉, 고객이 그 부품에 대해 느끼는 가치는 무엇인가?

(2) 부품 기술변화 속도

시스템 내의 다른 부품 대비 얼마나 빨리 해당 부품기술이 변화하는가?

(3) 경쟁적 지위

해당 부품을 만들어 내는 것에 경쟁우위가 있는가?

(4) 역량 있는 공급자

역량 있는 공급자들이 얼마나 많은가?

(5) 구조

전반적인 시스템 구조상에서 해당 부품이 얼마나 모듈화 또는 통합화되어 있는가?

6 구매전략

최근까지도 구매 업무는 조직에 부가가치를 거의 창출하지 못하는 단순 사무직으로 간주되어 왔다. 그러나 오늘날 구매업무는 동종업계에서 차별화된 성공과 고수익을 가져다주는 경쟁무기로 자리 잡고 있다. 전자 업계에 대한 조사 결과 가장 성공적인 기업들과 가장 성공적이지 못한 기업들의 수익성 차이는 19%였으며 이 중 13%가 더 낮은 생산원가에 의한 것이었다. 전자업계에서는 생산원가의 60 ~ 70%가 상품과 서비스의 구매비용이다.

어떻게 하면 기업 차원에서 효과적인 구매전략을 수립할 수 있을까? 성공적인 구매업무 수행을 위해 필요한 역량은 무엇인가? 효과적인 구매전략을 가져오는 요소들은 무엇인가? 어떻게 하면 기업은 리스크 증가 없이도 지속적인 자재의 공급을 확보할 수 있을까?

이러한 질문에 대해 피터 클라직(Peter Kraljic)은 기업의 공급전략은 ① 이익에의 영향, ② 공급리스크의 두 요인에 근거해야 한다고 주장하였다. 클라직의 프레임워크에 의하면 공급리스크는 가용성, 공급자의 수, 경쟁적 수요, 생산/구매 기회, 창고 리스크, 대체재의 기회 등으로 평가될 수 있고 반면 이익에의 영향은 구매량, 총 구매비용에서의 비중, 품질 및 사업성장에 있어서의 영향도 등으로 평가될 수 있다고 하였다.

이러한 두 기준에 근거한 평가구조를 클라직의 공급 매트릭스이라고 하며 [그림 5-1]과 같다.

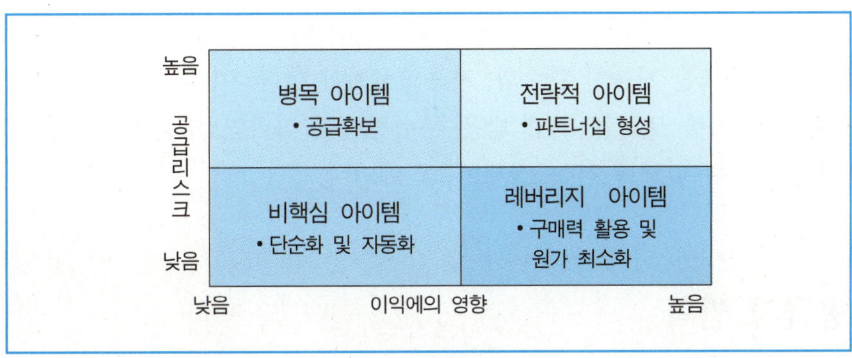

| 그림 5-1 |

가로축은 이익에의 영향으로 수직축은 공급리스크로 하는 두 축으로 정의하면 다음과 같은 네 가지 영역이 도출된다.

(1) 전략적 아이템군

해당 범주 부품으로는 엔진과 트랜스미션 시스템 등이 있다. 전략적 아이템군은 고객 체험에 가장 큰 영향을 미치고 가격은 시스템 원가의 많은 부분을 차지한다. 전략적 아이템 군의 경우 단일 공급자인 경우가 많다. 즉, 전략적 아이템군에 대해서 공급전략은 장기적인 파트너십을 공급자와 가져가는 것이다.

(2) 레버리지 아이템

이익에의 영향은 크지만 공급리스크가 적은 아이템들이다. 이러한 아이템들은 공급자들이 많고 약간의 원가절감도 이익 개선효과가 크다. 따라서 공급자들 사이에서 경쟁을 조장하여 원가를 감소시키는 것이 바람직한 구매전략이 된다.

(3) 병목 아이템

공급리스크가 높고 이익에의 영향은 낮은 아이템들이다. 이러한 제품들은 병목 제품들로 분류하는데 원가에서 차지하는 비중은 적으나 공급리스크가 큰 아이템들이다. 따라서 레버리지 아이템들과는 달리 공급자들의 지위가 높은 편이다. 이러한 병목 아이템들은 프리미엄 비용을 들여서라도 지속적인 공급을 유지하는 것이 중요하며 이는 장기 계약이나 재고보유, 또는 두 방법 모두를 사용함으로써 달성할 수 있다.

(4) 비핵심 아이템

공급리스크가 낮고 이익에의 영향도 낮은 아이템들로서 이러한 아이템들에 대해서는 구매 프로세스를 가능한 단순화, 자동화시켜야 한다. 이 경우 분산화된 구매 정책이 필요하다. 가령 권한을 위양 받은 부서원이 공식적인 요청 및 승인이 없어도 발주를 직접 할 수 있도록 하는 정책이 그 예이다.

7 공급자 변화

많은 업체들이 지난 30년 동안 자신들의 공급 전략을 수정하였다. 1980년대에 미국의 자동차 회사들은 미국 또는 독일에 있는 공급자들을 주목하였다. 이러한 정책은 1990년대에 이르러 멕시코, 스페인, 포르투갈의 공급자들로 변화하였다. 마침내 최근 10년 동안은 이러한 OEM 업체들이 주요 공급선을 중국으로 전환하였다. 하이테크 산업에서도 비슷한 움직임이 발견되었다. 1980년대에는 미국 하이테크 회사들의 초점은 미국 내의 구매에 있었으나 1990년대에 이르러 싱가포르, 말레이시아로, 최근에는 대만과 미국으로 옮겨왔다.

따라서 적절한 공급자 교체를 결정하는데 도움을 줄 프레임워크를 개발하는 일이 중요하다. 마샬 피셔(Marshall Fisher)가 제안한 기능중심 제품(functional products)과 혁신 제품(innovative products)의 개념을 소개하고자 한다. 〈표 5-3〉은 두 제품 범주의 주요 특징을 기술하고 있다.

〈표 5-3〉에서 보듯이 기능중심 제품은 낮은 제품 기술변화 속도, 예측가능한 수요, 낮은 이익률 등으로 대변되며, 그 예로는 기저귀, 비누, 유유, 타이어 등이 있다.

표 5-3

	기능중심 제품	혁신 제품
제품 기술변화 속도	느림	빠름
수요 특성	예측 가능	예측 불가능
이익률	낮음	높음
제품 다양성	낮음	높음
생산확정시 평균 수요예측 오차	낮음	높음
평균 품절율	낮음	높음

반면에 패션 아이템, 화장품, 하이테크 제품 등의 혁신 제품은 빠른 제품 기술변화 속도, 수요 예측의 어려움, 높은 이익률 등과 연관이 있다. 혁신 제품에 적용되어야 하는 공급사슬 전략은 기능중심 제품에 적용되어야 하는 공급사슬 전략과 상이하다. 즉 기능중심 제품에 적합한 전략은 push이며, 이 경우 초점은 효율성, 원가절감, 공급사슬 계획에 맞추어진다. 반면에 혁신 제품에 적합한 전략은 pull로서 반응성, 서비스수준 극대화, 주문이행 수준 등에 초점을 맞추게 된다.

구매에 대해 서로 다른 공급사슬 전략이 주는 시사점은 명확하다. 가령 소매업자가 기능중심 제품을 구매한다고 하면 초점은 총 납품비용, 즉 구매부터 최종 도착지까지의 소요되는 총비용을 최소화 하는 것이다. 반면에 혁신 제품을 구매하면서 총 납품비용을 최소화하는 것은 잘못된 전략이다. 빠른 기술변화 속도, 높은 이익률, 수요예측의 부정확성 등을 고려하면 초점은 리드타임 감소와 공급의 유연성에 두어야 한다.

따라서 소매업자 또는 유통업자가 기능중심 제품을 구매할 때에는 중국이나 대만과 같은 저비용 국가에서 구매하는 것이 바람직하다. 반면에 혁신 제품을 구매할 때에는 초점이 시장 근접성이 높은 공급자에게 모아진다. 대안으로 짧은 리드타임은 항공 운송으로 달성될 수도 있으며 이 경우 제품자체 비용과 수송비 간의 차이를 비교해야 한다.

8 공급자 선정과 평가

구매과정에서 가장 중요한 활동은 필요한 물품들을 제공할 수 있는 수많은 공급자들 중에서 최고의 공급자를 선택하는 것이다. 구매 과정은 구매할 때 고려되어야만 하는 요인들의 다양성 때문에 복잡하다. 그 과정은 의사결정 단위를 형성하는 결정을 내리는 사람들과 결정에 영향을 미치는 사람들을 함께 포함한다.

[그림 5-2]는 공급자 선정과 평가 시스템에 영향을 미칠 구매와 다른 내부적 기능들 사이의 많은 정보 흐름들의 일부를 보여준다. 이러한 흐름은 사용자들의 주문을 다루는 것에서부터 법무 부서에서 계약적 용어들을 인증하는 것, 적당한 재료들의 유효성을 확정하는 것, 마케팅의 판매 촉진들을 지원하는 것에까지 많은 부문들이 존재한다.

1) 구매단계

[그림 5-3]은 구매의 필요량을 확인하는 것으로부터, 공급자 관계의 관리를 위한 기본적인 다섯 단계의 구매 과정을 보여준다.

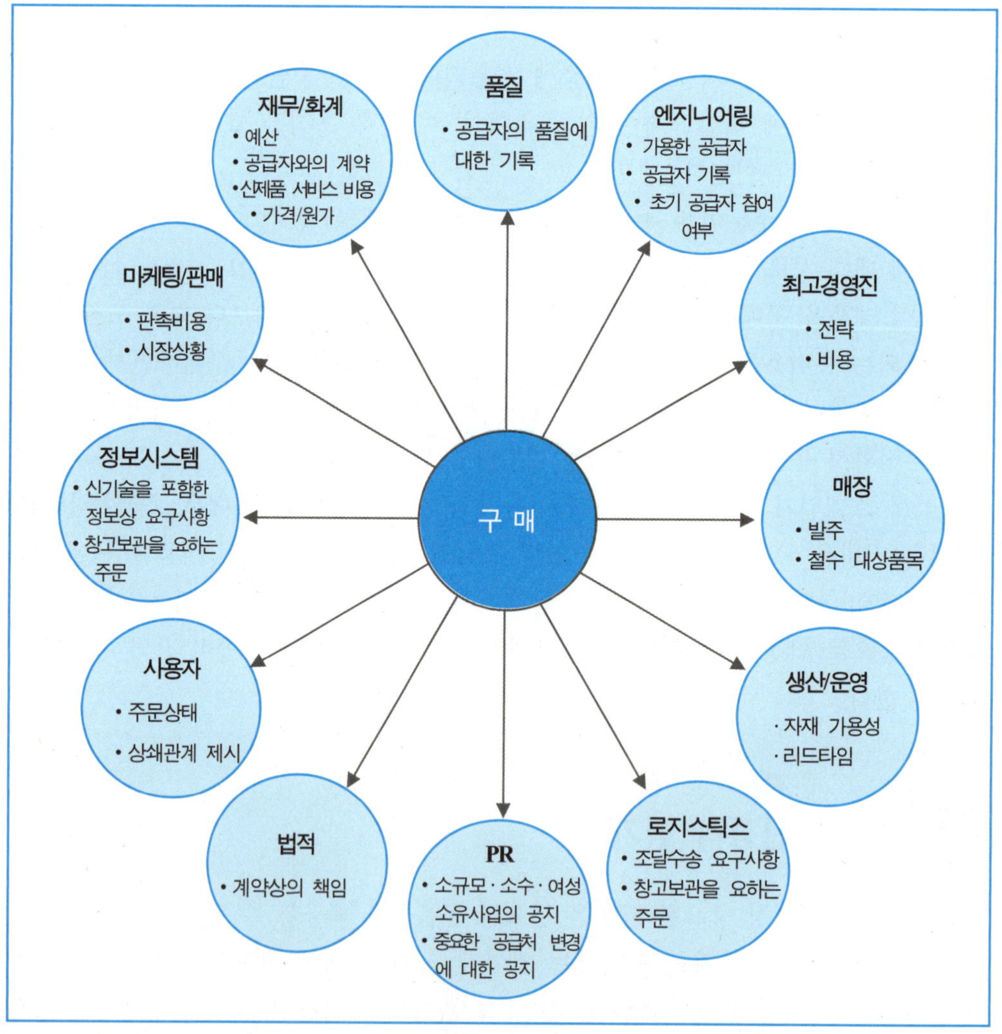

┃그림 5-2┃ 구매에서 발생되는 내적 정보흐름

구매 관리자들은 구매 결정을 할 때 리드타임, 정시 배달, 신속한 진행능력, 가격 경쟁력, 그리고 구매 후 판매지원 등과 같은 다양한 요인들을 고려할 것이다.

2) 구매 카테고리

기업에는 6개의 구매 카테고리가 있다. 즉 ① 부품 ② 원재료 ③ 운영지원품 ④ 지원 설비 ⑤ 처리과정 설비, 그리고 ⑥ 서비스 등이다. 이러한 6가지 주요 구매 카테고리는 일상적 구매와 비일상적 구매로 구분 가능하다.

일상적 구매는 일상적으로 발생하는 구매를 의미하며, 비일상적 구매는 새로운 형태의 구매, 문제가 발생한 구매, 기업의 전략수립이나 비용절감에 미치는 구매 등을 뜻한다.

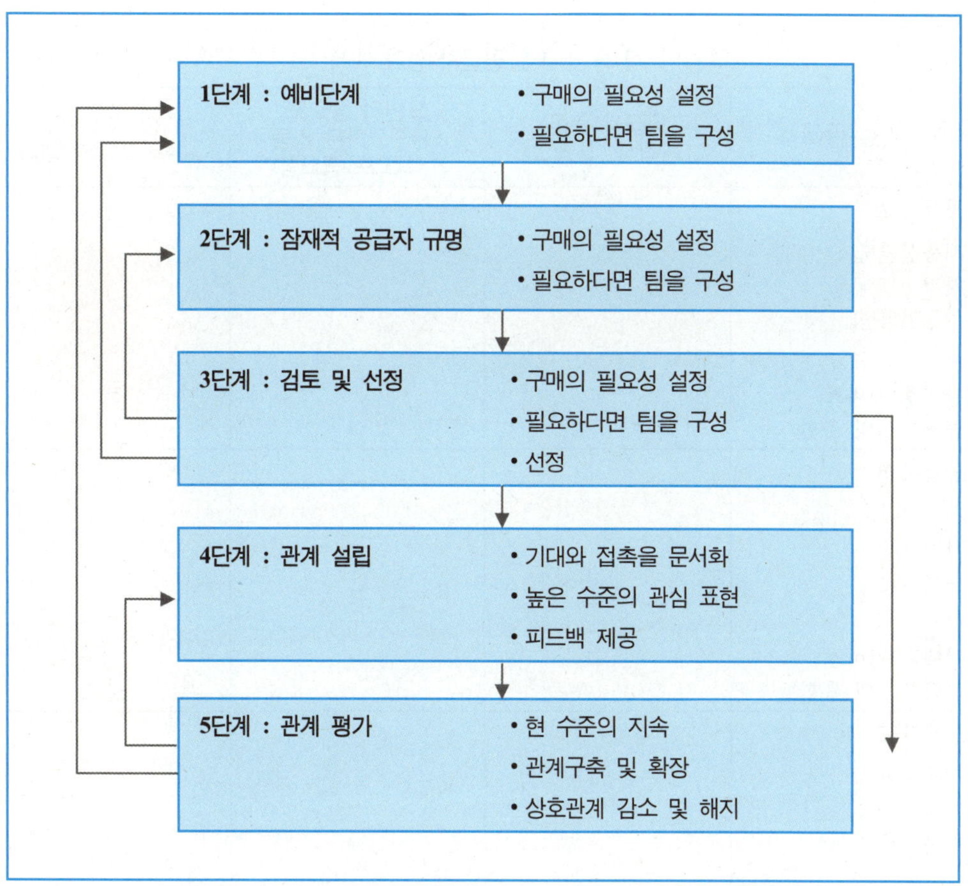

그림 5-3 구매 관계의 선택 과정과 관리의 다섯 단계

3) 공급자 평가

다양한 평가단계들이 가능하며 무엇보다 중요한 것은 목표달성 가능성을 높이기 위하여 끊임없이 해당 절차를 반복하여야 한다.

(1) 공급자 평가요소들의 리스트 개발

관리자는 모든 잠재적 공급자들을 확인해야 한다. 그 다음 단계가 각 공급자를 평가하기 위해 요소들의 리스트를 개발하는 것이다.

공급자 선정은 선정 초기에 사용된 요소들을 보완하여야 한다. 그 요소들이 일단 결정되면, 각 공급자들의 활동은 각 요소들에 의하여 평가될 것이다(예컨대, 생산신뢰도, 가격, 주문편의 등). 〈표 5-4〉는 5점 척도를 사용하지만(1=최악, 5=최고), 다른 척도가 사용될 수도 있다.

표 5-4 공급자 평가 예시

요 인	공급자 등급 (1=최하, 5=최고)	요인의 중요도 (0=중요하지 않음 5=최고로 중요함)	가중 결합 등급 (0=최소, 25=최대)
공급자 A 제품신뢰도 가격 주문편의성 : 판매후 서비스 **공급자 A의 총합**			
공급자 B 제품신뢰도 가격 주문편의성 : 판매후 서비스 **공급자 B의 총합**			
공급자 C 제품신뢰도 가격 주문편의성 : 판매후 서비스 **공급자 C의 총합**			

다음 내용들을 공급자 선정에 있어서 평가기준으로 이용할 수 있다.

① 경영능력

장기적인 계획을 수립하는지, 경영진이 TQM과 지속적인 개선에 얼마나 전력하는지, 경영자의 경력 및 경험의 정도, 고객 중심에 초점이 맞추어져 있는지, 노동조합과의 관계가 좋은지, 미래의 성장을 위한 적절한 투자가 이루어지고 있는지, 전략적 구매의 중요성을 이해하는지 등을 고려하여 경영능력을 평가할 수 있다.

② 작업자 능력

작업자의 기량, 유연성, 사기, 이직률, 품질개선에 대한 태도, 경영진과의 관계 등을 바탕으로 작업자 능력을 평가할 수 있다.

③ 비용구조

공급자의 비용구조를 알게 되면 얼마나 효율적으로 품목을 생산할 수 있는지 혹은 서비스를 제공할 수 있는지를 알 수 있으며 또한 개선 가능성을 파악할 수 있다.

④ 품질에 대한 성과, 시스템, 철학

많은 구매자들은 공급자들이 ISO 9000에서 제시하는 품질 가이드라인에 기반을 둔 품질관리시스템을 채택하기를 기대하고 있다.

⑤ 프로세스와 기술적 능력

공급자 평가팀에는 공급자의 프로세스 및 기술적 능력을 평가하기 위해 엔지니어가 포함되는 것이 일반적이다. 생산이나 서비스를 제공하는데 공급자가 채택한 기술, 디자인 방법, 설비 등에 대한 검토와 더불어 공급자가 미래의 프로세스나 기술적 개선을 위해 연구개발에 투자한 자원에 대한 평가가 이루어진다.

⑥ 환경 규제 준수여부

환경과 관련하여 공급자 평가기준으로 사용되는 것에는 ISO 14000의 획득 여부, 재활용 관리 실태, 위험물 처리 관리 실태, 오존 파괴물질의 통제 여부 등이다.

⑦ 재정적 안정성

공급자의 재정적 안정성은 평가단계에서 초기의 적격심사 수단으로 이용될 만큼 중요하다. 재정적 안정성이 결여된 공급자는 사업 중단을 할 가능성이 높고, 투자자원이 부족해 미래의 프로세스 및 기술적 개선을 위한 여지가 적으며, 구매자에 대한 재정적 의존도가 높아지고, 재정적인 문제는 보통 다른 여러 가지 문제로 인해 발생하는 것이 일반적이므로 이러한 공급자와의 거래는 피하는 것이 바람직하다.

⑧ 생산일정 및 통제시스템

공급자의 생산일정 및 통제시스템에 대한 평가는 공급자가 어느 정도 통제력을 가지는지에 대하여 가늠해보고자 함이다. 공급자가 납기 내에 공급을 할 수 있는지의 여부, 혹은 공급자의 생산시스템이 구매자의 JIT시스템을 지원할 수 있는지의 여부 등을 평가한다.

⑨ e-commerce 수행능력

점차적으로 웹에 기반을 둔 B2B 전자상거래가 증가하고 있다. 공급자는 전자상거래를 수용할 수 있는 능력이 필요하다. 이 이외에도 e-mail을 통한 의사소통능력, 전자자금결제 능력, 바코딩 혹은 RFID 사용능력 등 공급자의 전반적인 정보기술에 대한 평가가 필요하다.

⑩ 공급자의 조달전략, 정책, 기법

공급자의 공급자에 대한 정보도 공급사슬관리를 위해 중요하다. 하지만 공급자가 자신의 공급자에 대한 평가를 했을 경우를 제외하고는 정보를 얻기가 쉽지 않다. 이러한 경우 공급자의 구매부서와의 대화를 통하여 공급자의 공급자에 대한 정보를 얻을 수 있다.

⑪ 장기적인 관계유지 가능성

구매자와 공급자 사이에 장기적인 관계를 유지하는 것이 유리한 경우에 공급자 평가 시에 공급자가 장기적인 관계를 유지하는데 적합한지에 대한 평가가 이루어져야 한다. 평가의 기준에는 공급자의 장기적인 관계에 대한 의도가 있는지, 이러한 관계에 자원을 투자할 의도가 있는지, 정보공유에 대한 의지가 있는지, 구매자를 위해서만 생산능력을 독점적으로 제공할 의지, 구매자에 대한 이해심, 비용자료의 공유 의지 등이 포함된다.

(2) 각 평가요소의 상대적 중요성

공급자 평가에 앞서 관리자들은 평가 요소들의 상대적인 중요성을 판단하여 각각에 비중을 할당해주어야 한다. 예를 들어, 제품 신뢰도가 그 회사의 중요성을 가진 것이라면, 그것은 최고로 중요한 등급을 받았을 것이다. 만약 가격이 제품 신뢰도만큼 중요한 것이 아니라면, 가격을 더 낮은 중요성 등급에 놓을 것이다.

다음 단계는 각 요소의 중요성에 따라 공급자들에 대한 가중치가 반영된 전체 평가를 개발하는 것이다. 이는 공급자 평가를 확장하는 것으로, 각 요소와 중요성에 입각한 가중치가 포함된 측정방법이다. 전체 점수를 통해 공급자들에 대한 등급 매김이 가능하며, 비교가 이루어질 수 있다. 전체 점수가 높을수록 해당 공급자는 제품을 제공받는 기업의 필요사항과 특이사항을 보다 잘 만족시킬 수 있다.

이러한 과정을 통해 경영상에서의 구매결정시 중요한 요소를 공식화하고, 해당과정의 필요성을 인식하게 된다.

(3) 적절한 공급자 선정과 평가 결과로부터의 이익

공급자의 적절한 선정과 평가에 기반을 둔 보상이 이루어져야 한다. 구매 활동은 기업의 수익에 긍정적인 효과를 미친다. 재료비의 절감은 매출원가의 단위비용을 줄임으로써 수익 마진을 증가시킨다. 나아가 재료비의 절감과 관련 물류 활동비용을 줄이게 되면 창고에 대한 투자비용을 줄일 수 있다.

또한 제조 과정에서 공정들의 속도 향상이나 원활한 진행을 통해 고객서비스를 향상시킬 수 있다. 효과적인 구매관리를 통해 보다 품질이 높은 원자재의 구매가 가능함으로, 최종 고객들에게 제공되는 제품의 품질 향상이 이루어진다. 이는 제품 불량에 따른 반품 가능성까지 떨어뜨리게 한다.

9 e-조달

인터넷의 발전으로 고객이 자신의 집에서 제품에 대하여 조사를 하고, 온라인 상점을 찾아 제품을 주문하는 형태가 점차 늘고 있다. 이것은 business to consumer (B2C) 형태의 거래이며 이러한 형태의 거래가 인터넷 거래의 대부분을 차지할 것으로 생각할 수 있으나, 실상 대부분의 e-commerce 거래는 기업 간 거래인 business to business(B2B)로 이루어진다.

e-commerce 조달은 다음과 같은 장점이 있다.

① 운영비용 절감

문서처리비용이 감소되며, 조달시간의 감소로 인한 조달담당자의 생산성이 증대되고 또한 실시간 정보를 이용하여 재고 및 예산지출에 대한 관리가 개선된다.

② 조달효율성 개선

과거보다 적은 자원으로 적합한 공급자를 찾을 수 있으며, 구매자와 판매자 간의 의사소통이 개선되어 주문주기가 짧아지고, 심지어 구매자는 구매하기 전에 판매자가 재고를 가지고 있는지 알 수 있고 판매자는 수요정보를 미리 획득하여 공급량을 조절할 수도 있다. 또한 조달담당자들도 과거의 서류처리와 같은 비생산적인 일 대신에 공급사슬의 효율성 향상을 위한 보다 생산적인 일을 할 수 있게 된다.

③ 조달가격 절감

구매자는 여러 판매자로부터 가격 및 품질정보를 얻어 비교 구매할 수 있는 기회가 생기고 또한 더 많은 판매자가 입찰에 응하게 되므로 더 낮은 가격으로 구매가 가능해진다.

그러나 e-조달은 다음과 같은 단점들도 있다.

① 보안상의 문제점

신용정보 및 거래정보의 유출위험이 있다.

② 구매자와 판매자 간에 밀접한 관계를 구축하기가 어려움

구매자와 판매자 간에 대면을 통한 의사소통이 이루어지지 않으므로 밀접한 관계를 구축하기가 어렵다.

③ 기술적인 문제점

표준 프로토콜의 결여, 시스템 신뢰도 등의 문제가 있을 수 있으며 새로운 기술을 습득하는데 요구되는 시간과 비용에 투자하는 것을 꺼리는 경우도 있다.

10 효과적 조달조직

조달조직은 전통적으로 집중화 또는 분산화되어 왔다. 최근에는 특별한 이점을 얻기 위하여 다음과 같은 형태로 발전되어 왔다.

1) 중앙집중 조달

중앙집중 조달은 단일의 공동 소싱과 구매력을 회사의 본사에게 제공하는데 이러

한 접근은 중앙집중의 물류조직과 운영을 포함한다. 이의 장점은 전체 회사의 공급사슬을 조정하는 능력과 공급시장에 관한 집중된 정보를 확보할 수 있다는 점이다.

2) 분산조달

이 조직 형태에서는 조달은 현장에만 위치한다. 회사의 재무나 다른 운영정책을 통해서 공포된 것 외에는 중앙으로부터 조정이나 통제가 존재하지 않으며, 조달활동의 모든 책임을 현장에 두며 회사간접비를 최소화하는 정책이다. 이는 중앙집중 조달에 비해 시너지효과 창출이라든지 공급자나 운송업자에 대한 구매력 면에서는 불리하다. 실제 조사결과에 따르면 분산조달 조직을 채택하고 있는 많은 회사의 경우 서로 다른 사업부에 대한 공급자나 운송업자들의 가격에는 크게 차이가 있다고 한다. 분산조직의 변형은 현장에 조달협의체를 구성하는 것이다. 협의체는 유사한 제품과 서비스를 필요로 하는 여러 지역조달 담당자로 구성되는데 리더십과 상위경영자의 참여부족으로 유명무실해지는 경우가 많다.

3) 중앙조정자

현장에서의 조달은 공장장이나 사업부장에게 보고되지만 본사의 중앙집중된 조정그룹의 지원을 받는다. GE와 United Technologies는 이러한 모델을 사용하는 대표적 예이다. GE는 본사 차원에서 조달과 운송 그룹이 존재하는데 이 그룹은 회사 전체의 관심사항을 살펴보고 개별 공장의 사람들이 전체를 보지 못하는 곳에서 전체로서 회사의 기회를 찾는다. 이 그룹은 서비스를 개별 사업부나 공장에 판매하는 컨설팅 역할을 한다. 장점은 회사가 공급업자에 대한 힘을 가질 뿐만 아니라 보다 넓은 범위를 포함하는 것인데 완전히 집중화된 그룹에서와 같이 전체 간접비용을 담당하지는 않는다.

4) 지역계획자

중앙의 조달 그룹이 공급자들과의 관계를 창출하지만 현장의 조달·물류 계획자가 모든 실제 제품흐름을 주관한다. 이 시스템은 소싱 및 벤더 선정과 배달을 위한 주문 프로세스를 분리한다. 조달은 벤더와의 관계를 창출하고 모니터링하는 프로세스를 담당하며, 생산계획자나 물류담당자는 내부이동, 독촉, 그리고 팔로우업(follow-up)을 위한 매일 매일의 주문을 처리한다.

5) 공급관리자

이 시스템에서는 조달이 사업 대부분의 제품 라인에 대한 자재관리 책임을 갖는다. 이 접근은 모든 공급, 취득, 자재 및 생산 책임을 한 사람에게 지우는 것으로 이 관리자는 한 개 혹은 소수의 제품에 대해 두루 살피고, 그의 성과는 판매가격에서 마지막 포장까지 소요되는 모든 비용을 뺀 기여율(contribution margin)에 기초한다.

공급관리자는 공급자로부터 최종소비자로의 외부전달까지의 전 공급사슬에 걸쳐 모든 비용책임과 권한을 갖는데 이 방식은 각 제품에 대한 넓은 범위의 기술을 필요로 한다.

6) 상품팀

이 접근은 원래 건설, 무기 시스템, 연구개발, 산업용 기계 등과 같은 프로젝트 환경에서 볼 수 있었으나 현재 많은 회사들에 의해 보다 널리 사용되고 있다. 이러한 접근을 채택하고 있는 대표적 회사는 Caterpillar사로서 회사 제품의 핵심 성공요소 주변에 상품팀을 설치하였다.

이 접근의 특징은 시작부터 마무리까지 제품을 포괄적으로 본다는 것에 있다. 각 부문의 관리자로 구성된 이 팀은 제품을 위한 설계, 생산기술, 구매, 제조, 영업 및 유통 등을 연속적·개별적으로 접근하지 않고 공동목표의 달성을 위하여 공조체제를 구축한다.

7) 물류 파이프라인

소비재 산업에 있어 재고의 신속한 회전과 완벽한 고객서비스에 대한 압박은 구매와 판매 양측 기업을 포함하는 혼합된 고객조달·자재와 판매유통 모델을 가져왔다. 이와 같은 체제에서는 두 기업간에 중복되는 물류기능과 비부가가치를 가져오는 일들이 감소 혹은 제거되었다. 이러한 예는 프록토 갬블사와 월마트사 간에 볼 수 있다. 프록토 갬블사의 공장으로부터 월마트점의 선반에 이르는 흐름 시스템은 종전에 두 회사 간에 이루어졌던 청구서, 구매, 주문등록 및 출하 등의 과정들이 제거됨으로써 더욱 효율적으로 되었다. 판매자인 프록토 갬블사는 그의 고객인 월마트 상점 내에서 제품재고를 모니터링할 수 있다.

이러한 시스템은 양측 모두에게 장점을 제공한다. 판매자는 고객조직 내부에서 강력한 위치를 유지할 수 있기 때문에 이러한 방식으로 경쟁적 우위를 얻을 수 있으며 더구나 판매자는 그들의 제품에 대한 재고를 보다 관심을 갖고 정확하게 모니터링할 수 있다. 이는 뜻하지 않은 품절과 긴급출하에 대한 수요를 크게 줄일 수 있으며, 또한 구매자가 다른 브랜드로 바꾸는 가능성이 낮기 때문에 경쟁적 우위를 제공한다. 구매회사로는 판매자가 재고감시, 주문 및 운송과 같은 관리적 프로세스들을 하게 함으로써 이득을 얻을 수 있다.

11 구매관리 합리화 방안

1) 구매업무의 표준화

구매업무의 표준화는 구매소요시간의 표준화와 각종 구매절차의 표준화로 대별되며, 다시 구매대상품의 품질·가격·구매원·구매조건 등과 같은 구매요건별 표준화로 세분된다.

구매업무를 표준화하기 위해서는 구매부문의 노력만으로는 불가능하고 수요부문의 적극적인 협조에 의해서만 가능하게 되는 것이다. 예를 들어 구매대상품의 품질을 표준화하기 위하여는 수요부문의 협조가 전제로 되는 것과 같다.

2) 구매업무의 단순화

구매업무의 표준화가 이루어지면 그 다음 단계로 구매업무의 단순화가 요구된다. 단순화란 일반적으로 품종의 삭감이나 절차의 단일화를 의미하는 것이다. 즉, 구매대상품목에 있어서는 다양한 품목 중에서 불필요한 종류, 예컨대 형이나 용적이나 규격 등을 배제하고 순수하게 단일종류만을 구매하는 것이며, 구매절차에 있어서는 복잡한 과정을 단순하거나 또는 절차과정을 적절히 분류하여 각기 단일 책임만을 담당하게 하는 것이다. 이와 같이 함으로써 고차의 구매업무를 저차의 구매업무로 분해하여 편리하고 쉽고 빠르게 구매업무를 수행할 수 있게 되는 것이다.

3) 구매업무의 전문화

구매업무의 표준화가 이루어지게 되면 최종단계로 구매업무의 전문화가 가능하게 되는 것이며, 표준화와 단순화는 업무의 전문화를 위한 준비작업이라고도 할 수 있는 것이다.

전문화란 단일의 기능만을 최고도로 철저히 추구하는 것이며, 모든 노력을 한 방향으로 집중시키는 것이다. 전문화의 효용은 업무에 종사하는 직원으로 하여금 당해 기능에 대한 전문가의 지식과 숙련된 기술자로서의 일솜씨를 체득케 하는 동시에 기술과 지식의 발전으로 고도의 능률을 발휘케 할 수 있는 것이다. 이러한 전문화는 분업과 유사한 것으로서, 구매기능자체의 전문화는 물론 나아가서는 다시 구매기능을 제요건별로 표준화하고 단순화하고 전문화할 수 있는 것이며, 이와 같이 함으로써 더욱 합리적인 구매업무를 수행할 수 있는 것이다.

제6장

운 송

제6장 운 송

운송이란 자동차, 철도, 항공기 등의 운송수단에 의하여 사람이나 재화를 공간적으로 이동하는 것을 의미한다. 1980년대 이전의 운송산업이 거리 중심으로 비효율적으로 운영된 데 비하여 1980년대 이후의 운송산업은 기술적·경제적·사회적 요인으로 인해 급격한 변화를 겪게 되었으며 이에 따라 물류비용의 가장 큰 부분을 차지하게 되었다. 특별히 규제완화는 운송업자들에게 더 높은 가격탄력성을 허용하였으며, 운송서비스 및 영업관계에 대한 제한도 완화되었다. 가격결정이 더욱 자유스러워지고 새로운 서비스 및 영업관계가 가능해짐에 따라 물류담당자들은 기업의 목적에 일치하는 운송서비스와 가격결정 구조의 최적의 조합을 찾아내는 데 많은 노력을 기울이게 되었다.

예전과 비교하여 오늘날 제품이나 원자재 이동시 폭넓은 수송 대안이 존재한다. 예컨대, 한 기업은 위탁 수송, 개별 수송 혹은 상이한 수송 전문가들과의 다양한 계약관계 등을 고려할 수 있다. 서비스 선택사양에는 요금청구, 정보가용성, 제품 책임 그리고 픽업과 배달의 관행 등이 포함된다.

1 수송 기능과 원칙

1) 수송 기능

수송 기능은 제품 이동과 제품 저장이라는 두 가지 중요한 기능을 제공한다.

(1) 제품 이동

제품의 형태가 원료이거나, 부품이나 조립품, 또는 공정중이나 완제품인 것에 관계없이 제품을 제조 공정의 다음 단계나 고객에게 가장 가까운 곳으로 이동시키는 데는 수송이 필요하다. 우선적인 수송의 기능은 가치 사슬의 상류 또는 하류로 제품을 이동시키는 것이다. 수송은 시간적, 금전적 그리고 환경적 자원을 활용하기 때문에 수송이 진정으로 제품의 가치를 증진시킬 때에만 품목은 이동된다는 것이 중요하다.

수송은 제품의 수송 중에는 접근이 불가능하기 때문에 시간적 자원의 사용을 포함한다. 그러한 제품은 보통 이동 중 재고라고 불리며 적시 및 빠른 대응 관행과 같은 다양한 공급사슬 전략이 제조와 유통센터 재고를 감축시키기 때문에 중요한 고려사항이 되고 있다.

수송은 사적인 수송형태의 경우 내부적인 비용지출이 필요하고 상용 혹은 공용 수송의 경우 외부적 지출이 필요하기 때문에 재정적 자원을 사용한다. 비용은 운전기사의 노동력, 차량의 운영비 그리고 일반적 관리비 등으로부터 발생하며 추가적으로 제품의 손실과 손상으로 인한 다른 비용도 고려해야 한다.

수송은 직·간접적으로 환경적인 자원을 사용한다. 직접적으로는 수송은 미국 국내경제에서 에너지의 최대 사용자 가운데 하나이다. 즉, 모든 미국내 석유류 소비의 67%를 차지하고 있다. 비록 소비수준은 보다 연료효율적인 차량과 운영관행 때문에 시간이 지남에 따라 감소하겠지만, 상대적으로 더욱 먼 수송거리를 요구하는 글로벌 운영이 증가하기 때문에 미래에도 꾸준히 유지될 것이다. 간접적으로는 수송은 혼잡, 공해 그리고 소음공해 등을 통해 환경적 비용을 창출한다. 비록 이와 같은 환경비용에 대해 현금으로 지출되는 것이 일반적으로 증가하고는 있지만, 이 비용으로는 환경관련 모든 비용을 포함하지는 못한다.

수송의 주된 목적은 시간적, 금전적 그리고 환경적 자원 비용을 최소화하면서 제품을 원산지에서 예정된 목적지까지 이동시키는 것이다. 손실과 손상비용도 또한 최소화하여야 한다. 동시에 이러한 이동은 배달 수행과 출하정보 가용성 등과 관련된 고객의 요구를 충족시키는 방법으로 이루어져야 한다.

(2) 제품 저장

또 다른 수송의 기능은 일시적 저장이다. 차량은 비교적 값비싼 저장 시설이다. 그렇지만 만일 운송중인 제품이 단기간이지만 저장을 필요로 하고 다시 이동될 것이라면 창고에서의 제품의 하역과 선적의 비용은 수송차량에서의 1일 저장요금을 초과하게 될 것이다.

창고 면적이 제한되어 있는 상황에서는 수송 차량을 활용하는 것이 적당한 선택이 될 것이다. 한 가지 방법은 차량에 제품을 선적한 다음 그 트럭으로 하여금 우회 또는 간접 경로를 통해 목적지로 가도록 하는 것이다. 우회 경로를 사용하는 경우 수송시간은 직선로를 사용하는 것보다 더 걸린다. 이것은 목적지 창고가 제한적인 저장능력을 가지고 있을 때 바람직하다. 근본적으로 수송차량이 일시적인 저장수단으로 사용되기는 하지만 가만히 있는 것이 아니라 이동하는 것이다.

일시적인 제품 저장을 위한 두 번째 방법은 전환이다. 이것은 인도물품이 운송 중에 원래의 출하목적지가 변경될 때 발생한다. 예를 들어, 한 제품이 원래 시카고에서 로스엔젤레스로 운송될 예정이라고 가정하자. 그러나 만일 인도과정 중에서 샌프란시스코가 그 제품을 더 필요로 하거나 혹은 가능한 저장능력을 가지고 있다고 확인되면, 그 제품은 샌프란시스코로 목적지가 변경하게 된다. 전통적으로 전환 전략을 지시하는 데는 전화가 사용되었으나 요즈음에는 기업의 본부와 차량 간의 위성통신이 이 일을 수행하는데 더 효율적이다. 수송차량 내의 제품 저장이 비싸기는 하지만 하역 및 선적비, 창고 능력의 제약 혹은 리드타임의 확대라는 능력 등을 고려했을 때의 총비용이나 성과의 관점으로부터 정당화될 수 있다.

2) 기본 원칙

수송관리와 운영에는 규모의 경제(economy of scale)와 거리의 경제(economy of distance)라는 두 가지 기본 원칙이 있다. 규모의 경제란 무게단위당 수송비는 하물의 크기가 증가할 때 줄어드는 특징을 말한다. 예를 들어, 한 트럭분(TL)의 하물은 트럭분 이하(LTL)의 하물보다 파운드당 비용이 덜 든다. 수송 규모의 경제는 일정 부피단위를 이동시키는 데 드는 고정비가 그 무게로 나누어질 수 있기 때문에 존재하는 것이다. 그렇기 때문에 일정 부피의 무게가 더 무거울 때 비용은 분산되고 그에 따라 무게단위당 비용은 줄어들게 된다. 고정비에는 수송주문의 수령에 관련된 관리비, 선적 혹은 하역을 위한 차량배치 시간, 청구서발송 그리고 장비비용 등이 포함된다. 이들 비용은 하물의 크기에 따라 변화하지 않기 때문에 고정적이라고 간주한다. 다시 말해서 1파운드짜리 하물의 행정적 처리는 1천 파운드짜리 하물의 경우와 동일한 비용이 든다. 그러면 1파운드짜리 하물은 무게단위당 비용이 10달러인 반면에 1천 파운드짜리 하물은 0.01달러에 불과하다. 따라서 1천 파운드짜리 하물의 경우는 규모의 경제가 존재한다고 할 수 있다.

거리의 경제란 거리가 멀수록 거리단위당 수송비가 감소하는 특징을 말한다. 예컨대, 800마일짜리 수송 1건을 처리하는 것은 400마일짜리 수송 2건(총 무게는 같다고 가정)을 처리하는 것보다 비용이 덜 든다. 수송 거리의 경제는 규모의 경제와 마찬가지로 요금이 거리에 따라 점차 줄어들기 때문에 체감원칙이라고도 불린다. 거리의 경제에 대한 원리는 규모의 경제와 유사하다. 특히, 하물의 선적과 하역에 드는 비교적 고정비용은 거리단위당 가변비용에 따라 분산되어야 한다. 더 먼 거리는 고정비용을 더 많은 수의 마일로 분산함으로써 전체 마일당 비용을 감소시킨다.

이러한 원칙은 대체수송전략이나 운영관행을 평가할 때 중요한 고려사항이다. 주목적은 고객서비스 기대를 충족시키면서 운송될 하물 무게와 거리의 크기를 극대화하는 데 있다.

3) 운송비용과 가격 결정에 영향을 미치는 요인들

(1) 제품관련 요인

제품의 특성과 관련된 많은 요인들이 운송비용과 가격정책에 영향을 미치는데 제품관련 요인들은 다음과 같다.

① 밀도
② 저장성
③ 취급 용이성
④ 책임성

밀도는 제품의 중량 대 부피의 비를 의미하는데 철, 건자재, 종이 제품처럼 부피에 비해 상대적으로 무거운 제품은 중량 대 부피비가 높은 반면, 전기제품과 의류, 완구류처럼 중량 대 부피비가 낮은 제품은 낮은 밀도의 제품이다. 밀도가 낮은 제품은 밀도가 높은 제품에 비해 단위 무게를 수송하는데 비용이 많이 든다.

저장성은 운송차량의 가용 공간에 제품을 채울 수 있는 정도를 뜻한다. 예컨대 포장하지 않은 곡물, 광석, 석유제품은 수송하는 컨테이너를 완전히 채울 수 있으므로 저장성이 뛰어나다고 할 수 있으나, 자동차, 기계류, 가축류 같은 제품들은 저장성이 좋지 않거나 제한되어 있다. 제품의 저장성은 크기, 형태, 취급 주의도, 그리고 다른 물리적 요인들의 영향을 받는다.

취급 용이성은 저장성과 관련이 있으며, 취급이 어려운 제품은 운송비용이 많이 든다. 상자나 캔, 드럼통 등에 들어 있어 물리적 특성이 일관적인 제품이나, 원료 취급 장비로 조작 가능한 제품은 손이 덜 가고, 따라서 운송비용도 낮아진다.

책임성 또한 중요한 사항이다. 단위 무게 당 가치가 높은 제품은 쉽게 파손되고 도난이나 유출의 가능성이 높기 때문에 운송비용이 상승한다. 운송업자가 컴퓨터나 보석, 가전제품과 같이 책임성이 크다고 판단하는 제품은 운송비를 더 많이 부과하기 때문이다.

또 다른 요인으로는 견고한 보호 포장이 필요한 제품의 위험성을 들 수 있으며, 이는 제품의 종류에 따라 중요도가 다른데, 화학제품과 플라스틱 산업에서 특히 중요하다.

(2) 시장관련 요인

제품의 특성과 함께 다음과 같은 시장 요인들이 운송비에 영향을 미친다.

① 동일 수송모드와 상이 수송모드 간 경쟁의 정도
② 제품이 운송되어야 하는 시장의 위치
③ 운송 업체에 대한 정부 규제의 성격과 한계
④ 시장을 출입하는 화물교통의 균형 여부
⑤ 제품이동의 계절 변화
⑥ 제품의 국내 혹은 해외 운송 여부

이들 각각의 요소는 운송비용 결정에 영향을 미치며, 이와 함께 고려해야 하는 중요한 서비스 사항들이 있다. 우선, 고객 서비스는 물류경영에 있어 중요한 요소이다. 고객 서비스 수준에 영향을 미치는 교통 특성은 다음과 같다.

① 신뢰성 : 서비스의 일관성
② 전이시간
③ 통제 범위 : 도어 투 도어(door-to-door) 서비스를 제공할 능력
④ 유연성 : 다양한 품목의 물건을 다루고, 화주의 특수한 요구에의 대응능력
⑤ 손해망실률
⑥ 기본적인 운송 서비스 이상을 제공하는 운송업체의 능력

4) 운송수단별 특징 및 서비스

(1) 차량(Motor)

고속도로 수송은 제2차 세계대전 이후 급격히 확장했다. 차량 운송업의 빠른 성장은 택배(door-to-door) 운영유연성과 신속한 도시 간 이동 속도의 결과이다.

차량 운송업자들은 도로에서 모든 형태의 영업을 할 수 있기 때문에 유연성을 갖는다. 철도에 비하여 차량 운송업자들은 터미널 시설에 대한 고정투자비가 상대적으로 작으며, 공적으로 관리되는 고속도로상에서 운영한다. 비록 면허비용, 사용료 그

리고 통행료 등이 상당하기는 하지만 이들 비용은 도로상 단위수와 운행 마일수 등에 비례한다. 각각의 트레일러나 직렬식 트레일러의 경우 별도의 동력원 및 기사가 필요하기 때문에 차량 운송업자의 마일당 가변비용은 높다.

차량 운송업자들의 특성상 제조업과 유통업, 단거리 그리고 고부가 제품 등에 적합하다. 차량운송업자들은 중·경공업에 대해서 철도의 물량을 잠식하였다. 배달의 유연성 때문에 이들은 도매업자나 창고로부터 소매점까지의 거의 모든 화물운송을 차지하였다. 차량 운송업자는 생고기, 냉동고기, 낙농제품, 제빵류, 과자류, 음료, 담배 제품과 같은 농산물 수송의 75%이상을 운송한다. 또한 제조품들도 주로 차량 운송에 의해 운송되는데 이러한 제품에는 운동용품, 장난감, 시계, 농업 기계류, 라디오, TV수상기, 카페트, 의류, 약품류, 사무용품 및 가구 등이 포함된다. 대부분의 소비재는 차량 운송에 의해 운송되는데 차량운송은 수송 시 손해나 손실이 거의 없이 빠르고, 신뢰할만한 서비스를 제공한다.

미국 내에서 차량운송은 작은 화물 부문에서는 항공과, 큰 화물 부문에서는 철도와 경쟁한다. 효율적인 차량운송은 터미널과 픽업, 배송관리에 있어 더 큰 효율성을 확보할 수 있다. 이로써 차량운송은 거리가 500마일 이하일 경우, 지점간(point-to-point) 서비스에 있어 어떤 크기의 화물에서도 항공운송과 경쟁이 가능하다. 차량 운송은 500마일 이상 운송되는 완전적재 트럭(Full truckload : TL) 배송에서는 철도와 직접 경쟁한다. 그러나 화물이 100,000파운드 이상일 경우에는 철도가 우세하며, 차량운송은 보다 작은 화물시장에서 우세하다.

차량운송의 평균 운송거리는 약 500마일이다. 몇몇 전국 운송사는 평균적으로 훨씬 더 긴 거리를 운송하기도 한다. 반면 지역 운송사는 불과 수 마일을 운송한다. 부분적재(LTL)는 일반적으로 완전적재(TL)보다 운송거리가 더 짧지만, 상당한 거리변동성이 존재한다. 또한 차량운송은 매우 유동적이고 융통성이 있다. 4백만 마일 이상의 도로 네트워크는 이를 가능하게 한다. 그리고 이 유동성에 의해 거의 모든 출발-종착지간 사이에 지점 간(point-to-point) 서비스를 제공할 수 있다.

이와 같이 차량운송은 어떤 운송수단보다도 넓은 시장 커버리지를 가지게 된다. 차량운송은 어떤 거리에서도 다양한 크기와 무게의 제품을 운송할 수 있어 융통성이 뛰어난데, 운송설비의 변형을 필요로 하는 제품을 포함해, 어떤 제품도 차량에 의해 운송될 수 있다. 이러한 유동성과 융통성은 미국과 세계 여러 나라에서도 차량운송이 지배적인 운송이 되게 하였다. 여러 차량운송, 특히 JIT 프로그램과 관련된 회사들은 계획된 시간표에 의해 운송함으로써 매우 짧고 신뢰할만한 시간 안에 운송이 가능하다.

차량운송에 의해 수송되는 화물의 양은 몇 년 동안 꾸준히 증가해 왔다. 차량 운송산업은 다른 운송수단에 비해 기업 고객의 서비스 요구에 더 부합하기 때문에 대부분의 기업 물류 네트워크에서 중요 부분이 되어왔다.

차량수송의 장점을 열거해 보면 다음과 같다.

① 철도수송에 비하여 수송과정에서의 하역작업이 적으며 또한 직송이 가능하기 때문에 결과적으로 신속한 수송이 가능하며 또한 도착일시를 예상할 수 있다는 점
② 문 앞에서 문 앞까지의 일관수송 서비스체제가 비교적 잘 정비되어 있다는 점
③ 중간하역이 적어 수송 도중의 충격이 경미하기 때문에 화물포장이 용이하다는 점
④ 철도나 선박수송의 경우는 역, 항만 등의 소재지에 따라 수송상의 각종 제약을 받는데 비하여, 자동차수송의 경우에는 그러한 제약이 없어 기동성이 있다는 점
⑤ 중·소량화물의 근거리수송에 대해서는 운임이 저렴하여 경제적이라는 점
⑥ 자동차의 차종이 다양하기 때문에 다양한 수송수요에 대응할 수 있다는 점

이상과 같이 차량수송에는 많은 장점이 있긴 하지만, 한편 원거리일수록 철도운임 쪽이 저렴하고 또한 일회당 수송량이라는 측면에서 자동차의 경우는 철도에 미치지 못한다. 따라서 철도수송에 비하여 차량수송은 필연적으로 비교적 근거리, 소량수송에 적합하다고 할 수 있다.

(2) 철도(Railroad)

중국, 구소련, 유고연방 같은 국가에서 철도는 지배적인 운송수단이다. 미국에서 일단 철도에 의해 선적된 대부분의 화물은 차량에 의해 운송되어 왔다. 수상과 파이프라인운송 또한 곧잘 이용되어 오고 있으며, 이것은 대량상품 부문에서 철도와 경쟁한다.

미국의 경우 철도는 평균 약 763마일 운송거리를 보였다. 철도 서비스는 전 세계의 거의 모든 거대 도시에서 유용하지만, 그 연결망은 고속도로 연결망처럼 광범위하지는 못하다. 철도운송의 특징은 다음과 같다.

① 철도는 차량운송이 지닌 융통성과 유동성이 부족하다

철도 운송은 고정된 트랙 설비들이 제한되어 있기 때문에 차량운송에 비해 융통성과 유동성이 부족하다. 따라서 각 기업이 철도 궤도 설비를 가지고 있지 않는 한, 철도는 – 항공, 수상, 파이프라인 운송과 같이 – 지점 간 서비스보다는 터미널 – 터미널 서비스를 제공한다. 궤도 설비를 가지고 있는 경우에는 지점 간 서비스가 가능하다.

② 철도 비용은 저렴하다

철도운송은 일반적으로 항공과 차량운송보다 저렴하다. 철도는 1980년 미국 철도 산업 탈규제화 이후 상당히 개선되어 왔음에도 수송시간과 서비스 빈도면에서 차량운송과 비교해 유리하지 못하다.

많은 기차들이 시간표에 따라 운행하지만, 차량운송에 비해 출발의 빈도가 낮다. 하주가 출발과 도착에 엄격한 요건을 적용하면, 차량운송은 보통 철도에 비해 경쟁적 우위를 점한다.

③ TOFC와 COFC 서비스 제공

철도가 가진 불리한 점 중 일부는 TOFC(trail-on-flatcar)나 COFC(container-on-flatcar) 서비스를 통해 해결될 수 있다. TOFC와 COFC가 수송에서 유동성을 제공함은 물론, 배나 철도와의 통합을 통해 경제성을 제공해 줄 수 있기 때문이다.

TOFC와 COFC는 철도운송과 관련해 불리한 점을 상당부분 해결하며, 대부분의 물류 관리자들은 피기백(piggyback) 서비스로 TOFC와 COFC를 언급한다.

트럭 트레일러나 컨테이너는 철도 터미널로 운송된다. 그리고 터미널에서 편평한 궤도차(railcar)로 옮겨지는데, 보통 하나의 궤도차에 하나 혹은 둘의 컨테이너가 실린다. 그 후 목적지 터미널에서 내려지고, 화물을 수령하는 인수자에게 운송된다.

장비의 유용성 면에서 철도는 차량운송에 비해 불리하다. 철도는 각각의 궤도차를 사용하게 되는데, 이 장비가 필요한 곳이나 필요한 때 없을 수도 있다. 적재, 하역, 분류하는 작업 등 다른 작업을 하고 있어서 사용 못할 수도 있다.

④ 최근의 발전은 철도의 활용에 일조한다

철도산업의 발전은 활용상에서 이와 같은 문제들의 일부를 극복하는데 일조해 왔다. 철도산업의 발전에는 컴퓨터 라우팅(routing)과 스케줄링(scheduling) 등이 포함되며, 장비, 노선, 터미널에 대한 업그레이드, 궤도차확인 시스템의 향상, 선·하주에 의해 임대되거나 소유된 궤도차, 주요 메트로폴리탄 지역들 간의 기본 철도 서비스나 전용화된 완전 철도 서비스 등도 포함된다.

철도는 그들의 선·하주에 의해 소유되거나 임대된 것을 포함하여 대부분의 자동차 수송 수단을 소유한다. 자동차를 소유하거나 임대하는 선·하주들은 철도 운송을 빈번하게 사용하는데, 이들은 독특한 시장이나 경쟁 여건 때문에 발생하는 궤도차 부족에 특히 민감하다.

1980년대 후반, 철도는 이전에 트럭과 파이프라인, 수상운송에게 빼앗겨 왔던 운송

역할을 탈환했으며 철도는 에너지 효율면에서 유리하기 때문에 앞으로의 전망은 더 밝다고 할 수 있다. 철도수송의 장단점을 요약하면 다음과 같다.

표 6-1 철도수송의 장단점

장 점	단 점
• 대량화물의 동시 효율적 운송	• 근거리 수송 시 상대작 운임 높음
• 중·장거리 수송시 운임 저렴	• 환적작업 필요
• 높은 안전성	• 적재중량당 용적량이 적음
• 전천후 수송수단	• 화차 소재관리 곤란
• 계획운행 가능	• 문전에서 문전까지 수송 곤란

(3) 항공(Air)

가장 적게 사용되는 수송수단이 항공 화물운송이다. 항공화물의 중요한 장점은 화물을 빠르게 수송할 수 있는 속도에 있다. 대륙의 양단간 화물을 운송하는데 다른 수송수단의 경우 며칠이 걸리는 것에 비하여 단지 몇 시간으로 충분하다. 반면에 항공 수송의 한 가지 단점은 높은 비용이다. 그렇지만 이것은 빠른 속도와 상쇄할 수 있으며, 이를 통해 창고나 재고 등과 같은 다른 로지스틱스 구조요인을 축소하거나 제거할 수가 있다.

항공 화물은 주로 프리미엄 서비스로서 이용된다. 미국내 항공운송업자는 중량 교통의 1% 이하를 운송한다. 선·하주들이 항공화물운송을 정기적인 서비스에 사용하고 있지만, 대부분은 고비용 때문에 항공운송을 프리미엄 서비스, 긴급 서비스로 간주한다. 그러나 제품이 먼 거리로 신속하게 배송되어야 할 경우에, 항공화물운송은 어느 수단보다 빠르다.

현대의 항공기는 시속 500에서 600마일 속도를 내며 국제적으로 이동한다. 국내운송거리는 800마일 이상, 국제운송은 수천 마일에 까지 이르기도 한다.

대부분의 민간 항공사에게, 화물운송은 여객운송의 부수적인 것으로, 공간이 허락하는 범위 안에서 수행된다. 국내 항공화물운송과 차량운송은 상당부분 직접적으로 경쟁하는 반면, 국내 항공화물이 철도운송과 경쟁하는 정도는 훨씬 작다. 국가가 광대한 수로에 의해 분리되어 있는 나라에서 국제 항공화물운송의 주요 경쟁자는 수상운송이다.

항공화물은 일반적으로 고부가가치 제품을 취급한다. 항공화물운송이 비싸, 제품비용의 상당비중을 차지하기 때문에 저가격 제품에 대해서 가격 우위를 가질 수 없다. 고객서비스를 고려하는지의 여부가 운송의 종류를 선택하는 데에 영향을 미칠 경우도 있지만, 이는 오직 서비스가 비용보다 중요할 경우에 한해서이다.

항공운송은 빈번하고 신뢰할만한 서비스와 신속한 배송시간을 제공하지만, 터미널과 배송지연, 운송 정체에 따른 문제점으로 이러한 장점의 일부가 사라지기도 한다. 단거리 지점 간(point-to-point) 기반 하에서 차량운송의 전체수송 시간은 항공화물운송과 같거나 이를 능가할 때가 많다. 선·하주에게는 전체 수송시간이 터미널 간 운송시간보다 더 중요하다.

항공운송의 여러 가지 제약에도 불구하고, 항공화물수송 양은 수년에 걸쳐 꾸준히 증가해 왔고, 비용이 높아져도 증가가 계속되는 추세를 보이며, 항공화물운송은 많은 회사의 유통계획에서 잠재적으로 더 큰 역할을 하게 될 것으로 전망된다.

국제교역에 있어서 화물수송수단을 선택할 때에는 단순한 운임비교뿐만 아니라 생산자에서 소비자에 이르기까지 유통코스트, 즉 종합비용을 기준으로 하여야 한다. 다시 말하면 항공수송의 이점에 의해 취득되는 여러 가지 가치 및 코스트 절감효과도 동시에 비교하여야 하는데, 종합 원가분석을 위해서는 다음의 3요소를 조사하여야 할 것이다.

표 6-2 종합 원가분석을 위한 3요소

직접적 코스트 요인	간접적 코스트 요인	보이지 않는 요인
• 포장비 및 이에 따른 인건비 • 집화 및 배달요금 • 서류작성 비용 • 보험료 및 창고료 • 통관비용 • 운임 • 관세 • 운송중의 상품에 대한 이자	• 재고품의 창고시설 투자자본 • 재고품의 창고 공간 임대료 • 재고품에 대한 투자자본 • 재고품의 부패 또는 변질에 따른 손해비용	• Door to Door 운송 • 발착의 정시성·신뢰성 • 상대기업에 대한 경쟁상의 이점 • 대고객 서비스 만족성 • 수요변화에 따른 적용성 • 도난방지

(4) 수상(Water)

① 수상운송의 중요성

수상운송은 몇 개의 카테고리로 분류될 수 있다. 이것은 강과 운하와 같은 국내수로, 호수, 연안과 연안간 대양 그리고 국제심해 등이다. 미국에서 수상운송을 이용하는 상품의 대부분은 반제품이나 원료상태로 대량 운송되기 때문에 수상운송은 주로 철도와 파이프라인과 경쟁한다. 그리고 철광석, 곡물, 펄프, 석탄, 석회석, 석유처럼 운송 속도가 중요하지 않은 싼 가격의 물품에 많이 사용된다.

대양에서의 운송과는 달리, 수상 운송은 호수, 강, 운하, 연안간 수로에 의해 운송상의 제약을 받는다. 수상운송의 신뢰도는 어느 정도 특정지역의 지리적 특성에 달려있다. 예를 들면, 미국에서 대도시간 화물의 약 15%는 수상으로 운송된다. 북유럽과 중유럽에 있어서 수상운송은 훨씬 중요하다. 그 이유는 항해 가능한 수로의 광대한 체계, 수로에 의해 제공되는 주요 인구 밀집지로의 접근가능성과 출발지와 목적지간의 비교적 짧은 거리 때문이다. 네덜란드, 벨기에, 룩셈부르크에서 수상운송이 전체 화물에서 20%를 처리한다.

운송의 평균거리는 수상운송의 유형에 따라 매우 다양한데, 국제 간 해양운송에서는 운송거리가 수만 마일이 될 수도 있다. 일반적으로 수상운송은 국제 간 선적에 많이 이용된다. 수상운송은 국내적으로는 항해 가능한 수로와 호수의 거리에 의존, 운송거리는 더 짧다.

수상운송은 큰 부피와 저가격의 상품선적에 가장 비용이 저렴한 수단이나 수상운송의 기본적인 한계 때문에, 수상운송은 더 큰 역할을 하게 될 것 같지는 않다.

② 대형 유조선(VLCC)

대형유조선(VLCC : very large crude carrier)의 발전으로 해상운송은 원유 생산국과 원유 소비국 사이에서 석유의 운송에 필수적인 역할을 담당하게 되었다. 에너지 자원의 중요성 때문에 수상 운송은 에너지 자원의 운송에 있어서 상당한 역할을 차지하고 있다.

국내 대다수 해상 운송과 대부분의 국제 해운 운송에서는 컨테이너를 사용한다. 한 국가에서 선·하주는 화물을 그들의 시설이나 임대된 컨테이너에 적재한다. 그 컨테이너가 컨테이너선에 적재되기 위해 철도나 차량에 의해 항구로 운송된다. 목적지 항구에 도착, 하역된 후에는 그 국가의 철도나 차량 운송사에 넘겨진 후 다시 고객과 인수인에게 운송된다. 컨테이너 내 물품을 거의 손대지 않은 채로 화물은 선·하주를 떠나 고객에게 도착하게 된다.

③ 컨테이너의 국제교역에서의 중요성

통합운송 물류에서 컨테이너를 사용하면 필요한 직원 수가 줄고, 수송 중에 발생 가능한 훼손과 도난을 최소화시키며, 반송 시간의 단축으로 인해 수송시간을 줄이는 효과가 있다. 또한, 선·하주가 컨테이너 수에 의한 관리가 이루어짐으로써 관리상의 효율성을 꾀할 수가 있다.

대규모 해양 운송사의 대표적 예로는 씨랜드 서비스(Sea-Land Services), 에버그린 라인(Evergreen Line), 매어스(Maers), 한진해운, 에이피엘(APL Limited) 등이 있는데,

이 회사들은 컨테이너와 일반적인 화물선 둘 다 이용한다. 컨테이너선은 매우 큰 데, 특히 최근에 나오는 배들은 6천개의 20피트 컨테이너를 운반할 수 있는 정도이다. 운송사는 다른 해양 운송사들과 연합하여 시장 영역과 고객 서비스 수준을 극대화할 때도 있다. 지금까지 언급된 네 가지의 운송수단의 기능성과 장단점을 요약하면 아래의 표와 같다.

| 표 6-3 | 운송수단별 기능성

항목	차량	철도	수상	항공
화물량	소중량화물	대량화물	대량화물	소중량화물
운송거리	단·중거리	중·장거리	장거리	장거리
운송비용	비교적 고가	저렴	저렴	고가
운송속도	빠름	느림	매우 느림	매우 빠름
일관운송	용이함	다소 어려움	다소 어려움	어려움
안전성	조금 낮음	높음	낮음	낮음

| 표 6-4 | 운송수단별 장·단점

운송수단	장점	단점
차량	• 단·중거리 운송에 적합, 운임적용이 탄력적 • 신속한 이용 가능 • 화물특성에 맞는 차량 이용 가능, 하역작업이 비교적 용이 • 화물직송이 가능, 일관운송 가능 • 문전운송(door to door) 가능	• 대량운송 어려움 • 환경오염의 문제 • 교통체증에 취약 • 적재중량의 한계 • 장거리 운송에 부적합
철도	• 대량운송 및 장거리 운송에 적합 • 운임 저렴 및 환경성이 우수 • 정시성 확보로 계획적 수송 가능 • 안전성 측면 우수 • 비교적 전천후 운송수단	• 문전운송이 어려움 • 타 운송수단과의 연계가 필요 • 운임이 비탄력적 • 하역작업이 곤란 • 화차확보 시 사전 스케줄 필요 (배차의 탄력성이 낮음)
수상	• 대량화물의 장거리 운송에 적합 • 화물의 용적 및 중량에 제한 적음 • 운임이 저렴 • 환경성 측면에서 우수 • ULS 적용이 용이	• 운송의 완결성이 낮음 • 운송속도 느림 • 육상운송수단과의 연계 필요 • 항만에서의 처리기간 소요 • 기후에 영향 받음 • 하역비용 큼
항공	• 소·경량의 고가화물 운송 • 장거리 운송 및 위험물 운송가능 • 화물의 파손율 낮음 • 운송 속도가 빠름	• 운임이 고가 • 중량과 용적에 제한이 큼 • 기후에 영향을 크게 받음 • 육상연계운송 필요

(5) 파이프라인(Pipeline)

파이프라인은 천연가스, 원유, 석유, 화학제품 등 일부 제품만을 운송할 수 있다. 파이프라인의 대부분을 차지하는 것은 천연가스와 원유이다. 석유 파이프라인은 모든 미국내 도시간 화물 운송의 약 18.4%를 운송한다. 유럽과 일본에서는 다양한 종류의 많은 양의 제품이 파이프라인이라는 운송수단을 통해 수송됨에도, 크게 중요하게 다뤄지지 않는다.

미국에는 도시 간 파이프라인이 44만 마일 이상이다. 미국 내 파이프라인의 평균거리는 800마일이지만, 트랜스 알래스카 파이프라인 시스템(Trans-Alaska Pipeline System)을 제외하고는 500마일 이하이다. 파이프라인은 선·하주에게 상대적으로 낮은 비용으로 아주 높은 수준의 서비스를 제공한다. 파이프라인 운송의 특징은 다음과 같다.

① 파이프라인 내에서는 물류는 컴퓨터에 의해 감시되고 통제된다.
② 파이프라인의 누출이나 파열로 인한 손실과 손해는 극히 드물다.
③ 기후조건은 파이프라인으로 운송되는 제품에 최소의 영향을 미친다.
④ 파이프라인은 노동집약적이지 않기 때문에, 파업이나 고용 부재도 운영에 영향을 거의 미치지 않는다.

만약 제품이 액체이거나 가스, 현탁액 상태라면, 파이프라인을 통해 운송될 수 있다. 다른 유형의 운송비용이 증가한다면, 선·하주들은 비전통적인 제품들에 대한 운송의 형태로써 파이프라인을 고려할 수 있을 것이다.

(6) 제3자 물류회사(Third parties)

그 밖의 기업들로는 선·하주와 운송업자간 연결고리를 제공하는 중개자와 같은 기업들이 있다. 종종 이들은 그들 소유의 운송 장비를 가지고 있지 않는 대신 그들은 화물을 운송하기 위해 필요한 장비를 제공하는 수많은 운송업자들과 파트너 관계를 맺는다. 이들은 운송중개업자, 국내외로의 화물운송업자, 선·하주의 연합회사, 통합운송회사 그리고 제3자 물류 서비스 제공사들을 포함한 다음과 같은 유형으로 분류된다.

① 운송중개업자

운송중개업자는 제품의 운송을 관리함으로써 해운업자와 운송업자 모두에게 서비스를 제공하는 기업들을 말한다. 그들은 이러한 활동의 대가를 받는데, 이는 일반적으로 해운업자로부터 받는 수수료이다. 그리고 중개상은 운송업자에게 비용을 지불한다.

최소한의 육상수송능력을 구비한 해운업자 혹은 육상수송을 전혀 할 수 없는 해운업자는 중개상을 이용하여, 비용을 협상하고 선적을 감당하는 등의 일을 한다. 이것은 인력상 혹은 자원상의 한계 때문에 해운업자가 할 수 없는 일들이다. 이와 같은 중개상은 부분적으로 기업 고유의 육상수송 부문을 대신하지만 완전히 육상수송을 대신하지는 않으며, 단지 육상수송의 일부만을 담당할 뿐이다. 중소 규모의 해운업자들이 이러한 운송 중개업자를 주로 이용한다.

② 화물운송업자

운송업자는 그들 소유의 운송 장비를 구비하고 있기도 하지만, 대부분의 경우에는 다양한 운송업체로부터 운송서비스를 구입한다. 예를 들면 가장 성공적인 항공 운송업자는 다른 항공 운송사에 의존하기 보다는 그들 소유의 장비를 구입하여 운송한다. 화물 운송사들은 적은 비용으로 특정 지역에 가는 수많은 해운업자들의 작은 화물들을 큰 화물에 병합시킨다. 이러한 통합효과 때문에 선·하주들과 직접 연결되었을 때에 비해 이 회사들은 더 적은 비용을 지불할 수 있다. 화물 운송업자들은 그들이 운송업자들에게 더 많은 양의 화물을 제공할 수 있기 때문에 더 빠르고 더 완벽한 서비스를 제공할 수 있는 경우가 있다.

③ 선·하주들의 연합기업

선·하주의 연합사들은 화물운송업자와 상당히 유사하나 그들은 규제력의 인식에 있어 다르다. 선·하주의 연합기업은 작은 화물들을 회원사들을 위해 큰 화물에 통합시켜주는 비영리적인 협력체로써 정의될 수 있다.

선·하주의 연합기업은 우선 자동차와 철도운송을 이용한다. 작은 화물들은 큰 화물보다 훨씬 더 비싸기 때문에 기업들은 많은 작은 화물들을 몇 개의 큰 화물들에 통합시켜 더 낮은 비용으로 운송하기 위하여 통합하는 것이다. 선·하주들의 연합기업들의 회원은 서비스향상을 기대할 수 있다.

선·하주의 연합기업들은 또한 할인된 비용으로 많은 운송을 위한 전용장비를 구입하여 거대한 화물들을 운반하기도 한다.

결과적으로 양측 모두 이익을 보는 것이다. 선·하주들은 작은 양의 화물을 선적하는 것보다 더 적은 비용을 지불하여 수송할 수 있고, 철도업자들은 더 좋은 장비활용과 거대한 직항 피기백 수송의 경제적 효과를 볼 수 있는 것이다.

④ IMC

수송 모드 간 마케팅 기업(Intermodal Marketing Companies ; IMC) 혹은 선·하주

의 대리회사는 선·하주의 연합기업 혹은 협력체로서 업무를 수행한다. 그들은 피기백 서비스를 해운업자들에게 제공하는 것을 전문적으로 하며, 선·하주와 운송업자간 중요한 통합 연결고리가 된다. 향후 통합운송의 이용이 증가함에 따라, 선·하주의 대리사들은 상당한 양의 TOFC/COFC 서비스를 할인된 비용으로 구입하고 그것들을 다시 작은 양으로 되팔게 됨으로써 IMC가 더욱 중요해 질 것이다.

⑤ 제3자 물류서비스의 제공

제3자 물류서비스 제공자 부문은 빠른 속도로 성장하고 있다. 씨어즈(Sears)와 먼로 로지스틱스(Menlo Logistics)는 상호 이익이 되는 관계를 설정했다. 먼로는 매년 1200만 파운드의 화물에 대한 화물에 대한 운송을 담당하는데 주로 부분적재화물에 대해 관리 책임을 지는 것이다.

중개업자, 운송업자, 선·하주의 연합사, IMC, 제3자 물류서비스 공급업자들은 다섯 가지 형태의 운송과 형태간 결합이 제공하는 것과 같은 방법으로 기업의 옵션이 될 수 있다. 물류관리자들은 운송 대안의 선택적인 결합을 결정해야만 한다. 많은 기업들은 앞서의 대안들뿐만 아니라 다른 운송형태가 그들의 제품을 분배하기 위해 사용될 수 있다는 것을 발견한다. 훼덱스(FedEX)와 같은 소포장의 운송업체, 유나이티드 파슬 서비스(United Parcel Service) 그리고 소포우편은 주의를 요하는 제품의 운송에 중요하다. 이들은 운송형태를 결합하여 이용하는데, 특히 항공을 많이 이용한다.

(7) 소화물 운송사들(Small-Package Carriers)

전자회사들, 카탈로그 머천다이저, 화장품 기업들과 서적 유통업자들과 같은 기업들에 있어 소화물 단위 운송은 중요한 운송 수단이다.

① 소포 우편(Parcel Post)

미국 우편서비스(U.S. Postal Service)는 육상과 항공 소화물 우편 서비스를 소화물을 선적하는 기업들에게 제공한다. 소포 우편 서비스의 장점은 적은 비용과 광범위한 지역, 국내와 국외를 커버한다는 점이다. 단점은 사이즈와 무게의 제한, 운송시간의 불확실성, 다른 형태의 운송에 비해 높은 훼손율과 손실율, 포장이 선행되어야 하고 우편기관에서 수령해야 한다는 데에서 오는 불편함 등이다. 우편을 이용해 제품을 주문하는 가정은 아마도 소포 우편 서비스를 가장 많이 사용할 것이다.

② 항공 특송(Air Express Companies)

높은 수준의 고객서비스로 특징되는 항공 특송 산업은 1973년 시작된 이래로 상당히 확장되었다. 항공 특송 기업의 가장 유명한 사례 중 하나인 훼덱스(The Federal Express) 사는 견실성을 갖춘 빠른 운송의 개념이 얼마나 커다란 효과를 발휘할 수 있는지를 보여준다. 1995년 훼덱스는 전 세계적으로 94억 달러의 수입을 기록하였다. 이는 496대의 항공기로 운송되고, 35,900대의 차량과 94,000명 이상의 직원들에 의해 보급된 하루 220만의 특급 패키지를 수송하고 얻은 결과이다. 회사는 어떤 제품을 재빨리 운송할 필요가 있기 때문에 항공 특송 산업은 전 세계에 걸친 여러 지역으로 작은 소포를 하룻밤 사이에 배송할 수 있다.

많은 운송사들은 그들의 고객들이 더 작은 분량을 더 자주 주문하여, 재고를 감소시키려 함을 보아 왔으며, 이에 따라 고객들의 주문량이 떨어지는 것을 경험해 왔다. 이것은 항공 특송 서비스의 수요를 증가시켰다. 훼덱스, 유피에스(UPS), 티엔티(TNT Worldwide), 에어본(Airbone Express), 디에치엘(DHL Airways) 등 이 산업의 경쟁은 치열하다. 신속하게 운송할 수요가 일관성 있게 있는 한 항공 특송사들은 많은 선·하주들에게 가치 있는 서비스를 계속 제공할 것이다.

(8) 연계수송서비스(Intermodal Services)

5가지의 운송수단 뿐 아니라, 수많은 운송수단간 통합 서비스들이 선·하주들에게 유용하다. 대표적인 통합형태는 TOFC(trailer-on-flatcar)와 COFC(container-on- flatcar)이다. 연계수송 서비스는 두 개 혹은 그 이상의 수송 모드를 선택함으로 발생하는 수송비와 서비스를 단일의 제품 운송으로 결합시킨 것이다.

① 피기백(piggyback ; TOFC/COFC)

피기백 서비스에서 트레일러 혹은 컨테이너가 편평한 철도 운송장비 위에 놓여지고 한 터미널로부터 다른 터미널로 운송된다. 컨테이어의 아래에 바퀴가 달려 있어서 트럭에 의해 컨테이너를 운반할 수 있다. 각 터미널에서는 운송업자들이 픽업과 배송 기능만을 담당한다. 따라서 피기백 서비스는 철도에 의한 장거리 수송에 따른 경제적 이점(수송비 절감)과 트럭 운송에서의 유연성과 편의성을 결합한 것이다.

트럭과 철도간의 연계수송 등을 위한 파트너십은 1989년 산타페 철도(Santa Fe Railroad)와 헌트 수송 서비스(J.B. Hunt Transportation Services)사 간에 시작되었으며 점차적으로 일반화되었다. 철도는 장거리 화물을 운반하고 트럭 회사들은 철도와 고객들 사이에서 픽업하고 배송한다.

② 로드레일러(Roadrailers)

로드레일러는 1970년대 소개된 혁신적인 통합의 개념이다. 로드레일러는 차량과 철도운송을 단일설비 하에 결합시킨다. 로드레일러는 기존의 자동차 수송업자(트럭 트레일러)와 유사하나, 로드레일러는 고무 타이어(트럭)와 철 바퀴(철도용) 모두를 가지고 있다. 고속도로나 일반 도로에서는 트레일러에 의해 운반된다. 이때는 고무로 된 바퀴가 나온다. 도로를 달리다가 철도를 만나면, 고무로 된 바퀴가 사라지고 철도를 달릴 수 있는 철로 된 바퀴가 나온다. TOFC 등은 트레일러가 편평한 철도 운반대 위에 실리는 것이지만, 로드레일러는 자체 보유하고 있는 철로 된 바퀴를 이용하여 보다 편리하게 철도 운송이 가능하다.

이러한 형태의 통합 운송의 장점은 철도에서의 편평한 운반대가 필요하지 않고 트레일러에서 바퀴를 바꾸는 시간이 편평한 운반대로부터 트레일러로 적재하고 하역하는 시간보다 덜 걸린다는 것이다. 로드레일러의 단점은 철도 바퀴의 무게인데, 이는 연료효율성을 감소시키고 설비의 고비용과 함께 높은 운송비용을 초래한다. 이러한 단점은 장점을 압도해 왔고 사용율을 낮춰 왔다. 만약 기술향상으로 인해 비용이 감소된다면 로드레일러의 사용은 앞으로 증가할 것이다.

③ 연계수송과 관련한 그 밖의 이슈

이 밖에 많은 연계수송 형태가 가능하다. 국제 교역에서의 지배적인 운송형태는 항공과 해상이다. 둘 다 컨테이너와 트럭 트레일러의 사용을 통해 연계 수송을 할 수 있다. 항공-해상, 항공-철도, 트럭-해상, 그리고 철도-해상은 전 세계적으로 사용된다.

1980년에서 1985년 사이, 연계수송은 두 자리 숫자의 성장률을 보이면서 꾸준히 증가해왔다. 현재는 그 성장률이 점차 둔화되고는 있지만, 연계수송과 IMC는 중요한 운송수단이 되고 있다. 산업전반의 성장률이 안정화 추세인 반면에, 많은 선·하주들과 운송업자들이 연계수송을 확장하고 있다.

2 글로벌 이슈

국제화물운송에서는 항공운송과 수상운송이 가장 중요한 수단이겠지만, 국제화물운송은 5가지 형태의 운송 모두를 포함할 수 있다. 도로와 철도운송은 국가간 가장 중요한 화물운송 중 하나이다.

국제시장에서의 관리자들은 제품이 분배될 수 있는 국가 간에서 이루어지는 서비스와 국내 서비스의 비용과 시용 가능한 운송형태를 알아야 한다. 예를 들면, 항공운송과 수상운송은 해양간 운송에 있어 경쟁할 수 있다. 따라서 두 개의 대안 비교시 반드시 많은 요소들을 고려해야 한다.

국가내 세금, 보조금, 규제, 지리, 정부소유의 운송수단 등 많은 요소들 때문에 차이점들이 존재한다. 유럽에서 철도는 정부소유 혹은 정부보조금 덕분에 최신 첨단의 장비와 철로, 설비로부터 혜택을 얻을 수 있다. 일본과 유럽은 해안선과 국내수로의 길이와 유리한 특징들 때문에 미국이나 캐나다보다 수상운송을 훨씬 더 많이 이용하고 있다.

일반적으로, 국제 운송비용은 국내운송 비용보다 상품가격을 더 높이게 된다. 이는 우선 국제 운송에 수반될 수밖에 없는 장거리, 관리인력, 관련문서 때문이다.

통합수단간 운송은 국제운송보다 훨씬 더 일반적이다. 비록 재고관리비용은 단일 운송보다 비싸지만 비용절약과 서비스향상을 가져올 수 있다. 국제복합운송의 개념과 주요형태에 대하여 살펴보기로 하자.

1) 국제복합운송의 개념

국제복합운송은 증가하고 있는 국제간의 잡화류의 운송에서 발생지까지 일관된 책임과 운임으로 복수의 운송수단을 이용한 door-to-door의 종합적 물류합리화 시스템이다. 구체적으로는 국제복합운송은 국제간의 잡화류 운송의 합리화를 제고하는 것으로서 컨테이너를 매개로 하는 unit load system을 기반으로 하고, 최초의 복합운송인이 복합운송증권을 발행하여 전구간의 운송을 인수하고, 그 일부 또는 전부를 다른 운송인에게 하청을 주어 운송시키는 방법 즉, 이용운송에 의해 실시되고 있다.

현재 복합운송인으로서는 캐리어(해운회사, 항공회사) 및 프레이트 포워더가 주로 활약하고 있다. 즉 해운회사는 해상 컨테이너 운송의 일환으로서 구주항로 경유 일관 운송, America Landbridge, Mini Landbridge, Interior Point Intermodal 등의 서비스를 행한다. 한편 포워더는 이용운송으로서 Siberia Landbridge, Canada Landbridge, Sea and Air Service를 위시해 미국, 캐나다, 중국, 아시아 국가들, 유럽, 호주, 아프리카 등 세계 각국과 연결하는 컨테이너 운송을 이용한 국제 door-to-door 서비스의 국제복합운송을 수행하고 있다.

국제복합 운송업자로서의 포워더는 일반적으로 NVOCC(Non-vessel operating common carrier)로 불리우고 있다. 이것은 미국의 제도에 의한 호칭을 편의적으로 사용하고 있는 것인데 미국의 1984년 해운법에서는 이 NVOCC를 해상운송의 운송수단인 선박을 운항하지 않는 공공운송인이지만 공공해상 운송인과의 관계에서는 하주, 즉 이용운송업자로서 위치시키고 있다. 국제복합 운송업자는 국제간에 걸쳐 모든 하드적인 것, 즉 운송수단을 스스로 구비하는 것은 거의 불가능에 가깝지만, 한편 소프트한 면에서는 최적운송수단을 선택하고 조합하고 시스템화하는 기능을 가지는 것이 중요하기 때문에, 이용 운송업으로서의 역할에서 그러한 업무를 수행하게 된다.

따라서 국제복합운송에 있어서 그 업무의 본질은 복수 이상의 운송수단의 조합에 의해 국제간의 door-to-door 운송서비스를 행하기 위한 이용운송 기능으로서의 역할에 있다. 즉 이용운송으로서의 국제복합운송의 본질적인 기능은 국제물류의 비용과 시간측면에서 합리화에 기여하는 것이다. 국제복합운송은 하주에 대해 총비용의 절감을 비롯해 JIT(Just In TIme)에 의한 합리화와 운송방식의 다양화에 의한 하주 니즈에 대한 적정대응 등 다양한 장점을 지니고 있다. 따라서 다양화·고도화하고 있는 국제운송수요에서 그것의 이용도가 높아지고 있는 실정이다.

2) 국제복합운송의 주요 형태

(1) Sea and Air 운송

Sea and Air 운송은 해상운송과 항공운송을 결합한 국제복합운송으로 운임과 운송일수가 해상운송과 항공운송의 중간이라는 것이 특색이다. 즉, 항공운송만으로는 운임이 아주 높고, 해상운송만으로는 운송일수가 아주 긴 경우에 Sea and Air 운송은 경제적으로 유효한 운송방식이다.

(2) 한국·일본/북미간의 복합운송

① Mini Landbridge(MLB)

이 경로는 해운회사가 개발한 것으로 한국·일본/미국 서안간을 해상운송하고, 서안항으로부터 미국 동안 혹은 걸프항까지 철도운송하면서 컨테이너 일관운송을 행하는 것이다. 미국에서 화물의 인도는 통상 철도 터미널에서 이루어지지만 해운회사의 컨테이너 야드(Container Yard)나 Freight Station에서 행해지는 것도 있다.

이 Mini Landbridge 운송에서는 해운회사가 Through B/L을 발행하고 운임은 해상직항선에 의한 해상운임과 같은 수준으로 서비스를 행하고 있다. 운송일수는 14 ~ 18일인데 해상직항 컨테이너선이 18 ~ 20일 걸리는데 비해 짧은 것이 특징이다. 이로 인해 하주의 이용도 비교적 높은 편이다.

② Interior Point Intermodal(IPI)

이것은 해운회사 운영의 미국내륙부 도시향 국제복합운송으로 한국·일본에서 북미 서안항까지 해상운송하고, 미국 서안에서부터 미국내륙부 도시로 철도와 트럭으로 일관운송하는 것이다. Microbridge라고도 불리운다. Mini Landbridge가 미국 동안까지의 해상운송 대체수단으로서 미국동안·걸프지역 항만으로 향하는 것에 한정되어 있는 것에 비해, IPI는 미국 내륙 주요도시까지의 복합운송으로 행해지는데, 내륙부 주요도시의 철도 터미널 또는 선사 보유의 CY(Container Yard)에서 화물인도가 이루어진다.

③ Reversed Interior Point Intermodal(RIPI)

이것은 컨테이너선에 의해 한국·일본에서 파나마 운하경유, 북미 동안항들까지 해상운송하고, 거기서부터 철도, 트럭으로 접속하고 내륙지구까지 운송하는 선사 서비스이다. 당초 IPI 서비스의 대항수단으로서 1980년에 동안向의 선사인 US Line과 머스크 라인 등에 의해 시작되었다.

④ 북미 복합운송의 포워더 서비스

이것은 포워더가 주관자가 되어 컨테이너 운송을 이용해서 행하는 국제복합운송이다. 이 경우 포워더는 하주와 복합운송계약을 체결하고 하주에게 복합운송증권을 전달하고 또한 이용하는 선사, 철도회사, 트럭회사와 개별 운송계약을 체결하며, 선사로부터는 선하증권을, 철도회사로부터는 Waybill을 수취하고 일관운송을 실시한다.

포워더에 의한 복합운송의 특색 중 하나는, 대규모 포워더는 화물추적 시스템을 구축하여, 미국내 각 포인트의 치밀한 화물정보를 하주에게 즉시 제공하는 서비스를 통해 판매를 올리고 있다.

(3) 한국·일본/구주간의 복합운송

① Siberian Landbridge(SLB)

이것은 컨테이너선을 이용하여 러시아의 보스토치니항까지 해상운송하고, 그곳에서부터 1967년에 재개된 시베리아 철도로 구소련의 국내를 통과하여 동유럽의 국경까지 운송하거나, 나아가 더 멀리 철도, 트럭, 선박 또는 항공기에 의해 서유럽, 중동까지 결합운송하는 포워더 주관의 국제복합운송이다.

② American Landbridge(ALB)

극동지역의 항으로부터 북미서안의 주요항까지 컨테이너로 운송하고 그 다음 미국 내륙부를 철도운송하고, 뉴올리언즈 등에서 다시 해상운송으로 유럽 주요항 또는 일부의 유럽 내륙부까지 일관운송을 실시하는 방식이다.

이 방식은 당초에는 호평이 있었지만 소요일수와 운임면에서 해상직항 운송 등에 비해 커다란 장점이 없어 현재는 이용이 아주 작은 실정이다.

③ Canadian landbridge(CLB)

이는 1980년 영업이 개시된 복합운송형태인데 현재는 그 이용이 극히 부진하다.

④ 구주항로 동맹선사에 의한 복합운송

이것은 한국이나 일본으로부터 구주항로의 컨테이너에 의해 유럽의 항까지 해상운송하고 나아가 유럽 각국의 내륙부까지 일관 운송하는 것으로 해운회사 주관의 국제복합운송이다.

(4) 아시아간 복합운송

① 한·중 복합운송

한국에서 중국 주요항까지 해상운송하고, 철도나 트럭으로 접속시켜 중국 내륙지구까지 일관운송하는 포워더 주관의 복합운송이다.

최근 유럽대륙과 아시아 대륙을 통과하여 유럽과 연결되는 중국횡단철도(TCR: Trans China Railway)가 커다란 관심을 모으고 있다. 중국 횡단철도는 황해의 연운항에서 출발하여 중국의 동서대륙을 연결하고 구소련의 국경을 통과하여 시베리아 철도에 연결되어 유럽까지 도달하는 대륙간 횡단철도이다. 중국 지역 내의 TCR의 총 연장은 4,018km에 달한다.

② 한·일 복합운송

한국의 항에서 일본의 주요항으로 해상운송한 후, 철도나 트럭으로 내륙 지구까지 일괄 운송하는 것으로 포워더 주관으로 행해지고 있다. 이 경우 Through B/L을 발행하며 일관책임, 일괄운임에 의한 문전에서 문전까지의 서비스를 제공하고 있다.

③ 한국·해협지간 복합운송

이것은 한국에서 홍콩, 싱가포르, 방콕 등으로 해상운송하고, 그곳에서부터 내륙목적지로 일괄운송하는 포워더 주관의 서비스이다.

이상에서 살펴본 것들 이외에도 한국과 호주, 남미, 그리고 아프리카간의 복합운송도 일어나고 있다.

3 운송가격과 관련된 문제

가격문제는 수송에서 중요하다. 가격과 관련 이슈 중에는 가격이 어떻게 결정되는지, 출발지와 도착지 사이에 선적물이 운송되기 위해 가격이 어떻게 운송업체에 의해 결정되는지가 포함된다.

1) 요금과 요금결정

(1) 서비스 원가가격

수송가격을 측정하는 방법은 서비스의 비용과 서비스의 가치 측정, 이 두 가지로 이용될 수 있다. 서비스 원가가격(Cost-of-service-pricing)은 운송업체의 고정 및 가변비용에 어떤 이익에 대한 공제를 더한 액수를 커버하는 수준에서 수송 요금을 정하는 것이다. 수송원가는 거리와 수량이라는 두 가지 중요한 요소로 인해 서비스 원가라는 접근법 안에서도 다양하게 측정될 수 있다. 이러한 접근법은 가격에서의 하한선을 제공하기 때문에 자연스러운 것으로 여겨지고 있으나 몇 가지 본질적인 문제점이 있다.

첫째로 운송업체는 고정비용과 변동비용을 구분할 수 있어야 한다. 이것은 이러한 비용과 관련된 원가 구성요소와 그 원가를 정확히 측정할 수 있어야 함을 말한다. 하지만 많은 운송회사들이 비용을 정확히 측정하지 못한다. 둘째로 이 접근법은 고정비용이 화물이 이동할 때마다 할당되어야 한다. 선적 수의 증가에 따라 고정 비용은 그 많은 선적 수로 작게 나눠지고, 따라서 단위 당 고정비용은 매우 작아지게 된다. 반대로, 선적의 수가 적어지면 단위 당 고정비용은 커지게 된다. 결과적으로 고정비용의 할당은 선적의 수량에 기초하여 변한다.

(2) 서비스 가치가격

수송가격을 정하는 두 번째 방법은 서비스 가치(value of service)의 가격 매김이다. 이 접근법은 시장에서 이루어지는 가격 매김에 기초하며 수송 서비스에 대한 수요와 경쟁 상황을 고려해야 한다. 이 접근은 요금에 상한선을 설정한다. 이렇게 설정된 가격은 수입과 변동비용간의 격차를 극대화시킬 것이다. 대부분의 경우 경쟁상황이 가격을 결정한다.

(3) Line-Haul Rate와 부가요금

수송업자에 의해 부가되는 두 가지 유형의 요금이 있다. 라인홀요금(line-haul rate)은 지점간의 이동에 대해 부가되는 것이다. 한 지역에서의 픽업이나 배송은 포함되지 않는다. 그리고 부가요금은 라인홀요금을 제외하고 수송업자가 수송, 취급, 각종 서비스를 행하는데 소요되는 모든 요금이 포함된다. 라인홀 요금은 다시 ① 클래스 요금, ② 예외요금, ③ 상품 요금 및 ④ 혼합요금 등의 네 가지 유형으로 분류할 수 있다.

① 클래스 요금(class rate)

클래스 요금은 가격설정의 목적으로 상품을 여러 단계로 묶음으로써 운송요금의 경우를 줄인다. 상품의 세분화는 계층화를 나타낸다. 기본 요금은 100으로 설정하고 비싼 것에는 좀더 높은 숫자를 매기고 싼 것에는 낮은 숫자를 매기는 것이다. 두 지역 사이에 특정한 상품군을 움직이기 위해 부가되는 것이 요금으로 설정된다. 상품마다 계층을 정하여 이루어지는데, 여기서는 특정 두 지역에서 백단위 예를 들면 100파운드 당 요금으로 정해진다.

② 예외요금(exception rate)

예외요금은 선적업체에게 정해진 클래스 요금보다 더 낮은 요금으로 공급하는 것이다. 이러한 형태의 요금은 경쟁자가 더 낮은 요금을 제시한 경우 특정 지역, 출발지-도착지, 혹은 특별 요금을 제공하기 위해 시작되었다. 예외 요금이 설정될 때는 보통 적용되던 분류가 바뀌게 된다.

③ 상품 요금(commodity rate)

상품 요금(commodity rate)은 많은 양의 상품이 정기적으로 두 지점 간에 이동될 때 적용되는 요금이다. 제품의 클래스에 관계없이 지점 대 지점 간을 기초로 설정된다.

④ 계약 요금

계약요금(contract rate)과 FAK(freight-all-kinds)요금은 특별한 상황에서 적용되는 그 밖의 요금들을 포함한다. 예를 들어, 계약요금은 선적자와 운송자 사이에 협상된 요금으로 두 당사자 간의 서면 합의를 통해서 공식화된다. 계약요금은 계약 운송의 증가로 보다 많이 사용되고 있다.

⑤ freight-all-kinds(FAK) 요금

FAK요금은 최근에 개발되었는데, 이는 상품이 아니라 선적에 적용되는 요금이다. 이것은 운송서비스의 공급원가에 기초하는 경향이 있다. 대신 선적된 상품은 어떤 형태든지 상관없다. 운송업체는 선적된 상품의 무게에 기반하여, 선적당 요율을 선적업체에 제공한다. FAK 요금은 일정한 기준으로 소매 고객에게 다양한 상품을 보내려는 도매상과 제조업체 같은 회사들에 인기가 많다.

2) FOB Pricing

판매자에 의해 구매자에게 제공되는 FOB 가격은 일반적으로 물류, 특히 운송에 중요한 영향을 미친다. 예를 들어 한 판매자가 구매자의 소매상점까지 수송하는 것으로 가격을 매긴다면, 전체 가격에는 제품 원가뿐만 아니라 판매상까지의 운송비용까지 포함되어 있다.

FOB 조건이 중요한 이유는 다음과 같다.

① 구매자는 구매 전에 최종 운송가격을 알 수 있다.

② 구매자는 상품을 취득하기 위해 이와 관련된 판매자로부터 구매자에 이르는 운송과정을 관리할 필요가 없다.

③ 구매자는 운송을 통제하지 않으므로 구매자 스스로에게 바람직하지 않은 운송형태나 운송업체가 판매자에 의해 선택될 가능성이 있다.

FOB로 상품을 구매하는 것이 경영적인 측면에서는 더 쉬운 반면에 운송에 대한 통제가 부족하여 각종 문제가 발생할 수도 있다. 따라서 구매자는 항상 최선의 결정이 이루어질 수 있도록 운송을 포함, 모든 선적에 대해 자세히 알아야만 한다.

3) 배송된 가격(Delivered Pricing)

배송된 가격 시스템에서 운송자에게 상품의 운송이 포함된 가격이 주어진다. FOB 가격에서 언급한 것처럼 이 가격매김의 유형은 본질적으로 FOB 목적지이다. 판매자는 운송 형태/운송업체를 확보하고 구매자에게 상품을 인도한다. 운송된 가격의 변동이 판매자에 의해 이루어진다면 이 옵션은 거래의 한쪽 혹은 양쪽 당사자에게 이득이 될 수 있다.

예를 들어 두 제조업자가 사업에서 경쟁하고 있다고 가정하자. A제조자는 시장구역 안에 위치해 있고 단위 당 2.5달러에 물건을 판매라고 단위 당 0.5달러의 이익을 남긴다. 이 때, B 제조업자의 경우 운송비용을 제외하고 같은 비용이 발생하지만 시장으로부터 400마일 먼 곳에 위치해 있다고 하자. 단위 당 0.5달러는 B제조업자가 시장까지 운송을 위해 지불할 수 있는 최대 금액을 나타낸다. 만약 제조업자 B에게 있어 두 가지 형태의 수송이 가능하고 그 두 가지 형태가 동일한 성과를 보인다면, 경쟁력을 확보하기 위해서는 보다 높은 가격의 서비스가 오히려 가격이 더 낮아져야 한다.

배송된 가격의 변동에는 구역 과금(zone pricing), 기본지점 과금(basing point pricing), 그리고 단일 운반 가격(uniform delivered pricing)이 포함된다.

(1) 구역 과금

구역 과금(zone pricing)은 지리적으로 일정한 지역을 구역으로 묶는 방법이다. 각 구역은 그와 관련된 특별한 운송 요금을 가진다. 판매자에게 구역이 가까우면 가까울수록 운송 요금은 더 낮아진다. 반대로 멀면 멀수록 운송 요금은 더 높아진다. 특별한 구역의 구매자 위치에 근거해서 어떤 구매자는 다른 구매자들보다 마일 당 운송료를 더 많이 지불할 것이다.

(2) 기본지점 과금(Basing-point pricing)

기본지점 과금 시스템에서는 판매자는 출발점으로서의 역할을 하는, 하나 이상의 거점을 선택한다. 판매자에 의해 어떠한 출발점이 선택되느냐에 따라 구매자는 그 거점에서 구매자 위치까지의 운송 요금을 지불할 것이다. 판매자는 제조 공장, 유통센터, 항구, 자유 무역 지대 등등을 기본지점으로 주로 사용한다. 이 방법은 기본지점이 어디에 선택되는지에 따라 구매자에게 좋을 수도 혹은 나쁠 수도 있다. 예를 들어 제조자가 구매자와 같은 주에 있는 유통센터를 가지고 있지만, 기본지점으로 다른 주에 위치한 회사 사무실의 위치를 사용할 수도 있는 것이다. 그리고 상품은 실제로 기본지점에서 시작될 수도 있고 아닐 수도 있다.

4) 수량할인

수량할인은 누적 적용될 수도 있고 누적되지 않고 적용될 수도 있다. 누적 수량할인은 정해진 기간에 대한 구매량을 기초해 구매자에게 가격 할인을 제공한다. 비누적 수량할인은 각각의 주문에 적용될 뿐, 시간에 대해 축적되지 않는다.

수송의 관점에서, 누적 수량할인 시스템 하에서 상품을 구입하는 구매자는 적은 선적에 대해 더 높은 운송비용을 지불하면서 더 적은 수량을 주문할 수 있으며 여전히 비용적인 장점을 얻는다.

한편 만약 비누적 수량할인이 적용되면 구매자는 더 많은 선적을 위해서 완전적재 수송(TL or carload) 요금을 얻기 위해서 충분한 양을 구입하여야만 한다. 상품이나 파운드당으로 계산되는 운송비용은 선적이 더 많은 경우에 비용이 적게 드는 반면, 구매자에게는 부가 비용이 발생하는데(즉, 저장비용, 재고비용, 운송비용), 부가비용은 판매자에게 적은 횟수의 큰 주문이 들어왔을 때가 고려되어야 한다.

오늘날 경영환경에서 경영자는 시장 고객의 요구에 보다 잘 대응할 책임을 가지고 있다. 기업들은 더 적은 수량을 자주 그리고 가능한 빨리 사려는 경향이 있고, 따라서 구매자는 누적 수량할인을 이용하는 것이 더 유리하다.

5) 공제(Allowance)

때때로 판매자는 직접 운송하는 구매자에게 가격을 할인해 준다. 예를 들어 운송된 가격(delivered pricing) 시스템을 사용할 때 판매자는 모든 운송비용을 가정하고 상품 가격에 이 비용들을 더한다. 그런데, 만약 구매자가 운송의 일부를 기꺼이 떠맡는다면 판매자는 가격 공제 또는 가격 할인을 제공할 것이다. 가장 일반적인 공제는 고객이 상품을 직접 찾아가는 것 또는 고객 위치에 배달시 운송 차량에서 하차하는 경우에 대해 적용된다. 이 서비스는 판매자에게 비용이 들게 하므로, 만약 구매자가 기꺼이 이 공제를 이용한다면 판매자는 가격 할인을 제공할 수 있을 것이다.

공제를 이용하여 올바른 결정을 내리는 데에 중요한 요소는 각 운송과 관련된 비용을 아는 것이다. 공제는 구매자의 비용과 같거나 더 많아야 한다.

6) 가격과 협상

선적업체들은 일부 운송업체와 많은 비즈니스를 수행하고 있으며 가격 협상을 중요하게 생각한다. 협상 과정의 목표는 상호 이익이 되는 동의를 이끌어 내고 관련된 이해 당사자의 필요를 인정하고 그것들이 수행되도록 동기를 부여하는 것이다. 대부분의 협상은 서비스 비용 가격에 기초하기 때문에 업체들은 비용을 정확히 측정해야만 한다. 모든 비용이 고려되었을 때만 운송업체와 선적업체는 운송업체의 비용부담을 줄이기 위해 공동으로 일할 수 있다.

제7장

창고관리와 하역

제7장

창고관리와 하역

1 창고의 개념과 역할

창고는 모든 로지스틱스 시스템에서 핵심적인 부분이다. 보관활동은 요구되는 고객서비스를 가능한 가장 낮은 비용으로 제공하는데 핵심적인 역할을 한다. 보관활동은 생산자와 소비자를 연결시켜주는 것으로 기업의 로지스틱스 시스템에서 가장 중요한 부분의 하나로 발전해 왔다.

창고를 재화의 생산시점과 소비시점 사이에 제품(원재료, 부품, 재공품, 완제품)을 보관하고 저장된 아이템에 대한 상태, 통제 및 처리에 관한 관리 정보를 제공하는 기업 로지스틱스 시스템의 한 부분으로 정의할 수 있다. 유통센터(Distribution Center: DC)라는 말도 사용되지만 창고가 더 포괄적인 의미를 지닌다.

1) 창고와 유통센터의 차이

창고는 모든 제품을 보관하지만, 유통센터는 최소한의 재고와 수요가 매우 높은 제품만을 보유한다. 창고는 네 가지 과정(입하, 저장, 선적, 집출)에 있는 모든 제품을 다루는 반면, 유통 센터는 주로 입하와 선적의 두 가지 경우의 제품을 다룬다. 창고는 최소한의 부가가치 작업을 수행하지만, 유통 센터는 가능한 마지막 조립을 포함하여 높은 수준의 부가가치 작업을 수행한다. 창고는 배치단위로 자료를 수집하지만, 유통 센터에서는 실시간으로 자료를 수집한다. 창고는 최소한의 운영비용으로 선적 조건을 맞추는 것에 초점을 두지만, 유통 센터는 고객의 인도 요구 만족을 통한 최대 이윤 획득에 초점을 둔다.

재고회전율 향상과 시장 접근시간의 중요성 증가와 함께 유통의 역할은 주문 충족을 신속하고 효과적으로 수행하는 것에 집중되고 있다.

효과적인 창고관리는 창고의 기능과 공공창고와 자사창고의 장점에 대한 이해 및 창고 결정의 재무적이고 서비스적인 관점에 대한 이해를 포함한다. 관리자들은 창고 설비를 최적의 장소에 위치시켜서 보관의 성과와 전략을 향상시킬 수 있는 방법들을 알고 있어야 한다.

2) 전략적 측면과 운영적 측면의 창고 의사결정

창고에 관한 의사결정은 전략적이거나 운영적일 수 있다. 전략적 결정은 전체 기업의 정책과 목적을 지원하는 지속적인 로지스틱스 자원의 할당을 다루며, 이것은 장기적인 의사결정이거나 프로젝트 형식을 띈다.

장기적인 전략적 의사결정의 예로서는 로지스틱스 시스템 설계방안의 선택을 들 수 있다. 프로젝트 형식의 의사결정은 예컨대 분산되어있는 창고를 한 지역의 유통센터로 통합하는 것과 같은 것이다. 대표적인 전략적 질문의 예는 다음과 같다.

- 창고를 소유할 것인가, 리스 또는 임대할 것인가 아니면 이러한 것들을 복합적으로 할 것인가?
- 창고의 기능을 아웃소싱할 것인가?
- 새로운 자재 취급 장비를 설치해야 하는가 아니면 계속해서 더 많은 인력을 고용해야 하는가?

운영 의사결정은 로지스틱스 성과를 관리하거나 통제하는데 쓰이며 대부분 이런 의사결정은 1년이나 그 이하의 기간 동안의 일을 다루며 일상적인 것들이다. 이 결정들은 로지스틱스 시스템의 조정이나 성과와 관련된다. 예를 들면 창고관리자는 어떻게 하면 선적 부서의 노동력을 최적화시킬 것인가를 생각한다.

3) 창고의 본질과 중요성

창고는 전통적으로 전 로지스틱스 과정에 있는 제품들의 저장을 지원한다. 재고는 두 가지 기본적인 형태로 저장된다 : ① 원재료, 부분품 및 부품(물적 공급) ② 완제품(물적 유통), 또한 재활용되거나 폐기되는 자재와 공정중인 재고가 될 수도 있다.

일반적으로 재고는 다음과 같은 이유 때문에 발생한다.

(1) 재고 보유이유

- 수송 경제성의 획득
- 생산 경제성의 획득

- 수량할인과 선매시의 장점 획득
- 공급의 원료 유지
- 기업의 고객 서비스 정책 지원
- 변화하는 시장상황에 대응
- 생산자와 소비자 사이에 존재하는 시간적·공간적 차이 극복
- 요구되는 고객서비스 수준과 일치하면서 최소의 총 로지스틱스 비용 달성
- 공급자와 고객 사이의 Just-In-Time 프로그램 지원
- 고객에게 각 주문당 한 가지 제품의 제공보다 각 주문당 여러 종류의 제품을 제공
- 폐기되거나 재활용될 제품의 일시적인 보관(즉, 역 로지스틱스)

(2) 창고의 다양한 이용

[그림 7-1]은 물적 공급시스템과 물적 유통시스템에서의 창고의 사용을 간략하게 보여준다. 창고는 제조를 지원하고, 단일 고객에 대한 선적을 위해 다양한 생산 설비로부터 제품을 혼합하고, 많은 고객의 요구를 만족시키기 위해 제품의 단일한 대량 선적을 다양한 소량선적으로 소분하고, 다양한 소량선적을 하나의 대량선적으로 통합하기 위해 사용된다.

기업이 재고를 정보로 대체하고, 더욱 더 소량을 구매하여, 창고를 운송 효율성과 서비스수준을 확보하기 위한 "통합장소(Consolidation Point)"로 활용하는 경향이 증가함에 따라, 창고는 점차적으로 "보유"의 개념이 아닌 "흘러 지나가는"관점에서 사용되고 있다.

① 창고의 밀기 방식(Push system)과 끌기 방식(Pull system)

유통의 전통적인 방식은 밀기 방식으로 생산 계획은 공장의 능력을 바탕으로 제품은 곧 판매될 것이라는 예측에 의해 만들어진다. 만약 제품이 판매되는 것보다 많이 생산되면 이것은 창고에 보관된다. 그리고 만약 판매가 증가하지 않는다면 수요와 공급이 균형을 이룰 때까지 생산 속도를 줄이게 된다.

이러한 방식에서는 창고는 초과 생산을 흡수하는 기능을 한다. 반면, 끌기 방식은 정보에 의존하며 수요에 대한 지속적인 조사에 기초한다. 끌기 방식에서는 저장이 필요 없으며 대신 창고는 유출입 센터로서 고객에게 보다 가깝게 재고를 둠으로써 향상된 고객서비스를 제공한다.

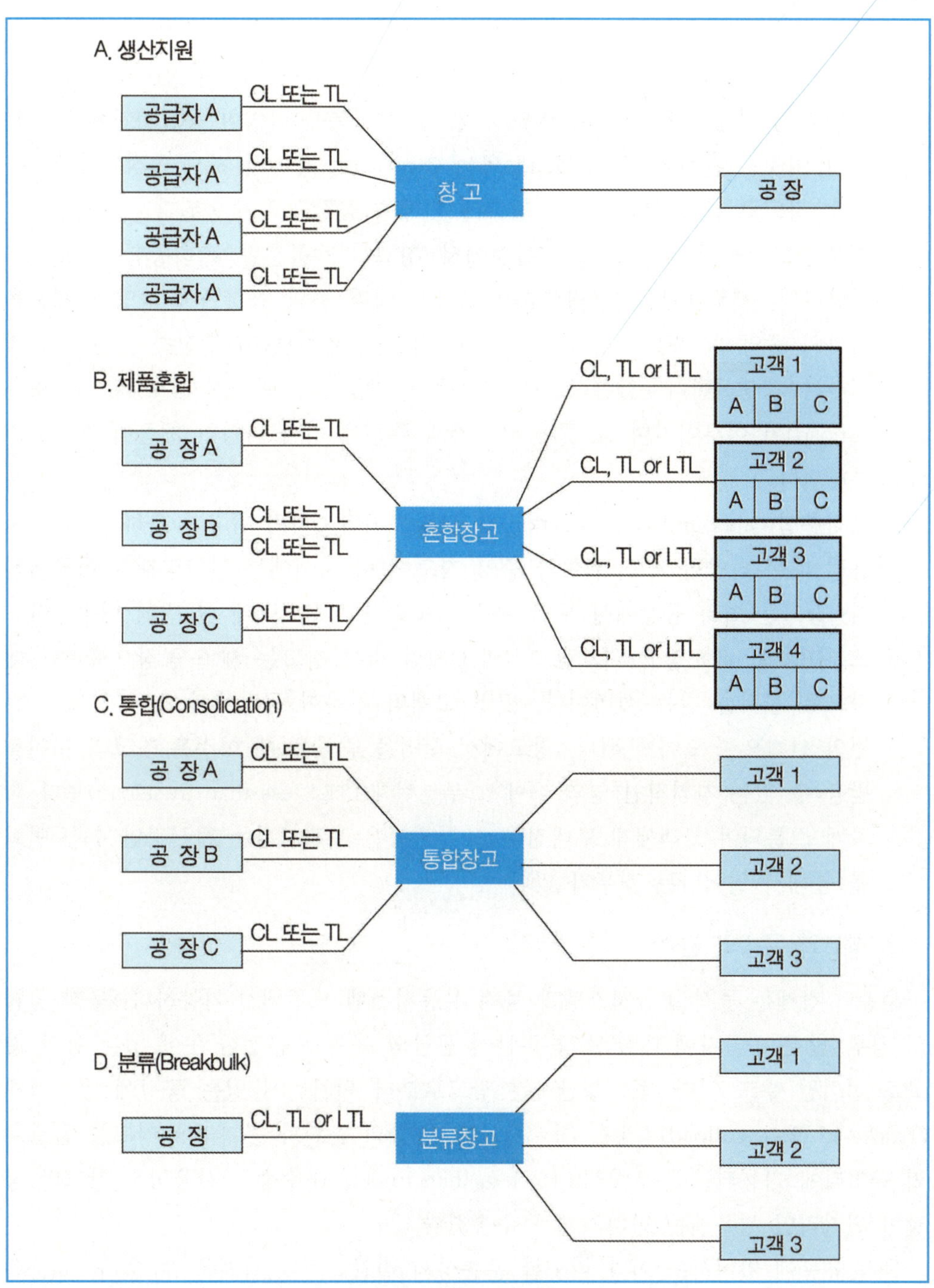

▍그림 7-1▍ 물자공급과 유통사의 창고 이용

ⓐ 제조지원 : 제조활동의 지원에서 창고는 공급자의 출하품을 받기 위한 입하 통합지점(inbound consolidation points)으로서의 중요한 역할을 한다. [그림 7-1]의 A처럼 기업은 원재료, 부분품, 부품 및 보급품을 다양한 공급업자에게 주문하고 이것은 완전적재(Truckload 또는 Carload)를 통해서 자사 공장과 가장 가까운 창고로 운송된다. 그 후 창고에서 제조 공장으로 수송된다.

ⓑ 제품혼합 : 물적 유통과 출하 관점에서, 창고는 제품혼합, 출하통합 및 소분을 담당한다. 제품혼합은 [그림 7-1]의 B처럼 여러 곳의 공장에서 다양한 제품을 하나의 중앙 창고로 선적하는 것이다. 각 공장은 기업이 생산하는 총 제품의 일부분을 생산한다. 일반적으로 선적은 중앙창고로 만차적재(Truckload 또는 Carload)가 이루어지며 그 곳에서 고객의 주문에 따라 다양한 제품이 혼합되고 통합된다.

ⓒ 출하통합(Outbound Consolidation) : [그림 7-1]의 C처럼 창고가 출하 통합에 사용될 때는 다양한 제조 위치와 중앙 창고 설비 사이에는 만차적재가 이루어진다. 창고는 여러 공장에서 모인 제품을 통합하고 고객에게 한 번에 배송한다.

ⓓ 소분(Breakbulk) 창고 : [그림 7-1]의 D처럼 소분 창고는 제조 공장으로부터 대량으로 선적을 받는 설비이다. 몇몇 고객의 주문이 공장에서 소분 창고로 한 번의 선적으로 모이게 된다. 창고에서 선적을 받았을 때 이것은 창고의 지원을 받을 수 있는 지리적인 영역 내에서 부분적재(LTL : less than truckload)보다 더 작게 소분되어 고객에게 보내진다. 소분활동은 보관보다는 혁신적인 수송 변화를 통해서 일어나는 경우가 많다.

② 창고와 운송의 관계

운송의 경제는 물적 공급시스템과 물적 유통시스템 모두에서 가능하다. 물적 공급의 경우, 많은 공급자에 대한 소량 주문이 공급의 근원과 근접한 곳에 있는 통합 창고로 선적될 수도 있다. 즉, 생산자는 창고로부터 원거리에 있는 공장에 만차적재(Truckload 또는 Carload)수송을 할 수 있다. 공급의 근원과 근거리에 창고를 둠으로써 근거리에 적용되는 부분적재(LTL: less than truckload)수송을 사용하고 창고와 공장이 원거리인 경우에는 만차적재로 수송한다,

물적 유통에 있어서도 이와 비슷한 운송상의 절감효과를 가져올 수 있다. 표준화된 제품산업에서 제조업자들은 종종 다양한 지역에 공장을 위치시키고 각 공장은 기업의 전체 생산제품라인의 일부분을 담당하여 제조하는데 이러한 공장을 집중화공장이라고 한다.

일반적으로 이런 기업들은 전체 기업 생산라인에서 만들어진 것을 혼합 선적하여 고객에게 인도할 수 있는 여러 개의 유통센터를 보유하고 있다. 공장에서 유통센터까지의 선적은 각 공장에서 생산된 제품을 완전히 채워진 화차를 통해서 다빈도로 이루어진다. 다양한 생산라인의 아이템으로 구성된 제품을 요구하는 고객의 주문은 완전적재나 부분적재된 상태로 트럭을 이용해서 선적된다. 이러한 유통센터의 사용으로 인해 고객에게 직접 배송하는 것보다 더 낮은 수송비용이 발생한다. 이러한 절감효과는 일반적으로 증가된 보관비용과 재고보유비용보다 더 크다.

③ 창고와 생산의 관계

소량단위 생산은 현재 수요에 맞는 수량을 생산함으로써 전체 로지스틱스 시스템의 재고량을 최소화시키지만 설치 및 라인 변경비용을 증가시킨다. 만약 공장의 생산능력이 최대한 사용되고 있다면, 빈번한 생산라인 변경은 생산과 제품 수요를 만족시키지 못하게 할 수도 있으며 이럴 경우 판매기회 상실비용이 치명적일 수 있다.

반대로, 각 라인에서 대량으로 제품을 생산할 경우, 총 비용 면에 있어서 단위당 생산비용을 줄이고 주어진 설비의 생산능력을 최대한 활용할 수 있으나 장기간의 생산은 많은 재고를 보유하게 하고 필요한 창고도 증가하게 된다. 따라서 총비용을 최소화시키기 위해서는 생산비 절감과 증가된 로지스틱스 비용의 균형이 이루어져야 한다.

일반적으로 기업이 원재료나 제품 구입에 있어서 수량 할인 혜택을 받기 원한다면 기업은 창고가 필요하다. 또한 단순히 할인에서 오는 혜택뿐만 아니라 대량구매에서 오는 비용절감을 통한 규모의 경제도 발생한다. 비슷한 할인과 절감은 생산자, 도매상, 소매상 모두에게 발생할 수 있다. 그러나 이것 역시 증가하는 창고유지비용과 재고비용을 감안하여 고려되어야 한다.

점차적으로 기업들은 JIT 생산방식을 도입하고 있으며 공급자들과는 지속적인 물량 할인을 위한 협상을 펼치고 있다. 따라서 그들은 한 번의 구매에 따른 할인이 아니라 지속적으로 이어지는 구매를 통합하여 할인을 받고 있다.

재고를 가진다는 것은 공급원을 유지한다는 측면에서 매우 중요하다. 예를 들어 공급량이 수요량보다 부족한 시기에는 적절한 시간 내의 일정 제품을 공급해 주는 것이 중요하다.

제품의 운송 중 파손이나 공급자의 파업으로 인해 공급이 부족한 아이템의 재고를 보유하는 것이 필요할 수도 있다.

④ 창고와 고객서비스

24시간 인도 수칙과 같은 고객 서비스 정책은 많은 수의 유통센터가 필요할 수도 있다. 시장상황의 변화는 기업이 소비자 주문이나 소매상이나 도매상 주문시기를 정확하게 예측하지 못하기 때문에 유통센터에 제품을 보관하는 것이 필수적인 활동이 되게 한다. 유통센터에 일정량의 초과 재고를 보유함으로써 기업은 기대치 않았던 수요에 민첩하게 대응할 수 있다. 또한 초과 재고의 보유는 유통센터에 대한 선적이 늦을 때도 생산자가 고객 주문을 만족시킬 수 있게 한다.

⑤ 창고와 로지스틱스 총비용 최소화

대부분의 기업은 주어진 고객 서비스 수준에서의 최소 총비용 로지스틱스 달성을 위해 창고를 이용한다. 기업의 창고 정책에 영향을 미치는 요소는 다음과 같다.

- 산업특성
- 기업의 경영이념
- 자본력
- 제품의 성격(크기, 부패성, 생산라인, 대체정도, 진부화 정도)
- 경제여건
- 경쟁수준
- 수요의 계절성
- JIT의 적용유무
- 사용되는 생산방식

4) 창고의 종류

일반적으로 기업은 많은 창고운영 대안을 가지고 있다. 어떤 기업은 제품을 소매고객에게 직접 판매하여, 현장에서 창고의 필요성을 제거한다. 예를 들어, 우편 주문 카탈로그 기업은 판매 본부나 공장같이 근원적인 지점에만 창고를 사용한다.

(1) 크로스도킹(Cross-docking)

하나의 대안은 크로스도킹 개념을 사용하는 것인데, 창고가 "유통 혼합 센터"로 중요한 역할을 하는 것이다. 제품은 벌크(bulk)로 도착하고 고객 선적에 적당한 범위와 분량으로 즉시 소분되고 혼합된다. 본질적으로 제품은 창고에 들어가지 않는다. 크로스도킹은 만차 단위(TL)로 제품을 주문하고 재혼합되어서 각각의 상점으로 즉시 배송하는 소매상의 경우에 더 적합하다. 일반적으로 제품은 공급자에서 개별 상점으로 상자 단위로 보내진다.

크로스도킹의 성공적 사례로 자주 언급되는 미국 월마트의 경우 여러 공급업체로부터 제품을 모아 여러 슈퍼스토어로 재배송되도록 몇몇 유통센터를 설계하였다. 각 지역의 유통센터는 27에이커 정도의 지역을 담당하며, 대략 120개 슈퍼스토어를 지원한다. 한 트럭분의 상품이 하역장에 도착하면 비로 그 자리에서 그 상품을 내리고 포장을 뜯어서 다른 공급업체가 보내온 다른 상품과 함께 조합하여 한 트럭분의 상품을 개별 소매점에 보낸다. 대부분의 상품은 재고로 머물지 않으며 하역장에서 선적장으로 이동한다. 목표하는 바는 48시간 내에 화물을 내리고 뜯고 조합하고 포장하여 발송하는 것이다. 크로스도킹은 제고를 통합 운영함으로써 고객서비스 수준을 높이고 생산 및 수송에 있어서 규모의 경제를 누리는 것이다.

(2) 계약창고

계약창고는 공공창고에서 변형된 것이다. 계약창고는 창고 이용자와 창고 서비스 제공자 간의 계약을 통해서 이루어지는 것을 말하며, 이는 다음과 같이 정의된다.

특정 고객만을 위하여 특별히 고안된 창고운영 방식과 로지스틱스 서비스를 제공하는 장기적 호혜적인 계약으로서, 창고운영에 관련한 리스크를 벤더와 고객이 공유하는 것이다. 보통 이 계약은 요금이나 요율구조 자체보다는 생산성, 서비스 수준, 효율성에 중점을 두고 이루어진다.

기업은 공공창고와 자사창고를 결정하는데 있어서 소비자에 대한 서비스 수준과 재무적인 문제들을 고려하여야 한다. 예를 들면, 일반적으로 공공창고의 운영비용이 자사창고의 경우보다 더 비싼데, 이는 공공창고 자체가 수익을 목적으로 하는 개별 사업으로 판매나 광고비용이 포함되어 있을 수 있기 때문이다. 그러나 공공창고를 이용하게 될 경우 기업은 창고 설비에 대한 초기투자를 하지 않아도 된다. 고객 서비스 관점에서는 자사창고가 더 특화된 창고설비와 장비를 이용하고 이것은 기업의 제품, 소비자 및 시장을 더 잘 알 수 있게 하기 때문에 더 높은 서비스 수준을 제공할 수 있다.

두 가지 대안 모두 적절히 고려되어야 한다. 몇몇 혁신적인 공공창고는 그들의 전문기술과 높은 경쟁력으로 고객을 지원하여 더 높은 수준의 서비스를 제공할 수도 있다.

5) 공공창고의 종류

다음과 같이 많은 종류의 공공창고가 있다. ① 제조된 상품을 위한 일반적인 상품창고 ② 냉동이나 냉장창고 ③ 보세창고 ④ 가정용품과 가구 창고 ⑤ 특화된 제품창고 ⑥ 벌크단위 저장 창고 등이 있다. 각 유형의 창고는 사용자에게 특화된 서비스를 제공한다.

① 일반적인 상품 창고 : 일반 상품 창고가 가장 보편적인 창고의 형태로써, 생산자, 유통업자, 소비자들이 거의 모든 제품을 다양하게 저장할 수 있게 설계되었다.

② 냉동, 냉장 창고 : 냉동, 냉장 창고는 저장환경의 온도 통제를 가능하게 한 창고로써, 과일이나 야채 등 부패하기 쉬운 제품을 다룬다. 많은 제품들(냉동식품, 약품류, 인화용지와 필름, 모피 등)이 이러한 창고를 필요로 한다.

③ 보세창고(Bonded warehouses) : 몇몇 일반 상품이나 특수한 제품의 창고는 보세창고로 알려져 있다. 수입된 담배와 주류 같은 제품이 이 창고에 저장되는데, 정부는 이 제품이 시장에 유통될 때까지 통제력을 가지고 있으며, 유통시점에서 수입자는 국세청에 관세를 지불해야 한다. 보세창고의 장점은 상품이 판매될 때까지 수입관세나 소비세의 의무를 지불할 필요가 없다.

④ 가정용품 창고 : 가정용품 창고는 일반적으로 상품보다는 개인 자산을 위한 창고로 많이 사용된다. 그러한 물품은 창고에서 물건을 가져갈 때까지 기간을 연장하여 저장할 수 있는 것이 많다. 첫 번째는 열린 저장공간의 개념을 이용하는 것으로 물품은 넓은 창고의 일정 공간에 저장되는데 가정용품은 대부분 이런 형태로 저장된다. 두 번째 저장방식은 방처럼 된 개인 저장 공간을 할당받는 것인데, 개인공간을 잠궈서 안전을 보장받을 수 있다. 세 번째는 컨테이너를 사용하는 것인데 제품을 포장하여 컨테이너에 보관하는 것이다. 이 방법은 열린 저장 공간에 보관하는 것보다는 제품을 보호할 수 있다.

⑤ 특화된 제품창고 : 특화된 제품창고는 밀, 양모 및 면과 같은 특이 농산물을 저장하는데 쓰인다. 일반적으로 이러한 창고는 한 가지 제품을 취급하고 그 제품을 위한 특별한 서비스를 제공한다.

⑥ 벌크창고(Bulk Storage) : 벌크창고는 액체물질을 탱크에 보관하거나 석탄, 모래, 화학 물질과 같은 건조한 제품을 넓은 창고에 산적해 놓는 방법을 이용하는 것이다. 이러한 창고는 여러 제품을 섞어서 새로운 혼합제품을 만드는 서비스를 제공할 수도 있다.

2 창고의 기본적 기능

창고는 기업의 로지스틱스 시스템에서 매우 중요한 역할을 하며, 다른 활동들과 조화되어, 기업의 고객에게 만족할만한 서비스 수준을 제공한다. 창고운영의 명확한 역할은 제품을 보관하는 것이지만, 창고는 소분, 통합 및 정보지원 활동을 한다. 이러한 활동은 저장보다 제품의 흐름을 강조한다.

저장되어 있는 제품에 대한 적절하고 정확한 정보를 이용, 많은 양의 원재료, 부분품 및 완제품을 빠르고 효율적인 방법으로 이동시키는 것이 모든 로지스틱스 시스템의 궁극적인 목표이다.

창고는 이동, 저장, 그리고 정보교환 등의 세 가지 기본적인 기능을 가지고 있다. 최근에는 이동의 기능이 재고 회전을 향상시키고 생산에서 최종 인도에 이르는 주문을 신속하게 하는 것에 초점을 두는 조직이 주목의 대상이 되고 있다.

1) 이동(Movement)

이동은 아래와 같은 활동들로 나눠진다.

- 수취(receiving)
- 운반 또는 창고내 배치(transfer or put-away)
- 주문 집출/선별(order picking/selection)
- 크로스도킹(cross-docking)
- 선적(shipping)

수취는 운송수단으로부터 제품을 내려놓는 것, 창고 재고기록의 갱신, 제품의 결함조사 및 주문, 그리고 선적 기록과 실제 제품의 수를 비교하는 활동을 포함한다.

운반 또는 창고 내 배치는 제품을 저장하기 위해 창고로 옮기는 물적 이동이며, 혼합과 같은 특별한 서비스가 가능한 지역으로 옮기는 것이고 출하 선적을 위해 이동하는 것이다. 고객의 주문 선별 또는 주문 집출은 주요한 이동활동으로 분류한 고객의 요구에 맞게 제품을 재편성하는 것을 포함한다.

크로스도킹은 수취 도크에서 선적도크로 아이템을 바로 옮김으로써 저장활동을 배제시킨다. 완전한 크로스도킹 활동에서는 창고 내 배치, 저장 및 집출이 없다.

크로스도킹은 비용절감과 고객만족의 효과 때문에 창고관리에서 매우 널리 사용되고 있다. 예를 들어, 식품관련 유통의 75%가 공급자와의 음식소매업자간에 크로스도킹을 실행하고 있다.

제품의 창고 내 배차와 운반을 제거하는 크로스도킹은 비용과 제품이 창고에 남아 있는 시간을 줄여서 고객 서비스 수준을 향상시킨다.

① 크로스도킹 고려시점

아래의 기준들 중에서 두 가지 이상이 해당된다면 크로스도킹을 고려해야 한다.

- 재고가 입하할 때 보낼 곳을 알고 있다.
- 소비자가 재고를 즉시 받을 준비가 되어 있다.
- 일일 선적 장소가 200군데 미만이다.
- 일일 처리량이 2000상자를 넘는다.
- 재고의 70% 이상이 운반 가능하다.
- 기업에 입하되는 개별 아이템이 큰 분량이다.
- 기업의 도크에 재고 라벨이 붙은 상태로 도착한다.
- 많은 재고가 시간에 민감하다.
- 기업의 유통 센터가 거의 포화상태이다.
- 재고의 일부가 가격이 정해져 있다.

이동에 있어서 마지막 활동인 선적은 취합된 주문에 따라 수송 장비로 제품을 이동시키고 분리하며 재고기록을 조정하고 선적된 주문을 확인하는 것이다. 여기에는 특별한 고객을 위한 분류와 포장도 포함된다. 제품은 상자나, 판지 또는 컨테이너에 두고 팔레트나 수축 포장하고 원산지, 도착지, 운송인, 위임자, 포장 내용 등의 선적에 필요한 정보가 표시된다.

2) 저장

저장은 일시적인 것과 반영구적인 형식으로 이루어진다.

(1) 임시 저장(Temporary Storage)

임시 저장은 창고의 이동기능을 강조한 것으로써 기본적인 재고 보충을 위해 필수적인 제품만을 저장하는 것으로 실제 재고 회전과는 상관이 없다. 임시적인 재고 저장의 범위는 로지스틱스 시스템의 디자인과 가변적인 리드 타임과 수요에 따라 달라진다. 크로스도킹의 목적은 창고를 임시적인 저장 기능으로만 활용하는 것이다.

(2) 반영구 저장(Semi-permanent Storage)

장기 저장은 재고 저장이 통상적인 보충에 필요한 요구를 초과하여 발생할 때 일어난다. 이러한 재고를 완충재고 또는 안전재고라고 한다. 이러한 장기 재고가 적용되는 대표적인 상황은 ① 계절적 수요 ② 변동적 수요 ③ 과일과 고기와 같은 제품 ④ 예측이나 선구매 그리고 ⑤ 수량할인과 같은 특별한 거래 등이다.

3) 정보전달

정보전달 기능은 이동, 저장기능과 동시에 일어난다. 관리자가 창고활동을 관리할 때는 적시에 정확한 정보를 필요로 한다. 재고수준, 처리 수준(즉, 창고를 통해 이동되는 제품의 양), 재고보관 위치, 유입, 유출, 선적, 고객정보, 창고공간의 활용 그리고 인적자원에 관한 정보가 창고의 성공적인 운영에 필수적인 것들이다. 기업들은 정보교환의 속도와 정확성을 향상시키기 위해 EDI(Electronic Data Interchange)와 바코딩을 활용한 전산화된 정보 교환을 증가시키고 있다.

서류작업을 줄이기 위한 기업들의 노력이 많았음에도 불구하고 서류작업은 많은 부분에 여전히 남아 있다. 이런 이유로 많은 기업의 관리자들이 사무기능의 전산화 실현에 많은 노력을 기울이고 있다. 정보통신의 발전은 창고의 모든 면에서 사무적 업무를 줄이는 수단이 되고 있다.

창고와 관련된 이동, 저장, 정보전달에서의 비효율성 제거는 매우 중요하다. 이것은 다음과 같은 다양한 형태로 발생할 수 있다.

- 중복적이거나 과다한 취급
- 공간과 면적의 잘못된 활용
- 과도한 유지비용과 설비 노후화에 따른 중단시간
- 노후한 입하·선적 시설
- 일상적인 거래를 다루는 전산 정보시스템의 노후화

경쟁적인 시장은 향상된 포장과 선적 시스템과 마찬가지로 더 정밀하고 정확한 취급, 저장 및 복구시스템을 요구한다. 창고운영에서는 적절한 수동취급과 자종취급 시스템의 조화가 중요하다.

3 공공창고와 자사창고

창고에 관한 문제를 결정하는데 있어서 가장 중요한 것 중 하나가 기업이 공적 설비를 사용할 것인가 사적 설비를 사용할 것인가를 결정하는 것이다. 비용과 서비스 관점에서 바람직한 의사결정을 하기 위해서는 각각의 대안에 대한 장·단점을 반드시 알아야 한다.

공공창고의 다른 형태인 계약창고는 조직이 일정기간 동안 설비에 대한 서비스와 공간의 일정 부분을 활용하기 위한 계약적 유대관계를 가진다. 이러한 계약은 창고업자가 계획을 세우고 투자를 하는데 더 높은 안정성과 확실성을 제공한다.

1) 공공창고의 장점과 단점

공공창고의 장점과 단점은 각각 다음과 같다.

① 장점

- 투자자본의 감소 : 공공창고의 가장 큰 장점 중의 하나는 창고 사용자에게 자본투자를 요구하지 않는다는 것이다. 사용자는 운영에 따른 인력 고용과 훈련비용뿐만 아니라 건물, 토지 및 자재 취급 장비에 대한 투자를 하지 않아도 된다.
- 계절성에 대한 대응 : 만약 기업의 운영이 계절성에 영향을 받기 쉽다면, 공공창고의 선택은 사용자가 급증한 요구를 만족시키기 위해 요구되는 더 많은 창고공간을 대여할 수 있게 된다. 반면, 자사창고는 단기간에 창고 공간이 확장될 수 없기 때문에 저장되는 제품의 최대 분량에 한계를 갖는다. 또한 매년 일정부분은 최대로 이용되지 않기 쉽다. 많은 기업이 수요 또는 생산, 판매 촉진 및 기타 요소의 계절성으로 인한 다양한 재고수준에 처하기 때문에 공공창고는 분량에 따라서 저장비용이 변화하는 독특한 장점을 제공한다.
- 위험 감소 : 관리자는 자사창고에 투자함으로써 기술이나 사업 규모의 변화가 설비를 구식으로 만들 것으로 생각하고 있다. 공공창고에서 사용자 기업은 보통 30일 이내의 짧은 시간 안에 다른 설비로 교체할 수 있다.
- 규모의 경제 : 공공창고는 일부 기업에게는 불가능할 수도 있는 규모의 경제를 달성하도록 해준다. 공공창고들은 많은 기업의 요구를 취급하기 때문에 그들의 규모는 창고 전담직원을 고용할 수 있게 해준다. 게다가 건물 비용은 비선형적이고 기업이 작은 설비를 만드는데도 할증금을 지불한다. 부가적인 규모의 경제는 비싸기는 하지만 좀 더 효율적인 자재 취급 설비의 사용과 관리 능력과 기타

전문 지식의 제공에 의해서 달성될 수 있다.

규모의 경제는 동일한 공공창고를 사용하는 비경쟁자들이 소량 선적을 통합한 결과이다. 공공창고는 여러 다른 제조업체들의 제품에 대한 고객의 주문을 한 번의 배송으로 통합한다. 이 결과 배송비용과 고객의 입하장소의 혼잡이 줄어든다. 제조업자들이 동일한 설비를 사용한다면, 공공창고에서 그들의 주문을 픽업하는 고객은 한 번에 몇 개 제조업자 제품을 얻을 수 있다.

- 유연성 확대 : 공공창고에 의해 제공되는 또 다른 주요 장점이 유연성이다. 사업 상황이 창고의 지리적 변화가 필요하다면 소유하거나 장기 임대한 창고는 부담이 될 수 있다. 공공창고는 단기계약을 통한 단기 위탁만을 요구한다. 공공창고의 단기 계약은 시장, 다양한 운송 수단별 비용, 제품 판매량 또는 기업의 재무 상황의 변화에 따른 창고의 지리적 위치 변화를 용이하게 해준다. 게다가 공공창고를 사용하는 기업은 사업의 범위가 변화할 때 인원을 더 고용하거나 해고할 필요가 없다. 공공창고는 필요한 경우, 추가적인 서비스를 위해 창고 이용 기업 측에서 따로 고용하지 않아도 창고 측에서 서비스를 제공해 줄 수 있다.
- 정확한 창고와 취급 비용에 관한 지식 : 기업이 공공창고를 이용하면 매달 계산서를 받기 때문에 정확한 저장과 취급비용을 알 수 있다. 그 비용은 이미 알려져 있기 때문에 사용자는 여러 다른 활동들에 관해 비용을 예측할 수 있다. 기업이 직접 창고시설을 운영하는 경우에는 창고의 고정비와 간접비를 정확히 구별하기 매우 어렵다

② 단점

- 의사소통문제 : 공공창고의 모든 컴퓨터 시스템이 완벽하게 호환되지 않기 때문에 공공창고에서는 효과적인 의사소통이 문제가 될 수 있다. 계약 사항이 표준화되어 있지 않을 경우 계약 의무와 관련 의사소통을 어렵게 만들 것이다.
- 특화된 서비스의 부족 : 원하는 공간이나 특정 서비스가 특정 지역에서는 불가능할 수도 있다. 많은 공공창고들이 해당 지역에만 서비스를 제공하며, 지역적이나 전국적으로 유통하는 기업에게는 그 사용에 한계가 있다. 전국적으로 제품을 유통하는 제조업자가 공공창고를 이용할 경우 몇몇 다른 시설들을 이용해야 할 것이며, 여러 가지 계약관계에 있는 창고를 지속적으로 조사해야 한다.
- 공간을 이용할 수 없다 : 공공창고를 이용할 경우 기업이 원할 때 그 창고를 이용하지 못할 수도 있다. 저장 공간의 부족은 선택된 시장에서는 주기적으로 발생하며, 이는 기업의 로지스틱스와 마케팅 전략에 악영향을 미칠 수가 있다.

2) 자사창고의 장점과 단점

① 장점

- 통제정도 : 자사창고에서는 기업이 보유한 제품에 대해서 매우 높은 통제력을 지닐 수 있다. 그 기업이 직접 통제하고 고객이 소유권을 가지거나 인도할 때까지 제품에 대해서 책임을 지며, 이것은 기업이 창고의 기능을 총 로지스틱스 시스템으로 더 쉽게 통합할 수 있게 한다.
- 유연성 : 창고 통제와 함께 고객의 요구와 제품의 특성에 맞게 창고를 설계하고 운영할 수 있는 더 뛰어난 유연성을 제공한다. 특별한 취급과 저장을 요구하는 제품을 다루는 기업은 적당한 공공창고를 찾지 못할 수도 있다. 이런 경우 기업은 자사창고를 이용하거나 고객에게 제품을 직접 인도해야 한다. 창고는 제품의 변화에 부합하기 위해서 확장과 변화를 통해 변화될 수 있으며 창고가 제조 공장이나 지역 출장소로 변경될 수도 있다.
- 장기적 관점에서의 비용 절감 : 자사창고는 장기적으로 비용을 줄일 수 있다. 기업이 충분한 처리량과 활용을 달성한다면 운영비용은 15%에서 25%까지 줄어든다. 기업이 최소한 75%의 이용률을 달성하지 못한다면, 일반적으로 공공창고를 이용하는 것이 더 유리하다.
- 인적자원의 활용 : 기업 자신의 인력을 활용할 때 취급과 저장에 더 주의를 기울인다. 어떤 공공창고는 제품의 취급과 저장에 그들 자신의 고용인을 쓸 수 있도록 한다. 기업은 그들의 기술 전문가의 전문 지식을 활용할 수 있다.
- 세금 혜택 : 기업이 창고를 직접 소유할 때도 세금 혜택을 누릴 수 있다. 빌딩과 시설물에 관한 감가상각이 세금 지출을 줄여준다.
- 무형의 혜택 : 기업이 자사창고를 통해 제품을 유통할 때는 고객들에게 기업이 영속적이고 지속 가능할 것이라는 느낌을 준다. 고객들은 그 기업을 안정적이고 믿을 만하며 따라서 제품의 장기적인 공급자로 인식한다. 그러나 고객들은 비슷한 서비스 수준을 제공하는 경우 제품의 정시 배달과 더 근접한 창고를 가진 공급자를 선호한다.

② 단점

- 유연성 부족 : 많은 전문가들은 자사창고의 가장 큰 단점은 자사창고의 큰 장점인 유연성으로부터 온다고 주장한다. 자사창고는 고정된 크기와 비용 때문에 큰 지출이 될 수 있다. 기업 경험에 의한 요구 수준과는 상관없이 자사창고의 크기

는 단기간에 대해서는 제한적이다. 자사창고는 수요의 증가와 감소에 따라서 확장하거나 축소할 수 없다.

만약 기업이 자사창고만을 사용한다면 전략적인 지역 운영에서도 유연성을 잃게 된다. 기업이 급변하는 시장의 규모, 위치 그리고 선호에 대응할 수 없다면 기업은 귀중한 기회를 잃게 된다.

- 재무적 제약 : 높은 비용이 수반되기 때문에, 많은 기업들은 창고를 짓거나 사는 데 필요한 능력을 간단하게 제공할 수 없다. 창고는 장기적이고 때때로 위험이 높은 투자이다. 또한 근로자의 고용과 훈련, 자재 취급 장비의 구매는 고비용적이고 지속적인 시간 소비 과정이다.
- 수익률 : 의사결정 과정에서 한 가지 더 고려해야 할 문제가 사내창고의 소유가 다른 대안을 채택한 경우보다 더 나은 수익률을 제공하느냐 하는 것이다. 적어도 기업 소유 창고에 대한 투자는 기업이 다른 투자에서 얻는 것과 동일한 수준의 수익을 발생시켜야 한다.

4 리스크 풀링

리스크 풀링(risk pooling)은 창고, 재고, 고객서비스 사이의 많은 관계를 설명한다. 리스크 풀링은 창고들이 서비스를 제공하는 시장에서의 수요가 역 상관관계를 나타낸다고 가정한다(한 시장에서의 수요가 평균보다 높을 때 다른 시장에서의 수요는 평균보다 낮게 될 것이다). 작은 시장 지역에서는 이와 같은 사실이 적용되지 않고 보관창고들은 보다 강도 높은 안전재고를 요구하게 될 것이다. 이러한 이유로 큰 시장 지역에서는 많은 수의 분산된 보관창고들 보다 몇몇 집중된 보관창고들이 전반적으로 낮은 재고 시스템을 요구하게 된다.

위 원칙의 좋은 예는 1993년 유럽연합이 형성된 이후 유럽에서 발생하였다. 유럽연합 결성 이전에는 각 국가의 배송시스템은 각 나라에 보관창고를 입지하여 서로 독자적으로 운영되었다.

미국 진단기구 제조업체인 벡톤 디킨슨은 유럽연합 형성 이후 스웨덴, 프랑스, 독일, 벨기에에 있던 배송센터 문을 닫고 모든 배송기관을 벨기에의 자동화 센터로 이전하였다. 1년이 채 지나지 않아 회사의 평균 재고수준은 45% 만큼 떨어졌고, 품절상품은 75%만큼 감소하였다. 유럽의 다른 기업들도 이와 비슷한 결과를 보였다.

$$S_2 = \frac{\sqrt{N_2}}{\sqrt{N_1}}(S_1)$$

여기서 $S_1 = N_1$창고에서의 총시스템 재고수
$S_2 = N_2$창고에서의 총시스템 재고수
$N_1 =$ 현재 시스템에서의 창고의 수
$N_2 =$ 제안된 시스템에서의 창고의 수

퍼킨스사는 신발회사로 현재 휴스턴과 시애틀에 두 개의 창고를 가지고 있다. 미국 서부지역에 있는 여러 소매 고객들에게 운반하기 전에 부츠들을 저장해야 하는데, 회사의 소유주 그렉 퍼킨스는 덴버에 집중화된 창고를 사영하여 모든 소매 고객들에게 서비스하는 것이 어떤지 고려중이고, 이 저장시설에 필요한 조건에 따른 영향을 알고 싶어 한다. 퍼킨스사의 현재 평균 저장 수준은 갓 창고마다 약 6,000켤레 정도이다. 그는 이 정도 수준의 저장이라면 저장기간 동안 약 1%의 창고 재고 고갈을 가져올 것이라는 것을 알았다. 제곱근 법칙을 사용하여 그는 99%의 고객서비스 수준을 유지하기 위해 중앙창고에서 필요한 새로운 평균 저장 수준을 계산하였다.

풀이 $S_2 = \frac{\sqrt{N_2}}{\sqrt{N_1}}(S_1) = \frac{1.0}{1.41}(12{,}000) = 8{,}511$켤레

예에서 벌 수 있듯이 창고 수를 두 개에서 하나로 줄임으로써 평균 재고량이 약 29% 감소하였다.

중앙창고 시스템과 분산창고시스템의 차이점은 다음과 같다.

- 안전재고와 평균 시스템 재고량 : 기업들이 창고 수를 줄여 좀더 집결된 창고시스템을 구축함으로써 시스템을 통틀어 안전재고와 그에 따른 평균 재고량 수준이 감소한다. 감소폭은 다양한 시장 분야의 수요 상관관계에 달려 있다.
- 대응 : 창고 집중화가 심해짐에 따라 배송 리드타임이 길어져서 그 결과 고객에게 늦게 배송될 리스크가 커지고 수요 변화에 기업의 신속한 대처 능력이 저하된다. 교통문제와 날씨로 인한 배송지연 등으로 인해 고객서비스 수준이 저하될 수 있다.
- 고객서비스 : 창고 집중화가 심해짐에 따라 각 창고에서의 고객서비스 수준이 개선되어 주어진 수준의 평균 시스템 재고의 품절가능성이 줄어든다.

- 운송비용 : 집중화가 심화됨에 따라 LTL 선적화물의 경우 고객에게 도달하기 위해 더 장거리를 이동해야 하기 때문에 운송비가 증가한다. 반면에 제조업체들과 다른 납품업체들은 TL 운임으로 적은 수의 창고에 더 많은 양을 선적할 수 있기 때문에 내부 운송비는 감소한다. 운송비는 특정 창고 입지, 보관 제품, 납품업자의 입지, 이용 운송수단에 의해 영향을 받는다.
- 창고시스템 운영비 : 집중화가 심화됨에 따라 창고, 직원, 설비, 운영비가 모두 줄어들기 때문에 청운영비는 감소하게 된다.

5 창고 네트워크의 설계

로지스틱스 관리측면에서 중요한 의사결정의 하나는 기업의 고객과 제품을 위한 최적의 창고 네트워크를 어떻게 발전시킬 것인가를 결정하는 것이다. 이러한 의사결정은 몇 가지 중요한 요소를 갖고 있다. 관리자는 창고의 개수와 크기를 정하고 그 위치를 선별해야 한다. 각 창고는 효율성과 생산성을 극대화시킬 수 있게 설계되고 배치되어야 한다.

1) 창고의 수와 크기

주목해야할 두 가지 쟁점이 창고시설의 수와 크기이다. 이것은 보통 역의 관계를 갖기 때문에 서로 상관적인 의사결정이다. 즉, 창고의 수가 증가하면 보통 창고의 크기는 줄어든다.

(1) 창고의 크기

많은 요소들이 "얼마나 큰 창고를 가져야 하는가" 라는 문제에 영향을 미친다. 먼저 창고 크기의 측정 방법을 정의할 필요가 있다. 대체로 크기는 평방피트(미터)나 입체공간이라는 용어로 정의한다. 대부분의 공공창고는 그들의 광고와 촉진의 일환으로 평방피트(미터)를 사용한다.

불행히도 평방피트(미터) 방법은 수직으로 제품을 저장하는 현대식 창고의 능력을 나타내지 못하므로 입체공간방법이 발전하였다. 입체공간방법은 창고의 총저장 가능 분량에 따른다. 즉 입체공간은 창고 내에서 사용할 수 있는 모든 공간을 고려한 것이기 때문에 평방피트(미터)보다 실제적으로 창고 공간의 크기를 평가한다. 창고의 크기에 영향을 미치는 요인들은 다음과 같다.

- 고객서비스 수준
- 시장 또는 해당되는 시장의 크
- 거래되는 제품의 수
- 생산규모
- 사용되는 자재 취급 시스템
- 처리율
- 생산 리드타임
- 규모의 경제
- 재고 배치
- 수요의 패턴과 수준

기업의 서비스 수준이 증가할 때는 일반적으로 더 높은 수준의 재고를 저장할 수 있는 더 많은 창고 공간이 필요하다. 거래가 증가하는 창고의 개수와 크기에 의해서 지원을 받는다는 것은 부가적인 공간이 필요하다는 것이다. 기업이 다양한 제품이나 제품군을 가지고 있고, 특히 이것 모두가 개별적인 것이라면 적어도 모든 제품의 최소 재고수준은 유지할 있는 큰 창고가 필요하다. 더 큰 공간에 대한 요구는 제품이 크고, 생산 리드타임이 길고, 수동적인 자재 취급시스템을 사용하고, 창고가 사무·판매 및 전산 활동을 포함하고, 수요가 변동적이고 예측 불가능할 때 필요하다.

(2) 창고의 수

창고 설비의 개수 결정에 주요한 네 가지의 요소는 판매손실비용, 재고비용, 창고비용 및 운송비용이다. [그림 7-2]는 판매손실비용을 제외한 비용을 나타내고 있다.

① 판매손실비용

판매손실이 기업에게는 아주 중요하지만 이것을 계산하거나 예측하기란 매우 어려우며 기업과 산업에 따라 아주 다양하다. 만약 [그림 7-2]에서 판매손실비용이 나타난다면 이것은 대개 오른쪽으로 기울어지는 모양을 나타낼 것이고, 이 기울기의 정도는 산업, 기업, 제품 및 고객에 따라 다르게 나타날 것이다.

② 재고비용

몇몇 기업들은 특별한 제품이나 제품군에 전속되는 특별한 창고를 가지기도 하지만 대부분의 기업은 모든 창고에 모든 제품의 최소량을 보유하기 때문에 창고 수와 재고비용은 정비례한다. 이것은 아이템이 재고회전율에 상관없이 저장된다는 것을 의미한다.

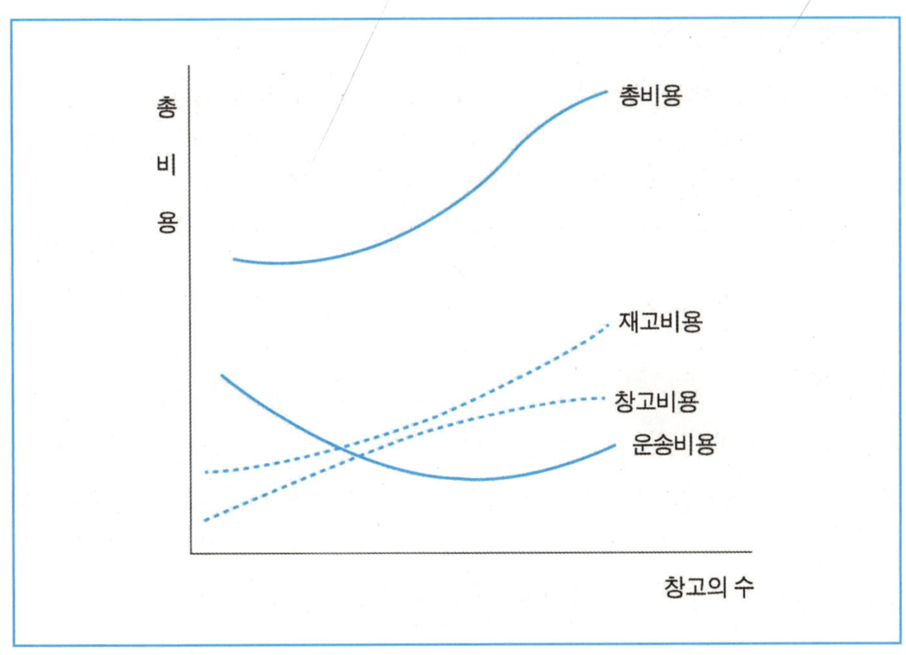

그림 7-2 총로지스틱스 비용과 창고 수와의 관계

③ 창고비용

더 많은 창고는 소유하거나 장·단기로 임대한 공간이 더 많음을 의미하기 때문에 창고비용도 증가한다. 그러나 몇몇 기업이 그 공간을 장·단기로 임대할 때 창고 수가 어느 시점에 도달한 후에는 창고비용이 줄어든다. 공공창고나 계약창고는 기업이 넓은 공간을 임대했을 때 수량할인을 제공하기도 한다.

④ 운송비용

초기의 운송비용은 창고의 수가 증가할수록 줄어들지만 너무 많은 창고가 사용되고 있다면 도입 도출 수송비용의 연동작용으로 인해 결국 상승하게 된다. 기업은 단순하게 창고로 이동하는 제품의 비용이 아닌, 창고 제품의 인도비용 모두를 고려해야 한다.

판매손실비용이 포함되지 않는 조건에서 [그림 7-2]의 곡선은 종합적으로 창고 수가 적은 것이 많은 것보다 더 바람직하다고 나타내고 있다. 그러나 고객 서비스는 기업의 마케팅과 로지스틱스 시스템에서 중요한 요소이다. 일반적으로 판매손실비용이 높다면 기업은 창고 수를 늘리거나 정기적인 인도를 원할 것이다. 서비스와 비용 간의 상충관계는 항상 존재한다.

(3) 컴퓨터의 활용 필요성

컴퓨터는 향상된 창고의 배치와 디자인, 재고 통제, 선적과 입하 그리고 정보의 보급을 통해서 기업의 창고 수를 최소화하는 데 도움을 준다. 보다 효율적인 창고와 재고정보 교환과의 결합은 기업의 고객 지원을 위한 창고 수를 줄이는데 도움을 준다. 실제로 보다 대응적인 로지스틱스 시스템일수록 창고 수에 대한 요구는 줄어들게 된다.

2) 입지 분석

위치 선정의 결정은 거시적인 관점에서 시작하여 미시적인 관점으로 접근할 수 있다. 거시적인 관점은 기업의 거래 물품과 자재의 조달을 향상시킬 수 있는 광범위한 지역과 관계된 창고의 지리적인 위치에 관한 문제를 다루는 것이다. 미시적인 관점은 광범위한 지역에서 구체적인 핵심 지역을 선정하는 일을 다룬다.

▣ 거시적 접근법

(1) 후버 모델(Hoover's Model)

창고입지에서 가장 잘 알려진 거시적 접근법 중 하나가 미국의 입지 이론가 후버(Edgar Hoover)에 의해 정의된 3가지 유형의 입지전략이다.

① 시장포지션 창고(Market-Positioned Warehouses)

시장포지션 창고는 고객들에 대한 재고재보충을 제공하기 위한 전형적 창고이다. 핵심 고객의 위치에 지리적으로 근접한 창고는 상대적으로 짧은 2차 이동으로 생산지점으로부터 고객들에게까지 최대한의 장거리 반입수송의 혼재를 가능하게 해준다. 시장포지션 창고가 담당할 시장영역의 지리적 규모는 요구되는 배달속도, 평균주문량 규모, 그리고 현지배달의 단위당 비용 등에 의존하게 된다. 시장포지션 창고는 소매업자, 제조업자 그리고 도매업자들에 의해 운영된다. 이러한 창고는 모두 고객들에게 재고재보충을 위해 존재하며 서비스 능력 또는 로지스틱스 지원을 최소의 비용으로 제공할 수 있다는 점에서 정당화된다.

시장포지션 창고는 보통 다른 원산지 또는 다양한 공급자로부터의 제품들을 취합하는 장소로 기능하기도 한다. 취급되는 제품의 종류는 일반적으로 매우 광범위하다. 반대로 어떤 특정 제품에 대한 수요는 전체 창고 투입규모에 비해 상대적으로 적다. 하나의 소매점은 보통 도매업자나 생산업자들에게 직접적으로 대량의 재고를 주문할 정도로 충분한 수요를 갖지 않는다. 대개 소매 요구량은 서로 다르고 광범위하게 흩어진 생산업자들이 생산한 제품의 종합이다.

시장포지션 창고의 사례는 식품 및 양판업에서 찾아볼 수 있다. 식품유통창고는 보통 지리적으로 관할하는 슈퍼마켓들의 중심부 근처에 위치한다. 이러한 중앙창고는 제품이 장거리에 걸쳐 수송될 필요가 없기 때문에 경제적인 화물운송이 신속하게 소매점까지 이루어질 수 있다. 또 다른 사례는 생산 로지스틱스 지원에서 찾아볼 수 있는데, 이것은 JIT 전략을 가능하게 하기 위해 부분품을 연계화한다는 것이다.

시장포지션 창고는 산업전반에 걸쳐 쉽게 찾아볼 수 있다. 한 창고가 관할하는 시장 근처에 위치하는 것은 재고를 최소비용으로 신속하게 재보충할 수 있는 방법이라는 점에서 정당화된다.

② 생산포지션 창고(Production-Positioned Warehouses)

생산포지션 창고는 전형적으로 생산공장 근처에 위치하여 생산되는 품목의 조립 및 혼재지점으로 기능한다. 이러한 창고의 근본적 목적은 고객들에게 종합적인 제품의 출하를 촉진하는데 있다. 제품이 생산되는 전문화된 공장으로부터 창고로 전달되며 여기에서는 전품목이 고객에게 수송될 수 있다.

생산공장을 지원하도록 포지션하는 창고는 고객들에게 제품을 혼재 수송요율로 수송할 수 있다. 이러한 제품종합으로 혼재된 운송은 대량구매를 촉진시킨다. 생산포지션 창고의 장점은 모든 종류의 제품에 대하여 월등한 서비스를 제공할 수 있는 능력이다. 한 생산업자가 단일 청구서로 모든 제품을 혼재된 수송요율에 제공할 수 있다면 그에 따라 경쟁력 있는 차별적 우위를 얻을 수 있을 것이다. 제조업자가 그러한 서비스를 제공할 수 있다는 능력은 공급업자의 선정 시에 우선적인 선호조건이 될 수 있다.

최근에 일부 대기업들은 생산포지션 창고를 운영하고 있다. 주요 사례로는 제너럴 밀즈, 존슨&존슨, 크래프트, 제너럴 푸드, 나비스코 푸드 등이 있다. 존슨&존슨의 경우 병원과 고객 사업부문을 지원하는 창고가 다양한 사업부문을 통합하는 주체로 작용하기도 한다. 따라서 고객들은 한 번의 청구서로 한 대의 수송차량에 모든 사업부문에 걸쳐서 종합적인 모든 제품을 제공받게 된다. 나비스코 비스켓 부문에서 각 공장근처에는 출하담당 지점 창고가 위치하고 있다. 여기에는 모든 중요제품의 재고가 유지되어 있어 고객들에게 완전한 서비스 출하를 제공하고 있다.

③ 중간포지션 창고(Intermediary-Positioned Warehouses)

중간포지션 창고는 최종 고객과 생산자 사이의 중간 지점에 창고를 위치시키는 중간포지션 창고는 생산포지션 창고와 유사하며 다양한 재고를 종합적으로 그리고 절감된 로지스틱스 비용으로 한 번에 제공해 준다.

고객 서비스 수준은 보통 생산포지션 창고보다는 높고 시장포지션 창고보다는 낮다. 한 기업이 몇 개의 공장에서 제조되는 다양한 생산품을 가지고 있으면서 높은 고객 서비스 수준을 제공해야 한다면 종종 이런 전략을 따르기도 한다.

산업입지이론에 따르면 특정 제품라인을 생산하는 생산공장은 대개 에너지나 필요자원 근처에 위치하여야 한다. 경쟁력 있고 비용 효율적인 생산을 실현하기 위해서 기업들은 생산을 지리적으로 분산시켜야 할 필요성에 직면하고 있다. 두 개 혹은 그 이상의 공장으로부터 나오는 제품이 단일 고객에게 판매되는 경우에는 혼재와 분류의 기능을 해주는 중간창고가 최소총비용 로지스틱스 해결책이 될 수 있을 것이다.

(2) 베버 모델(Weber's Model)

공업입지에 관한 이론을 처음으로 체계화한 사람이 독일의 경제학자 베버인데, 그는 최소비용론에 입각하여 공업입지론을 전개하였다. 즉, 생산비가 최소일 때 기업의 이윤이 최대가 된다는 생각 하에 최소비용으로 제품을 생산할 수 있는 장소를 최적입지장소로 보았다. 베버는 이 입지론을 정립시키기 위하여 복잡한 현실 세계를 단순화시킨 다음과 같은 몇 가지 가설을 설정하였다. ① 지형, 기후, 경제, 기술 조직 등은 모든 지역이 동일하다. ② 원료 산지 동력 산지, 시장은 일정한 곳에 고정되어 있다. ③ 노동력은 충분히 공급되나 임금의 지역 차이가 있다. ④ 운송비는 화물의 중량과 운송 거리에 비례한다. ⑤ 생산자는 이윤의 극대화를 추구한다.

그는 생산비를 운송비, 노동비, 원료비로 구분하였으며, 이 중에서 장소에 따라 차이가 큰 비용을 운송비로 보았다. 왜냐하면 제품을 생산하는 데 필요한 원료나 연료의 비용, 제품의 값은 운송비가 얼마나 드느냐에 따라 차이가 나기 때문이다. 즉, 베버는 원료의 가격 변화는 운송비에 좌우된다고 생각하고 원료비를 운송비에 포함시켰다. 따라서 공업이 특정 장소에 입지할 경우 총생산비용에 영향을 미치는 요인을 운송비와 노동비로 보았다. 그는 또한 공장이 한 곳에 단독으로 입지할 때보다 다수의 공장이 한 곳에 집중하는 경우에 발생하는 생산비용의 절감효과를 고려해서 생산비 절감에 대한 집적이익을 공장입지선정에 영향을 주는 요인으로 보았다.

① 최소운송비 지점

베버는 공장입지를 결정하는 가장 중요한 요인을 운송비로 보았으며, 모든 생산요소에 대한 비용이 지역 간에 차이가 없을 때에는 총 운송비가 최소인 지점으로 공장의 위치가 결정된다는 것이다. 운송비는 일반적으로 원료와 제품의 무게 및 수송거리에 의해 결정되므로, 운송비는 무게×거리로 표시되며, 총 운송비란 원료를 구입하여 제품을 제조한 후 시장에 내다 팔기까지 소요되는 모든 운송비(원료운송비+동력운송비+제품운송비)를 말하는데 이 비용이 최소가 되는 지점이 최소운송비 지점이 된다.

② 노동비 절약의 지점

다음으로 베버는 노동비를 고려하였다. 지역 간에 노동비의 차이가 있으며 어떤 지역의 노동비가 상대적으로 저렴할 때, 운송비가 최소인 지점에서 노동비가 저렴한 지역으로 옮겨가는 데 추가적으로 소요되는 운송비보다 절감되는 노동비가 더 클 경우 노동비가 저렴한 지점이 최적입지가 된다.

③ 집적이익이 큰 지점

지역 간의 임금 격차에 따라 최적 입지가 변화될 수 있는 것처럼 집적이익이 큰 것도 최적입지에 영향을 준다. 연관 산업이나 서로 다른 기업이 한 지점에 집적함으로써 생산비가 절감되어 총비용이 최소생산비 지점보다 적을 경우 집적이익이 큰 지점이 최적 입지가 된다.

이와 같이 베버의 이론은 최소운송비 지점, 노동비 절약의 지점, 집적이익의 지점 등을 차례로 분석하여 전체적으로 최소생산비 지점에 공장이 입지해야 최대의 이윤을 얻을 수 있다는 것이다. 베버의 이론은 시장의 수요를 고려하지 않고 생산비만을 분석 대상으로 한 점과 운송비가 거리에 정비례한다고 본 점 등이 현실과 거리가 있으나, 최초로 공업입지이론을 체계화하였으며 최적입지를 규명하기 위한 접근 방식이나 개념들은 오늘날 공업의 지역적 패턴을 이해하는데 많은 도움을 주고 있는 것으로 평가되고 있다.

(3) 무게중심 접근법(Center of Gravity Approach)

또 다른 방법인 무게중심 접근법은 기존의 설비, 운송거리 및 운송량을 고려하면서 단일 설비의 입지를 결정하는 기법으로 중간창고나 물류 또는 유통센터의 입지결정에 많이 사용된다.

이 기법을 이용하기 위해서는 먼저 기존 설비의 위치를 x와 y를 두 축으로 하는 지도상에 표시한다. 그러면 수송비용을 최소화하는 중심점은 다음과 같이 계산된다.

$$x^* = \frac{\sum_i x_i V_i}{\sum_i V_i}, \qquad y^* = \frac{\sum_i y_i V_i}{\sum_i V_i}$$

여기서, x^* : 중심점의 x축 좌표
y^* : 중심점의 y축 좌표
x_i : 설비 i의 x축 좌표
y_i : 설비 i의 y축 좌표
V_i : 설비 i의 유출입 운송량

예를 들어 어느 회사는 A, B, C, D, E 5개의 판매 대리점을 가지고 있으며, 각 판매 대리점의 입지와 요구되는 운송량은 [그림 7-3]과 같다고 하자.

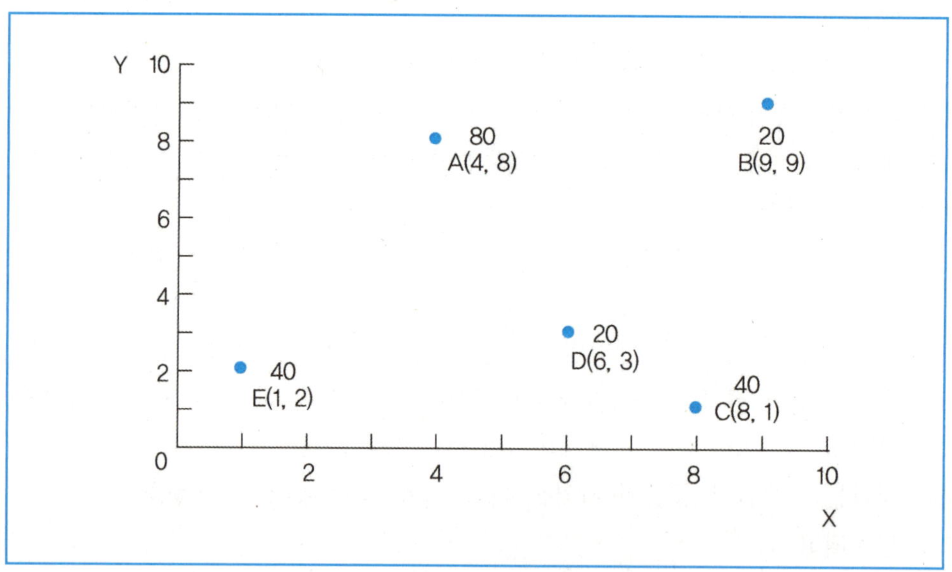

그림 7-3 판매대리점의 입지

이 회사는 판매 대리점에 물량을 공급하는 물류센터를 중심점 근처에 세우려 하고 있다. 〈표 7-1〉과 같이 중심점을 구하면 (4.65, 4.95)이므로 이 근처에 물류센터를 설립하면 된다.

표 7-1 중심점의 계산

판매 대리점	(x, y)	운송량(V)	xV	yV
A	(4, 8)	80	320	640
B	(9, 9)	20	180	180
C	(8, 1)	40	320	40
D	(6, 3)	10	60	30
E	(1, 2)	50	50	100
합계		200	930	990

$$x^* = \frac{930}{200} = 4.65, \ y^* = \frac{990}{200} = 4.95$$

(3) 요인평가법

요인평가법은 후보 입지가 지니는 각각의 특성 또는 요인에 대해 점수를 부가하여, 총점수가 높은 입지를 선택하는 방법이다. 여기서 각 요인에 대해 가중치를 부과함으로써 입지요인의 상대적 중요성을 고려해 볼 수도 있다. 요인평가법의 기본적인 형태를 살펴보면 다음과 같다.

$$S_j = \sum_{i=1}^{n} W_i F_{ij}, \ j = 1, 2, \cdots\cdots, n$$

여기서, S_j : 입지 j의 총점수

W_i : 요인 i의 가중치

F_{ij} : 입지 j의 요인 i에 대한 점수

n : 입지의 수

요인평가법의 적용 예를 살펴보자. 어느 회사는 공장의 입지로 입지 1과 입지 2의 두 위치를 고려하고 있다. 입지선정에 고려해야 할 요인들과 이들 요인을 A, B, C, D, E의 5등급으로 평가를 한 결과는 〈표 7-2〉와 같다.

이와 같은 비계량평가를 A=10점, B=8점, C=6점, D=4점, E=2점으로 점수화하고, 각 요인의 상대적 중요도를 감안하여 합계 100인 가중치를 〈표 7-3〉과 같이 부여하였다.

| 표 7-2 | 입지요인과 평가결과

입지요인	입지 1	입지 2
노동력의 공급	B	A
수송의 편의	C	D
지역사회의 태도	A	B
정부의 규제	C	D
생활여건	B	D
연간 투자수익률	C	A

〈표 7-3〉의 자료와 위의 식을 이용하여 두 입지의 총점수를 구해보면 다음과 같다.

$$S_1 = 20(8) + 10(6) + 10(10) + 5(6) + 15(8) + 40(6) = 710$$

$$S_2 = 20(10) + 10(4) + 10(8) + 5(4) + 15(4) + 40(10) = 800$$

따라서 입지 2가 입지 1에 비하여 유리하다고 할 수 있다.

| 표 7-3 | 입지요인의 가중치와 평가점수

입지요인	가중치	점 수	
		입지 1	입지 2
노동력의 공급	20	8	10
수송의 편의	10	6	4
지역사회의 태도	10	10	8
정부의 규제	5	6	4
생활여건	15	8	4
연간 투자수익률	40	6	10

▣ 미시적 접근법

(1) 자사창고를 사용할 경우

미시적인 관점에서는, 더 세분화된 위치 선정 요소를 조사해야 한다. 만약 기업이 자사창고를 사용하고자 할 때는 다음 사항을 고려해야 한다.

- 운송수단이 지원하는 지역의 다양성과 품질
- 가용 노동력의 품질과 양

- 임금
- 산업 대지의 비용과 품질
- 확장 가능성
- 세금구조
- 건축 법규
- 지역 환경의 특성
- 건축비용
- 시설의 비용과 가용성
- 지역적 자본 비용
- 지방세 감면과 건축 장려

(2) 공공창고를 사용할 경우

만약 기업이 공공창고를 사용할 경우, 다음 상황을 고려해야 한다.

- 설비의 특성
- 창고 서비스
- 차량 수송 터미널에 대한 유용성과 근접성
- 지역적 운송 가용성
- 해당설비를 이용하는 다른 기업
- 컴퓨터 서비스와 통신의 가용성
- 재고 보고의 유형과 빈도

위치 선정 과정은 일반적인 사항으로부터 시작하여 점진적으로 구체화해가는 상호작용적 과정이다. 관리자가 입지결정을 할 때 많은 상충관계를 인식하는 논리 과정의 몇 가지 유형을 따르는 것이 중요하다.

6 하역

물류에 있어 하역은 피할 수 없지만 이것은 최소화되어야 한다. 즉, 제품의 취급은 다음과 같은 몇 가지 이유로 인하여 창고 생산성의 핵심이 된다.

첫째, 하역수행은 상대적으로 근로시간당 생산성을 저하시키는 취약성을 가지고 있다. 창고는 전형적으로 제조보다 노동집약적이기 때문이다. 둘째, 향상된 정보기술에 의해 얻어지는 직접적인 이익의 측면에서 창고 물자취급의 속성은 제한적이다. 전산화로 인해 새로운 기술과 능력이 도입되었지만 하역이 우월성을 유지하려면 상당한 수동적인 입력이 필요하다. 셋째, 최근까지 창고의 하역은 다른 물류활동과 통합하여 관리되지도 않았을 뿐 아니라 최고경영진의 관심도 받지 못했다. 마지막으로, 하역노동을 절감시킬 수 있는 자동화기술이 비교적 최근에 이르러 적용 가능하기 시작하였다.

1) 기본적 취급사항

물류 시스템 내에서의 하역은 창고시설 주변에 집중된다. 벌크화물과 박스의 취급은 기본적인 차이가 존재한다. 벌크 취급은 보호용 포장이 필요한 반면 박스에 대해서는 그러한 것이 필요 없다. 고체, 액체, 기체와 같은 벌크의 하역에는 특별한 취급장비가 필요하다. 과거 몇 년간 하역시스템의 설계에 있어 도움이 될 만한 지침이 다양하게 제시되었다. 그 몇 가지를 살펴보면 다음과 같다 :

① 취급 및 보관에 필요한 장비는 가능한 표준화되어야 한다.
② 작동 중일 때 시스템은 최대한 연속적으로 제품 흐름을 제공하도록 설계되어야 한다.
③ 고정 장비보다는 취급에 투자가 이루어져야 한다.
④ 취급장비는 가능한 최대한도로 활용하여야 한다.
⑤ 취급장비 선택에 있어서 유료하중대비 실중량 비율이 최소화되어야 한다.
⑥ 항상 중량의 흐름은 시스템 설계로 통합되어야 한다.

하역시스템은 기계화, 반자동화, 자동화, 정보지시 등으로 분류된다.

2) 기계화시스템

기계화된 시스템은 넓은 범위의 하역장비를 이용한다. 가장 보편적으로 활용되는 장비의 유형은 지게차, 구동핸드 도크 리프트, 예인줄(tow-lines), 트랙터-트레일러 장비, 컨베이어, 카루셀 등이 있다.

(1) 지게차(Forklift Trucks)

지게차는 표준 카톤에 담긴 화물을 수평 및 수직으로 적재하여 이동할 수 있다. 팔레트나 슬립시트 하나가 플랫폼을 구성하며 그 위에 팔레트나 카톤이 쌓여진다.

슬립시트는 섬유나 골판지 등 얇은 소재로 이루어진다. 슬립시트는 팔레트에 대한 저렴한 대체물이며 제품이 단 몇 분 동안 취급되는 상황에 적합하다. 포크리프트는 동시에 최대 두 개의 유닛로드(2개의 팔레트)의 화물을 한번에 운송한다. 그렇지만 지게차는 유닛로드 취급에만 제한하지는 않는다. 스키드(skid)나 상자 등도 제품의 성격에 따라 운송될 수 있다.

(2) 구동핸드 도크 리프트(Walkie-Rider Pallet Trucks)

구동핸드 도크 리프트는 저렴하고 효율적인 하역이용의 방법을 제공해 준다. 전형적인 활용사례로는 적재 및 하역, 주문피킹과 적재 그리고 창고 전체에 걸친 장거리 화물 왕복이동 등을 들 수 있으며, 일반적인 동력원은 전기이다.

(3) 예인줄(Towlines)

예인줄은 바닥이나 높은 곳에 설치된 끌기 장치로 이루어지는 데 연속적인 동력이 공급되는 4륜 트레일러와 함께 사용된다. 예인줄을 이용하는 주된 장점은 연속이동이다. 그렇지만 그러한 취급장치는 포크리프트와 같은 유연성은 없다. 예인줄의 가장 보편적인 활용은 창고 내에서의 주문피킹을 들 수 있다. 주문피킹자가 상품을 4륜 트레일러 위에 올려놓으면 선적도크까지 예인되게 된다. 많은 자동화된 충격흡수장치를 이용해 트레일러가 주선으로부터 선택된 선적도크까지 이동하도록 한다.

(4) 트레일러를 끄는 토우트랙터(Tow Tractor with Trailers)

트레일러를 끄는 토우트랙터는 여러 대의 파렛타이저에 적재된 4륜 트레일러를 끄는 단일 동차로 이루어진다. 트레일러의 일반적인 크기는 보통 4 x 8피트이다. 예인선과 마찬가지로 트레일러를 끄는 토우트랙터는 주문 피킹을 지원하는 데 사용된다. 트레일러를 끄는 토우트랙터의 장점은 탄력성이다. 이 장비는 더 많은 노동력을 필요로 하기 때문에 예인줄만큼 경제적이지는 않으며 때로는 쉬고 있는 경우도 있다.

(5) 컨베이어(Conveyors)

컨베이어는 출하 및 수령작업에 널리 사용되며 많은 주문피킹시스템의 기본적인 하역장치로서 동력, 중력, 롤러 혹은 벨트의 이동 등에 따라 분류된다. 동력시스템의 경우 컨베이어는 위 또는 아래에 드라이브체인을 사용하는데 이러한 동력구성설치는 상당한 컨베이어 탄력성이 희생된다. 중력 및 롤러 혹은 벨트시스템은 최소한의 어려움으로 기본적인 설치를 수정할 수 있게 해준다. 이동형 중력 롤러 컨베이어는 흔히 창고에서 선적 및 하역시 사용되며 어떤 경우에는 운송중인 트레일러에 실려 운송되어 목적지에서의 하역을 지원한다.

(6) 카루셀(Carousels)

카루셀은 대부분의 다른 기계화된 하역장비와는 다른 개념으로 작동한다. 이 장비는 타원형 트랙에 장치된 상자를 여러 개 이용해 주문피킹자에게 해당 품목을 배달해 준다. 전체 카루셀은 회전하면서 해당 상자를 운영자에게 가져다준다. 카루셀은 여러 가지로 다양하게 사용되고 있는데 전형적인 응용은 포장-재포장 및 서비스 부품 운영시의 개별 포장의 피킹과 관련이 있다. 카루셀 시스템의 이점은 걸어가는 길이와 경로 및 시간을 단축함으로써 주문피킹에 대한 노동력을 축소하는 데 있다.

(7) 피킹-라이트 시스템(Pick-to-Light System)

카루셀 시스템에 기술적인 응용을 하여 "피크하면 불이 들어온다."고 불리우는 새로운 방식이 사용되게 되었다. 이 시스템은 피킹자가 원하는 품목을 피킹하여 곧바로 카루셀 상자 혹은 컨베이어에서 카톤으로 집어넣는다. 이 때 각 로케이션 앞에 있는 일련의 불빛이 각 장소에서 선택해야 하는 품목의 수를 나타내 준다. 이 불빛 시스템은 또한 카톤이 이동할 준비가 된 때를 알려주는 데도 사용된다. 일부 카루셀 시스템은 또한 컴퓨터 생성 피킹리스트와 컴퓨터지도 카루셀 회전을 이용하여 피킹의 생산성을 향상하려 하고 있다.

3) 반자동 하역시스템

반자동시스템은 특정하역부문을 자동화함으로써 기계화 시스템을 보완한다. 즉, 반자동 창고는 기계화 및 자동화된 하역의 혼합으로 이루어진다. 반자동 창고에서 이용되는 전형적인 장비로는 무인자동차량시스템, 전산화된 자동분류장치, 로봇 그리고 다양한 형태의 유동 랙(선반) 등이 있다.

(1) 무인운반차 시스템(Automated-Guided Vehicle Systems: AGVS)

무인운반 차량시스템(AGVS)은 트레일러를 끄는 트랙터 혹은 수동핸드 도크 리프트 등과 동일한 형태의 하역기능을 수행한다. 근본적인 차이점은 AGVS의 경우 운영자가 필요 없다는 점으로 이 장비는 운영자의 개입이 없이도 자동으로 목적지까지 가도록 되어 있다.

전형적인 AGVS 장비는 광 혹은 마그네틱 안내시스템에 의존한다. 광학적 응용의 경우 테입이 창고바닥에 부착되고 장비는 안내경로에 집중하는 광선에 따라 이동한다. 마그네틱 AGVS는 바닥에 설치된 동력선을 따라간다. 우선적인 장점은 기사가 없다는 것이다. 신형 AGVS의 경우 고정트랙이 없이도 경로를 따라가도록 하기 위해 비디오 및 정보기술을 활용하고 있다.

(2) 자동분류장치

자동분류장치는 일반적으로 컨베이어와 함께 사용된다. 제품은 창고에서 피킹되어 컨베이어로 운송되기 때문에 특정 출하도크로 분류되어져야 한다. 자동분류시스템이 작동하기 위해서는 마스터 커톤에 구분 코드가 있어야 하는데 이 코드는 광 스캐닝 장비로 읽혀져 원하는 장소까지 자동으로 보내어진다. 대부분의 제어기는 변화하는 요구를 수용하기 위해 시스템 전반에 걸친 흐름의 비율을 맞출 수 있도록 프로그램이 가능하다.

자동분류는 두 가지 장점을 제공한다. 첫째는 노동력의 감축이며, 두 번째는 속도 및 정확도에 있어서의 현격한 향상이다. 이러한 시스템에 있어서 포장은 원하는 목적지로 옮겨지며 단위당 선적을 수용하도록 할 수 있다.

(3) 로봇(Robots)

로봇은 한 가지 혹은 일련의 행위를 수행하도록 마이크로 프로세서로 프로그램할 수 있다. 로봇의 장점은 취급과정에서 의사결정논리를 실행할 수 있는 전문가시스템으로 기능하도록 프로그램할 수 있다는 데 있다. 로봇의 보급은 1980년대에 자동차 산업에서 특정한 수작업을 대체하도록 널리 사용함으로써 이루어지게 되었다. 그렇지만 창고의 경우에는 제조공장과는 다른 형태의 도전이 있다. 창고에서의 주목적은 고객의 주문에 따른 정확한 상품요구사항을 수용하는 데 있다. 따라서 창고규격은 고객의 주문에 따라 현격히 차이가 있을 수 있으며 제조의 경우보다 훨씬 덜 일상적인 활동을 해야만 한다.

창고에서의 로봇의 우선적인 활용은 단위화물을 나누거나 합하는 일이다. 이러한 분리과정에서 로봇은 보관유형을 인지해 제품을 원하는 장소에서 컨베이어 벨트위에 올려놓도록 프로그램 된다. 단위화물을 구축하는 데 로봇을 사용하는 것은 이에 대한 역순으로 이루어진다.

창고에서의 로봇의 또 한 가지 이용 잠재력은 기능적으로 인간이 수행하기 어려운 환경에서 찾을 수 있는데, 예컨대 소음이 심한 지역과 냉장보관 냉장고 내부와 같은 극도로 온도가 낮은 환경 등을 들 수 있다.

기계화된 창고에서 특정 기능을 수행하는 데 로봇을 이용할 수 있는 상당한 잠재력이 존재한다. 속도, 신뢰성 그리고 정확성 등에 덧붙여 인공지능을 적용할 수 있는 능력으로 로봇은 기존의 수동처리방식에 대한 중요한 대안이 되고 있다.

(4) 유동 랙(Live Rack)

제품이 특정장소까지 전방으로 이동하는 보관을 위한 랙의 선반대 설계는 창고에서 수동 작업을 줄이기 위해 일반적으로 사용되는 장치이다. 유동 랙은 전형적으로 롤러 컨베이어를 포함하며 후위 적재를 위하여 만들어졌다. 설치를 완료하기 위해서는 선반대의 후위를 전반부보다 높여 중력이 앞쪽으로 이동하도록 해야 한다. 단위화물이 전반부에서 제거될 때 다른 모든 화물은 자동적으로 앞쪽으로 이동하게 된다.

유동 랙은 중력의 흐름을 하역취급 시스템 설계로 통합한 전형적인 사례로서, 유동 랙의 이용으로 단위화물의 장소이동을 위해 지게차 트럭을 사용해야 할 필요성이 없어지게 되었다.

4) 자동 취급(Automated Handling)

자동취급 쪽으로의 초기의 실행은 카톤 차원에서 주문피킹시스템에 집중되었다가 최근에 자동창고(ASRS)쪽으로 옮겨지게 되었다.

자동화의 매력은 그것이 기계화 취급시스템에 필요한 노동력을 장비에 대한 자본투자로 대체한다는 점이다. 직접적으로 노동력을 덜 사용하는 것 이외에 자동시스템은 더 빠르고 더욱 정확하게 작동한다. 단점은 필요한 자본투자가 많고 개발 및 적용이 복잡하다는 사실이다.

(1) ASRS(automated storage and retrieval system)시스템

고층보관에 있어서 제어시스템은 자동 주문선택시스템과 유사하다. 고도보관의 경우 최대한의 장비활용 및 신속한 명령사이클을 달성하는 데 프로그램 및 제어계측상의 상당한 정밀도가 요구된다. 마이크로프로세서의 속도 및 비용측면에서 개선으로 인하여 ASRS 전용 컴퓨터가 등장하게 되었다.

도착 및 로케이션의 할당스케줄 외에 제어시스템은 재고 및 비축량 회전을 취급한다. 주문이 접수되면 명령통제시스템은 특정 유닛로드 화물의 유출을 지시한다. 반출인도장소로부터 유닛로드화물은 동력 및 중력 컨베이어에 의해 적정 출하도크까지 이동하게 된다. 유출 및 반출인도가 완료되면 초기에 제품출하에 필요한 모든 서류작업은 종료된다.

미국 자동차산업에서 ASRS기술의 혁신적인 적용을 찾아 볼 수 있다. 오하이오주 톨레도에서 크라이슬러사는 픽업 트럭과 지프용 차체를 모두 한 공장에서 제조한다. 제조가 완료되었을 때 두 대의 SR기계가 각 차체를 연쇄적으로 수거하여 측면에 천을 두른 트레일러에 실어 4마일 떨어진 제2공장까지 수송하며 거기에서 최종조립이 이루어진다. 이 제2공장에서는 두 대의 SR기계가 각 모델별로 적당한 조립라인에 차체를 JIT로 배달할 수 있도록 작업을 맡는다.

이러한 예는 다양한 업계에서 현재 운영 중인 ASRS의 전형적인 사례이다. 이들 장비는 바닥의 평방피트당 보관밀도를 최대한으로 제공함으로써 물자취급 생산성을 증대하고 취급에 필요한 직접노동력을 최소화하도록 설계되어 있다. 이 시스템의 고도로 제어된 속성은 신뢰성 있는 도난방지 및 손상방지 취급과 극히 정확한 제어를 통합한다.

5) 정보지시 시스템(Information-Directed System)

정보지시 시스템은 기계화된 취급장비를 이용한다. 전형적인 동력원은 포크리프트이다. 배치와 디자인에 있어서 창고시설은 기본적으로 기계화된 작업과 동일하다. 차이점은 모든 지게차트럭 이동이 마이크로프로세서의 명령에 의해 지시되고 감시된다는 점이다. 작동 시 필요한 하역이동은 분석 및 장비할당을 위하여 컴퓨터가 이용된다. 직접적인 이동을 최대화하고 공차이동을 최소화하도록 취급요구사항을 분석하고 장비를 할당하기 위해 컴퓨터를 활용한다. 개별적인 지게차 트럭에 대해서는 트럭 위에 장착된 단말기로 작업할당을 한다.

정보지시 취급은 큰 자본투자 없이도 자동화의 장점을 일부 달성한다는 점에서 주목할 만한 잠재력을 지닌다. 정보지시 시스템은 또한 물자취급자의 성과를 추적하고 활동수준에 따른 보상을 가능하게 함으로써 생산성을 제고할 수 있다. 주요 단점은 작업할당의 탄력성이다. 특정 지게차 트럭이 작업기간 동안 진행하면서 몇 대분의 화물을 선적 혹은 하역하고, 많은 주문을 피킹하고, 몇 가지 취급할당을 수행하는 등의 일에 관여할 수 있다. 이러한 많은 작업할당은 작업지시의 복잡성을 증대시키며 수행의 책임을 감소시킬 수 있다.

경영진이 고려해야 할 문제는 특정한 하역시스템이 기계화, 반자동, 정보지시 가운데 어느 것에 기초하여 설계되어야 하는가를 결정하는 일이다. 〈표 7-4〉에서는 수동 및 자동 창고보관시스템의 유형에 대한 지침, 장점 및 고려사항을 제시하고 있다. 자동시스템의 초기 비용은 기계화시스템보다 더 높을 것이다. 자동시스템은 건물면적을 덜 필요로 하겠지만 장비투자는 더 클 것이다. 자동화로부터 얻는 주된 장점은 운영비의 감소이다. 자동취급시스템은 적절하게 설계되고 제어된다면 노동력, 손상, 정확도, 제품 보호, 제품 회전 등의 측면에서 기계화시스템보다 성능이 뛰어날 것이다.

표 7-4 창고에 대한 보관 지침

	장비	자재 종류	장점	기타 고려사항
수동	선반·일반적 팔레트	팔레트 적재량	보관 밀도 높음. 보안성이 높다	적재물을 한 단계 더 깊게 보관하면 밀도를 높임
	드라이브인 선반	팔레트 적재량	포크레인이 적재한다. 밀도가 높다	포크레인의 진입은 한 방향으로만 가능
	드라이브 through 선반	팔레트 적재량	위와 같다	포크레인 진입이 두 방향으로 가능
	고층 선반	팔레트 적재량	보관 밀도가 매우 높다	ASRS시스템에서 자주 사용된다. 선반지원 건물에 사용되었을 경우 세금에 대한 이점이 있다.
	외팔보(cantilever) 선반	길거나 롤(roll)형의 적재량	어려운 모양의 적재량에 적합	각기 다른 SKU가 각각의 선반에 보관된다.
	팔레트 적재 프레임	모양이 특이하거나 부서지기 쉬운 부품	타 방법으로는 적재하기 불가능한 물품들을 적재 가능하게 한다.	사용하지 않을 시에는 분리시킬 수 있다.
	적재 프레임	모양이 특이하거나 부서지기 쉬운 부품	위와 같다.	사용하지 않을 시에는 바닥에 평평하게 깔 수 있다.
자동화	중력을 이용한 랙	단위화된 적재물	높은 밀도의 보관, 중력에 의해 적재물이 움직임	적재물의 FIFO 혹은 LIFO 흐름
	선반	작고 헐렁한 물품 그리고 상자	값이 싸다.	유연성을 높이려면 서랍과 결합할 수도 있다.
	서랍	작은 부품과 공구	모든 부분이 접근 용이하며 보안성이 높다.	많은 SKU를 위해 분리될 수 있다.
	이동 선반	팔레트 적재물, 헐렁한 물품, 상자	필요 바닥 공간은 반으로 줄인다.	안전장치가 딸려 나온다.
	수평 카루셀	소형 부품	부품 접근이 용이함, 비교적 저렴함	다중바닥시설에서 보관 및 배급시스템으로서의 이중역할 수행 가능
	수직 카루셀	소형 부품	높은 유연성	고층 선반보관 혹은 서랍과 함께 사용 가능

제8장

포 장

제8장

포 장

1 포장의 개념

1) 포장의 역할과 종류

포장은 생산단계에서는 종점이고 물류단계에서는 출발점이다. 그 이유는 목적지까지 내용품의 손상 없이 안전하게 전달해야 하기 때문이다. 포장의 목적과 기능은 ① 상품의 생산에서 소비에 이르는 동안 수송, 보관, 하역 등의 물류기능과 관련된 공업포장이 있고, ② 판매, 소비 과정에서 상품의 기능, 품질, 가치를 보호하고 취급의 편리성과 판매촉진기능에 도움이 되어야 하는 상업포장으로 분류된다. 환경 공해 문제로 ①과 ②항 모두 폐기물 단계에 이르기까지 책임을 져야 한다.

한국의 공업규격(KSA 1001 : 포장의 정의)에서는 포장을 "물품의 수송과 보관에서 물품의 가치 및 상태를 보호하기 위하여 적합한 재료나 용기 등으로 포장하는 방법 및 상태"라고 정의하고, 다음의 세 가지로 구분하여 규정하고 있다.

(1) 단위포장(개장, 낱포장)

물품의 낱개(단위) 포장을 말하는 것으로, 물품의 상품가치를 높이고 또한 물품을 보호하기 위해서 적절한 재료, 용기 등을 물품에 사용하는 기술 및 상태를 가리킨다. 슈퍼마켓에서 파는 최소단위의 포장이다.

(2) 내부포장(내장, 속포장)

포장화물의 속포장을 말하며, 외부로부터의 습기, 광열, 충격 등을 고려하여 돌기비닐, 스티로폼 등 각 물품에 적절한 재료, 용기 등을 사용하는 기술 및 상태를 의미한다.

(3) 외부포장(외장, 겉포장)

위의 단위포장과 내부포장의 과정을 거친 포장화물을 수송하기 위해 실시하는 겉포장을 말하며 물품을 상자, 포대, 통, 병 등의 용기에 담거나 용기를 사용하지 않고 물품을 각종 끈으로 묶어 포장하고 기호 또는 화물을 표시하는 경우이다.

또한 포장은 일반적으로 상업포장과 공업포장으로 크게 분류할 수 있다.

상업포장은 판매촉진에 중점을 두고 공업포장은 상품보호에 중점을 두고 있다. 판매촉진의 관점에서 본다면 상업포장은 소매점에서 1차 판촉을 노리고 최종소비 단계에서 2차 판촉을 노린다. 2차 판촉은 반복주문을 유발한다. 공업포장은 보호가 중심이긴 하지만 역시 유통과정 전반의 판촉효과도 염두에 두어야 한다. 공업포장과 상업포장의 차이는 다음과 같다.

① 상업포장(Commercial Packaging)

- 상업포장은 마케팅 분야에 속하며 물류분야의 공업포장과는 그 기능면에서 차이가 있다.
- 상업포장은 내용보호와 판매촉진이라는 2가지 기능을 만족시켜야 한다. 상업포장은 "상품의 얼굴"로서 판촉기능을 담당하나 호화포장, 과잉포장, 과대포장 등은 소비자의 불만을 초래할 수 있다.
- 또한 포장 폐기물의 처리 문제는 사회적 문제로 제기되고 있으므로 포장용기의 개선과 적정포장 방법에 대한 연구가 계속되어야 한다.

② 공업포장(Industrial Packaging)

- 공업포장은 물류분야에 속하며 내용상품의 보호는 물론 취급의 편리성에 대한 기능이 요구된다.
- 특히, 공업포장은 상품의 수송, 보관, 하역 등에서 물리적 요인(진동, 충격 등)과 화학적 요인(온도, 습도, 부패 등)으로 인하여 물품이 변질되는 것을 방지해야 하는 문제가 발생되고 있다.
- 공업포장은 상업포장과는 달리 판촉기능은 약하지만 목적지까지 상품을 파손 없이 안전하게 수송시키는 것이 중요 기능이다.
- 포장비 절약을 위해서 지나치게 포장을 간소화하면 오히려 상품의 파손율 증가, 취급상의 불편, 수송효율의 저하, 보관의 곤란 등의 문제가 발생된다.
- 그렇게 되면 포장비를 절약했다고 하더라도 파손과 감모율의 증가로 수송비, 하역비, 보관비의 비율이 높아져 전체비용이 증가하게 된다.

- 반대로 파손과 감모율을 줄이기 위해 과대포장을 하면 상품의 파손율은 줄일 수 있으나 포장비가 높아지므로 물류에서의 포장 문제는 제품설계 단계에서부터 이러한 요인들을 사전에 검토하여 포장설계를 계획하는 일이 중요하다.

상업포장과 공업포장의 특성은 위와 같지만 기본적으로 포장의 기능과 조건은 다음과 같다. 즉, ① 포장은 상품의 특성, 포장의 목적, 유통경로, 사회적 조건 등에 따라 변화하는 것이다. ② 성력화 및 고속화를 위한 포장작업의 용이 및 기계적응성을 고려해야 한다. ③ 과대·과잉포장을 배제해야 한다. ④ 항상 자원절약 및 저비용을 인식해야 한다.

포장을 단순히 '물건을 싸는 것'이라는 사고에서 탈피하여, 지금은 포장을 '마케팅의 최전선'으로 보고 있다. 포장은 구매의욕을 자극하는 수단이며, 파손이 없는 온전한 물건을 인도하기 위한 수단이다. 따라서 포장은 2가지 기능을 동시에 만족하면서 최소비용으로 이루어져야 한다. 물류활동 중에 특히 보관, 하역, 수송 또는 유통가공 등은 포장과 매우 밀접한 관계를 갖는다.

사소한 포장규격의 변경이 막대한 물류비 증가 또는 감소로 이어진다. 다시 말하면 수송의 경우 적재효율, 보관의 경우 보관 효율이 달라진다. 팔레트 규격 등을 변경할 경우 기존의 포장규격이나 다른 물류부문과의 관계를 주의 깊게 고려해야 한다. 따라서 포장의 표준화 및 규격화는 매우 중요한 과제이다. 즉, 포장은 물류합리화의 원점이며 포장설계는 대단히 중요하므로 포장설계시 물류전반을 고려해야 한다. 상업포장 및 공업포장을 동시에 고려해야 하며 시스템 개념으로 접근해야 한다.

포장은 화물의 이동성, 하역성, 보호성 등의 기능으로 물류시스템에서 중요한 역할을 한다. 포장은 생산과 마케팅을 연결하는 기능도 한다. 특히 생산면에서 첫 단계인 제품설계단계부터 관계하고 있다. 즉, 제품설계단계에서 생산능력, 공업포장 또는 상품포장의 세 가지 측면은 중요한 위치를 차지한다.

이것을 고려하지 않고는 생산, 판매, 소비에 이르는 일관시스템이 순조롭지 못하다. 거기에 수송수단 또는 보관설비 등과 유기성, 점두전시, 개장, 폐기, 재활용 등 대단히 폭넓고 다양하게 관계하고 있다. 포장은 단순히 한 기업의 문제가 아닌 기업, 소비자, 공공단체 또는 국제사회 전체의 문제이다. 특히 물류의 규격화·표준화 측면에서 포장이 중추적인 역할을 하고 있음을 주목해야 한다.

2) 포장의 요건

(1) 작업면

포장공정에서 단체로서 소포장 작업을 위한 설비나 면적은 작업 능률과 비용을 좌우하게 된다. 따라서 포장의 자동화 및 표준화가 중요한 과제가 된다.

(2) 보관면

내용보다 물품의 품질보호를 위한 적절한 강도와 밀폐성 및 형상 등을 만족시킬 수 있는 포장이 필요하다. 또한 보관공간의 면적을 효율적으로 활용하고 하역작업 등을 효율적으로 수행하기 위하여 포장화물의 형태나 강도가 고려되어야 한다.

(3) 운송면

운송 중의 충격을 견딜 수 있는 충분한 강도의 포장이 되어야 한다. 상품에 따라서는 기온이나 빛 등의 외부환경 조건으로부터 격리를 필요로 하는 경우도 있다. 또한 포장은 수송요금을 고려하여 너무 과중한 포장이 되지 않도록 한다.

(4) 하역 및 작업장 내 운반면

하역작업을 경제적이고 효율적으로 수행하기 위해서는 포장화물의 강도와 중량, 크기, 형상 등의 표준화가 필요하다. 포장화물의 표준화는 하역기계, 부속기계, 하역작업 등의 표준화를 진전시킬 수 있다.

2 포장의 기능

1) 포장의 기능

포장에는 마케팅과 물류의 두 가지 기본 기능들이 있다. 포장의 마케팅 기능은 포장의 색깔과 모양을 통해 제품 정보와 홍보 기능을 제공하는 것이다.

포장은 말없는 세일즈맨이며 기업과 고객 간의 마지막 접촉점이다. 소비자들은 일반적으로 제품이 가지고 있는 지각된 이미지들로부터 제품을 구입하는데 그들의 지각은 제품의 포장이 주는 단서들에 의해서 강하게 영향을 받는다. 예를 들면 브랜드, 색깔, 디스플레이 등을 들 수 있다.

물류 관점에서 포장의 기능은 제품과 자재를 구성하고, 보호하고, 그 제품이나 자재가 무엇인지를 나타내는 것이다. 이러한 기능을 위해 일정 공간과 어느 정도의 무게가 더해진다. 포장 사용자들은 포장이 제공하는 장점들을 살리는 동시에 부피와 무게가 추가되는 것을 줄이기 위해 노력하고 있다. 골판지형의 컨테이너, 발포를 이용한 내부 충진, 랩을 이용한 포장, 스트래핑을 이용하는 포장이 바로 이러한 노력의 예라고 볼 수 있다. 그리고 포장의 환경문제 또한 역물류(reverse logistics)에 대한 관심 증가와 함께 중요하게 여겨지고 있다.

2) 포장의 6가지 물류기능

포장은 일반적으로 다음과 같은 6가지 기능을 수행한다.

(1) 봉쇄(containment) : 제품들은 반드시 한 장소에서 다른 장소로 이동되기 전에 포장되어 있어야 한다. 만약 포장이 망가져 열린다면 물건이 없어지거나 손상될 수 있고 유해한 물질이라면 환경오염을 일으킬 수 있기 때문이다.

(2) 보호(protection) : 외부영향에 대해 포장 안의 내용물이 보호되어야 한다.

(3) 소분(apportionment) : 생산자에 의해 만들어지는 제품은 큰 규모이기 때문에 제품은 "고객용" 크기로 소분되어야 많은 사람들이 사용할 수 있다.

(4) 단일화(unitization) : 하나의 포장단위로 만들어진 것들(첫 번째 단계에서의 포장)은 관리의 용이성을 제고하기 위해 두 번째 단계에서 하나로 만들어져야 한다. 이를 두 번째 단계에서의 포장이라고 한다. 랩에 의해 팔레트 단위로 묶거나 컨테이너에 여러 팔레트를 함께 싣거나 하는 것은 모두 단일화라고 볼 수 있다.

(5) 편리성(convenience) : 제품들을 사용하기 편하게 하는 것을 말하며, 소비자들의 불필요한 활동을 줄여주어야 한다. 예컨대 휴지나 종이컵 등을 편하게 뺄 수 있는 포장이 여기에 속한다.

(6) 의사소통(communication) : UPC(universal product code)와 같은 명확하고 바로 이해할 수 있는 기호를 사용한다.

포장은 제품이 가장 효율적으로 저장되도록 디자인되어야 한다. 좋은 포장은 기업 내 자재취급 장비에 적합해야 하고 저장 공간을 효율적으로 사용할 수 있도록 해야 하며 수송이나 무게에 따르는 제약을 잘 고려해야 한다.

3) 비용과 고객서비스에 있어서의 포장의 효과

(1) 포장을 통한 비용 절감

과거에는 포장이 가지는 상쇄관계에 대해서는 물류 의사결정에 있어서 종종 무시되었지만 모든 물류의 의사결정들과 같이 포장은 비용과 고객 서비스 수준에 영향을 미친다. 예를 들어 기업이 12″×12″×16″ 대신 12″×12″×8″의 골판 상자를 사용하고 있다고 하자. 가정하기를 조그만 골판 상자는 $0.30이며, 적재 손실이 적으며, $0.50에 달하는 수화물의 1/2 입방 피트를 절약할 수 있다. 이 예에 있어서 골판 상자당 총 $0.80을 절약하는 것이다. 만약 몇 백 혹은 몇 백만 단위가 판매될 경우 절감비는 크게 증가한다.

동시에 비용은 줄고 서비스 수준은 향상된다. 왜냐하면 고객들은 보다 작은 포장으로 같은 양의 제품을 받을 수 있는 동시에 관련 비용을 줄일 수 있고 생산자 입장에서도 수송차량에 보다 많은 제품을 실을 수 있기 때문에, 제품을 나누어 배송하거나 하는 등의 문제가 발생할 가능성이 낮다.

(2) 효과적이고 효율적인 포장으로 비용절감

포장은 환경에 대한 우려와 재활용 그리고 재사용으로 점차 중요한 이슈가 되고 있다. 효율적이고 효과적인 포장에 투자하는 것은 기업으로 하여금 다음과 같은 방법으로 비용을 절감하게 해준다.

(3) 좋은 포장에 따른 이익

- 보다 가벼운 포장은 수송비용을 감소시킨다.
- 잘 계획된 포장 사이즈/입방형은 창고 공간의 이용이나 수송을 보다 원활하게 한다.
- 보다 안전한 포장은 손상을 줄이고 특수 가공을 줄일 수 있다.
- 재수거 가능한 용기들을 사용하면 비용을 줄일 수 있고 제품들의 폐기를 줄여 환경에 도움을 준다.

(4) 포장디자인에 영향을 주는 요소

좋은 포장디자인은 ① 표준화 ② 가격(비용) ③ 포장의 융통성 ④ 내용물을 보호하는 정도 ⑤ 이동의 용이성 ⑥ 제품의 포장 용이성 ⑦ 재사용과 재활용에 의해 영향을 받는다. 창고에서의 자동화와 컴퓨터화의 영향으로 저장 공간의 효율적 활용과 관련정보의 전송이 핵심이다. 기업이 각 요인에 중요성을 두는 정도나 비용과 서비스 간의 상쇄관계 정도는 기업마다, 산업마다 그리고 지리적인 위치에 따라 달라질 수 있다.

(5) 포장과 물류비용의 상쇄관계

식품가공업자를 예로 들면, 제품의 특성과 비용 상의 차이로 식품가공업자들은 이동과 보관비용을 최소화할 수 있는 컴퓨터 생산체계에 보다 관심을 기울이게 되었다. 한 컴퓨터 생산자는 컴퓨터가 고가이고 깨지기 쉽다는 특성으로 포장의 기능에서 물건 보호에 보다 관심을 가진다.

독일의 기업들은 자국의 엄격한 법 때문에 포장의 재사용과 재활용 측면에 관심이 많다. 포장에 대한 의사결정은 반드시 전체 비용에 대한 그림을 이해하기 위한 시스템적인 접근을 필요로 한다.

포장과 물류에서의 비용 상쇄관계의 예들은 〈표 8-1〉에 나타나 있다. 포장과 물류 활동 간에는 이렇듯 중요한 상관성을 가지게 된다.

표 8-1 포장과 물류비용의 상쇄관계

물 류		수 송
수송	• 포장 정보의 증가 • 포장의 보호기능 강화 • 표준화 강화	• 선적지연의 감소 : 포장정보 이용의 증가는 누락되는 선적건을 보다 잘 추적하게 한다. • 수송시의 손상과 도난 감소 : 그러나 포장의 무게가 늘고 수송비용 증가 • 관리비용과 하역작업을 위한 대기시간 감소 : 표준화 증가, 수송모드 선택 폭 확대와 특화된 수송 설비 필요성 감소
재고	• 상품보호능력 강화	• 도난, 손상, 보험 비용의 감소 : 제품의 이용가능성 증가(매출 증가), 제품의 가치와 유지비용의 증가
창고	• 포장정보의 증가 • 상품 보호능력 강화 • 표준화 강화	• 주문 충족시간과 관련 임금 감소 • 적재율 증가, 그러나 제품 영역별 크기의 감소로 인한 공간 적재율은 감소 • 자재관리 설비 비용의 감소
의사소통	• 포장정보 증가	• 누락된 배송 추적 전화와 같은 제품에 대한 의사소통이 감소

3 물류포장의 최근 추세

1) 필름 중심의 포장

필름중심의 포장은 딱딱한 상자를 대체하기 위해 유연한 포장을 사용하는데 최근에는 캔, 병 및 가구 등과 같은 소비재 포장을 위한 출하 케이스를 만들 때 사용되고 있다. 유연한 포장은 견고한 포장에 비해 여러 가지 장점이 있다. 대부분의 필름 중심시스템은 비용이 훨씬 덜 들고 자동화가 가능하다. 그리고 여러 가지 크기의 제품에 맞추기 위해 여러 가지 형태의 상자를 유지하기 보다는 하나의 필름 롤을 가지고 모든 형태에 맞출 수 있기 때문에 표준화의 장점이 있으며, 필요한 보관공간이 줄어든다는 것이 또 다른 장점이 있다. 필름 중심 포장은 정사각형이나 원형 형태의 제품에 적용하기 쉽고 의자와 같은 비정형 제품에는 적용하기 어렵다.

2) 담요포장

담요로 싸는 방식은 이삿짐 운반차에 의해 가정집의 물건들을 포장할 때 이용되는 전통적 형태로 의자와 같은 모양의 짐을 포장할 때 이상적인 방법이다. 담요포장은 주로 트럭으로 운반되는 대형제품에 적합하다. 예로서는 소파, 실험실 장비, 식당용 가구 그리고 사무실 가구 등이 있다.

3) 반환가능 컨테이너

반환가능 컨테이너는 물류시스템에서 이전부터 계속 사용되어져 왔다. 자동차 제조업자들은 자동차 보디 부문의 공장 내 출하를 위해 반환가능 랙을 항상 사용하여 왔고, 화학회사들은 재사용된 드럼통을 시용하고 있다.

4) 중간크기의 벌크 컨테이너

중간 크기의 벌크 컨테이너는 중간 정도의 양을 선적하기 위한 낱알 모양과 액체 제품을 위해 사용된다.

5) 팔레트

팔레트(pallet)는 물류 생산성을 위해 기여를 많이 하였지만 동시에 손상의 원인과 높은 구입비용 그리고 높은 처리비용을 가져다주었다.

4 포장의 규격화

하역, 보관, 수배송 등의 합리화를 위해서는 포장의 표준화·규격화 등 포장 자체의 현대화·합리화를 이루지 않으면 안 된다. 즉, 포장의 크기를 규격화하지 않으면 안된다. 이것에 의해 하역의 기계화도 가능하고, 팔레트, 트럭, 화차, 보관선반 등 모든 규격이 결정된다. 포장의 규격화는 토탈 물류의 원점이라 할 수 있다. 물론 포장 이외의 규격화가 포장규격의 재평가를 요할 경우도 있다. 이들 사이에는 항상 상호작용이 있기 때문이다.

팔레트의 규격화가 부진하여 포장의 규격화가 늦어지고 있다. 그러나 포장의 규격화를 저해하는 요인은 팔레트의 규격화 외에도 ① 거래단위의 소규모로 우수리가 있고, ② 상품의 형태가 규격화에 적합하지 않으며, ③ 판매포장(상업포장 중심)이 강조되고, ④ 포장의 모듈화로 기존의 생산설비, 물류시설 등을 바꿔야 하며, ⑤ 최고경영자가 모듈의 중요성을 인식하지 못한 점 등이다.

그러나 포장의 규격화는 물류효율을 위해서는 필수적 과제이다. 국내는 물론 국제적으로 그리고 장기적으로 모듈화(규격화)를 추진해야 한다.

5 포장의 합리화

물류합리화 대상의 하나는 포장의 개선이다. 포장이 물류의 원점임에도 불구하고 지엽적인 것으로 간주하여 종합적으로 접근하지 않고 있다. 포장은 물동량, 팔레트, 화차, 트럭의 차종, 창고의 선반 등 여러 요소와 연동된다. 여기에 시스템의 통합이 요청되고 시스템의 효율을 고려할 필요가 있다. 포장의 합리화를 위해서는 다음의 6가지 원칙을 기초로 접근해야 한다.

(1) 대량화·대형화 : 포장의 합리화를 위해서는 가능한 한 그 크기를 대형화해야 한다. 또한 다수의 업체와 거래할 경우 대량화로 비용을 절감해야 한다. 대형화 및 대량화하면 1회당 발주단위가 커져 규모의 이익을 얻을 수 있다.

(2) 집중화·집약화 : 포장작업의 집중화와 집약화로 관리수준의 향상과 대량화의 추진이 가능하다. 특히 중소기업은 집중화·집약화로 효율을 높일 수 있다.

(3) 표준화·규격화 : 표준화는 국내외에서 생산·유통되는 각종 포장용기의 규격을 표준화하여 유통의 합리화를 도모하는 것이다. 포장의 규격화로 하역능률이 향

상되고, 포장가공의 신속화로 생산비가 절감된다. 규격화 및 표준화로 포장설계의 간소화, 과잉포장을 배제하여 포장비를 절감하고 포장재료비, 용기제작비, 포장작업비 등을 절감하고 포장재료의 보관장소 및 재고도 감소시킨다. 또한 보관효율의 향상 및 보관비 절감, 운송효율의 향상 및 운송비 절감, 하역효율의 향상과 파손율의 감소를 가져온다.

(4) 사양변경의 원칙 : 포장의 보호성에 벗어나지 않는 범위에서 사양의 변경을 통해 비용절감을 모색하여야 한다.

(5) 재질변경 : 재질비용을 낮추기 위해 재질을 1단계 낮출 수 있는지 여부를 검토한다.

(6) 시스템화 : 단기적 부분적 개선이라도 항상 규격화를 지향하여 전체 시스템을 고려해야 한다. 팔레트화 및 컨테이너화를 위해서는 팔레트와 컨테이너의 규격, 구조, 품질 등을 표준화하고 운송, 배송, 보관, 하역 등 물류활동을 시스템화해야 한다.

상기 6원칙을 충실히 이행하면 합리화를 기대할 수 있다. 한편 합리화의 추진에는 철학이 필요한데 즉 편익의 배분을 고려하지 않으면 안 된다. 편익을 독점하고 상대에게 배분하지 않는다면, 그 폐단은 반드시 발생하기 때문에 이익은 공평히 배분해야 한다.

또한 협력이 없으면 합리화가 어렵다. 합리화를 통한 이익과 손해를 쌍방이 공유할 때 비로소 시스템이 가동하게 된다. 더욱이 합리화에는 발상의 전환이 필요하다. 발상의 전환이 현실의 탈피·타파의 기본이다. 현재 사용하고 있는 포장을 재점검하여 안전성과 신뢰성을 확인하여 포장의 합리화에 몰두해야 한다.

6 적정포장의 설계

1) 적정포장의 개념

적정포장이란 상품의 품질보존, 취급상의 편의성, 판매촉진, 안정성 등 포장 본래의 기능을 만족시키는 가장 경제적인 포장을 말한다. 즉 유통과정에서 발생하는 진동, 충격, 압축 및 온·습도 등에 의해 물품에 파손 및 손상이 발생하는 것으로부터 화물을 보호하여 원상태 그대로 운송될 수 있는 포장을 말한다. 적정포장에서는 과대·과잉포장을 회피하고 결함포장을 배제하여야 하며 이를 위하여 그 설계면에서 보호성, 안정성, 단위, 표시, 용적, 내포장, 폐기물처리 등을 고려하여야 한다.

일반적으로 적정포장이라고 하면 상품의 보호기능이 발휘되는 관점에서 그리고 판촉이나 상업포장을 중심으로 한 소비자 보호라는 관점에서 공간용적비나 비교포장비에 의한 적정포장기준을 적용할 수 있다.

그러나 이 같은 적정포장기준이 절대적인 기준이 될 수 없는 이유는 운송하물의 이동거리, 운송수단의 종류, 하역방식, 기후·풍속·관습의 차이 및 상품의 종류와 특성 등에 따라 일정하게 그 기준을 결정할 수 없기 때문이다. 따라서 적정포장이란 상품의 품질보전, 취급의 편의성, 판매촉진 및 안전성 등 포장 본연의 기능을 만족시키는 가장 경제적인 포장이다.

2) 합리적인 적정포장

적정포장의 가장 중요한 점은 포장비의 개념을 명확히 한 후, 각종 포장비용의 상승을 최소한으로 억제하고 보호기능의 발휘를 최대한 이용할 수 있는 교차점에서 포장이 설계되어야 한다. 즉 포장비와 포장화물을 유통과정에서 외압으로부터 적절히 보호할 수 있는 기준에서 포장비의 적정화를 도모하여야 한다.

포장비의 절약은 하역시의 충격이나 운송 중의 충격과 진동 그리고 보관 및 운송 중의 압축하중에 화물이 손상되는 것을 방지하는 범위 내에서 이루어져야 하는 것이다.

3) 포장비의 내용

(1) 포장 일반비 : 포장재료비, 포장보조재료비, 포장수단비, 기타 포장재료 및 수단비 등

(2) 포장경비 : 포장재료 및 수단 제작비, 포장보조재료 제작비 및 곤포비, 포장인쇄비, 기타 포장작업비 등

(3) 포장관리비 : 포장설계 및 디자인비, 포장검사비 및 통제비, 포장재료·수단에 관련된 물류비, 보험료, 기타 관리비 등

4) 적정포장의 조건

적정포장은 다음과 같이 포장과 관련되는 생산자, 물류업자, 판매자 및 소비자의 입장에서 적정성을 검토하여 제 조건을 충족시킬 수 있도록 하여야 한다.

(1) 생산자측의 조건

- 제품의 적절한 보호
- 포장비 절감을 통한 원가절감
- 기업 및 제품광고의 효율성 제고
- 작업의 라인화 및 자동화를 위한 포장설계
- 재생의 활용성 제고

(2) 물류업자측의 조건

- 하역의 용이성과 위험성을 고려한 중량과 용적단위 포장
- 유닛 로드의 적합성 고려
- 포장강도의 표준화
- 표시마크, 물품의 구분, 선행지, 취급방법 등의 명확한 표시
- 운송수단과 하역수단의 적합성 고려
- 유통과정에서 도난방지

(3) 판매자측의 조건

- 개장과 재포장의 용이성
- 간단명료한 내용표시
- 판매시점에 효과 여부
- 소비자 감각에 부합되는 디자인

(4) 소비자측의 조건

- 만족감 제공
- 개장 및 재포장의 용이
- 포장의 처리나 재이용의 용이

7 포장재료

포장재료는 포장기술의 진보와 관련시스템의 발전으로 변화되어 가고 있다. 이는 다품종 소량방식의 진전과 물류형태의 변모 등에 기인한다. 포장재료의 경우 과거에는 짚, 목재, 섬유 및 요업제품이 주류를 이루었으나 현재는 종이, 금속, 플라스틱 등

이 중심이 되어가고 있고 최근에는 각종 복합재료가 활용되고 있다.

하역의 기계화는 팔레트 이용을 촉진함과 동시에 종래의 나무상자포장을 골판지 포장으로 변화시키고 있다. 포장재료 중 많이 사용되는 골판지, 나무상자, 플라스틱 용기에 대해서 살펴보면 다음과 같다.

1) 골판지

(1) 골판지용 판지

① 구성

골판지(corrugated fiberboard)는 파상판지 또는 주름진 판지로서 판지 바깥쪽의 평평한 부분에 사용되는 라이너(liner)와 안쪽의 골(flute)을 내는 부분 및 이중양면골판지 중간에 사용되는 골심지(medium paper)로 구성된다. 라이너에는 강도, 균일성, 내벽성 및 인쇄의 적정성이 요구되며 골심지에는 골을 내는 부분에 대한 인장강도, 가공의 적정성, 내압강도 및 접착성이 요구된다.

② 골판지의 종류

골판지는 그 구조에 따라 다음의 4종류가 있다.

- 편면(single) : 파형으로 골을 낸 골심지 원지의 한쪽 면에 라이너를 붙인 것으로 주로 내부 포장용으로 많이 사용된다.
- 양면(double) : 파형으로 골을 낸 골심지 원지의 양쪽에 라이너를 붙인 것으로 상자용으로 많이 사용되고 있다.
- 이중양면(double wall) : 양면 골판지에 편면 골판지를 붙인 것으로 손상되기 쉬운 물품이나 귀중품의 포장에 사용된다.
- 삼중(triple wall) 골판지 : 이중양면 골판지에 다시 편면 골판지를 붙인 것으로 중량물의 포장에 사용된다.

골판지를 구성하는 골의 종류는 A, B, C, E 골이 사용되며 이 중 A골은 높이가 가장 크고 판지의 두께가 두꺼워 완충성이 크기 때문에 가장 많이 사용되고 있다. 골판지의 강도는 내용품을 보관하기에 충분한 강도가 요구된다.

③ 골판지의 장점

- 대량생산품의 포장에 적합하다.

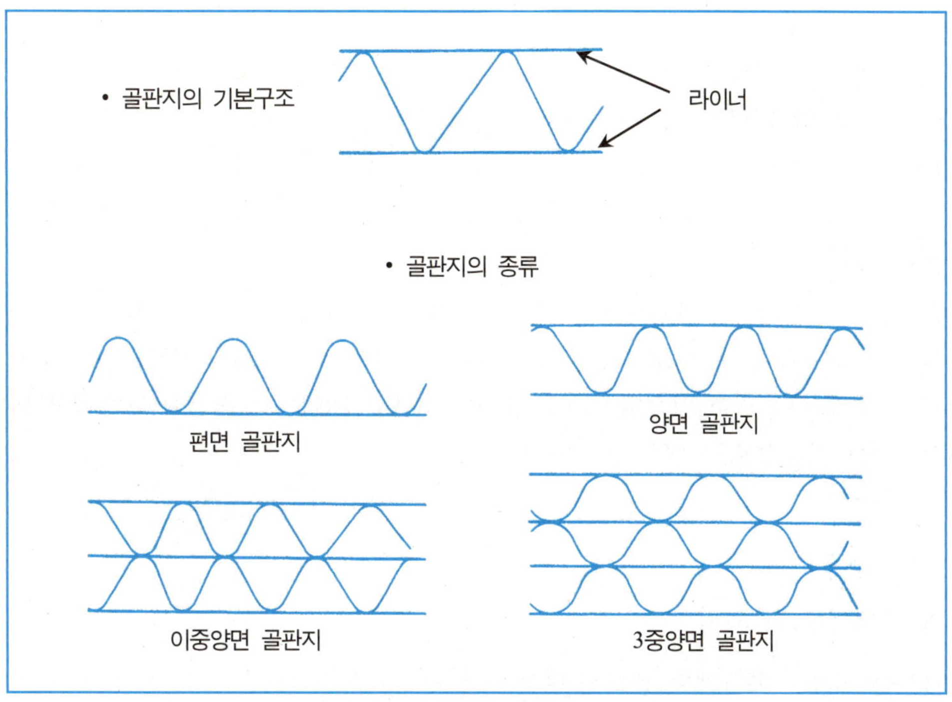

▌그림 8-1▌ 골판지의 기본구조와 종류

- 대량주문요구를 수용할 수 있다.
- 경량이고 체적이 작아 보관이 편리하므로 운송 중 물류비가 절감된다.
- 포장작업이 용이하고 성역화, 기계화가 가능하다.
- 포장조건에 맞는 강도 및 형태를 임의 제작할 수 있다.
- 외부충격에 탄력을 주어 내용물의 손상을 방지할 수 있다.

④ 골판지의 한계점

- 습기에 약하며 수분을 흡수하므로 압축강도를 저하시킨다.
- 소단위 생산 시 비용이 비교적 높다.
- 하물의 취급 시 파손이나 휘기 쉽다.

⑤ 이중 골판지의 장점

골판지의 장점을 살리고 단점을 보완하기 위하여 사용되기 시작한 것이 이중 골판지로서 그 장점은 다음과 같다.

- 나무상자에 비해 무게가 가볍고 싸며 용적이 작다.

- 압축도가 우수하다.
- 포장작업시간을 단축할 수 있다.
- 접을 수 있으므로 보관효과가 우수하다.
- 특수한 못을 사용하므로 목재와 병행하여 사용할 수 있다.

(2) 골판지상자

골판지상자의 형식은 KS규격에 의하면 A, B, C형으로 구분되며 국제화에 따라 형식이 다양화되고 있다. 종류로는 양면 골판지(CS 1-4)와 이중양면 골판지(CD 1-4)로 각기 4종류로 구분되어 있으며 골판지상자를 선택할 때에는 포장제한의 중량과 최대 안쪽치수를 기준으로 선택하여야 한다.

2) 나무상자

(1) 나무상자의 의의

나무를 이용한 포장에는 용도에 따라 여러 종류가 있으나 일반적으로 이용되고 있는 종류는 나무상자, 합판상자, 와이어 바운드 상자, 받침대 등이며 이외에도 나무통, 팔레트 및 틀 상자, 컨테이너 등이 있다. 나무상자는 과거부터 사용되고 있는 대표적인 포장재료로서 단위포장인 팔레트나 컨테이너의 출현과 골판지상자의 출현으로 이용이 감소되고 있으나 수출품의 중량포장에는 아직도 많이 사용되고 있다.

(2) 나무상자의 장·단점

① 나무상자의 장점

- 높은 강도로 고도의 내용품 보호성이 있으며 귀중품, 중량물 및 기계류의 포장이나 외장용기에 적합하다.
- 재료확보가 용이하고 공작이 간단하다.
- 재활용의 효과가 크다.

② 나무상자의 단점

- 썩거나 강도가 저하되기 쉽고 수분의 내포로 내용품에 손상을 줄 우려가 있다.
- 대량생산에 대응하기 어렵고 재료보관에 많은 공간이 필요하다.
- 중량이 무겁고 용적이 커지므로 물류비가 많이 든다.
- 포장과 개장 시 공구를 필요로 하며 시간과 노력이 든다.

따라서 이러한 문제를 해결하기 위하여 합판 등 다른 재료와 조합하거나 필요한 부분에만 사용하는 방법이 강구되고 있다.

3) 플라스틱 용기

(1) 플라스틱 용기의 의의

플라스틱 제품이 운송포장으로 사용되는 것은 중포장대와 플라스틱 컨테이너이다. 중포장대는 필름대와 직물대의 2종류가 있다. 필름대는 방습, 방수성이 뛰어나 비료, 설탕, 소금 등 무기물에 사용되며 직물대는 통풍성이 있으므로 가마니나 마대 대신 사용하며 주로 곡물류나 배합사료 등의 유기물에 사용된다. 플라스틱 컨테이너는 장점이 많고 성형가공이 쉽기 때문에 다양하게 이용되고 있다.

(2) 플라스틱 용기의 장·단점

① 장점

- 나무상자에 비해 가볍고 내용년수가 길며 보수비용이 들지 않는다.
- 착색이 용이하고 일체구조이므로 취급이 용이하고 관리하기가 쉽다.
- 씻고 말리기가 용이하다.

② 단점

- 미끄러지기 쉽다.
- 표면에 흠집이 생기기 쉽고 오손되기 쉽다.
- 내용연수는 길지만 초기비용이 많이 든다.
- 파손 시 복구가 어렵다.
- 나무상자보다 가격이 비싸다.

8 포장기법

포장화물은 유통과정에서 여러 가지 장애요인에 노출되게 된다. 그 예로 충격, 진동, 압축, 뒤틀림 등 외력으로 인한 장애와 온도, 수증기 및 가스, 액체 등의 기상변화에 따라 발생하는 장애 등을 들 수 있다. 따라서 포장의 본래의 기능인 보호기능을 만족시키기 위해서는 화물의 성격에 따라 포장기법을 알아야 할 필요가 있다.

1) 방습포장기법

방습포장(water-vapor proof packaging)이란 물류과정에서 습기가 상품에 스며들지 않도록 방지하는 포장으로 습기가 상품에 미치는 영향으로는 다음과 같은 것이 있다.

- 비료, 시멘트, 의약품과 공업약품 등에 나타나는 팽창, 조해, 응고
- 건조식품, 의약품에 나타나는 변질
- 식료품, 섬유제품, 피혁제품에 나타나는 곰팡이
- 금속제품에 나타나는 녹 : 방습의 완전한 포장재료로는 금속이나 유리를 들 수 있으며 플라스틱이나 종이는 방습성능이 떨어진다.

2) 방청포장기법

기계류나 금속제품은 물류과정에서 공기 속의 산소, 이산화탄소, 수분 등에 의해 표면에 산화물, 탄산염, 수산화물 등이 생기는데 이를 녹이라고 말한다. 녹에 의하여 상품은 본래의 기능을 상실하게 되므로 이를 막기 위하여 방청포장(rust preventive packaging)을 하게 된다. 방청포장은 녹을 발생하게 하는 산소나 습기가 금속의 표면에 접촉되지 않도록 하는 포장을 말한다.

방청을 위해서는 구리스, 기화성 방청제, 플라스틱 등이 주로 사용되고 있으나 이 외에도 진공포장, 특수충전제 및 특수골판지 등이 사용되고 있다.

3) 방수포장기법

방수포장(waterproof packaging)은 포장내용물을 유통과정에서 방수지, 왁스가공지 또는 아스팔트가공지 등과 같은 방수포장재료를 이용하여 빗물이나 바닷물의 침입을 방지하는 포장기법을 말한다.

4) 완충포장기법

완충포장(cushiony packaging)은 물품이 진동이나 하역의 충격에 의한 파손을 방지하고 외력이 물품에 직접 가해지지 않도록 외부압력을 완화시키는 포장기법을 말한다. 완충포장을 하기 위해서는 물품의 성질, 유통환경, 포장재료의 완충성능을 고려해야 한다. 완충포장의 설계에는 내용물의 중량, 허용가속도, 물류환경에 의해 예상되는 최대낙하높이, 내용물과 완충재료와의 접촉면적 등의 검토가 이루어져야 한다.

5) 집합포장기법

집합포장(assembly packaging)은 운송포장의 취급시 기계하역의 대상이 되는 비교적 대형화물의 집합체로서 단위화물을 형성하는 것을 말한다. 집합포장이 갖추어야 할 요건은 물류의 각 단계에서 집합체가 무너지지 않을 정도의 충분한 보호기능이 있어야 하며, 운송기관이나 보관설비에의 하역작업과 취급이 용이하도록 지게차나 하역기계, 기구 등의 사용에 적합하여야 한다. 이 같은 보호기능과 기기취급이 용이하도록 하기 위해서는 설계 시에 적재공간을 고려해 용적과 중량을 기계하역에 적합하도록 포장해야 한다.

집합포장에서 팔레트의 집합적재방식은 다음과 같은 것이 있다([그림 8-2]).

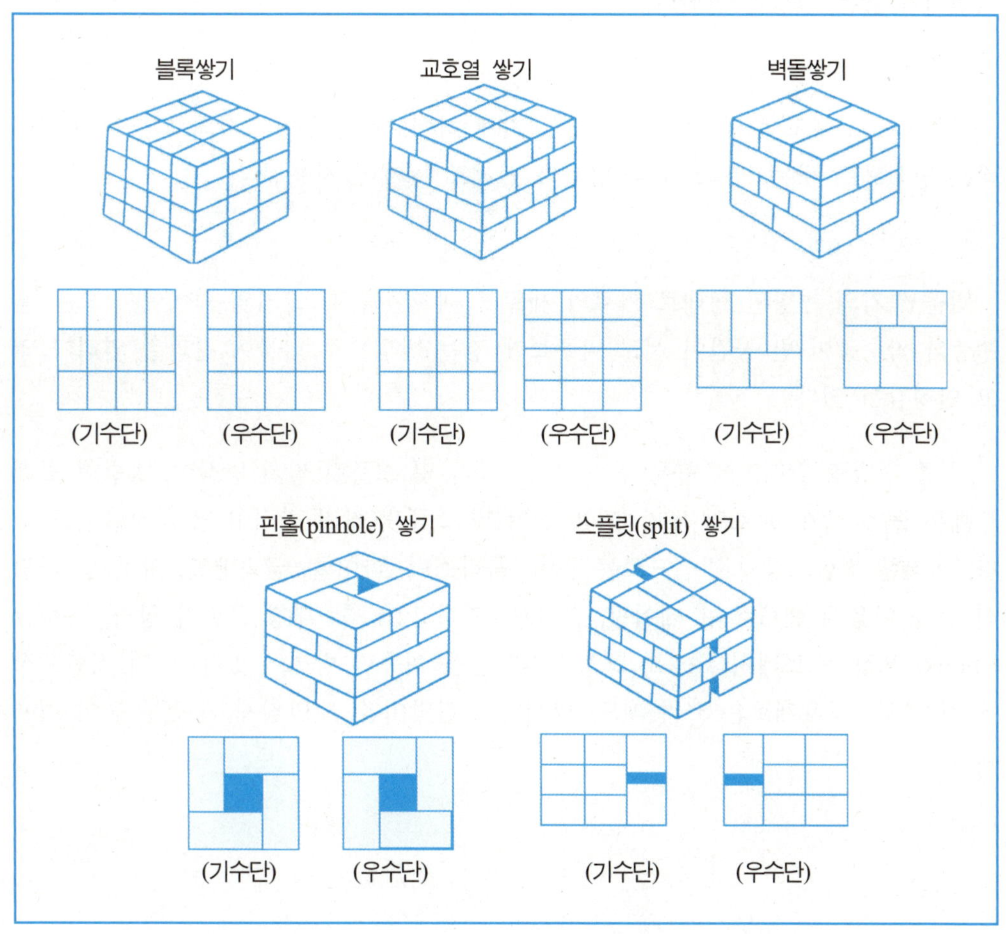

그림 8-2 파렛트화물의 집합적재 방식

① 블록 쌓기

가장 단순한 쌓기 방식으로 포장방향이 아래에서 위까지 같게 쌓는 방법으로 화물이 갈라질 염려가 없고 안정감이 없다.

② 교호열 쌓기

짝수층과 홀수층을 90도 회전시켜 쌓는 방법으로 화물이 갈라질 염려가 없으나 정방형의 팔레트에서만 적용할 수 있다.

③ 벽돌 쌓기

벽돌을 쌓듯이 가로와 세로를 조합하여 일단을 배열하고 홀수층과 짝수층을 180도 회전시켜 쌓는 방법을 말한다.

④ 핀홀(pinhole) 쌓기

풍차형으로 쌓고 중앙에 빈 공간이 생기게 하여 각 단에서 포장의 방향을 바꾸어 쌓는 방식으로 쌓는 방식으로 정방형의 팔레트 적재에 사용된다.

⑤ 스플릿(split) 쌓기

벽돌 쌓기의 변형된 형태로 가로와 세로를 배열했을 때 크기의 차이에서 오는 홀수층과 짝수층이 빈 공간이 서로 마주보게 쌓는 방법으로 화물이 갈라질 염려가 없고 안정감이 있다.

이 중 정방형 팔레트에 블록 쌓기, 벽돌 쌓기 및 스플릿 쌓기 방식이, 정방형 팔레트에는 블록 쌓기, 교호열 쌓기, 핀홀 쌓기 및 스플릿 쌓기 방식이 많이 사용되고 있다. 이러한 집합포장의 방법으로는 종이, 플라스틱, 나이론, 금속밴드, 꺽쇠 및 물림쇠 등을 이용해 밴드결속, 테이핑, 슬리브, 꺽쇠고정, 틀, 대형 골판지 상자, 슈링크(shrink) 포장, 스트레치(stretch) 포장, 접착 등을 이용한 방법이 있다. 이때 집합포장에 사용되는 보호재로는 코너 패드, 덮개, 틀, 칸막이판, 덧받침재, 충전물 등이 이용된다.

9 포장의 표준화와 국제화

1) 포장표준화의 의의

(1) 포장표준화의 개념

유닛 로드 시스템은 복합운송의 전형적인 운송시스템의 기반이 되는 단위적재시스템으로서 이에 대한 가장 적절한 대응책은 포장화물의 팔레트화와 컨테이너화를 위한 포장표준화가 필요하게 된다. 포장표준화를 구분하면 다음과 같다.

- 회사 내에서의 표준화 : 업계규격
- 동일업계에서의 규격 : 업계규격
- 국가전체로서의 구격 : KS, JIS, DIN 등
- 국제적인 표준화 : ISO 규격
- 강도의 표준화
- 기법의 표준화
- 치수의 표준화
- 재료의 표준화

(2) 포장표준화의 장점

- 하역능률을 향상시켜 유통비를 절감
- 업계로 하여금 발주·가공의 신속화를 가능하게 하여 생산원가 절감
- 종합유통원가를 절감하는 동시에 상품의 품위를 향상

2) 포장의 적정화 및 표준화 방안

(1) 포장적정화를 위한 품질평가

운송 중의 진동이나 하역 중의 낙하충격 또는 보관시의 압축에 대해 포장의 품질을 평가하는 방법은 진동시험(운송거리), 낙하시험(유통조건), 압축시험 등을 통해 평가하게 된다.

(2) 운송포장 치수의 표준화

일관물류시스템의 표준화를 위해서는 물류 모듈의 개념을 도입하여야 하며, 그 기본이 되는 것이 유닛 로드 치수이다. 유닛 로드 치수를 표준화하기 위해서는 공로,

철도, 해운 및 항공 등 운송수단과 단위포장인 팔레트와 컨테이너 치수와의 일관성을 고려하여 설계되어야 한다.

예를 들면, 대형 컨테이너는 높이와 길이가 다르지만 폭의 바깥치수는 8피트(2,438mm)이며, 안쪽은 2,330mm로 통일되고 있다. 포장치수의 표준화에 대한 기본적인 사고방식은 포장치수와 물류관계 공간을 계열화하는 것, 즉 모듈화하는 것이다. 이는 운송포장의 물류에 연관되는 모든 공간치수를 계열화함으로써 물류활동의 공간을 높이려는 목적으로 포장치수를 표준화하는 동시에 직접포장에 연관되는 장점을 최대한 창출하려는 의도이다.

(3) 한국공업규격과 포장의 표준화

포장의 표준화는 포장재료, 포장기법, 포장치수 및 포장강도의 네 가지 요소로 분류되는데 이들은 상호 연관성을 갖고 있다.

제정된 KS의 포장관련규격을 종류별로 열거하면 다음과 같다.

- 용어 : 포장용어, 골판지 용어, 나무상자 용어, 크라프지대 용어 등
- 재료 : 겉포장지용 골판지 상자, 폴리에틸렌 가공지, 검 테이프
- 용기 : 겉포장지용 골판지 상자, 나무상자, 금속 캔 등
- 포장기법 : 포장표준치수, 중 포장용 폴리에틸렌대 치수, 유연성 컨테이너 치수 등
- 포장사양 : 수출의약품 포장, 수출가정용 재봉틀 포장 등
- 포장시험 : 적정화물 시험통칙, 포장화물 압축시험방법 등

3) 포장의 국제화

포장의 국제화는 ISO의 TC-122가 관장하고 있다. TC-122 밑에 4개 분과위원회가 설치되어 있고, 그 중 SC 1에서 포장치수의 표준화를 담당하고 있다. 포장치수는 600mm×400mm를 모듈로 하여 그 정수분할계열 치수를 ISO 규정으로 결정하고 있다.

상기 모듈 치수는 유럽에 조직되어 있는 팔레트 치수 1,200mm×800mm에 적합하며, 네덜란드와 독일에서 사용하고 있는 1,200mm×1,000mm의 팔레트에도 부합된다는 특징이 있지만 주로 유럽국가의 주장에 의하여 제정된 데 문제가 있다. 이에 대하여 KS에서는 1,100mm×1,100mm로 규정하고 있는바, 이는 해상용 컨테이너에 적합한 치수이다.

최근에 ISO에서도 다음과 같은 세 가지 치수를 규정하고 있어 KS의 1,100mm×

1,100mm와도 어느 정도 부합된다고 볼 수 있다.

- 1,200mm × 800mm
- 1,200mm × 1,000mm
- 1,140mm × 1,140mm

4) 포장의 정형화

(1) 포장의 정형화에 대한 정의

일반적으로 하역, 보관 및 수·배송 등을 합리화하려고 할 때 포장의 표준화나 규격화 그리고 포장자체의 합리화가 동시에 행해져야 한다. 따라서 포장의 치수는 물류시스템 전체 중에서 계열화하지 않으면 안 된다. 예를 들어 팔레트의 규격이나 화차 및 보관 래크의 규격을 결정하여 포장치수를 계열화하는 것 등이다. 종합물류시스템의 관점에서 보면, 포장의 모듈은 포장외의 규격화가 달성되면서 동시에 가능해진다.

(2) 포장 모듈의 저해요인

포장이 모든 제품에 맞도록 규격화 및 표준화되고 모든 운송, 보관, 하역시설에 적합하도록 모듈화하는 것은 종합물류의 합리화란 차원에서 절대적으로 필요하다. 그러나 현재는 일관팔레트화가 지연되고 있기 때문에 포장의 모듈화도 지연되고 있으므로 일관팔레트화의 추진이 시급한 과제가 되고 있다. 포장의 모듈화가 지연되는 이유는 다음과 같다.

- 컨테이너 용기에서 해륙용과 항공기용 등 공용을 위한 표준화가 어렵다.
- 거래단위가 소화물로서 단수가 있다.
- 상품형태가 모듈에 적합하지 않다.
- 제품의 다양화 및 경쟁의 격화로 인하여 제품의 종류가 증가됨으로써 판매지향형(상업포장 중심)으로 가는 경향이 있다.
- 포장의 모듈화를 위해서는 기존의 생산설비 및 물류설비를 변경하여야 한다.
- 기업의 최고 경영층에서 모듈의 중요성을 인식하지 못하고 있다.

제9장

물류관리를 위한 정보기술

제9장

물류관리를 위한 정보기술

컴퓨터와 정보기술은 수년간 물류를 지원하기 위해 사용되어 왔다. 정보기술은 1980년 초반 PC의 도입에 따라 급속히 성장하였으며, 물류의 성장과 발전에 상당한 영향을 미친 것으로 파악된다.

주문처리시스템은 물류시스템의 신경 센터로서, 고객주문은 물류 프로세스를 작동시키는 커뮤니케이션 메시지로서의 역할을 한다. 정보흐름의 속도와 품질은 전 시스템의 운영비용과 효율성에 직접적인 영향을 미친다. 즉, 느리고 잘못된 커뮤니케이션은 고객을 잃어버리거나 운송, 재고, 창고운영에 초과비용을 초래할 뿐만 아니라 빈번한 생산라인의 변경으로 인한 생산의 비효율성을 초래한다. 거의 대부분 기업들은 물류활동을 지원하기 위해 컴퓨터를 활용한다. 산업 내 선도 기업들은 주문 입력, 주문 처리, 완제품 통제, 성과측정, 운송, 창고 등에서 컴퓨터를 많이 사용한다. 초일류 물류관행에 관한 최근 연구에서 경쟁력의 핵심이 물류 정보시스템이라는 것으로 밝혀졌다.

시간 기반의 경쟁을 지원하기 위해, 기업은 정보기술을 많이 사용한다. 신속반응(QR), 적시생산시스템(JIT), 효율적 고객반응(ECR)과 같은 시스템은 주문사이클 시간을 줄이고, 시장반응 속도를 증가시키고, 공급사슬 내의 재고를 절감하기 위한 노력으로 여러 정보기반 기술들을 통합한 시스템이다.

더 나아가, 의사결정지원시스템, 인공지능, 전문가 시스템처럼 정보기술을 보다 정교하게 응용하는 방법들이 물류의 의사결정을 지원하는데 직접적으로 사용되고 있다.

1 EDI(Electronic Data Interchange)

1) EDI의 정의

전자문서교환(EDI)시스템이란 거래업체 간에 상호 합의된 전자문서표준을 이용하여 컴퓨터와 컴퓨터 간의 구조화된 데이터의 전송을 의미한다. 기존의 서류시스템은 작업 소요시간이 많이 걸리고, 오류가 발생할 수 있으며, 여러 가지 노동이 필요한 단점이 존재한다. 이에 반해 EDI는 거래업체간 상호 업무처리를 실시간으로 처리할 수 있으며, 종이서류 없는 환경 구현이 가능하고, 정확한 업무처리를 지원해 준다([그림 9-1]).

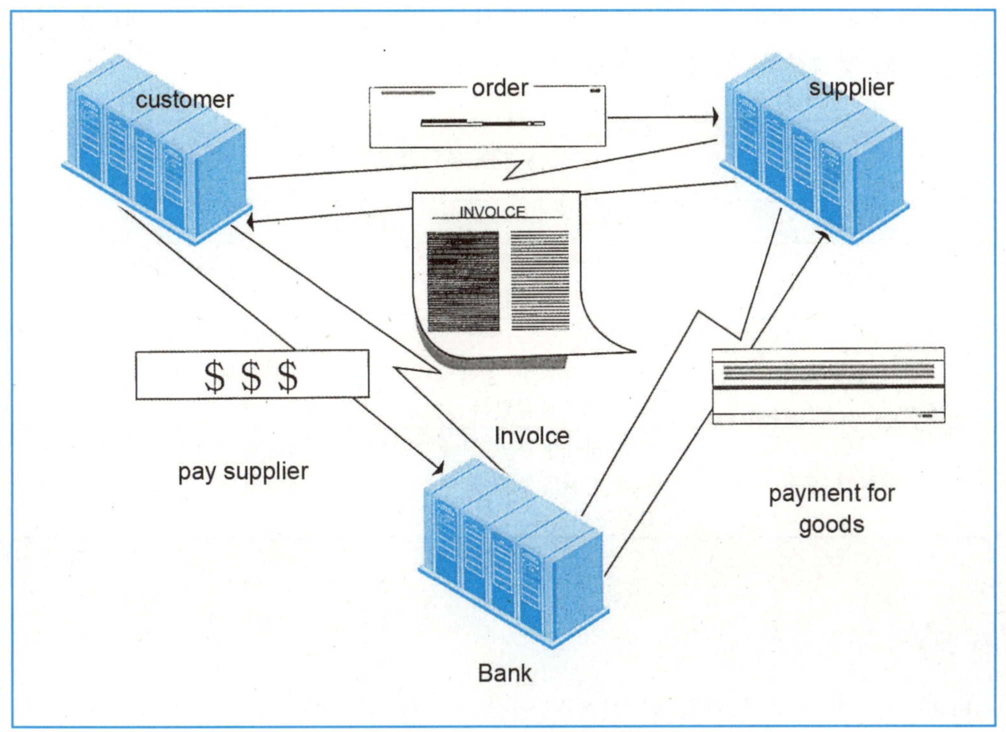

그림 9-1 EDI를 통한 거래

예를 들면, EDI를 통해 네트워크로 연결된 고객사, 공급자, 은행의 거래관계를 살펴보면 다음과 같다. 고객사는 공급자에게 전자적 거래를 통하여 제품에 대한 주문을 발주하고, 이에 대한 대금은 은행으로 지불하며, 공급사는 고객사의 주문을 수행하고, 대금은 은행으로부터 받는 업무 프로세스가 전자적으로 연결되어 있다.

EDI 활용을 통한 특징을 살펴보면 우선, 업무처리에 있어서 과거에는 정확도가 매우 낮았고, 업무처리에 많은 인력과 시간이 소요되었고, 업무수행에는 불확실성이 매우 높았었으나 EDI를 도입하게 되면서 시간 및 비용의 절감 및 고객 서비스를 향상시킬 수 있었다. 또한 거래 상대방과의 관계를 증진시킬 수 있었고, 내부 업무처리 절차를 개선할 수 있었다. 그리고 전자적 자료 교환을 통해 기업의 국제 경쟁력을 강화시킬 수 있었다.

기업의 EDI 도입효과는 직접적인 효과, 간접적인 효과, 전략적인 효과로 구분해 살펴볼 수 있다. 직접적인 효과는 문서 거래의 감축, 자료의 재입력 방지, 업무처리의 오류 감소, 업무처리비용의 감소 등이 있다. 간접적인 효과는 재고감소, 효율적인 인력활용 가능, 관리의 효율성 증대, 고객서비스 향상, 효율적인 자금관리 등이 있다. 전략적인 효과는 거래 상대방과의 관계 개선, 전략적 정보시스템 구축, 새로운 사업으로 확대, 경영혁신, 경쟁우위확보 등이 있다.

표 9-1 EDI 도입효과

구 분	기대 효과	
직접적인 효과	• 문서거래의 감축 • 문서처리의 오류 감소	• 자료의 재입력 방지 • 업무처리 비용의 감소
간접적인 효과	• 재고감소 • 관리의 효율성 증대 • 효율적인 자금관리	• 효율적인 인력활용 가능 • 고객서비스 향상
전략적인 효과	• 거래 상대방과의 관계 개선 • 새로운 사업으로 확대 • 경쟁우위확보	• 전략적 정보시스템 구축 • 경영혁신

2) EDI의 구성요소

EDI는 두 개 이상의 기업 간 전자적 연결을 통한 업무처리를 지원하기 때문에 원거리간 문서의 교환을 위해서는 응용 프로그램(application program), 네트워크 소프트웨어(network software), 변환 소프트웨어(transaction software)가 필요하다.

① 어플리케이션 소프트웨어 : 각각의 컴퓨터 간 데이터의 전송을 가능하게 해주는 기능을 제공한다. 예를 들면, 어플리케이션 소프트웨어는 카탈로그 주문, 회계지원, 재고통제 등의 기능을 제공한다.

② 네트워크 소프트웨어 : 자료들을 원하는 방향으로 안전하게 전송해 주는 기능을 제공한다. 예를 들면, 전자메일 시스템은 특정 주소로 메시지를 보낼 수 있도록 고안되었다.

③ 변환 소프트웨어 : 거래기업 간 상호 데이터의 인식이 가능하도록 변환해 주는 기능을 수행한다.

3) EDI관련 국제 표준화 기관

대표적인 EDI 관련 국제표준화 기관으로 UN/EDIFACT(Electronic Data Interchange for Administration, Commerce and Transportation)이 있다. EDI의 국제표준화 작업 노력은 1986년에 시작하여 1987년 ISO의 후원 하에 ISO 9735라는 구문규칙과 전자문서 개발 가이드라인의 구축에서 찾아볼 수 있다. 현재, UN/EDIFACT에서는 UN의 후원 하에 유럽경제위원회(United Nations/Economic Commission for Europe), 국제무역촉진기구(Working Party for Facilitation of International Trade)의 후원 하에 지속적으로 EDI 국제표준을 개발하고 있다.

UN/EDIFACT의 목적은 범세계적인 상거래의 확대, 관료제의 병폐를 줄이고 투명성을 확대, 전자상거래로 정보의 흐름을 원활하게 촉진, 거래비용의 축소, 국제 협력기구와의 공동 연계를 전개, 민간과 공공부문의 참여를 촉진시키는데 있다. 그리고 UN/EDIFACT의 임무는 선진국, 개발도상국, 그리고 그 과도기에 있는 경제국가의 사업, 무역 및 행정기관의 전체적인 능력을 향상시키고 효과적으로 적정한 서비스와 생산물을 교환함으로써 전 세계적인 상거래의 성장을 촉진하는 것이다.

현재 국제표준관리코드기관(EAN International)은 각국의 코드관리기관의 전자문서에 대한 표준화를 추진하고 있다. 여기에서 개발한 국제 EDI 표준이 EANCOM이다. EANCOM은 1990년 7월에 주문서(Purchase Order), 송장(Invoice), 발송통지서(Dispatch Advice) 등 표준화된 최초의 42개 매뉴얼을 발간하였다.

2 POS(Point of Sales)

1) POS의 정의

POS란 판매시점 정보관리 시스템으로 상품의 바코드에 부여된 정보를 판매 시 실시간으로 취합해 관리할 수 있도록 지원하는 시스템을 의미한다. 유통업체와 제조업체는 POS시스템을 이용해 다양한 성과를 얻고 있다.

유통업체의 경우, 상품의 판매동향 분석을 통해 인기제품 및 비인기 제품의 신속한 파악이 가능하고, 적절한 상품 판매가격 설정에 활용할 수 있다. 또한 효율적인 상품의 구색 및 진열 관리에 이용할 수 있고, 기회 손실 최소화를 위한 매출 극대화 전략 수립에 활용할 수 있으며, 타 점포와의 상품 판매동향을 비교, 분석에 활용할 수 있다.

제조업체의 경우, POS시스템을 통해 확보된 정보 분석을 통해 생산계획 수립에 이용할 수 있고, 마케팅 전략 수립에 이용할 수 있다. 또한 신상품 동향의 신속하고 정확한 파악이 가능하고, 광고 등 판촉효과 분석에 이용할 수 있다. 또한 POS 정보는 경쟁사 제품과 판매동향을 비교, 분석하는데 활용할 수 있다.

2) POS와 정보활용

POS시스템은 시계열 자료의 분석을 통해 문제점을 극복할 수 있는 의사결정 정보를 제공해 준다. POS시스템으로부터 얻는 정보는 분류기준에 따라 다양하게 구분할 수 있다. 일반적으로 POS 시스템으로부터 얻을 수 있는 정보는 상품정보와 고객정보로 구분한다. 상품정보란 특정기간동안 특정 상품을 얼마나 판매하였는가에 대한 정보로 금액정보와 단품정보로 구성되며, 고객정보는 특정제품을 구매한 사람과 그들의 구매성향을 분석한 정보로 객층정보와 개인정보로 구분된다.

표 9-2 상품정보와 고객정보

정보의 구분		정보의 내용
상품정보	금액정보	얼마나 팔렸는가?
	단품정보	무엇이 몇 개나 팔렸는가?
고객정보	객층정보	고객집단은 어떤 사람인가?
	개인정보	개인의 구매실적, 구매성향 등에 관한 정보

또한 POS 시스템의 정보를 활용해 얻는 이익을 단순이익(Hard Merit)과 활용이익(Soft Merit)으로 구분할 수 있다. 단순이익은 POS 기기의 단순한 효과로 업무처리속도 증진, 오타 및 오류 방지, 점포의 사무 단순화, 가격표 부착작업 업무생략 등이고, 활용이익은 POS 시스템의 데이터 가공을 통해 얻는 이익으로 다양한 POS 데이터 분석을 통해 전략을 수립하거나, 의사결정에 활용함으로써 얻는 이익을 의미한다. 즉, POS 시스템의 데이터 활용이 고도화 될수록 활용이익이 높게 나타나는 특징이 있다.

3) POS로부터 얻는 정보

기업들은 POS 시스템을 이용해 직·간접적으로 다양한 효과를 얻고 있다. POS 시스템을 이용해 얻는 효과로는 품목별 판매실적, 판매실적 구성비, 단품별 판매순위, 단품별 판매동향, 제조사별 판매실적, 제조사별 단품순위, 기회손실(취급, 비취급),

신상품 판매실적 등이 있다. 각각에 대하여 자세히 살펴보면 다음과 같다.

(1) 품목별 판매실적 : KAN 상품 분류체계의 소분류를 기준으로 해당 세분류에 대한 해당월 또는 해당주의 판매금액, 단품수 및 취급점포수에 대한 정보 및 전월, 전주대비 신장률을 보여주며 이를 자사의 실적과 비교할 수 있도록 자사에 대한 정보도 함께 제공하고 있다.

(2) 판매실적 구성비 : 품목별 판매실적 정보에서 보여주는 각 세분류에 대한 소분류에서의 판매금액 구성비를 그래프로 비교할 수 있는 정보이며, 이들 정보는 또한 업태별(백화점, 편의점, 수퍼체인, 할인점, 독립자영점) 및 지역별, 해당주기별(주, 월)로 나누어 정보를 검색할 수 있다.

(3) 단품별 판매순위 : KAN 상품 분류체계의 세분류를 기준으로 해당 단품을 판매금액 순으로 나타낸 정보로서 단품에 대해 상품코드, 상품명, 제조업체명, 판매금액, 판매수량, 세분류 내에서의 점유율 등에 대한 정보를 보여주며 이를 자사의 단품별 실적과 비교할 수 있도록 자사의 정보를 보여주며 자사와 전체에 대한 정보뿐만 아니라 지역별, 업태별, 해당주기별(주, 월)로도 판매상위단품에 대한 정보를 파악할 수 있다.

(4) 단품별 판매동향 : 단품별 판매순위 정보에서 보여주는 세분류내의 단품에 대한 판매동향(일정기간 동안의 판매추이)을 지역별, 업태별, 해당주기별(주, 월) 그래프로 확인할 수 있다.

(5) 제조사별 판매실적 : KAN 상품분류체계의 세분류를 기준으로 판매가 이루어진 해당 단품들의 판매금액을 제조업체별로 합산하여 세분류 내에서 제조업체별 매출액 규모를 파악할 수 있으며 제조업체명, 단품수, 판매금액, 점유율 등에 대한 정보를 나타내고 있으며 세분류 내에서 제조업체별 판매액의 구성비를 그래프로 볼 수 있다. 또한 이러한 정보들을 업태별로도 검색이 가능하다.

(6) 제조사별 단품순위 : KAN 상품분류체계의 세분류를 기준으로 제조업체별 단품의 순위 및 판매금액, 판매수량, 점유율을 제조업체별 판매실적과 연계하여 업태별로 검색할 수 있다.

(7) 기회손실(자점취급, 비취급) : 기회손실정보는 크게 두 가지로 자점취급정보와 자점비취급정보로 나눌 수 있다. 기회손실 자점취급정보란 POS 데이터서비스 참여유통업체의 각 점포별로 자점에서 취급하는 상품 중 자점에서의 판매실적은 부진하지만 타점에서의 판매실적이 좋은 상품에 대한 분석정보를 의미하며, 기회손실 자점 비취급 정보란 POS 데이터서비스 참여유통업체의 각 점포별로

자점에서 취급하지 않는 상품 중 타점에서 판매가 잘 이루어지는 상품에 대한 분석정보를 의미한다.

(8) 신상품 판매실적 : KAN 상품분류체계의 세분류를 기준으로 최근 2개월 이내에 KAN 상품마스터대장에 등록된 상품을 대상으로 판매현황을 나타내고 있다.

3 RFID(Radio Frequency IDentification)

1) RFID의 정의

RFID(Radio Frequency IDentification)란 판독기 및 안테나를 통하여 대상물에 부착된 태그(tag)에 기록된 정보를 서버급 컴퓨터를 이용해 판독하는 무선주파수 인식기술을 의미한다. RFID는 주파수 대역에 따라 다양한 응용분야에 사용되는데 현재 교통카드, 도서관리 등에 초기단계 기술이 활용 중에 있으며, 향후 유통·물류분야에서 바코드를 대체해 나갈 것으로 전망되고 있다.

2) RFID 주파수별 이용 특성

〈표 9-3〉은 RFID 주파수 대역별 응용분야가 다양하게 나타나고 있다. 주파수 대별 특징을 살펴보면 다음과 같다. 첫째, 135 KHz 이하의 주파수 대역에서는 공정자동화, 동물관리 등 근거리에서의 정보 인식에 활용되며, 시스템 구축비용이 저렴한 특징을 가지고 있다. 둘째, 13.56 MHz 주파수 대역에서는 IC카드, 신분증, 도서 등 대여물품 관리, 출입 및 통제, 보안 등에 이용되고 있으며, 1 미터 이내에서 정보를 인식할 수 있으며, 데이터 전송상의 신뢰성이 매우 높은 특징을 가지고 있다. 셋째, 433 MHz, 860-930 MHz 대역을 이용하는 UHF파 주파수 대역은 최대 수십 미터 정도에서 무선으로 정보를 인식할 수 있기 때문에 유통 및 물류에 이용되고 있으며, 컨테이너 관리 등에 활용되고 있다. 넷째, GHz 대역의 마이크로파는 고주파이므로 잡음의 영향을 적게 받는 특징이 있다. 그러므로 근거리보다는 원거리 통신용으로 적합하며, 시스템 구축에 고성능의 하드웨어가 요구되므로 구축비용이 많이 드는 단점이 존재한다.

이와 같은 특징을 요약하면 주파수별 RFID의 경우 인식속도는 주파수 대역이 낮은 경우 인식속도가 느리며, 주파수 대역이 높을 경우 인식속도가 빠르다. 또한 주파수 대역이 낮은 경우 환경에 영향을 받는 정도가 낮으나, 주파수 대역이 높은 경우 민감하다. 또한 태그의 크기에 있어서도 저주파수 대역에서는 대형 태그를 사용하지만, 높은 주파수 대역 즉, 마이크로파 대역에서는 태그의 크기가 작음을 알 수 있다.

표 9-3 주파수 대역별 RFID 특징

주파수 영역	특징	사용분야
저주파 영역 (100~500KHz)	• 짧은 인식거리(45cm) • 시스템 구축비용 낮음 • 저속 인식	• 보안, 출입통제 • 가축식별 • 재고관리
중간 주파수 영역 (10~15MHz)	• 중간 인식거리(~90Cm) • 시스템 구축비용 중간 • 인식속도(중간)	• 출입통제 • 스마트 카드
고주파 영역 (850~950MHz) (2,4~5,8GHz)	• 가장 긴 인식거리(~5m) • 시스템 구축비용(높음) • 고속 인식	• 차량인식 • 물류운송관리

3) RFID 기술의 분류

RFID 태그는 형태, 크기, 용도에 따른 분류, 전원을 내장하여 자발적으로 전파를 송신하는 것의 여부에 의한 분류(수동형, 능동형), 데이터 읽기 및 쓰기 가능 여부에 의한 분류 등과 같이 다양한 특징에 따라 분류할 수 있다.

수동형 RFID와 능동형 RFID의 특징을 살펴보면 다음과 같다. 수동형 RFID의 경우 전지가 없어 자신의 전파가 송신이 불가능한 특징이 있기 때문에 가격이 저렴하고, 도달거리가 매우 짧은 특징을 가지고 있다. 소형, 경량으로 반영구적 사용이 가능하다. 반면, 능동형 RFID는 전지 및 전력의 공급을 받아 전파를 송신할 수 있기 때문에 가격이 고가이며, 도달거리가 수동형 RFID보다 길다. 전지수명센서가 부착되어 있으며 다양한 기능을 제공한다.

표 9-4 송신여부에 따른 RFID 분류

종류	전파/전력	가격	도달거리	크기	특징
수동형 RFID	전지가 없어 자신의 전파 송신 불가능	저렴	짧은 편 (1.8m 이하)	작은 편	수신된 전파를 통해 유도전류를 생성하고 이를 통해 수동적 송신
능동형 RFID	전지, 전력공급을 받아 전파를 송신	고가	긴 편 (30m~1km)	큰 편	전파의 능동적 송신 전자수명 센서 부착, 고기능

데이터 판독에 따라 분류하면 데이터 읽기전용과 기록전용으로 구분된다. 데이터 읽기전용은 저렴한 비용을 지향하며, 최소한의 ID기능만 탑재한 RFID로 가격이 저렴하며, 주로 POS 라벨, 라이센스 플레이트 등에 사용된다. 데이터 기록전용은 ID 기능에 부가해서 데이터의 기입 기능을 가진 RFID로, 읽기 쓰기가 가능하고, 데이터의 저장이 가능하다. RFID와 판독기 리더간 통신 작업이 가능하며, 대용량 메모리를 이용하기 때문에 가격이 비교적 고가이다. 주로 공정자동화를 위한 화물분류, 이력관리 등에 사용된다.

또한 RFID의 이용 효과는 활용분야나 목적, 시스템의 규모에 따라 다양하며, 그것들의 애플리케이션에 따라 RFID 비용도 변화한다. 예를 들어, 군사, 의료 등에서는 비교적 고가의 RFID 도입이 예상되나, 소매, 교통기관 티켓 등의 분야에서는 극히 저렴한 RFID 도입이 요구된다. 다음은 RFID 활용 분야에 따른 분류이다.

| 표 9-5 | 데이터의 판독에 따른 분류

종류	개요	특징	가격	용도
데이터 읽기 전용	저렴한 비용을 지향하여 최소한의 ID 기능만 탑재한 RFID	ID 기능만 보유 바코드 진화판 저비용을 추구, 네트워크 서버등과 연계가능	저렴 (소용량 메모리)	POS 라벨, 라이센스 플레이트 등
데이터 기록 전용	ID 기능에 부가해서 데이터의 기입기능을 가진 RFID	읽기, 쓰기 기능, 데이터 저장 기능, RFID와 판독기, 리더간 통신작업 가능	고가(중·대용량 메모리로 가격은 기능에 상응)	FA 화물분류, 이력관리 등

| 표 9-6 | 활용 분야에 따른 분류

분 야	이용목적	기능특성	가격
군사, 의료	군용품, 의료기기의 관리	위치특징, 진단기능, 보안	십만 원 정도
교통(자동지불)	차량 주행 중의 자동지불	주행 차량의 지불보안 인증	만 원 정도
접속제어, 유통(컨테이너, 팔레트)	인원의 접속제어, 컨테이너, 팔레트, 가축 등의 추적	RFID의 도난, 분실을 약간 상정한 보안	천 원에서 오천 원
항공, 세탁, 가구, 미술품	항공수하물, 세탁물, 고급가구, 미술품관리	고속판독, 위조방지	백 원에서 천 원
제조(공장), 소매(고가아이템), 목재	오피스나 공장 자산관리, 제품 및 목재 등의 추적	위조 방지기능 추적	오십 원 정도
소매(저가아이템), 교통(티켓팅)	소매제품의 추적 교통기관 티켓의 추적	저가격, 저기능 추적	십 원 이하

활용분야에 따라 분류하면, 군사 및 의료 분야에서 RFID는 위치 파악, 진단 기능에 사용되고, 통신 분야에서 차량의 이동 중 자동지불 등에 이용된다. 접속제어 및 유통 분야에서는 사람들의 컨테이너, 팔레트 등의 추적관리 등에 이용된다.

항공 수하물, 세탁물, 고급가구, 미술품 관리에 있어 고속의 판독 및 위조 방지에 사용된다. 공장의 제조 및 소매업 분야에서는 자산관리, 제품의 추적관리 등에 이용된다. 저가 아이템 분야의 소매업 및 교통 분야에서는 소매 제품의 추적, 교통기관 티켓의 추적 등에 이용된다.

4) RFID 응용사례

RFID는 유통·물류 분야에서는 혁명적인 변화를 가져올 기술이고, 차세대 IT 주력 산업으로서 엄청난 시장 규모를 예상하는 분야이다. 실제로 국내외 주요 IT 기업들이 RFID 기술 사업에 뛰어들고 있고, 특히 각종 유비쿼터스 환경에서 주목받는 기술로 손꼽히고 있다. 가트너 그룹은 전 세계의 RFID 시장 규모가 2005년 72억 달러에서 2010년에 768억 달러로 크게 성장할 것이라고 예측하였다.

국내 시장 규모도 2005년 1억 9000만 달러에서 2010년 39억 9000만 달러로 예측된다. 이렇듯 국내를 비롯해 전 세계적으로도 큰 시장이 형성되고 있는 셈이고, 이를 장악하기 위해 전 세계 주요 IT 기업들이 치열하게 경쟁하고 있다.

사례 1

2005년 1월, 월마트는 RFID 기술을 도입하고 공급자들에게 RFID의 사용을 요구하였다. 초기에 월마트는 제품에 태그를 부착하여 제공하는 공급자들을 100개 이상 확보했었다. 현재 태그부착 공급업자의 수는 3배 이상 증가하였으며, 5개의 물류센터를 통하여 500개의 월마트 점포에 태그부착 상품이 공급되고 있다. 2007년 1월까지는 RFID 태그부착 상품을 처리할 수 있는 점포의 수를 2배로 증가시켜 1,000여개의 점포를 확보하고 공급자도 600개로 확대시키는 것을 목표로 하고 있다. RFID 태그가 부착된 상품의 결품발생 시 재고보충속도가 예전에 비하여 3배 이상 빨라졌으며, 수작업으로 보충되어야만 하는 결품상품의 총수량도 10% 정도 감소하는 등 RFID에 대한 투자의 효과를 이미 거두고 있는 중이다.

사례 2 

미쉐린 북아메리카 법인은 특정 시간 주기동안의 타이어의 성능을 추적하기 위하여 몇 가지 타이어에 RFID를 부착하였다. 회사의 엔지니어들은 RFID 트랜스폰더(transponder, 자동응답신호수신기)를 개발하여 타이어 제조 과정에서 이를 타이어에 삽입하였으며 태그의 고유번호와 차량의 차대번호를 동시에 기록하였다. 이렇게 하면 각 타이어가 제조 위치와 제조일자, 최대 허용공기압, 타이어 크기 등이 바코드를 이용하듯이 태그를 판독함으로써 파악될 수 있다.

이와 같은 기술은 타이어의 식별, 타이어 공기압 모니터링 시스템을 포함한 주행조건 파악, 타이어가 실제로 도로 조건을 감지하여 차량 운영시스템과 통신함으로써 차량성능을 조정할 수 있게 함으로써 차량 성능의 향상 등의 3가지 목적에 사용된다.

RFID 기술은 가치 있는 정보를 저장하는 기능 외에도, 수작업 검사의 감소 및 작업시간 단축과 효율성 향상 등을 통한 선적 성과의 향상을 제공함으로써 추가적인 로지스틱스 상의 이점을 가져다줄 수 있다. 또한 RFID는 선적정확도를 향상시키고 판매기회상실을 감소시켜주며 반품프로세스에 소요되는 시간도 감소시켜줄 수 있다.

5) RFID의 한계점과 향후 방향

현재 서구의 많은 선진 기업들이 RFID를 도입하였다. 국내의 경우 정부 주도의 시범사업을 통해 몇몇 기업에서 RFID를 도입하고 있다. 하지만 RFID의 도입과 관련해 다음과 같은 여러 가지 한계점이 나타나고 있다.

첫째, RFID 도입시 태그 가격이 비싸기 때문에 고가의 제품에 장착하는 데는 큰 문제가 없으나, 저가의 상품에 부착하는 데는 많은 어려움이 한계가 존재한다. 그러므로 비용 문제를 극복할 수 있는 대안이 요구된다.

둘째, RFID 도입시 태그와 리더 간의 인식률에 있어서 100% 인식하지 못하는 문제점이 존재한다. 그러므로 태그 인식률이 불완전해 실제 기업에서 활용하는데 문제가 발생할 수 있다. 따라서 연구와 개발을 통한 기술적 문제점 극복이 요구된다.

셋째, RFID 도입시 비싼 인프라 구축비용이 소요된다. 예를 들면, RFID 태그를 읽을 수 있는 리더기 및 관련 장비가 매우 고가이고, 시스템이 복잡해질수록 더 많은 장비가 소요되는 문제점이 있다.

넷째, RFID의 태그는 미국, 일본, 유럽, 중국 등 각 국가마다 독자적인 기준에 따라 표준화가 진행 중이다. 따라서 향후 세계적인 통합을 위해서는 국제표준화 제정이 요구된다.

현재 전 세계적으로 RFID에 대한 관심이 높게 나타나고 있다. 이는 e-마켓플레이스, e-카탈로그 등을 하나의 무선 네트워크로 묶어 기업의 물류 및 유통의 효율성을 높여주고, 더불어 상품에 대한 이력관리가 가능하기 때문에 다양한 정보를 획득할 수 있어 기업에서 매우 유용하게 응용될 수 있기 때문이다.

한국은 미국, 영국, 독일 등 선진국들에 비하여 RFID와 관련된 기술력이라든가 산업체의 태도, 활용 능력 등에 있어서 뒤쳐져 있는 실정이다. 그러므로 이를 극복하기 위해서는 기업체뿐만 아니라 정부차원에서도 RFID와 관련된 통합기구를 설치하고, RFID에 대한 투자 및 산업 활성화 정책을 수립해 산업체 전반에 혁신이 이루어지도록 지원해야 할 것이다.

4 기타 물류를 지원하는 정보시스템

모든 정보시스템은 세 가지의 주요기능 즉, 데이터 획득과 커뮤니케이션, 데이터 저장과 검색 그리고 데이터 조작(manipulation)과 리포팅 등을 수행하는 기술로써 구성되어 있다.

1) 데이터 획득과 데이터 커뮤니케이션

첫 번째 기능 영역은 고속 데이터 획득과 커뮤니케이션 네트워크를 창출하는 시스템과 기술로 구성되어 있다. 이것은 황소채찍효과를 발생시키는 시간적 격차와 큰 그림의 정보 부족을 극복할 수 있게 하는 기술이다. 대표적 기술들은 다음과 같다.

(1) 인터넷

인터넷은 한 점에서 다른 한 점으로 데이터를 이동하기 위하여 IP(Internet Protocol) 표준으로 알려진 것을 사용하는 국제적 데이터 커뮤니케이션 네트워크이다. 인터넷은 모든 컴퓨터와 커뮤니케이션 장치들을 연결할 수 있는 전 세계적 커뮤니케이션 네트워크이다. 인터넷을 사용하기 전에는 기업들은 그들과 다른 기업을 연결시킨 이기종 컴퓨터 간에 데이터를 이동하기 위하여 값비싼 전용 네트워크를 이용하여야만 했었다. 현재 인터넷으로 많은 기업들은 그들 컴퓨터 시스템을 신속하게 그리고 저렴하게 연결시킬 수 있다. 필요하다면 추가적 데이터 보호와 사생활 보호가 VPNs(Virtual Private Networks)를 창출하는 기술을 활용하여 제공되어 질 수 있다.

(2) 브로드밴드(Broadband)

브로드밴드 기술은 확대 중에 있고 이로 인하여 공급사슬 내 회사들로 하여금 상호간 쉽고 값싸게 연결하여 실시간으로 대량의 데이터를 교환할 수 있는 것이 가능하게 되었다. 대부분 회사들은 LAN을 이용하여 내부적으로 연결함으로써 엄청난 내부 커뮤니케이션 능력을 보유하게 되었다. 또한 많은 회사들은 T1, T3와 같은 WAN(Wide Area Network)를 이용하여 그들의 서로 다른 지역적 위치를 연결하였다. 현재 필요한 것은 서로 별개의 회사들 간에 고속의, 저비용의 연결인데 이것이 브로드밴드가 담당하여야 할 역할이다.

(3) XML(eXtensible Markup Language)

XML은 컴퓨터 간 그리고 컴퓨터와 인간 간에 유연한 형태로서 데이터가 전해질 수 있도록 하기 위해 개발되어진 기술이다. EDI가 데이터를 앞뒤로 보내기 위해 엄격하고 미리 정해진 데이터 세트를 이용하는 반면, XML은 확대가능하고 한번 일정한 기준이 동의가 되면 XML은 서로 다른 종류 데이터의 넓은 범위와 의사소통하는데 이용될 수 있고 서로 다른 컴퓨터시스템 간 처리하는 지침(processing instruction)과 관련될 수 있다.

2) 데이터 저장과 검색

두 번째 기능 영역은 데이터를 저장하고 검색하는 기술로 구성되어 있는 정보시스템이다. 이 활동은 데이터베이스 기술에 의해 수행된다. 데이터베이스의 형태들은 다음과 같다.

(1) 전통(Legacy) 데이터베이스

이는 일반적으로 계층적 또는 네트워크 데이터베이스들로 구축되어진다. 이러한 데이터베이스들은 주로 거래 데이터를 대량으로 저장할 수 있고 확대된 처리를 수행할 수 있다. 그들은 전통적으로 온라인과 배치 구성요소를 모두 가지고 있다. COBOL로 씌여진 프로그램과 보고(reporting) 수단은 사용하기에 번거롭다.

(2) 관계형 데이터베이스

이 데이터베이스는 표준화된 리포팅과 관련 데이터의 문의를 용이하게 하는 방식으로 관련 데이터의 저장을 할 수 있게 한다. 예를 들면 SQL(Structured Query Language)

은 관계 데이터베이스를 위해 설계되어 졌다. 관계형 데이터베이스는 메인프레임인 컴퓨터나 서버에 중앙 집중될 수도 있고, 또는 PC나 미니컴퓨터의 네트워크 전체에 걸쳐서 분산되어 질 수도 있다.

(3) 객체(Object) 데이터베이스

이것은 숫자나 문자뿐만 아니라 그림과 그래픽 구조와 같은 보다 복잡한 개체들을 저장할 수 있다. 객체 데이터베이스는 정보의 여러 가지 종류를 데이터베이스 운영과 연관되게 하는 방식으로 저장하는데 사용된다. 이러한 데이터베이스는 이미 어떠한 응용을 위해서 존재하지만 아직 표준이 아니고 유지하기에 비용이 많이 소요된다. 그래픽과 다른 비표준 데이터를 저장하는 것은 문서/숫자 데이터보다 상당히 큰 저장 공간을 필요로 하고 또한 조작하는데 훨씬 복잡하다.

(4) 데이터 창고(Data Warehouse)

데이터 창고는 복잡한 분석도구에 의한 문의를 허용하기 위하여 다른 데이터베이스로부터 데이터를 결합한다. 기업 내외부에 흩어져 있는 각종 기업정보를 사용자가 쉽게 분석하여 의사결정을 할 수 있도록 방대한 양의 데이터에 접근하여 이를 효율적으로 활용할 수 있도록 지원하는 기술이다.

(5) 데이터 마트(Datamarts)

데이터 마트는 데이터 창고의 소규모 버전이고 일반적으로 데이터의 작은 세트를 저장하고 범위는 부서단위이다. 데이터 창고에서 데이터를 꺼내서 제공하는 역할을 한다.

(6) 그룹웨어 데이터베이스(Groupware Databases)

이는 업데이트를 추적하고, 다사용자 접근을 허용하는 등과 같은 그룹 기능을 적용하기 위하여 특별히 설계된 데이터베이스이다. 그룹웨어 데이터베이스는 또한 관련 데이터를 모든 사람에게 up-to-date로 유지하는 것이 공유된 데이터베이스 없이는 불가능한 telecommuting과 가상기업 시대에 매우 중요하다.

3) 데이터 조작과 리포팅

서로 다른 공급사슬 시스템들은 데이터를 획득하고, 의사소통하고, 저장하고, 검색하는데 요구되는 기술과 데이터를 조작하고 표현하기 위하여 프로세싱 로직을 결합함으로써 창출되어 진다. 정보시스템은 그들이 지원하는 비즈니스 운영에 의해 필요한 프로세스 로직을 포함한다. Chopra와 Meindl(2004)은 물류관리를 지원하기 위한 여러 종류의 시스템을 다음과 같이 정의하였다.

(1) 전사적 자원관리(ERP : Enterprise Resource Planning)

ERP시스템은 생산, 판매, 구매, 인사, 재무, 물류 등 기업업무 전반을 통합 관리하는 경영정보시스템이다. ERP에는 고유의 데이터베이스 관리시스템(DBMS)이 있어 모든 정보가 실시간으로 데이터베이스로 전환되어, 이것을 각 부서가 공유하게 된다. 즉, 영업사원이 수주내역을 컴퓨터에 입력하면 재고파악, 생산일정, 자재구매 등 일련의 과정이 자동적으로 진행된다. 모든 직원이 업무정보를 즉시 접할 수 있는 것이 ERP의 장점이다.

ERP는 1970년대의 MRP에서 시작하여, MRP를 생산계획 전반으로 확장시킨 1980년대의 MRPII를 거쳐, MRPII를 기업활동 전반의 모든 경영자원으로 확대시킨 통합시스템으로 발전된 것이다.

ERP의 기본기능은 강력한 계획기능(APO: Advanced Planning Optimizer)이다. 저렴한 컴퓨터 파워를 이용하여 모든 업무를 사전에 계획하고, 시뮬레이션을 통해 최적해를 찾아 자원 및 시간의 활용을 극대화하여 고객만족을 추구하는 것이다. ERP는 통상 SAP, Oracle 등 전문업체의 애플리케이션 패키지를 구매하여 구축한다. 즉, ERP는 복잡한 기업의 업무를 자동으로 연결하는 소프트웨어이다.

ERP의 필수적 전제조건은 업무의 표준화와 통합이다. 즉, 하나의 자료원(source)을 통해 들어온 정보를 연관된 모든 부서가 공유해야 하기 때문에 표준화가 필요하고, 표준화는 통합을 위해 필수적이다.

(2) 조달시스템(Procurement Systems)

조달(Procurement)시스템은 회사와 그의 공급자 간에 발생하는 구입활동에 초점을 맞춘다. 이 시스템의 목적은 구입프로세스를 유연하게 하고 이것을 보다 효율적으로 만드는데 있다. 그러한 시스템은 전통적으로 공급자 카탈로그를, 회사가 구매하는 제품에 대한 모든 필요한 정보를 담고 있는 제품 데이터베이스로 교체하게 만든다. 그들은 또한 부품 번호, 가격, 구매 경력 그리고 공급자 성과 등을 계속적으로 추적한다. 조달시스템은 사람들로 하여금 서로서로 공급자의 가격과 성과 능력을 비교할 수 있게 한다. 이러한 방식으로 최적의 공급자들이 찾아지고 이러한 공급자들과 관계가 구축되고 가격이 협상된다. 구매 프로세스에서 발생하는 일상적 거래는 상당 부분 자동화되어질 수 있다.

(3) Advanced Planning and Scheduling

APS(Advanced Planning and Scheduling)시스템은 공장 능력, 자재 활용성 그리고 고객 수요 등을 평가하기 위한 목적의 매우 분석적인 응용시스템이다. 이 시스템은 무엇을 어느 공장에서 언제 만들 것인지 하는 일정을 생성한다. APS시스템은 그들의 계산을 ERP시스템 혹은 전통(Legacy) 거래처리 시스템으로부터 추출된 거래수준 데이터의 입력에 기초한다. 그리고 그들의 추천된 일정을 생성하기 위하여 선형계획(Linear Programming) 기법과 다른 복잡한 알고리즘을 사용한다.

APS의 가치는 기존의 무한능력계획으로는 얻을 수 없는 정확성에 있다. APS는 공장능력을 유한한 것으로 보고, 생산현장의 여러 가지 제약사항을 반영하기 때문에 정확하다. 정확성을 바탕으로 동시성 및 예측능력도 향상된다. 납품일자는 믿을 수 있고 고객서비스도 향상된다. 원자재의 재고수준은 생산현장의 요구와 동시화되며, 생산리드타임이 줄고 설비의 가동율이 높아진다.

(4) 수송계획시스템(TPS : Transportation Planning Systems)

TPS시스템은 얼마만한 자재의 양이 어느 위치에 언제 이동해야만 하는지 계산해주는 시스템이다. 이 시스템은 사람들에게 다른 수송수단, 다른 경로 그리고 다른 운송업자 등을 비교가능하게 한다. 그리고 난 후 수송계획은 이러한 시스템을 이용하여 창출된다. 이와 같은 시스템의 소프트에어는 시스템 벤더들에 의해 판매된다. 컨텐츠 벤더라고 알려진 또 다른 벤더들은 마일리지, 연료비용 그리고 선적 과세와 같은 시스템에 의해 요구되는 데이터들을 제공한다.

(5) 수요계획(Demand Planning)

이 시스템은 회사가 그들의 수요를 예측하는 것을 돕기 위하여 특별한 기법과 알고리즘을 사용한다. 이 시스템은 계획되어진 판매홍보에 대한 역사적 판매데이터와 정보, 그리고 계절성과 시장 추세와 같은 고객 수용에 영향을 미치는 다른 이벤트 등을 취한다. 그들은 미래 판매를 예측하는 데 도움을 주는 모델을 만들기 위해 이와 같은 데이터를 사용한다.

종종 수요계획시스템과 연결되는 또 다른 것은 수입관리이다. 이것은 회사로 하여금 예측된 수요로서 서로 다른 제품에 대한 서로 다른 가격배합의 실험을 할 수 있게 한다. 아이디어는 회사에 전체 수입을 최대화하는 제품과 가격의 배합을 발견하는 것이다. 항공사, 렌트카 그리고 호텔 등과 같은 여행 산업의 회사들은 이미 수입관리기법을 사용하고 있는 중이며 이러한 기법은 다른 산업에도 크게 확대될 것이다.

(6) 고객관계관리(CRM : Customer Relationship Management)

고객관계관리(CRM : Customer Relationship Management) 시스템은 고객과 관련된 기업의 내외부 자료를 분석·통합하여 고객의 특성에 맞는 마케팅 활동을 계획하고 지원하며 평가하는 기법이다. CRM은 고객에 대한 정보와 지식을 활용하여 다양한 고객접점을 관리하고 고객과 관계를 맺고 유지하는 장기적인 고객관리 프로그램으로 모든 구성원과 고객에게 친밀감을 형성하여, 고객유지와 경영성과를 향상시키는 전략으로 정의된다. CRM은 DB 마케팅(Database Marketing)이 진화된 개념이다.

(7) 판매원자동화(SFA : Sales Force Automation)

판매원자동화 시스템은 고객관계관리(CRM)에서 고객충성도 향상을 위해 영업활동을 지원하는 영업촉진 자동화시스템이다. SFA는 고객의 상태변화를 감지하고 영업활동을 자동화하여 고객관계를 관리한다. SFA는 마케팅, 영업, 서비스 등 영업활동 지원기능을 포함하고 있어, 단순히 영업활동에서 발생하는 수작업을 자동화하는 영업자동화 시스템과 다르다.

SFA에서는 영업채널관리가 중요한 고려사항이다. 영업채널관리란 신규고객의 발굴 및 고객관계의 강화를 통해 고객기반을 강화하는 것이다. 영업사원은 잠재고객을 발굴한 후, 가망고객을 실제고객으로 유도해야 한다. 잠재고객과 가망고객을 정리해주지 못하면 영업현황에 대한 파악이 어렵고 예측도 불가능하다. 결국 직관이나 추세에 의한 판매예측으로 비현실적인 목표를 설정하게 된다.

따라서 가치 있는 고객에 대한 분명한 접근전략을 수립하여 고객데이터 및 영업채널의 분석을 통해 영업기회를 포착하고, 영업전략을 수립하여 세일즈에 집중함으로써, 비효율적인 영업활동을 지양하고, 영업 사이클 타임을 단축할 수 있어 세일즈 역량이 강화될 수 있다. SFA는 고객관계를 강화시키고 영업사원의 영업력 향상을 통해 영업활동의 생산성을 제고할 수 있는 가장 효과적인 CRM 기법의 하나이다.

SFA는 판매인력에게 판매기회를 쉽게 포착할 수 있게 도와준다. 목표고객의 탐색시간과 노력을 감소시켜 준다. 그리고 고객특성과 판매자료 등을 다각적으로 분석하여 판매예측, 고객이탈 방지, 필요재고 및 자재의 수급현황 등을 제시하여 판매원들에게 도움을 준다. 나아가 기존의 영업프로세스를 재평가하고 생산성 및 정확도가 높은 영업을 실현하기 위한 방법을 제시한다. IT의 신속한 데이터처리 능력을 활용해 영업활동의 효율화를 꾀하는 것이다.

(8) 재고관리시스템(Inventory Management Systems)

이 시스템은 제품의 과거 수요패턴을 추적하고, 서로 다른 제품들의 재고 수준을 모니터하고, 경제적 주문량과 각 제품의 유지되어야할 안전재고 수준을 계산하는 것과 같은 재고관리의 부분들인 활동들을 지원한다.

(9) 제조실행시스템(MES : Manufacturing Execution Systems)

MES는 ERP 시스템과 제조설비 사이의 정보를 이어주는 역할을 한다. MES는 공정개선을 통해 정시인도, 재고회전율, 총수익율, 현금흐름 등을 개선시켜 주는 애플리케이션이다.

생산현장의 모든 활동을 실시간으로 관리한다면 품질은 물론 생산성을 향상시켜 경쟁력이 강화될 것이다. MES는 바로 이러한 실시간 관리시스템이다. 즉, 수주로부터 납품에 이르기까지 생산활동의 최적화를 위해 각 공정에서 실시간으로 자료를 수집·분석해주는 소프트웨어이다.

MES는 스케줄링, 작업지시, 작업실적, 품질정보, 설비상태 등의 정보관리를 지원한다. 즉, 생산현장의 최신 정보를 현장관리자에게 제공하며, 신속한 조치로 생산조건을 변화시키고, 무가치 요소를 감소시켜 생산활동을 개선한다. 또한 생산계획 및 제어까지 온라인 시스템으로 통합하여 정보를 교환한다. 따라서 경영자는 투명하고 정확한 데이터를 바탕으로 신속정확한 의사결정을 내릴 수 있다.

(10) 수송일정관리시스템(Transportation Scheduling Systems)

이 시스템은 회사에서 사용되는 단기 수송과 배달일정을 창출한다.

(11) 창고관리시스템(WMS : Warehouse Management Systems)

WMS는 창고내의 재고관리를 비롯하여 모든 물류활동, 즉 발주, 입고, 픽킹 등의 물류정보를 실시간으로 취득하여 최선의 조치를 취하는 시스템이다. WMS는 창고정보화의 견인차로서 실시간 정보제공, 신속한 의사결정을 목적으로 한다. 어떤 시스템이든 정확한 데이터가 있어야 최선의 의사결정이 가능하다. WMS는 창고내의 모든 정보를 DB화하고, 필요한 곳에 실시간으로 제공하여 의사결정을 지원하는 시스템이다.

WMS는 재고의 투명성을 높여 재고관리비용을 낮춰주고, 각종 정보를 실시간으로 제공하여 공급사슬 전반의 효율을 높여준다. WMS는 전통적으로 창고내의 독자적 시스템으로 존재해 왔다. 그러나 재고관리의 중요성으로 창고부문이 사내외에 실시간 정보를 제공하는 정보센터로서 타시스템과 연계되어 의사결정을 지원하는 중추 역할을 맡게 되었다.

(12) 공급자관계관리(SRM : Supplier Relationship Management)

보다 나은 전략적 소싱과 공급사슬 실행을 통해 얻을 수 있는 잠재적 거래비용 절감은 엄청나며, 회사의 경쟁적 지위에 상당한 영향을 미친다. 회사의 핵심 공급자와의 파트너십 개발과 함께 아웃소싱과 공급자 기반의 축소에 점차 관심을 집중하고 있다. 공급사슬의 최적화, 관계경영, 그리고 회사 간의 통합 등에 대한 증가된 회사의 인식과 함께 이러한 요소들은 SRM 개념의 전반적 기반을 창출한다.

SRM은 단지 구매와 전략적 소싱뿐만 아니라 공급자들과 관계를 창출하고, 관리하고 그리고 지원하는 것을 포함한다. SRM의 목적은 벤더로부터 최종 고객까지 전체 공급사슬을 개선하는 것이다.

SRM에서의 원칙은 올바른 벤더를 선정하고 올바른 관계를 구축하는 것에 더하여, 정보, 협력, 통합 등의 3개 영역에 집중한다.

4) BPM(Business Process Management)

프로세스는 특정한 제품이나 서비스의 전달을 가져다주는 단계들의 연속이다. 비즈니스 프로세스 그 자체는 기업의 인력, 제품 그리고 정보와 마찬가지로 기업의 자산이다. BPM은 기업의 운영성과를 개선하기 위한 연속적이고 점진적인 프로세스를 수행하는 방식이다. 기업은 그의 핵심 프로세스를 계획함으로써 시작하는데, 프로세스 내 단계들을 정의하고 데이터의 연속적 흐름을 수집하고 디스플레이하기 위하여 BPM 소프트웨어를 사용한다.

BPM 소프트웨어는 하나의 과업에서 다른 과업으로 서로 다른 종류의 데이터가 이동하는 것과 같은 많은 일상적 과업을 자동화하는데 사용될 수 있다. 효과적으로 사용될 때, BPM 소프트웨어는 비즈니스 프로세스를, 이의 효율적 운영을 책임지고 있는 사람에게 볼 수 있도록 하여 준다. 비즈니스 프로세스의 운영에 참여하는 사람들이 무엇이 일어나고 있는지 알게 되면, 그들은 문제들에 대하여 적절하게 대응하고 생산성을 제고하기 위한 효과적인 행동을 취할 수 있다.

5) BI(Business Intelligence)

BI시스템은 기업들에게 조직 내와 그들의 시장에서 어떠한 일들이 일어나고 있는지 이해할 수 있도록 도와준다. BI시스템은 데이터를 수집, 저장 그리고 분석한다. 그들은 많은 다른 소스(source)를 이용하여 데이터를 수집한다. 데이터는 센서와 RFID 스캐너로부터 얻어질 수 있다. 또한 데이터는 BPM시스템에 의하여 수집될 수 있고, ERP시스템, 주문입력시스템 또는 CRM시스템과 같은 회사 내의 많은 거래처리 시스템으로부터 얻어질 수 있다. 일단 데이터가 수집되면 사람들이 필요할 시 접근할 수 있는 데이터베이스에 저장된다. 종종 데이터베이스는 지속적 혹은 실시간으로 새로운 데이터로 업데이트 되어진다. 사람들이 데이터에 접근하면 그들은 데이터 분석과 결과의 디스플레이를 도와주는 BI 소프트웨어 도구를 사용한다. BI 소프트웨어는 단순한 스프레드시트나 챠트로부터 복잡한 다변량 선형회귀와 선형계획법까지 처리한다. BI 도구의 적절한 혼합은 어떤 상황에 있어서의 사람들의 필요와 그들의 스킬과 훈련수준에 따라 결정되어 진다.

6) 시뮬레이션 모델링

시뮬레이션 모델링 소프트웨어는 빠르게 성장하고 있는 소프트웨어 군의 하나이다. 비즈니스에서 변화의 빠른 속도로 인하여 기업들은 보다 자주 중요한 의사결정을 내려야 할 필요에 직면해 있는데, 이와 같은 의사결정은 기업의 운영과 수익에 상당한 영향을 미친다. 회사들은 새로운 공장 혹은 유통센터를 어디에 설립할 것인지 또는 새로운 시설의 배치를 하기 위한 최적 방안에 대한 의사결정을 해야 한다.

시뮬레이션 모델링 소프트웨어는 사람들에게 공장이나 공급사슬 혹은 배달경로의 모델을 생성하게끔 하고 서로 다른 입력과 상황을 모델에 반영하여 어떠한 결과가 나오는지 관찰할 수 있게 하여 준다. 도면상으로는 좋게 보였던 설계가, 모델화되어 여러 가지 다른 상황에서 시뮬레이션해 보면 문제들을 지니고 있는 것으로 판명되어 질 수 있다. 실제 경험을 통해서 어려움을 발견하는 것보다 시뮬레이션을 통해서 발견하는 것은 훨씬 신속하고 비용이 적게 든다.

작업 프로세스를 관리하기 위하여 BPM시스템을 사용하는 기업들은 프로세스 모델을 생성하기 위하여 BPM프로세스 정의를 사용할 수 있다. 그리고 난 후, 그들은 여러 다른 비즈니스 조건하에서 그들의 프로세스를 시뮬레이션하기 위한 입력값을 제공하기 위하여 BI시스템에 수집된 데이터를 사용할 수 있다. 비즈니스 조건이 변화됨에 따라 그들의 일을 조직하기 위하여 새로운 방안들을 실험할 수 있다. 시뮬레이션 모델과 BI 시스템으로부터의 데이터를 이용함으로써 기업들은 실제적으로 시행하기에 앞서 새로운 비즈니스 모델을 시험하는 것이 가능하다. 그리고 새로운 모델이 적용될 때 이미 시험을 했었기 때문에 보다 덜 위험하게 된다. 선택되어진 모델은 최적의 성과와 심각한 문제들이 없는 것을 제공한다.

제10장

물류비

제10장

물류비

1 물류비의 의의

1) 물류비의 개념

물류비란 원재료의 조달에서부터 완제품이 생산되어 거래처에 납품 또는 반품, 회수, 폐기 등에 이르기까지 제반 물류활동(운송, 보관, 하역, 포장, 정보 및 관리유지)에 소요되는 모든 경비, 즉 물류활동을 실행하기 위하여 직접 또는 간접으로 소비되는 비용을 의미한다.

미국 'Distribution Age'지의 조사에 의하면 상품가격 중에서 약 50%가 유통비이며 이 중 물류비가 절반을 차지하고 있다. 따라서 물류활동에서 운송, 보관, 하역, 포장, 정보 등에 관계되는 이러한 물류비를 어떻게 절감할 수 있는가의 문제는 중요한 과제가 되고 있다. 합리적인 물류활동이 이루어지기 위해서는 우선 자사의 물류비의 크기와 비중을 정확히 산출하고 운송에서 정보에 이르기까지 제반 물류활동에서 문제점을 먼저 규명한 후, 이에 대한 개선방법이 모색되어야 한다.

2) 물류비의 산정목적

일반적으로 물류비는 물류비의 크기를 표시하여 사내에서 물류비의 중요성을 인식하고, 물류활동의 문제점을 파악하며, 물류활동을 계획·관리하여 그 실적을 평가하고, 생산과 판매부문의 불합리한 물류활동을 발견하기 위한 4가지 목적으로 산정한다. 일본의 물류비 산정통일기준에는 물류비 산정목적을 다음과 같이 제시하고 있다.

(1) 각 계층 경영관리자에게 필요한 원가자료 제공
(2) 물류예산편성과 예산통제를 위해 필요한 원가자료 제공
(3) 물류 기본계획의 설정과 이에 필요한 원가정보 제공

(4) 가격계산에 필요한 물류비자료 제공

이러한 물류비 산정의 목적은 결국 물류활동에 수반되는 원가자료를 제공하고 물류합리화에 의한 원가절감이나 서비스개선에 대한 관리지표를 제공하는데 의의가 있다. 따라서 물류활동의 효율적 관리와 물류합리화의 추진을 효과적으로 수행하기 위해서는 물류비의 실체를 명확히 포착하고 관리체계를 확립할 수 있는 물류비 산정이 필수적인 것이다. 효율적인 물류관리를 위해서는 우선 물류비의 정확한 이해가 필요하다. 물류비의 정확한 이해 없이는 물류활동을 어떻게 조정하고 통제하여 효율적으로 관리할 것인가의 결정에 어려움이 따른다. 물류비는 물류활동을 관리하기 위한 수단으로서 물류활동의 실태를 보다 객관적이고 충실하게 반영하며, 기업의 모든 활동에 공통되는 평가의 척도가 될 수 있다. 또한 기업조직과도 깊은 관계가 있다. 따라서 물류비는 최적의 물류시스템을 구성하는데 필수적인 자료이며 수단인 것이다.

3) 물류비 산정방법의 통일

아직까지 대다수 기업은 물류비를 매출액 증가에 따른 당연한 비용처리로 인식하고 있으며, 물류비 절감에 대한 기술적인 노력의 부족과 물류활동에 대한 종합적인 개선대책을 강구하지 못하고 있다. 특히 우리나라는 물류비 계산에 대한 통일적이며 강제적인 산정기준이 늦게 마련되어 기업 각자가 그 목적에 따라 자사의 물류비를 측정하고 있어서 물류비 산정의 일관성이 결여되어 왔었다.

1989년 한국생산성본부가 제정 발표한 '기업물류비 계산준칙'은 개별기업의 물류비 산정에 충분한 도움이 되지 못하였고 뚜렷한 연구나 제시가 없어 기업별 물류비 산정에 상당한 차이를 나타내며 기업물류비 산정기준의 통일화 내지 표준화의 필요성이 강력히 대두되었었다.

이러한 요구에 부응하여 개별기업들이 자사의 물류비 규모를 확인할 수 있고 물류비를 지속적으로 관리해 나갈 수 있는 물류회계의 기준안이 한국공인회계사회에 의해 1995년도에 마련되었다. 1997년에는 건설교통부에서 한국공인회계사회와 공동으로 기업물류비 계산에 관한 지침을 제정하여 공포함으로써 우리나라 물류비 산정방법이 비로소 확실한 근거가 마련하게 되었다.

2 물류회계시스템

1) 기업회계의 분류

기업회계는 일반적으로 재무회계와 관리회계로 구분되며 그 내용은 다음과 같다.

(1) 재무회계

재무회계는 기업외부의 이해관계자인 주주, 채권자, 공공기관 및 국민들에게 회계정보를 제공하는 것을 목적으로 대차대조표(B/S)나 손익계산서(P/L) 등의 재무제표를 매년 결산기마다 지상에 공포하는 제도를 말한다.

물류비를 재무제표의 측면에서 파악하려면 P/L에 기재되어 있는 계정과목에서 지불할 물류비를 계산하면 되지만 실제로 물류비는 각 계정과목에 혼합되어 있으므로 수송비나 보관비와 같이 이해하기 쉬운 물류비 항목으로 표시된 계정과목을 제외하고는 구별하기가 상당히 어렵다. 재무회계방식의 물류비 계산은 재무회계의 형태별 비목 중에서 물류활동에 소비된 비용이 혼입되어 계산되어 있기 때문에 이것을 비목마다 배부기준을 근거로 하여 산정한다. 각각의 형태별 비목의 물류부문을 집계하여 물류비의 당해 회계기간은 총액으로 한다.

(2) 관리회계

관리회계는 기업의 내부보고회계로서 경영자나 관리자에 의한 의사결정과 업적평가를 위해서 회계정보를 제공하는 것으로 재무회계와는 달리 법률상 규제가 없는 기업의 내부회계제도이다. 따라서 재무회계방법으로 산출하기 어려운 물류비를 정확하게 산정하기 위해 관리회계방법을 이용하고 있다.

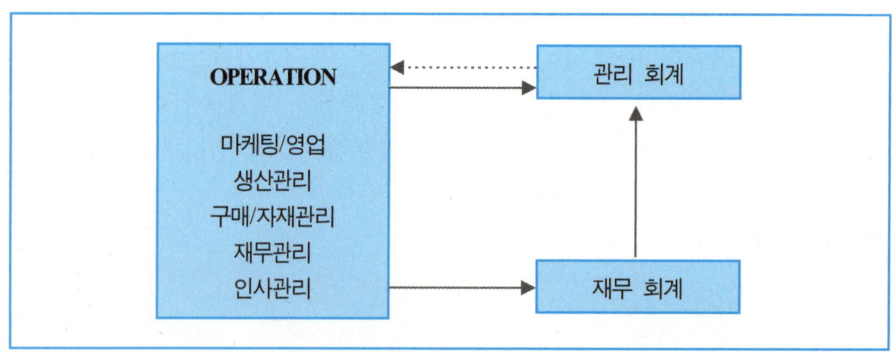

그림 10-1 경영관리와 재무회계 및 관리회계와의 관계

표 10-1 재무회계와 관리회계의 비교

항 목	재무회계	관리회계
정보이용자	불특정다수인	내부경영자
회계처리원칙	GAAP	특별한 원칙 없음
정보의 질적 특성	객관성 강조	목적적합성 강조
회계정보의 시점	역사적 원가위주	미래지향적
회계기간	분기/반기/1년	월별/1년/수년 등
회계대상	조직전체	조직/제품/부문/지역

관리회계방식의 물류비 계산은 물류활동의 관리와 의사결정에 필요한 회계정보를 입수하는 것으로부터 물류활동을 관리목적에 따라서 기능별로 구분하여 각각의 기능영역에 발생한 비용을 집계해 나간다. 이같이 기능별·적용별로 발생한 비용의 회계를 물류비로 계상하는 것이다.

[그림 10-1]은 관리회계 및 경영관리의 결과로서의 재무회계와의 관계를 나타내고 있으며, 〈표 10-1〉은 재무회계와 관리회계의 차이점을 요약한 것이다.

3 물류비의 분류

1) 물류비의 정의 및 분류

미국 관리회계사협회(IMA)는 "물류비란 원산지로부터 소비자까지의 조달, 사내 이동 및 판매, 재고의 전 과정을 계획, 실행, 통제하는 데 소요되는 비용"이라고 정의하였다. 이를 구체적으로 살펴보면 다음과 같다.

- 첫째, 물류비의 범위는 '원산지에서 소비자까지' : 단순한 제품의 생산과 판매과정을 전후한 물품의 흐름이 아니고 물품 흐름의 전 과정을 포함하고 있다.
- 둘째, 물류비의 영역은 '조달, 사내 및 판매, 재고의 전 과정' : 종래의 물류영역에 재고 영역을 추가하였다. 이것은 기업물류비에서 재고관리 관련 비용이 차지하는 비중이 큰 것을 의미하며, 효율적인 재고관리 및 적시생산방식(Just-In-Time : JIT)에 따른 재고비용의 절감이 기업의 원가경쟁우위 획득에 기본이 된다는 점을 의미한다.
- 셋째, 물류비의 발생원천 및 관리 대상은 '물류활동에 관한 계획, 실행, 통제하는

데 소요되는 비용' : 종래의 물류비는 물류기능이나 영역을 대상으로 해서 산정하였으나, 물류관리의 프로세스까지 대상을 확대하고 있다.

물류비의 분류체계는 일반적으로 영역별, 기능별, 자가/위탁별, 세목별, 관리목적별 등으로 구분하고 있다. 이들 분류체계는 물류비의 산정 또는 관리를 위해 제시된 이용가능한 분류체계나 분류기준을 나타내고 있는데, 기업에서는 기업자체의 물류특성, 물류비산정의 능력, 물류비관리의 수준, 물류비정보의 요구수준 등에 따라 각각 상이한 분류체계를 개발해 내야 한다. 〈표 10-2〉는 물류비 분류체계를 나타내고 있다.

표 10-2 물류비 분류체계

구분	내용
1. 영역별	조달/사내/판매물류비(반품/폐기물류비)
2. 기능별	운송비, 보관 및 재고관리비, 포장비, 하역비, 유통가공비, 물류정보/관리비
3. 자가/위탁별	자가/위탁물류비
4. 세목별	재료비, 노무비, 경비, 이자(시설부담/재고부담이자)
5. 관리항목별	조직별, 제품별, 지역별, 고객별, 운송수단별

(1) 영역별 물류비

영역별 물류비는 물의 흐름과정에 의한 분류로 조달, 생산, 사내, 판매, 반품, 폐기물류비 등으로 분류한다.

① 조달물류비

조달은 원재료의 공급자로부터 수요자에게 납품하기까지이다. 물자가 공급자로부터 운송되어 구매자의 창고에 입고, 관리되어 생산공정에 투입되기 직전까지의 물류활동에 지출한 비용이다. 조달물류비에는 운송, 하역, 검수, 입고, 보관, 출고 등의 조달과정에 발생하는 비용이 포함된다. 재무회계자료에 의하면 조달과정에서 외부에 지불한 비용만 계상하므로, 생산공정에 투입직전까지 사내에서 실시한 검수, 하역, 입출고, 보관 등의 비용을 모두 계상하여야 한다.

② 사내물류비

완제품의 포장시점부터 판매가 최종적으로 확정된 시점까지의 물류비로 보관비, 분류비, 수송비 등을 포함한다. 자재창고에서 원재료 등을 운반하여 생산공정에 투입한 시점부터 공정과 공정간의 원재료나 반제품의 운반, 보관 및 완제품을 창고에 보관하기 직전까지의 물류활동에 지출한 비용이다. 다만 순수한 공정내의 물류활동, 즉 원재료나 부품 등의 공정내 이동이나 운반 등의 비용은 제조원가로 분류하여 사내물류비에서 제외된다.

③ 판매물류비

판매가 확정된 후 출하·인도될 때까지의 물류비로 포장, 출하, 배송비 등이다. 공장 내의 보관창고에서 고객에게 직송하는 경우도 출하 이후를 판매물류로 본다. 완제품 또는 매입상품을 창고에 보관한 때부터 발생한 모든 물류비로 반품한 제품의 검수, 분류, 수송, 하역비 등의 반품물류비와 공용기, 팔레트 등의 회수물류비 그리고 파손 또는 진부화 제품, 포장용기 및 그 재료를 폐기하기 위한 폐기물류비 등이 포함된다. 생산에 관련된 폐기물은 생산물류비, 즉 제조원가에 포함시킨다.

(2) 기능별 물류비

어떤 부문에서 발생했는가에 따라 물품유통비, 정보유통비 및 물류관리비로 분류한다. 물품유통비는 제품을 물리적으로 유통시키기 위해 지출한 비용으로 수송비, 보관비, 포장비, 하역비 및 유통가공비로 분류한다.

① 수송비

상품의 이동비용이고, 영업수송비와 자가수송비가 있다. 물류거점간 그리고 소비자에게 운반하는 비용으로 물류특성, 수송경로 등 필요에 따라 수송비와 배송비로 구분한다. 그리고 하역비를 별도로 구분하지 않을 때 수송과정에서의 상하차비는 수송비에 포함하고, 창고나 물류센터의 하역설비 및 기기를 이용한 상하차비는 보관 및 재고관리비로 분류하고 수송비에 포함시키지 않는다.

② 보관 및 재고관리비

제품을 보관시설에 일정기간 보관하는 비용으로 보관비 또는 창고비라 하며, 영업보관비와 자가보관비가 있다. 제품의 보관비용뿐만 아니라 재고물품에 대한 이자도 포함한다.

③ 포장비

제품의 수송, 하역, 보관을 위해 지출된 포장비용이며 제품이 상품으로 완성되기까지 지출된 포장비용은 제외된다. 여기의 포장은 최종소비자에게 인도하기 전에 이동과 보관을 안전하고 용이하게 하는 공업포장으로 원자재, 완제품, 폐기물 등을 운송,

하역, 보관하기 위한 물류포장비이다. 생산공정에서 발생한 포장비용은 생산원가 또는 제조원가로 분류하고 포장비에서 제외된다.

④ 하역비

포장, 수송, 보관, 유통가공을 위해 동일시설에서 제품을 상하전후좌우로 이동시키는 비용이고 포장하역비, 소송하역비, 보관하역비 및 유통가공 하역비로 구분된다. 입하, 격납, 피킹, 분류, 출하 등의 하역작업은 독자적으로 실시되는 경우는 거의 없으며, 주로 운송이나 보관활동과 동시에 발생한다.

⑤ 유통가공비

유통과정에서 물류효과를 향상시키기 위한 가공비용이며, 부분적으로 부가가치를 높이기 위해 가공하는 경우가 있는데, 이것은 생산가공에 해당하여 그 비용은 제조원가나 유통비에 포함시킨다.

⑥ 물류정보비 및 물류관리비

물류정보비는 물류정보의 수집, 가공, 전달에 필요한 입력, 처리, 출력, 제어, 통신 등에 지출한 비용으로 재고관리, 주문처리, 고객서비스에 관련된 비용이 포함된다. 물류관리비는 물류활동 전반의 계획, 조정, 통제에 소비한 비용이다.

(3) 주체별 물류비

기업이 직접 물류활동을 수행하여 지출한 자가물류비와 외부에 물류업무를 맡겨 지출한 위탁물류비가 있다.

① 자가물류비

자사의 설비 및 인력으로 물류활동을 수행하면서 지출한 비용이다. 대부분의 기업이 자가물류비를 계산하지 않아 물류비를 정확하게 파악하지 못하는 경우가 많다. 따라서 자가물류비를 조달, 사내, 판매 등으로 구분하여 재료비, 노무비, 경비, 이자 등의 세목별로 비용을 파악해야 한다.

② 위탁물류비

물류활동의 일부 또는 전부를 외부의 물류업자나 자회사에게 위탁하여 지불하는 비용이다. 주로, 포장, 운송 및 보관 등을 위탁하는데 지불포장비, 지불운임, 지불창고료, 입출고료, 수수료 등이다.

(4) 세목별 물류비

세목별 물류비는 기본적으로 재료비, 노무비, 경비, 이자로 분류한다. 구체적으로는 해당기업 회계부문의 계정과목 중심으로 물류비를 세분하고, 계정과목의 분류 및 정의 등은 가능하면 기업회계기준 및 원가계산준칙과 동일해야 한다.

① 재료비

물류활동에서 소비한 재료비로 조달, 생산, 납품, 반품, 회수, 폐기에 이르는 제반 물류활동, 즉 포장, 운송, 보관, 하역, 기타의 활동에 소요되는 포장재료비, 연료비, 소모용 공구비, 비품비 등이다. 팔레트와 같은 운송용구 등은 물류자산에 속하므로 재료비에서 제외하고, 운송수단에 소모되는 연료비 등은 포함된다.

② 노무비

조달, 사내, 판매 등의 운송, 보관, 포장, 하역 및 관리활동에 투입한 인력에 대한 보수이다. 노무비에는 임금, 급료, 잡급 외에도 물류종사자에 대한 제수당, 퇴직금 및 복리후생비 등이 포함되고 공장, 사업장, 지역, 고객, 제품 등 관리단위에 따라 세분한다.

③ 경비

재료비, 노무비 외의 물류활동에서 발생하는 제비용으로 용역비, 유지비, 특별경비 등이 있다. 주로 물류관리에서 발생하며 회계부문의 계정과목이 전부 해당된다. 용역비는 전기, 수도, 가스료 등, 유지비는 수선비, 제세공과금, 보험료 등, 특별경비는 감가상각비 등이다. 이때 감가상각비는 기업회계의 발생기준에 따라 계산한다. 따라서 물류자산의 감가상각비는 회계부문의 감가상각비를 그대로 사용한다.

④ 이자

시설투자 및 재고자산에 대한 이자가 있다. 시설부담이자와 재고부담이자에 대해서는 기회원가를 적용한다. 시설부담이자는 투자액의 미상각잔액에 이자율을 곱하여 계산한다. 이때 시설투자액의 미상각잔액은 자산명세서로부터 물류자산을 추출한 후, 계산시점의 감가상각액을 차감하여 미상각잔액을 계산한다.

시설부담이자 = 시설투자의 미상각잔액 × 이자율

시설투자의 미상각잔액 = 취득원가 - 감가상각액의 누적액

재고부담이자는 재고의 평균잔액에 이자율을 곱하여 계산한다. 재고의 평균잔액은 재고명세서로부터 월별, 분기별, 연도별 기초 및 기말재고액을 기초로 평균잔액을 계산한다.

재고부담이자 = 재고의 평균잔액 × 이자율
재고의 평균잔액 = (기초재고 + 기말재고) ÷ 2

재고의 평균잔액은 일정수준의 재고를 일정기간 계속 유지한다는 전제조건이며, 변동이 심한 경우는 계산이 정확하지 못한 단점이 있다. 예컨대, 월중에는 많은 재고를 보유하다가 월초 및 월말에 적어지면 재고부담이자는 거의 제로가 되고, 반대의 경우도 발생한다. 그리고 이론적으로 가장 타당한 이자율은 가중평균이자율이며, 실무적으로 이자율은 시중 차입금리나 자사 사내금리를 설정하여 적용한다.

(5) 관리항목별 분류

물류활동의 중점관리목표에 의거해서 조직, 제품, 지역, 고객, 물류경로, 주문규모, 서비스수준, 운송수단 등 원가중심점을 대상으로 계산한다. 즉, 조직별, 지역별, 고객별 등 관리항목별 물류비를 집계하여 작성한다.

대표적인 예는 다음과 같다.

① 부문별 : 물류비의 발생부문, 관리부문 등의 조직단위
② 지역별 : 물류비가 발생하는 지역별 조직단위
③ 운송수단별 : 철도, 해상, 육로, 항공 등의 운송수단
④ 제품별 : 물류활동의 대상인 원재료, 제품, 부품 등의 제품
⑤ 물류거점별 : 물류비의 발생장소로 물류센터, 창고, 집배소
⑥ 업체별 : 물류활동을 위탁할 경우 그 수행업체

2) 전통적 원가계산의 문제점

(1) 원가구조변화의 영향

급변하는 경영 환경에 적응하기 위해 소품종 대량생산방식에 의존해 왔던 기업들도 다품종 소량생산방식으로 생산체계를 전환하기에 이르렀고, 이에 따라 기업의 원가구조에서 간접원가의 비중이 크게 증대되었다. 이와 같이 변화된 원가구조에서는

전통적인 원가계산시스템에 따라 작성되는 원가정보가 더 이상 적합하지 않게 되었다. 그것은 사업영역에 관한 의사결정을 왜곡시키고, 자원배치에 관한 부적절한 의사결정을 초래하며, 궁극적으로 기업성과의 심각한 손상을 이끌게 될 것이다. 활동기준원가계산(Activity Based Costing : ABC)과 활동기준경영(Activity Based Management : ABM)이 주목을 받게 된 것도 이와 같은 이유로 인한 것이다.

(2) 원가계산의 왜곡

제품원가계산의 왜곡은 전통적인 원가계산시스템에 전제되어 있는 다음의 두 가지 가정으로부터 발생한다. 하나는 제품 1단위를 생산하는 데 투입되는 활동들이 종류에 관계없이 동일한 원가를 발생시킨다고 가정하는 것이고, 다른 하나는 모든 자원들이 생산량에 비례하여 소비된다고 가정하는 것이다. 그러나 대량생산제품보다는 소량생산제품이 일반적으로 더 많은 지원서비스를 사용하므로, 동일한 활동이라도 대량생산제품보다는 소량생산제품 1단위 생산에 더 많은 활동량이 투입될 것이다. 그리고 대량생산제품보다는 소량생산제품이 일반적으로 복잡성과 요구되는 기술수준이 더 높은데, 이러한 복잡성과 기술투자에 관련된 원가란 생산량에 비례해서 발생되는 것이 아니다. 따라서 전통적인 원가계산시스템에 전제되어 있는 두 가지 가정들은 현실과 배치된다.

(3) 원가관리목적에의 적합성 상실

전통적인 원가계산이 점차 유용성을 잃어가는 주요 원인은 다음과 같다.

첫째, 고객유형, 유통채널, 시장세분화에 따른 차별적인 서비스 원가를 무시한다.
둘째, 원가의 집계수준이 너무 높다.
셋째, 총원가할당방식에 의존한다.
넷째, 결과보다는 기능에 주안점을 둔다.
다섯째, 전통적인 원가계산방식을 채택하고 있는 대부분의 회사들은 제품원가는 이해하나 고객의 원가는 알지 못한다.

따라서 전통적 원가계산방식으로 복잡한 물류원가를 산정하고 활용한다는 것은 극히 어렵다. 이러한 문제점을 해결하기 위해서는 물류활동으로 인하여 소비된 자원을 정확히 산정할 수 있는 ABC시스템을 채택하여 운영하여야 한다.

(4) 새로운 원가계산시스템의 설계방향

원가 의존적인 전략적 의사결정을 지원하기 위해서, 새로운 원가계산시스템은 원가대상별 정확한 원가계산과 인과적 접근을 통한 원가관리가 가능하도록 설계되어야 한다.

정확한 원가계산을 위해서는 직접노동 이외의 간접원가 배부기준이 이용될 수 있도록 원가계산시스템이 적용되어야 하고, 간접원가에 대한 인과적 통제를 위해서는 간접원가 자체가 아니라 그것의 원인을 통제할 수 있도록 원가계산시스템이 설계되어야 할 것이다.

4 물류ABC와 ABM

1) ABC(활동기준 원가계산)

(1) ABC의 정의

활동기준원가계산(Activity Based Costing : ABC)이란 기업 내에서 수행되고 있는 활동(activity), 활동과 원가대상의 소모관계를 상호간의 인과관계에 근거하여 규명함으로써 자원, 활동, 원가대상의 원가와 성과를 측정하는 원가계산기법을 말한다.

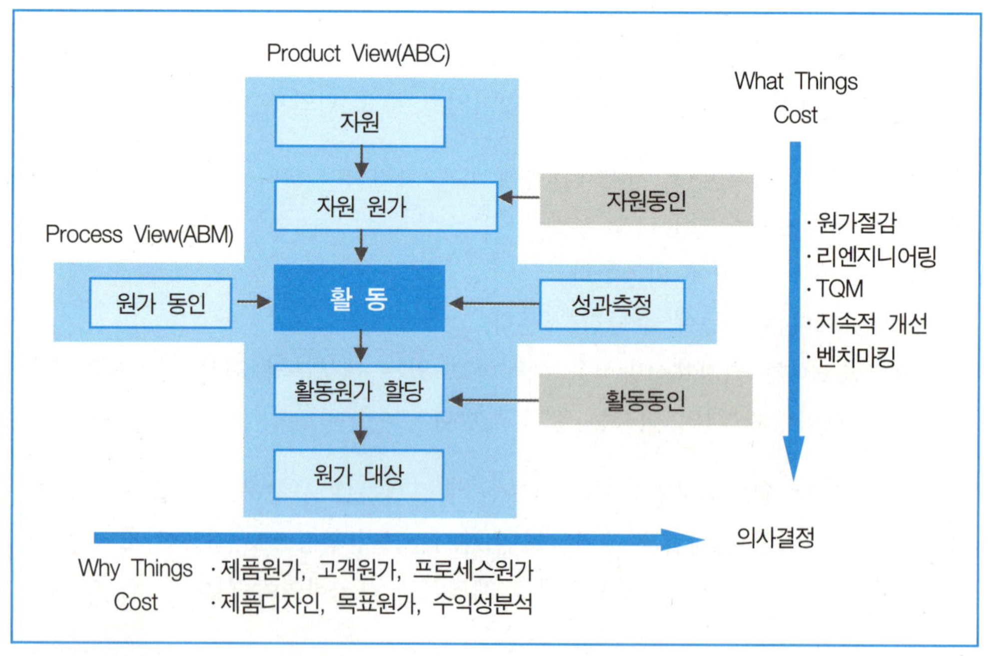

| 그림 10-2 | ABC 십자가

활동기준원가계산의 기본적 산출물은 제품, 서비스별 원가와 활동원가로서 활동기준 경영관리를 위한 기초정보가 된다. [그림 10-2]는 ABC 십자가를 나타낸다. 활동기준원가계산이 전통적 원가계산방법과 근본적으로 다른 요소는 활동이다. 즉, ABC의 기본원칙은 활동은 자원을 소비하고 원가대상은 활동을 소비한다고 가정하고 있는 전통적 원가계산과는 다른 개념으로 보아야 한다.

활동기준원가계산 방법 하에서는 자원을 활동으로 추적하여 활동원가를 산정하는 것이 1단계이며 1단계에서 산정된 활동원가를 원가대상으로 추적하는 것이 2단계로서 두 단계의 원가추적 과정을 갖게 된다. ABC에 있어서 활동들의 원가는 원가를 제품이나 서비스와 같은 기타의 원가대상에 배부하는 데 사용된다. [그림 10-3]은 ABC의 구조를 나타낸다. ABC의 기본전제는 제조활동은 원재료의 공급처로부터 완제품이 최종소비자에게 전달될 때까지의 연속과정이라는 것이다. 따라서 ABC는 프로세스 전반의 원가계산이다. A/S 등과 같이 소비자가 별도로 비용을 부담하는 항목에 대해서도 프로세스 전체원가의 일부분으로 간주한다. ABC는 원가계산시스템이라기보다는 경영계획 또는 예산통제에 도움이 되는 경영관리시스템이라고 할 수 있다.

그러나 ABC에도 한계는 있다. 기본적으로 도입효과가 소요비용을 초과해야 하는데 그렇지 못한 경우가 많다. 관련 자료의 획득이 어렵고 자료획득이 용이해도 측정비용이 높으면 사용할 수 없다. 그리고 모든 요소를 고려해 원가를 배분하기가 쉽지 않으며 시간도 많이 걸리고 정확한 자료처리기술 및 도구가 필요하다. 따라서 ABC는 ERP와 같은 통합정보시스템 등 정보기술이 뒷받침되어야 한다. 수년전만 하더라도 필요한 기술이나 시스템의 구입에 많은 비용이 들어 엄두조차 내지 못했지만 IT의 발전으로 그 비용이 많이 줄었다.

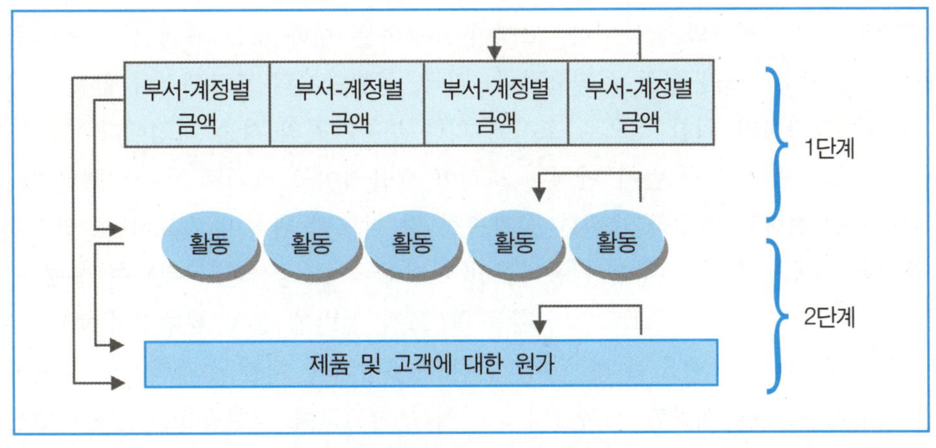

그림 10-3 ABC의 구조

성공한 ABC 도입사례는 1992년에 아이오코카의 무리한 사업 확장과 투자실패로 위기에 처했던 크라이슬러다. 아이오코카의 뒤를 이어 경영권을 넘겨받은 이튼 회장은 각 부품 및 공정별로 원가를 철저히 따져 설계단계부터 비용을 최소화하기 위해 ABC를 도입하였다. ABC 자료로 비효율적인 업무프로세스를 없애거나 개선할 수 있었다. 또 부품의 경우 외주비용이 낮은 것으로 나타나면 과감하게 아웃소싱을 하였다. 그 결과 부품의 아웃소싱 비율이 30%에서 70%로 늘어났고 1997년 매출액이 611억 달러, 순이익이 28억 달러로 매출액 대비 순이익률이 경쟁사의 2배로 증가하는 성과를 올릴 수 있었다.

(2) 활동(Activity)의 정의

활동(Activity)이란 조직 내에서 수행되고 있는 일이라고 정의할 수 있다. 이와 관련하여 특정의 목적을 달성하기 위하여 수행되는 일련의 활동들의 집합은 프로세스라고 정의할 수 있는 바, 활동은 프로세스와 비교하여 하위의 개념으로 이해할 수 있다.

프로세스가 수직적 조직을 나타내는 기능과는 달리 수평적 조직을 나타내므로 프로세스의 구성요소인 활동 또한 수평적 관점에서 이해하여야 한다.

수평적 조직의 체계는 제조업을 영위하는 기업뿐만 아니라 서비스업, 비영리법인, 정부기관 등 모든 조직에 걸쳐 적용될 수 있는 일반적인 모형이다. 고객요구사항 파악 및 실행계획이 수평적 조직 즉, 프로세스 조직의 출발점이다. 모든 조직은 고객의 요구사항을 충족하기 위하여 존재한다는 관점에서 비롯된 것이며 고객의 요구가 없다면 조직의 존재이유는 사라지기 때문이다.

따라서, 경영활동의 첫 번째 단계는 고객의 요구사항을 파악하여 이를 충족하기 위한 실행계획을 수립하는 것이며 두 번째 단계는 고객요구에 대응하기 위하여 실행을 수행하는 프로세스와 활동이다. 고객이 요구하는 재화 또는 용역 등의 산출물로 전환시키는 프로세스와 활동이 필요하다. 결국, 실행단계의 프로세스나 활동은 고객의 가치를 제고하기 위한 것으로 조직에 의한 부가가치의 창출 과정이다.

수평적 조직체계의 세 번째 단계는 조직이 효율적이고 효과적으로 실행하였는지에 대하여 측정하고 개선하기 위한 성과측정 및 피드백 과정이 필요하다. 성과측정의 대상은 최종 산출물인 재화와 용역뿐만 아니라 이를 생산하기 위하여 실행을 수행한 공급자, 고객서비스, 프로세스, 활동 등 조직 전반에 걸쳐 행해지며 해당 부문 또는 프로세스에 피드백을 주게 된다. 한편 재무성과에 대한 성과측정도 필요한데 이는 기업에 자본을 제공한 투자자의 요구에 부합되도록 경영활동을 수행하였는지에 대한 판단기준이 된다.

(3) ABC의 기본요소

ABC를 구성하고 있는 5대 요소는 자원(resource), 활동(activity), 원가대상(cost object), 자원동인(resource driver), 활동동인(activity driver)이다.

① 자원 : 활동을 수행하기 위하여 사용되거나 소비되는 경제요소이다. 기업에서 운영하고 있는 자원에 대하여 소비되거나 사용된 것을 화폐단위로 표시한 것이 원가이며 일반적으로 총계정원장(General Ledger : GL) 상의 비용 또는 원가항목으로 집계된다. 결국, 자원은 원가라고 할 수 있다.

② 활동 : 기업 내에서 수행되고 있는 일 또는 일의 집합으로 정의할 수 있다. 특정의 목적을 달성하기 위하여 수행되는 일련의 활동들의 집합은 프로세스라고 정의된다.

③ 원가대상 : 최종적으로 원가를 산정하고자 하는 측정대상을 말한다. 가장 공통적으로 설정되는 원가대상은 제품 또는 서비스이다. 제품별 수익성 분석을 할 때는 제품을 원가대상으로 설정하여 원가계산을 하여야 하며 유통경로별 수익성 정보를 산정하기 위하여는 유통경로를 원가대상으로 하여 원가계산을 하여야 하는 것이다. 따라서, 원가시스템을 구축할 때 중요하게 고려하여야 할 요소가 바로 원가대상이다. 원가계산시스템 상에 어떤 원가대상을 설정하느냐에 따라 원가정보의 종류가 결정되고 원가계산을 위한 설계에 영향을 미치기 때문이다.

④ 자원동인 : 활동에 의하여 소비되는 자원의 양을 측정하기 위한 기준으로 정의되며 자원을 활동별로 할당하여 활동원가를 산출하기 위한 것으로서 소비된 자원 즉, 원가와 활동과의 인과관계에 의해 결정된다. 자원동인은 첫째, 자원과 활동간의 논리적 인과관계에 기초하여야 하며, 둘째 계속적으로 수집이 가능한 계량적 형태의 것이어야 한다.

⑤ 활동동인 : 원가대상에 의해 소비되는 활동의 양을 측정하기 위한 기준으로서 활동원가를 원가대상으로 할당하기 위해 사용된다. 활동동인과 관련하여 파생되는 개념으로서 활동소요량(Bill of Activities : BOA)을 이해하여야 한다. BOA란 원가대상에 의해 요구되는 활동의 목록이다. 즉, 원가대상 1단위를 완성하기 위하여 필요한 활동의 목록과 요구되는 활동동인의 수량을 나타내는 것이다. 활동동인을 결정할 때는 원가관계성, 계량화 가능성, 측정의 용이성, 그리고 자료의 이용가능성 등을 고려하여야 한다.

2) ABM(활동기준 경영관리)

(1) ABM의 의의

ABC에 관한 연구가 점차 누적됨에 따라, 제품원가가 활동별로 파악되고 그것도 활동동인을 통해 인과적으로 추적될 수 있다는 점이 단순히 제품원가계산의 정확성만 향상시키는 것이 아니라 전략적 의사결정의 정확성과 원가관리의 효율성도 높이게 될 것이라는 인식이 생겨나게 되었다. 이러한 인식을 계기로 하여 경영의사결정과 원가관리에 대한 활동기준 접근법이 모색되기 시작하였고, 이에 따라 ABC에서 ABM으로 진화되었다. [그림 10-4]는 ABC/ABM의 발전단계를 나타낸다.

활동기준경영관리(Activity Based Management : ABM)란 기업 내에서 수행되고 있는 활동을 관리함으로써 고객가치를 높이고 증대된 고객가치를 토대로 기업의 이익을 제고하고자 하는 경영관리기법이다. [그림 10-5]는 ABM의 구조를 나타낸다.

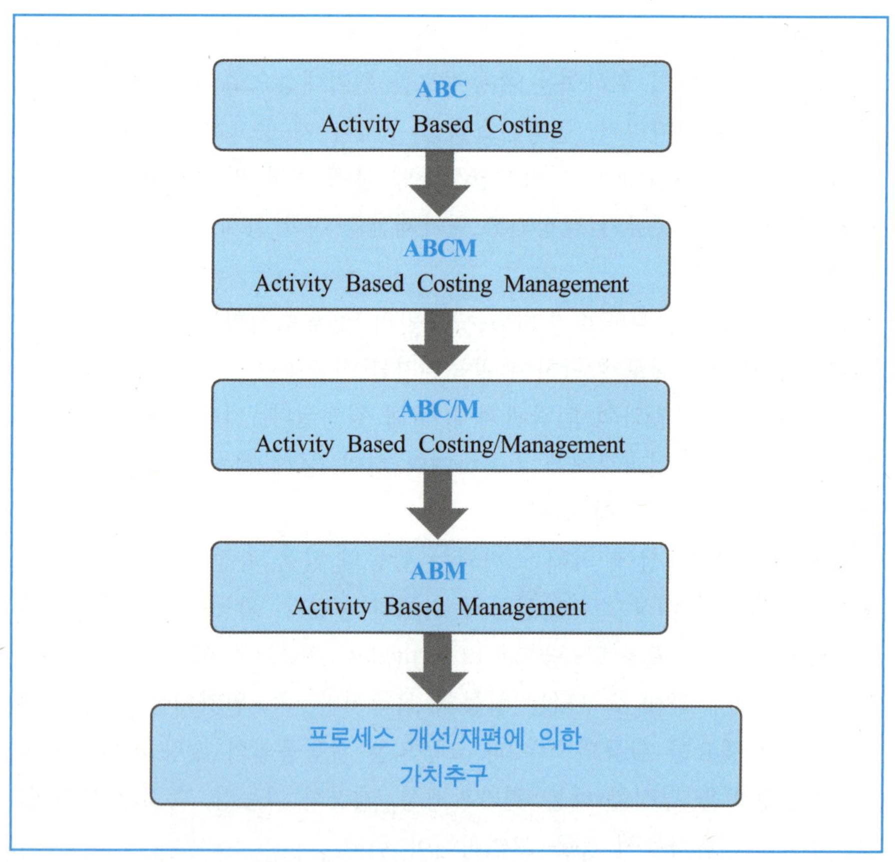

그림 10-4 ABC/ABM의 발전단계

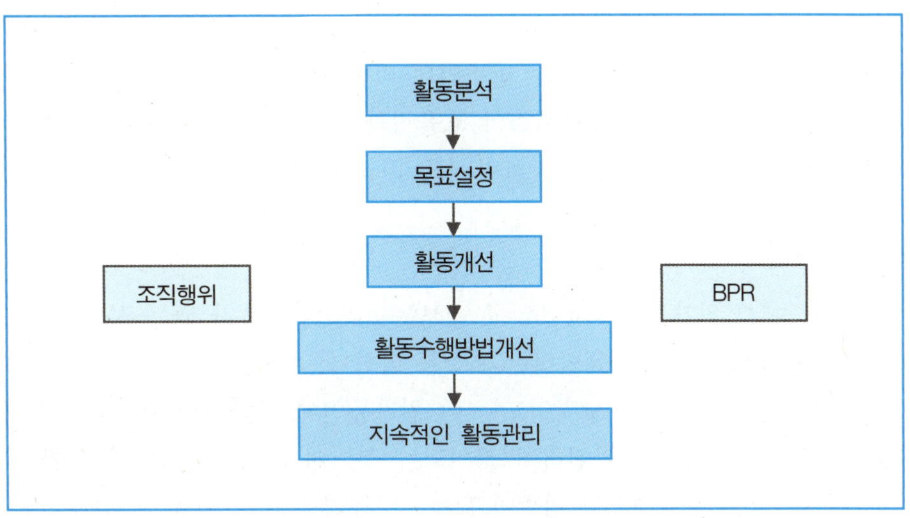

그림 10-5 ABM의 구조

활동기준경영관리는 활동기준 원가계산시스템으로부터 생성되는 활동관련 정보를 토대로 하여 원가유발요인관리, 성과측정관리, 활동분석 등을 시행함으로써 조직의 효과성과 효율성을 제고하는데 그 목적이 있다. 즉, 기업 내에서 생산되어 고객에게 제공되는 제품이나 서비스의 가치를 제고함으로써 고객가치를 극대화 할 수 있으므로 제품이나 서비스를 생산하는 조직의 활동을 개선함으로써 제품이나 서비스의 가치를 제고할 수 있다면 결과적으로 기업으로 하여금 초과이익을 실현할 수 있게 할 것이다.

이러한 경영관리를 위하여 ABC시스템에 존재하고 있는 정보를 이용하여 원가절감 기회파악, 품질개선, 낭비요인의 파악 및 제거, 이익극대화를 위한 최적자원계획 등을 수행하는 것이 ABM의 주요 목적이라고 할 수 있다.

표 10-3 ABC와 ABM의 차이점

구 분	ABC	ABM
주요 목적	원가대상별 진정한 원가측정	활동과 프로세스 개선을 통한 고객가치 증대와 초과이익 창출
산출 정보	• 전략적 관점의 원가정보 • 수익성 분석 • 가격결정 지원 원가정보 • 투자타당성 분석을 위한 원가정보 • 목표원가 • 기타	• 운영적 관점의 원가정보 • 프로세스 원가 • 비부가가치 활동원가 • 원가동인 • 성과측정치 정보 • 기타

ABC은 투입자원의 원가를 자원동인에 의하여 활동원가를 산정하고 활동동인을 적용하여 원가대상별 원가를 측정하는 방법인데 비하여 ABM은 활동분석을 통하여 파악된 정보를 토대로 활동과 프로세스의 효율성과 효과성을 개선하는 원가관리기법이다. ABC와 ABM의 차이점을 요약하면 〈표 10-3〉과 같다.

(2) 원가동인

활동정보 중에서 원가동인(cost driver) 정보는 ABM의 기초가 되는 정보이다. 원가동인이란 활동원가의 증가를 유발하는 요소를 말한다. 따라서 특정 활동을 수행하기 위하여 요구되는 작업부하나 노력정도는 이 원가동인에 의해 결정된다고 하여야 할 것이다. 원가동인은 활동과 관련하여 정의되는 것이며 특정 활동은 다른 활동과의 연속적 흐름을 갖는 프로세스의 범주이므로 원가동인은 특정 활동 자체에서 발생하는 것뿐만 아니라 특정 활동의 전단계 활동의 성과에 따라 발생하는 것도 있음을 이해하여야 한다. 예를 들어 자재주문활동이 자재소요활동의 산출물인 자재소요계획서를 토대로 활동을 수행하는 경우를 보자. 만일 자재소요계획 활동의 오류로 인하여 자재별 소요계획서상에 자재번호의 오류가 자주 발생하여 자재주문담당자는 자재소요계획서를 수령한 후 자재번호를 전수로 재검토하고 있다면 자재소요계획 활동의 산출물인 자재별 소요계획서의 오류는 자재주문활동의 원가동인이며 선행 활동인 자재소요계획 활동의 성과에 영향을 받고 있는 것이다.

원가동인은 일반적으로 기술적 요인, 인적 요인, 환경적 요인, 제도 및 절차상 요인 등 네 가지 범주에서 파악할 수 있다. 다음의 표에서 원가동인 요인별 사례를 통하여 알 수 있듯이 원가동인은 재무적 요소가 아니라 비재무적 요소들로 구성되며 하나의 활동이 여러 가지 원가동인을 가지고 있는 것을 알 수 있다.

원가동인분석 절차는 프로세스 개선을 위한 가장 기초적인 단계로서 원가동인의 효과를 파악하고 계량화함으로써 활동원가를 줄이고 품질을 개선하거나 처리시간을 극소화하는 지속적 개선활동을 위해 사용된다. 이러한 의미에서 원가동인 분석은 ABM이 추구하고자 하는 목적 달성을 위한 가장 기초적 정보라고 할 수 있다.

표 10-4 원가동인의 원천구분과 사례

기술적 요인	인적 요인	환경적 요인	제도 및 절차상 요인
장비의 노후화	높은 이직률	분산된 지리적 격리	소량생산
수작업 기록	미숙련 인적자원	비효율적 작업장	업무영역의 확대
기 타	필요이상의 교육시간	위험지역에 위치	중복 업무처리

원가동인분석은 결국 원가절감요인의 분석과 같은 의미라고 할 수 있으며 원가절감은 원가동인분석에서 파악된 개선요인을 실행함으로써 프로세스 개선, 비부가가치 활동 제거, 인적·물적 원가유발요인과 제도적, 기술적 원가동인을 극소화하여 기업의 효율성과 효과성을 극대화하고 지속적 개선활동으로 비약적 업적향상을 도모할 수 있다.

(3) 성과측정치 정보

성과측정치란 활동단위, 프로세스단위 또는 조직단위에서 수행된 행위의 결과와 성과를 나타내는 척도로서 재무적 척도와 비재무적 척도가 있다. 성과측정치는 특정 활동이 내부 및 외부 고객의 요구사항에 효율적이고 효과적으로 대응하였는지에 대하여 정보를 제공하는 기준이다.

활동의 성과를 측정하기 위한 기본적 요소로서 활동의 효율성과 효과성, 활동의 처리시간, 그리고 품질이 포함되어야 한다.

첫째, 활동의 효율성과 효과성을 판단할 수 있는 성과측정치가 필요하다. 효율성(efficiency)이란 동일한 결과를 달성하기 위하여 투입된 자원의 양으로 정의될 수 있으며, 효과성(effectiveness)이란 목표의 달성 정도를 나타내는 측정치로 정의될 수 있다. 활동의 효율성과 효과성을 측정하기 위하여는 공통적으로 활동의 산출물수량정보가 필요하다. 여기에서 활동원가와 관련을 갖는 요소는 효율성이라고 할 수 있는데, 활동원가(투입자원) 대비 산출물수량을 측정함으로써 산정될 수 있다.

일반적으로 산출물 단위당 활동원가 형태의 성과측정정보가 ABM시스템에서 생성되며 이 정보를 이용하여 기간별 추세분석을 하든지 내부 또는 외부 벤치마킹을 시행하여 효율성 개선기회를 포착하여야 한다.

둘째, 고려하여야 할 성과측정치 요소는 처리시간이다. 활동의 목적을 달성하기 위하여 수행하는데 소요되는 시간이 활동의 처리시간이라고 정의할 수 있으며 처리시간은 당해 활동의 고객만족에 직결되는 요소이다.

동일한 목적을 달성하는데 상대적으로 처리시간이 길다면 활동원가의 발생은 높아질 것이며 고객의 요구에 대한 대응시간이 지연됨으로써 고객의 가치가 저하될 우려가 있다. 따라서 이 요소는 활동의 효율성, 고객만족 또는 품질을 간접적으로 알 수 있는 종합적 측정치라고 할 수 있다.

셋째, 성과측정치 요소는 품질이다. 활동의 품질이란 당해 활동의 고객이 요구하는 요구사항을 충족시킨 정도라고 정의할 수 있다. 예를 들어 활동의 결과물에 오류를 발생시켜 재작업을 수행한다면 당해 활동의 원가가 증가할 것이고 고객의 가치는 상대적으로 감소하게 되어 이 활동의 품질은 낮다고 평가될 것이다.

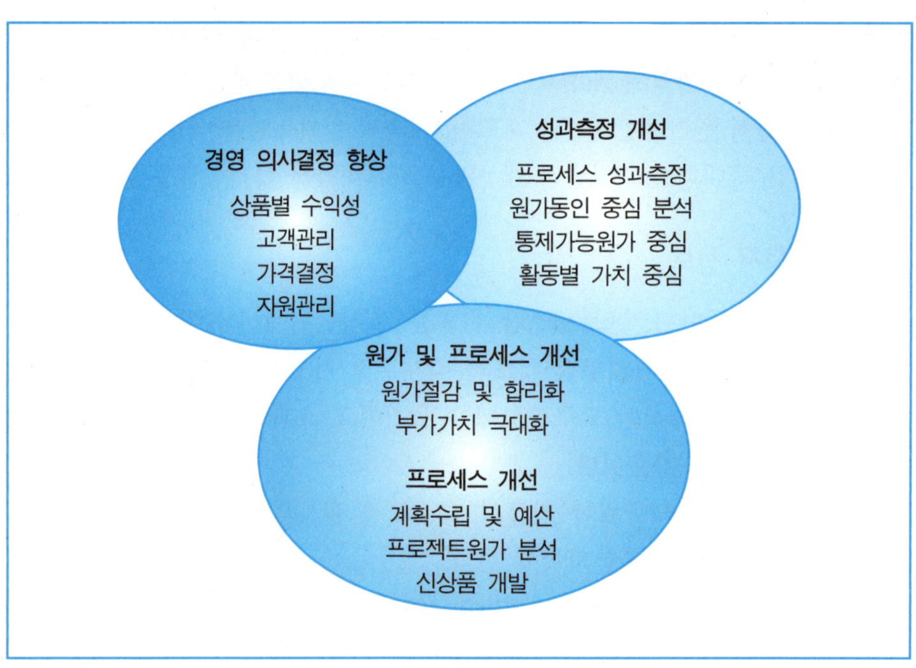

┃그림 10-6┃ ABM 기대효과

이와 같이 활동기준경영관리(ABM)는 고객만족과 이익향상을 목적으로 ABC정보를 사용하는 경영관리적 의사결정을 의미하는 것이다. ABC시스템은 가격결정, 제품배합, 원가절감, 프로세스 개선, 제품과 프로세스의 재설계 그리고 계획과 활동관리 등의 경영관리적 의사결정에 이용된다. [그림 10-6]은 ABM의 기대효과를 나타낸다.

3) 전통적 회계시스템과 ABC시스템의 차이

공급사슬에서는 비용과 비용 대비 수익에 대한 평가가 면밀하게 이루어지면 언제든지 공급사슬을 구성하는 활동 상호간에 상쇄시킬 수 있는 것이다. 다시 말하면, 이러한 활동을 여러 기업들이 수행함으로써 비용 대비 수익성이 떨어지게 되면 이 활동을 포기하고 다른 활동을 할 수도 있다는 것이다. 예를 들면, 고객만족을 극대화하는 것이 제일의 목표라고 하자. 이러한 목표를 달성하기 위하여 긴급배송창고 시스템을 개발하고 심지어는 비행기로 배송을 해주는 시스템도 준비를 해 둘 수도 있다.

그러나 이것은 상당한 추가적인 배송비용을 야기시킨다. 이와 같이 고객만족 목표를 훼손시키지 않으면서 얼마만큼의 활동을 추가할 것인지에 대한 의사결정을 하기 위해서는 각각의 활동을 수행하는 데 소요되는 원가항목에 대한 면밀한 평가가 필요하다. ABC는 그러한 목적을 달성시켜 준다. ABC는 간접비 배분을 명확하게 잘 수행할 수 있도록 개발되었기 때문에 회계시스템이라기 보다는 최고경영자들이 의사결정을 하는 데 도움을 주는 운영시스템이면서 재무시스템이 다. 또한 조직을 변경하는 데도 적절하게 활용될 수 있는 시스템이다. 전통적인 회계시스템과 ABC시스템의 차이는 다음의 〈표 10-5〉와 같다.

ABC는 공급사슬에서 각종 비용이 어떻게 활용되었는가를 기준으로 분석하는 시스템이다. ABC를 활용하게 되면 여러 부문 간의 활동에서 야기되는 각종 비용의 발생 원인이 무엇이었는지를 쉽게 확인할 수 있다. ABC는 각 제품별로 공급사슬에서 발생하는 모든 비용을 배분하기 때문에 어디에서 많은 비용이 발생하였고 어디에서 많은 절약이 있었는지를 쉽게 알 수 있다. ABC의 기본적인 목적은 제품포트폴리오를 적합하게 처리하고, 고객과 제품수익성을 향상시키며, 효율적인 마케팅과 투자전략을 개발할 수 있도록 하며, 비용낭비를 줄이고, 하나의 통일된 자료를 가지고 업무수행을 할 수 있다는 데 있다.

표 10-5 전통적 회계시스템과 ABC시스템의 차이

전통적인 회계시스템		제품별 ABC시스템	
봉급과 각종 수당	50,000	주문처리비용	50,000
각종 간접비	150,000	수납관련비용	50,000
시설감가상각비	305,000	제품스케줄링비용	25,000
여행경비	10,000	제품관리비용	250,000
운영소모품비	50,000	포장비용	100,000
		창고보관비용	15,000
		배송비용	50,000
		일반관리비용	25,000
총합계	565,000	총합계	565,000

ABC가 공급사슬관리에서 가장 중요한 개념 중 하나로서 간주되는 이유는 공급사슬관리가 수많은 활동들로 구성되어 있다는 것이다. 이와 같은 수많은 활동별로 원가를 산정하여 각각의 활동들이 실제로 부가가치를 창출하였는가를 평가하는 것이다. ABC의 장점은 공급사슬관리에서 나타나는 수많은 활동들에 대한 비용을 정확히 산정하는 것이므로 실제 관리단위인 제품 카테고리별이나 제조업체별로 정확한 수익과 비용의 산정이 가능한 것이다. 이와 같은 분석을 수행함으로써 공급사슬 관리상의 각 구성원들이 전체적으로 노력하여 수익이나 손실을 냈는지를 확인할 수가 있

다. 또한 최종소비자에게 제품을 판매하는 데 있어서 장애가 되어 축소되거나 제거되어야 할 활동들에 대한 판단자료를 확보할 수 있는 것이다. 원가를 효율적으로 할당하기 위해서는 ABC의 활용 여부가 공급사슬관리의 중요한 성과판정 기준이 된다. 실제적인 수치로서 성과가 있었는지 여부를 판단하는 것이 공급사슬관리에서 상당히 중요하다.

제11장

글로벌 로지스틱스

제11장

글로벌 로지스틱스

1 무역구조와 국제물류체계

1) 교역과 물류

국제물류는 국제간에 이동하는 제품의 공급자로부터 수요자에 이르기까지의 공간적, 시간적 차이를 물리적으로 극복함에 따라 제품의 효용, 즉 경제적 가치의 증대를 꾀하는 것을 내용으로 하고 있다.

국제간 화물이동은 국내에 비하여 일반적으로 이동시간이 오래 걸리고, 한 종류 이상의 수송모드와 연계되므로 기업들이 제품을 국내시장에 공급하기보다는 국제시장에 공급하는 것이 훨씬 복잡하고 어려운 단계를 거치게 된다.

기업의 글로벌화로 인한 글로벌 기업의 출현은 국경을 초월한 상류활동을 유기적으로 연계시켜주는 국제물류 활동의 중요성을 더욱 부각시키고 있다. 글로벌 기업은 글로벌한 경영시각으로 시장 규모와 생산비 격차를 이용하여 편재되어 있는 자원의 최적 활용에 따른 국제 분업을 촉진시키고 있으며, 제품의 시간적·공간적 이동을 통해 가치창출을 극대화하고 있다.

국제 교역규모가 매년 증가하고, 기업의 글로벌화가 일반화됨에 따라 경영자들은 국제시장에서의 기업 경쟁에서 국제물류의 중요성에 대해 인식함에 따라 많은 기업들이 현재의 수송체계를 다시 점검하고, 재구축하고 있다. 국제물류의 효율화를 위해 수송 모드 간 최적 조합에 따른 복합운송의 활용도 더욱 높아가고 있다. 또한 국제물류의 관심은 단순히 수송의 효율화를 꾀하는 것으로부터 전체 물류체계 내에서의 효율화로 전환되고 있다. 국제물류는 발생 비용의 크기가 국내활동의 경우보다 훨씬 크기 때문에 기업의 글로벌화가 진전될수록 그 전략적 가치가 크며, 해외직접투자에 따른 현지 생산증대에 의한 제품수입 및 국제 분업이 보다 구체화될수록 국제물류관리가 매우 중요한 역할을 하게 된다.

2) 무역구조의 변화

1980년대 후반부터 국제경제의 두드러진 특징은 제2차 세계대전 후에 지속되었던 동·서간의 이념대결이 완전히 해소된 점이다. 이러한 이념대결의 해소는 국제무대에서 미국의 영향력 감소 및 구 소련연방의 붕괴와 연결된 것이고, 이 초강대국의 쇠퇴는 세계의 정치 및 경제 질서에 새로운 변화를 가져왔다. 이에 따라 그 동안 자유무역체제를 지탱하여 온 GATT(General Agreement on Tariffs & Trade : 관세 및 무역에 관한 일반협정)체제가 근본적으로 흔들렸으며 자국의 이익을 앞세우는 소위 경제적 신중상주의, 다자간 협상이 아닌 쌍무적인 협상체제로 국제무역이 변화되어 갔다.

그러나 1993년 12월 15일 UR(Uruguay Round)의 완전타결로 다자주의로의 복귀가 예상되는 가운데 1993년 EU(European Union)의 결성과 1994년 NAFTA(North American Free Trade Agreement: 북미자유무역협정) 발효로 지역주의가 다시 등장하여 세계경제 질서는 다자주의와 지역주의의 균형을 추구하게 되었다.

우루과이 라운드의 타결 이후 GATT의 한계를 극복하고 새로운 세계무역질서를 관장하기 위하여 WTO(World Trade Organization)를 창설하였다. WTO라는 강력한 세계무역기구가 창설되었지만 각 지역간 경제공동체의 형성 등으로 세계무역체제의 재정립을 둘러싸고 세계 경제학계는 다자주의냐, 지역주의냐에 대한 공방에 휩싸였다. 지금까지 세계무역질서를 유지·확대시킬 수 있었던 체계로 다자주의를 꼽는데 별다른 이견을 보이지 않았으나 구미에서 불고 있는 지역주의 바람과 함께 지역주의에 대한 긍정적인 측면이 새롭게 조명받았다.

즉, 다자주의만이 능사가 아니고 지역주의도 세계의 경제에 크게 기여할 수 있다는 주장이 호응을 받게 되었다. 왜냐하면 지역주의는 역내무역과 역외무역을 차별하기 때문에 다자주의 원칙과 어긋나고 세계를 배타적인 지역블록으로 분열시킬 위험을 안고 있는 것도 사실이지만, 다자주의를 통한 시장 개방과 규범의 집행에 뚜렷한 한계가 있는 상황에서 지역주의는 최소한 역내무역을 활성화시킴으로써 세계 전체에 걸친 자유무역의 확대에 기여할 수도 있기 때문이다. 따라서 문제는 지역주의가 본질적으로 다자주의의 원칙과 보완적인가 대체적인가를 따지는 데 있지 않고, 지역주의가 다자주의와 현실적으로 어떠한 관계를 맺고 있고 그 효과가 무엇인지를 경험적으로 평가하는 데 있다.

이와 같이 우루과이 라운드의 타결이후 관세 및 비관세장벽 완화로 자유무역에 의한 국제간 교역이 더 활발해졌으며, 지역주의에 의한 경제블록화는 역내 국가간 서비스, 자본, 노동력의 이동이 활발해지는 한편, 역외 국가 기업의 경우 지역성을 극복하고자 역내 국가에 대한 직접투자를 활성화시켜 오히려 국경 없는 무역 전쟁이 더욱 심화되었다. 결국 다자주의와 지역주의 모두 세계의 교역을 더욱 활성화시키고 있으며 이에 따른 빈번한 화물의 이동은 국제물류의 활성화에 크게 기여한 것으로 평가되고 있다.

2 국제물류의 특성과 범위

국제물류 활동의 수행에는 더 많은 전문 지식과 경험을 요구하고 있으며, 많은 관련 사업이 존재하고 있다.

1) 국제물류의 특성

(1) 서류(documentation)의 복잡성

국제물류 수행에는 여러 종류의 서류가 요구되며, 이러한 서류작성에 많은 관련자들이 존재한다. 신용장, 선하증권 등 국제거래에서 사용되는 서류 작성에는 전문적인 지식을 필요로 하며, 관련서류를 잘못 작성할 경우 분쟁의 원인이 되므로 이에 대한 철저한 준비가 필요하다.

(2) 중개자(intermediary)의 존재

화주와 운송업자 사이에서 화주를 대신하여 물품서류의 취급, 운송업자 선정 등의 업무를 수행하는 중개자가 존재한다. 그 대표적인 중개자로서 복합운송주선업자(forwarder)를 들 수 있다.

(3) 주문절차의 복잡성

수출주문은 보통 현지판매나 마케팅을 수행하는 해외 자회사나 대리인에게 위임되므로 본사의 생산공정과 주문절차 및 처리가 복잡하며, 평균 주문규모도 국내의 경우 보다 크므로 이로 인한 주문상의 어려움이 존재한다.

2) 국제물류의 기능별 특성

(1) 수송기능

운송에 있어 국내물류는 배송시스템에 의하여 움직이나 국제물류는 항만이나 공항 터미널에서 이루어지기 때문에 선박이나 항공기의 개량과 발전이 중요한 역할을 하게 된다. 1980년대 이후 복합일관운송의 발달로 육·해·공의 조합을 통한 운송활동이 핵심이 되고 있다.

(2) 하역 및 보관 기능

하역과 보관기능에서는 국내물류가 화물을 유통센터나 창고 등 유통기지 중심으로 배송하는 활동이 중요한데 반하여, 국제물류의 경우에는 항만, 공항, 내륙거점 등에서 하역이나 보관에 대한 시간단축과 비용 절감이 중요한 역할을 하게 된다.

또한 지리적인 원거리와 오랜 수송 기간으로 인하여 국내물류보다 재고수준이 높아진다.

(3) 포장기능

국내물류는 포장의 생산성, 편리성, 경제성을 염두에 두고 포장의 기계화, 간이화, 자동화에 중점을 두지만 국제물류에서는 운송상의 포장단위가 중요해짐에 따라 컨테이너 및 팔레트의 활용과 이들을 복합운송과 어떻게 효율적으로 이용할 수 있느냐가 중요한 과제가 된다.

(4) 정보기능

정보기능의 경우 국내물류는 화주, 운송업체 등이 각각 개별적인 정보시스템을 갖추고 있지만, 국제물류는 국가적인 차원에서 무역자동화와 연계한 수출입 통관 EDI 시스템이 갖추어져 있으며, 선사, 항공사, 포워더에 의한 국제간 화물추적시스템 등이 중요시 되고 있다.

3) 국제물류 관련사업

국제물류와 관련된 사업으로는 해상운송업, 항공운송업, 육상운송업, 복합운송주선업, 상업서류송달업, 해운대리점업, 보세창고업, 항만운송사업, 항만운송부대사업 등이 있다. 이 밖에도 수출입통관을 수행하는 통관업과 통합물류서비스를 제공하는 종합물류업이 있다.

(1) 해상운송업

해상운송업은 선박에 화물을 적재하여 목적항까지 운송하고, 그 대가로 해상운임을 획득한다. 해상운송업은 수출입 화물과 석탄, 철광석, 원유 등과 같은 원자재를 대량으로 운송함으로써 세계무역의 발전과 효율적인 자원배분에 크게 기여하고 있다. 특히, 정기선 운송업자들은 고품질의 해운서비스를 규칙적이고 안정적으로 공급함으로써, 운송수요자인 화주들이 계획적인 생산활동과 판매활동 등을 수행할 수 있도록 하고 있다.

(2) 항공운송업

항공운송업은 공항에서 공항까지 항공기에 화물을 탑재하여 항공로를 통해 화물의 운송업무를 수행하고, 그 대가로 항공운임을 수취하는 운송업을 말한다. 특히, 긴급을 요하는 화물의 운송이나 고가화물, 우편화물, 상업서류 등의 신속한 운송을 담당하고 있으며, 매우 안전하고 쾌적한 고품질의 운송서비스를 제공하고 있다.

(3) 육상운송업

육상운송업은 화물트럭이나 트레일러 등에 화물을 적재하여 공로를 통해 화물을 운송하는 화물자동차운송업과 철도화차에 화물을 적재하고 철도를 통해 화물을 운송하는 철도운송업자 등이 있다.

이들은 화주와 공로운송계약 또는 철도운송계약을 체결하고 약정된 목적지까지 화물을 운송하여 주고, 그 대가로 육상운송 운임을 취득하는 내륙운송업자이다.

화물자동차운송업은 화물자동차운송 사업법에 의해 일반화물자동차 운송사업, 개별화물자동차 운송사업, 용달화물자동차 운송사업으로 나누어져 있으며, 철도운송업자는 철도운송사업법에 따라 운송서비스를 제공하고 있다.

(4) 복합운송주선업

화물유통촉진법 제2조 6항에 따르면 복합운송주선업이란 타인의 수요에 응하여 자기의 명의와 계산으로 타인의 선박·항공기·철도 차량 또는 자동차 등 2가지 이상의 운송수단을 이용하여 화물의 운송을 주선하는 사업을 말한다.

국제적으로는 국제운송주선업(freight forwarder)이 우리나라에서는 복합운송주선업으로 이해되고 통용되고 있다.

(5) 상업서류송달업

상업서류송달업은 항공법 제2조 33항에서 규정하고 있는 업종으로서, 타인의 수요에 대응하여 유상으로 수출입 등에 관한 서류와 그에 부수되는 견본품을 항공기를 이용하여 송달하는 사업을 말한다.

(6) 해운대리점업

해운대리점업은 외국선사의 업무를 국내에서 대행하여 주는 역할을 담당하고 있다. 따라서 외국선주와의 계약에 의해 화물을 집화하고 수송, 수수료를 받아 운영하기 때문에 이들과의 관계가 중요하다.

(7) 보험대리점업

보험대리점은 인보험대리점과 손해보험대리점으로 구분하고, 손해보험대리점은 가계성보험을 주로 취급하는 초급보험대리점, 해상·원자력보험 등을 제외한 보험종목을 주로 취급하는 일반보험대리점 및 손해보험 전종목을 취급하는 총괄보험대리점으로 구분한다. 수출입물류에 대한 보험은 손해보험대리점에서 관여한다.

(8) 보세창고

관세법상 보세창고는 적극적 보세구역의 일종으로서 외국물품을 장치하기 위한 구역으로 세관장이 특허한 지역이다. 다만, 세관장의 허가를 받은 경우에는 통관을 하지 아니하는 내국물품을 장치할 수 있다.

보세창고는 외국물품을 통관절차를 하지 아니하고 장기간에 걸쳐 장치할 수 있는 보세구역이므로 관세의 납부 또는 금리의 부담을 덜어주고 나아가서 원활한 거래와 중계무역을 발전시키고자 하는데 그 목적이 있다. 즉, 외국물품을 통관절차를 하지 아니하고 장기간에 걸쳐 장치할 수 있는 보세창고에 장치한 후 그 물품의 수급상황을 보아 가장 유리한 때에 국내로 수입하거나 외국으로 반송할 수 있다.

(9) 항만운송사업

항만의 운영에서 핵심적 역할을 담당하고 있는 것이 항만운송사업이다. 항만구역 내에서 해상운송과 육상운송의 연계운송을 지원하는 일종의 용역사업인 항만운송사업은 항만운송사업법상 항만 안에서 화물을 선박에 대하여 적하하거나 양하한다.

창고나 야적장 등에 반출입하는 등 화물 조작행위를 하는 항만하역사업과 화물을 적양하하는 경우에 그 화물의 개수를 계산하거나 그 수도를 증명하는 검수사업, 선적화물의 적재에 관한 증명, 조사 및 감정을 행하는 감정사업 및 선적화물을 적양하하는 경우에 그 화물의 용적이나 중량을 계산하고 증명하는 검량사업 등으로 구분되어 있다.

(10) 항만운송부대사업

항만운송사업법상의 항만운송부대사업은 항만구역 안에서 선박에 필요한 물품의 공급, 세탁 등의 용달, 통선의 제공, 경비와 줄잡이 등의 역무 및 선박의 청소, 오물의 제거, 도장 등의 용역을 제공하는 항만용역업, 선박에 물품을 공급하는 물품공급업, 선박에 연료유를 공급하는 선박급유업, 그리고 불량 컨테이너를 수리하는 컨테이너 수리업 등으로 구분되어 있다.

(11) 통관업

관세납세자의 편의와 통관절차의 능률을 기하기 위하여 관세사와 통관업 제도가 있다. 통관업은 화주의 위탁을 받아 세관에 대하여 물품의 수출·수입·반송·반입에 관한 절차와 기타 이에 부수되는 절차를 대리하는 업무를 말한다. 관세사는 통관업을 할 수 있는 기초가 되는 자이므로 통관업의 업무를 할 수 있는 전문지식과 경험을 가진 자라야 한다. 따라서 국가에서는 일정한 요건을 갖춘 자에 대하여 관세사의 자격을 주고 있다.

(12) 종합물류업

정부에서는 국내 물류기업의 국제경쟁력 강화, 물류산업 활성화를 통한 신규 부가가치 창출, 화주기업의 물류비용 절감을 통한 국제경쟁력 강화 등의 필요성에서 종합물류업을 2004년에 법제화하였으며, 2005년 말에 인증 기준을 마련하여 2006년부터 시행하였다.

종합물류업은 3개 이상의 물류사업을 영위하면서 물류활동의 전부 또는 일부를 다른 기업으로부터 일정기간 유상으로 위탁받아 대행하는 사업으로 인증기준은 물류업의 대표업종에 따라 화물운송, 물류시설운영, 물류서비스업 등 세 가지 업종을 고려하여 차별화되어 있다.

3 수출입 실무 절차

국제물류는 국제간 교역, 즉 무역이 이루어짐으로 발생된다. 이와 같이 국제물류와 무역은 서로 상관관계가 있다. 따라서 효율적인 국제물류관리를 수행하기 위해서는 무역과 관련된 수출입 실무절차 이해가 필요하다.

1) 수출절차

수출절차는 해외시장조사 및 거래선을 발굴하여 수출계약을 체결하고, 신용장을 수취한 후 수출승인을 받아 수출물품을 확보하고, 수출통관 후 수출물품을 선적하고, 수출대금을 회수하여 거래가 종료되는 때까지 거치는 일련의 절차를 말한다.

수출절차는 국내 무역관련 법규(대외무역법, 외국환거래법, 관세법 등)와 국제상거래제도(인코텀즈, 신용장통일규칙 등)에 그 기반을 두고 있다. 따라서 수출자는 국내 무역관련 법규와 국제상거래 제도 등에 대한 명확한 이해를 통해 원활한 수출거래를 할 수 있다.

수출절차의 필수적인 단계로서 수출계약체결, 수출물품확보, 수출통관 및 선적, 수출대금 회수 등이 있으며, 거래형태나 수출품목의 특성에 따라 신용장 수취, 수출승인, 수출용 원자재의 국내 구매 및 수입, 해상보험, 관세환급 및 사후관리 등 여러 절차를 거치게 된다.

(1) 수출계약체결

수출절차는 해외시장을 통해 무역거래 상대방을 발굴하여 청약을 하고 상대방이 이에 대하여 승낙함으로써 성립되는 수출계약으로부터 시작된다. 일단 양 당사자에 의해 무역계약이 체결되면 분쟁을 방지하고 무역계약의 조속한 이행을 위해 품질, 수량, 가격 등과 같은 무역계약의 기본조건을 표시한 계약서를 작성한다.

(2) 수출신용장의 접수

수출계약이 체결되면 계약서에 명시된 조건에 따라 해와 수입업자는 수출업자 앞으로 신용장을 개설하여 국내 통지은행(외국환은행)을 통하여 송부한다. 이 신용장은 수출업자가 계약서에 명시된 조건에 따라 수출을 이행하였을 때, 신용장 개설은행에서 수출대금의 지급을 보증해 주는 비유통증권으로서 수출업자에게는 대금회수의 안정성과 수입업자에게는 화물인수의 안정성을 확보해 주는 제도이다. 따라서 신용장을 접수한 수출업자는 계약서 조건과 신용장과의 일치성을 비롯한 대금확보에 위험을 초래하는 조건의 유무를 철저히 분석하고 검토하여 사전에 그 위험을 예방하여야 한다.

(3) 수출승인

수출승인이란 수출·입공고, 별도공고, 수입선다변화공고 등에 의해 수출이 제한되는 물품을 적법하게 수출할 수 있도록 하는 제도로서 지식경제부 장관이 그 승인권을 가지고 있으나 현재에는 각 품목별로 공고에 의해 고시되어 있는 협회나 조합 등의 단체에게 그 권한의 대부분이 위임되어 있다.

신용장을 접수한 수출업자는 수출승인 대상물품을 수출하고자 할 경우에는 매 계약건별로 관련서류를 첨부하여 승인기관에 수출승인을 받아야 하며, 승인대상품목이 아닐 경우는 별도의 수출승인을 받을 필요가 없다.

(4) 수출물품의 생산 및 구매

수출승인을 받은 후 수출물품을 확보하는 방법으로는 자체 제조·생산하거나 완제품을 내국신용장 또는 구매승인서에 의하여 공급받는 방법이 있다.

수출물품제조용 원자재는 국내에서 조달할 수도 있고 해외에서 수입할 수도 있다. 수출물품원자재를 국내 조달하는 경우에는 내국신용장, 구매승인서 또는 현금에 의하여 구매할 수 있으며 해외원자재의 경우 수입제한품목에 관계없이 송금방식, 추심방식 또는 신용장방식에 의한 결제방식으로 조달할 수 있다.

한편 수출용 원자재를 해외로부터 수입할 경우에는 수출물품을 직접 제조하여 수출하는 업체가 해당물품 제조에 소요되는 수출용 원자재를 수입하는 자금을 지원하기 위해 원자재 무역금융을 지원하고 있다.

(5) 운송 및 보험계약의 체결

수출물품의 생산 또는 구매가 완료되면 해상운송일 경우에는 선박회사, 항공운송일 경우에는 항공회사, 복합운송일 경우에는 복합운송인과 운송계약을 체결하고 물품을 운송하기 위한 준비를 한다. 아울러 수출계약조건에 따라 보험회사와의 보험계약을 체결한다.

(6) 수출통관 및 선적

수출물품은 통관절차를 밟기 위해 제조공장 등 수출업자가 원하는 장소에 장치한 후 세관장에게 수출신고를 하며 세관장은 구비서류 및 기재사항의 누락여부, 수출승인조건과 수출신고내용의 일치여부, 신고된 서류상의 물품과 실제 물품의 일치여부 등을 심사한 후 수출신고필증을 교부한다.

이와 같이 관세법에서 규정한 모든 절차를 마치고 세관에서 수출신고필증을 교부받는 절차를 수출통관이라고 한다. 이 시점이 수출물품이 내국물품에서 외국물품으로 되는 시점이며 보세구역에서 반출하여 선박이나 항공기에 적재할 수 있는 시점이기도 하다.

수출신고필증이 발부되고 수출물품이 본선에 적재되어 세관공무원의 확인절차가 끝이 나면 비로소 통관절차가 완료되며 선박회사는 선적완료 후 선하증권(B/L: bill of landing)을 발행하여 수출업자에게 교부한다.

(7) 수출대금의 회수

수출업자는 통관절차를 필하고 선적을 완료한 후, 신용장에서 요구하는 운송서류를 갖추어 환어음을 작성하고 거래외국환은행에 환어음의 매입을 의뢰한다. 해당 외국환은행은 제반 서류가 신용장 조건과 일치하는지의 여부를 면밀히 검토한 다음 이상이 없으면 그 어음을 매입하고 수출대금을 지급한 후, 즉시 수입자의 신용장 개설은행에 운송서류를 송부하여 거래대금을 추심하게 된다.

(8) 관세환급 및 사후관리

수출완료 후, 자가 생산을 위해 수출용 원자재를 수입한 경우에는 이미 납부한 관세를 환급받게 된다. 환급신청은 수출면허일로부터 2년 이내에 환급신청을 하여야 한다. 외화획득용 원재료로 수입승인을 받아 수입한 원재료를 제조, 가공 또는 원상태로 직접 수출한 경우에 한해 관세환급이 가능하다.

수출절차가 완료되면 수출승인을 한 외국환은행은 수출자가 수출승인유효기간 내에 수출이행과 대금회수여부를 검토하는 사후관리를 하게 된다. 또한 외화획득용 원자재를 수입할 때 납부한 관세를 환급한 경우에는 동 원재료의 외화획득 이행여부를, 무역금융을 수혜한 경우에는 무역금융의 상환여부 등도 사후관리의 대상이 된다.

2) 수입절차

수입절차는 수입대상물품과 거래선을 선정하여 수입계약을 체결하고, 수입승인을 받아 신용장을 개설한 후, 수입화물과 선적서류가 내도하면 수입대금을 결제하고, 수입통관 후 수입물품을 수령하는 일련의 절차를 말한다.

수입에 대한 일반적인 절차에 대하여 살펴보면 다음과 같다.

(1) 수입계약 체결

수입절차의 첫 단계는 수출업자와 수입계약을 하는 것이다. 일반적으로 수입업자는 해외 수출업자가 보내온 거래제의서를 받고 그 내용에 흥미가 있으면 수입하고자 하는 품목에 관한 상세한 정보와 청약서를 요구하게 된다.

청약을 받은 수입업자는 그 내용을 검토하고 만약 청약사항 중에서 의견이 있으면 청약사항을 수정하여 수출업자에게 제의한다. 수출업자는 반대청약을 확인하고 이를 수용할 수 있으면 수입업자에게 새로운 청약을 하게 되고 수입업자는 이를 승낙함으로써 수입계약은 체결된다.

수입계약은 수입상이 해외거래처로부터 직접 청약을 받거나 또는 국내 무역대리업자의 청약에 대해 승낙을 함으로써 물품매도확약서를 발급받아 무역계약을 체결하는 방법 등이 있다.

(2) 수입승인

수입승인은 수입행위 이전에 대외무역법상 수입승인요건인 수입자격, 수입품목, 수입지역, 거래형태 등 제반사항의 적법성에 관해 승인받는 것을 말한다. 우리나라의 경우 수입을 할 때 수입제한 품목에 한하여 지식경제부 또는 해당 승인기관장으로부터 수입승인을 받아야 한다. 그 외 수입자유 품목은 수입승인 없이 수입할 수 있다.

(3) 수입신용장 개설

수입자는 수입물품에 대한 수입승인을 받은 후 유효기간 내에 신용장 개설을 신청하게 된다. 신용장개설은행은 신용장개설에 관한 심사 및 기타 절차를 완료하고 개설의뢰인이 제출한 의뢰서의 내용을 검토하여 타당하다고 인정되면 담보확보 후 신용장을 개설해 주게 된다.

개설은행은 신용장을 개설한 후 이를 통지은행을 통하여 수출자에게 통지요청하고 이에 따라 통지은행은 수익자에게 신용장이 개설되었음을 통지하게 된다.

(4) 대금결제 및 선적서류 인수

수입자가 거래외국환은행을 통하여 수입신용장을 개설하면 신용장 수혜자는 당해 신용장 조건에 따라 물품을 선적한 후, 수입자 또는 개설은행 등을 지급인으로 하는 환어음을 발행하여 선적서류를 지급 또는 매입은행에 제시하고 물품대금을 회수하게 된다.

선적서류 및 환어음을 매입한 은행은 신용장에 제시된 바에 따라 이 선적서류들을 개설은행 앞으로 송부하며 개설은행은 접수한 후 수입자에게 선적서류의 도착을 통지하게 된다. 선적서류를 인수받은 수입자는 자기자금이나 일반수입금융 및 거래약정시 제공한 담보 등을 처분하여 수입대금을 결제한 후 선적서류를 인도받아 수입통관 절차를 밟게 된다.

(5) 수입통관

수입상은 본선으로부터 양륙된 수입화물을 보세구역에 반입하여 놓고 세관장에게 수입신고서를 제출한다. 수입통관신고는 화주직접 신고대상인 경우를 제외하고는 관세사를 채용한 화주, 관세사, 관세사법인 및 통관법인만이 할 수 있다.

수입신고를 받은 세관은 수입화물을 수입승인서의 물품과 동일한지의 여부 및 구비서류 기재사항의 누락여부를 검사확인한 후, 수입화물에 대한 과세가격을 평가하여 관세 등을 부과, 징수하고 수입면장을 수입신고인에게 교부한다. 수입면장을 교부받은 수입신고인이 수입화물을 보세구역으로부터 반출함으로써 수입절차가 종료된다.

3) 교역조항

선적 또는 교역의 조항은 실제 수출 서류에 반드시 포함되어야 할 중요한 정보이다. 외국시장에서는 불확실성과 통제의 문제가 증가하기 때문에 선적 조항의 중요성이 매우 중요하다. 이러한 조항들은 배송의 다양한 단계에 대한 책임의 소지와 위험감수자 그리고 운송비용을 누가 지불할 것인지에 관한 내용들을 포함한다.

(1) 원산지 인도조건(Ex Origin)

원산지는 공장, 설비 시설 등 별로 확인되어져야 한다. 구매자가 배송을 하기 전까지는 판매자가 모든 비용과 위험을 부담한다. 구매자가 서류 비용을 부담하며, 약정된 대로 선적을 실시하고 수출관련 세금을 지불하여야 한다.

(2) 본선인도조건[FOB(Free on Board) Inland Carrier : 국내운송인]

지정국내 발송지에서 지정 국내 운송인에의 본선인도조건으로서, 이는 국내의 지정된 육상의 지점에서 계약물품을 인도하는 조건으로 판매자는 자기의 비용과 위험으로 화차, 화물자동차, 부선, 전마선, 항공기 등 내륙운송기관에 적재하여 운송인으로부터 운임착급(freight collect)의 무고장 화물상환증 또는 기타의 운송화물 수령증을 입수하여야 하고, 구매자는 국내의 적재장소로부터 외국의 목적지에 도착할 때까지의 비용과 위험을 부담하는 조건이다.

(3) 본선인도조건(FOB Vessel U.S. Port : 지정선적항)

판매자는 자기의 비용과 위험으로 선적항에서 매수인이 지정한 본선에 적재하고 물품인도의 증거로 무사고의 본선수령증 또는 선적선하증권을 입수하여야 한다. 구매자는 판매자에게 운항일정과 선박명, 그리고 정박 위치 등에 관하여 적절한 공지를 해줘야 한다. 구매자측에서 선박의 지연이나 결행에 의해 발생하는 모든 추가적인 비용을 부담한다.

(4) 본선인도조건[FAS(Free Alongside) Vessel U.S. Port : 지정선적항]

FOB Vessel의 경우와 유사하지만, 이것은 판매자에게 특정한 항구 관련 비용이 부과될 수도 있다. 구매자는 상품이 바지선이나 적재장치에 옮겨지기까지의 손상이나 분실에 대한 책임을 진다. 선적비용은 구매자가 부담한다.

(5) 본선인도조건(FOB Vessel Foreign Port : 지정수입국항)

도착지 국가에 상품이 내려지기까지의 수송에 관련된 모든 비용이 견적산출에 포함된다. 판매자는 이때까지의 보험에 대한 책임을 진다. 구매자는 상품이 수취 전까지는 상품과 관련된 모든 위험이 국외에 존재하는 것으로 가정한다.

(6) 본선인도조건(FOB Inland Destination : 국내 도착지)

수입국 지정국내지점에의 반입인도조건으로서, 이는 판매자가 수입국의 지정된 목적지까지의 일체의 수송에 관한 수배를 하고 목적지에 도착할 때까지의 모든 비용과 위험을 부담하며, 구매자는 목적지에 도착한 계약물품을 인수하고 그 이후의 비용과 위험을 부담하는 거래조건으로서 수입국의 지정된 내륙의 지점에 도달할 때까지의 모든 비용이 견적 산출에 포함된다.

(7) 운임포함조건(C & F : Cost and Freight)

도착지 내에서의 적절한 모든 운송관련비용이 견적 산출에 포함된다. 판매자는 지정된 목적지까지 계약물품을 운송하는데 필요한 비용과 운임을 지급하여야 한다. 그러나 일체의 비용증가는 물론 계약물품의 멸실 또는 손상에 관한 위험은 계약물품이 선적항에서 본선의 난간을 통과한 때부터 판매자에게서 구매자로 이전된다. 판매자는 수출세금 및 이와 유사한 비용들을 지불하며, 구매자는 원산지의 확증 비용과 영사 송장 또는 다른 비용들(구매자 국가로의 수입에 관련된 서류비용)을 지불한다.

(8) 운임, 보험료 포함조건(CIF : Cost, Insurance, and Freight)

상품의 가격, 운송비용, 해상보험 등이 견적 산출에 포함된다. 판매자는 해상보험과 전쟁 위험 보험 등을 포함하여 관련된 모든 세금과 비용을 지불한다. 구매자는 수입에 관련된 어떠한 확증이나 영사적인 서류에 대한 비용만 지불한다. 판매자가 보험료를 지불한다고 할지라도, 구매자는 상품을 운송수단에 적재한 시점부터 모든 위험을 가정한다.

4 국제물류와 운송

1) 국제운송의 개요

(1) 국제운송의 의의

국제운송이란 국제간에 재화의 위치변화를 통한 가치형성에 기여하는 용역이다. 운송은 교환경제가 시작되면서 한 지역 내에서 다른 지역으로 재화를 이동해야 할 필요성 때문에 자연발생적으로 일어난 것이다. 여기에 국제교역의 발달 및 운송수단의 발전에 의해 국제운송의 기틀이 잡혀졌다.

국제운송의 중요한 기능으로는 경제권의 확대, 경제권에 있어서의 물가의 균등화, 생산활동에 대한 기여 등을 들 수 있다.

국제운송의 형태로는 해상, 항공, 육상, 복합운송 등 다양한 형태로 나타나고 있다. 최근 운송수단 속도의 향상과 정보통신의 발달로 서비스 품질이 높아지고, 운송비용이 낮아져 국제간 화물이동이 더욱 촉진되고 있으며, 국가 간 교역이 활성화됨에 따라 국제운송이 더욱 중요해지고 있다.

(2) 운송의 기능 및 역할

① 물품의 국제적 이동 촉진기능

어떤 국가든지 기후, 자원, 노동력, 기술수준 등에 차이가 있기 때문에 그 국가가 필요로 하는 모든 재화와 용역을 생산하기란 거의 불가능하다. 따라서 그 국가에서 생산되지 않는 재화는 다른 국가에서 반입해 올 수밖에 없다.

저렴한 운송수단이 없다면 그 국가는 높은 운송비를 감당할 수 있는 재화만을 다른 국가로부터 반입해 오고 그 외의 재화는 자급자족을 해야 한다.

이에 반해 저렴한 운송수단이 있게 되면 재화와 용역을 이동시킴으로써 소비자에게 경제적인 잉여, 즉 재화의 사용기회의 확대를 가져다주고 생산자에게는 시장을 확대시켜 준다. 따라서 국제운송은 물품의 국제적 이동이라는 가장 기본적인 기능을 담당한다.

② 지역적 분업과 전문화 촉진기능

저렴한 운송수단의 이용은 지역의 비교우위 요소를 특화시킨 지역적 분업과 전문화를 통해 경제적 효율을 증대시킨다. 이것은 여러 지역이 지역적 분업을 통해 얻은 이익은 각 지역이 비교우위를 가진 부문에 전문화함으로써 최소의 자본과 노동의 투입으로 최대의 산출을 얻을 수 있기 때문이다. 지역적 분업과 전문화란 각 지역이 제한된 종류의 제품생산에만 전문적으로 종사하는 생산제도를 의미하며, 이와 같은 지역적 분업은 저렴한 운송수단의 발달에 따라 지역 간에 재화의 이동이 원활하게 이루어질 것을 전제조건으로 하고 있다.

생산된 제품의 판매시장을 확보할 수 없고 필요한 물품을 다른 국가로부터 구입해 올 수 없다면 지역적 분업화는 불가능하게 된다. 또한 특정국가가 가지고 있는 생산우위는 높은 운송비 부담으로 결국은 생산비가 높아져 상쇄되어 버리는 수도 있다.

그러므로 지역적 분업과 전문화는 시장의 크기에 의해 제한을 받고 시장의 크기는 운송비에 의해 결정되기 때문에 저렴한 운송수단의 이용이 지역적 분업과 전문화를 촉진하는 요인이 된다.

③ 대량생산과 대량소비의 촉진

재화의 국제적 이동이 대량으로 이루어지면 원재료나 완제품의 원거리 이동을 가능하게 함으로써 단위당 운송비가 저렴해질 뿐 아니라 대량생산체제를 가능하게 한다. 이것은 규모의 경제를 달성하게 되어 국가 간에 이동되는 재화의 가격이 상대적으로 더 인하되는 효과를 가져 온다.

④ 국가 간 경제발전과 세계통합의 촉진기능

국제운송의 발전은 해양의 지리적 장애를 극복하고 재화와 인간을 용이하게 이전시킴으로써 국가들의 경제발달을 촉진하는 동시에 정치, 경제, 사회 및 문화의 확산과 발전을 통하여 세계를 하나로 통합하는 기능도 수행한다.

⑤ 산업연관효과의 발생기능

저렴한 국가 간 운송비에 의한 지역적 분업은 대규모 산업도시의 발달과 상호간의 교역을 발달시키고, 이는 국가 간 교역관계가 깊은 조선업, 무역업, 창고업, 가공업, 포장업, 도매업, 금융업, 보험업, 항만산업 및 국방산업을 함께 발전시키는 효과를 가져 온다.

항공 및 해상수송의 특성을 살펴보면 다음 〈표 11-1〉과 같다.

| 표 11-1 | 항공 및 해상수송의 특성

구 분	항공운송	해상운송
수송 시간	수송 시간이 짧음	수송 시간이 오래 걸림
적기 도착성	높음	보통
이용 편리성	높음	낮음
적재량	제한적	비제한적
운 임	비교적 높음	비교적 저렴함
보험료	낮음	높음
화물시장규모	1% 미만	99% 이상
운임구조	화물종류 및 중량에 따른 복잡한 운임구조	컨테이너를 기준으로 한 비교적 단순한 운임구조
운항빈도(평균)	높음	낮음
캐리어 직판비율	매우 낮음	비교적 높음
화주 수요예측	최종 출하 전까지 불확실	최종 출하 전 예측 가능
콘솔 점유비	매우 높음	매우 낮음
집화 및 인도	포워더가 서비스 제공	선사계약 트럭커가 담당
운송장(B/L)	양도성 없음	양도성 있음
장 점	수송시간 단축, 재고비 삭감, 서비스 질의 개선	운임의 저렴성, 대량수소의 이점

(3) 국제운송의 특성

국제간 제품의 이동에서 이용되는 기본 운송수단에는 항공, 철도, 트럭, 해상 등이 있으며, 이 밖에도 가스, 원유 등을 나르는 파이프라인 운송이 있다. 국제운송에는 보통 이러한 운송수단들이 복합적으로 이용된다. 즉, 트럭과 해상 또는 트럭과 항공 등과 같은 복합운송이 이루어지고 있다.

우리나라의 경우 지리적·정치적 이유 때문에 철도와 트럭에 의한 국제운송은 이루어지지 않고 해상 또는 항공 서비스를 이용해야 한다.

국제물류에서 일반적으로 항공을 수송집약·재고절약형 산업으로 부를 수 있으며, 해운을 재고집약·수송절약형 산업으로 부를 수 있다. 항공은 수송 요소에 많은 비용을 투입하여 수송시간, 즉 재고 요소를 절약할 수 있는 반면, 해운은 낮은 비용을 투입하여 수송시간이 길어짐으로써 재고 비용이 증가한다.

일반적으로 항공운송은 수송비가 높으나 이를 재고비의 절감으로 보충함으로써 총물류비를 낮추게 된다. 즉, 국제물류서비스에서 항공 서비스 이용을 기본으로 할 경우 운임부담율은 상승하나 이를 상회하는 재고비의 절감으로 총비용을 낮춤으로써 항공 운송을 기본으로 하는 물류 서비스 수요를 유발시킨다.

항공운송은 속도가 빠르고, 화물의 손상이나 도난이 적고, 리드 타임이 단축되고, 재고 유지비가 낮은 장점이 있다. 또한 항공운송의 이용은 포장비, 보험료, 창고비 등의 비용을 줄일 수 있으며, 통관 후 트럭으로의 신속한 연계 수송이 가능하다.

해상운송은 가장 경제적인 방법으로서 신속성을 요하지 않은 대량화물의 장거리 운송에 적합하다. 이는 수송비가 저렴하고 적재율이 높아 규모의 경제를 달성할 수 있기 때문이다. 그러나 해상운송은 항공운송에 비해 수송시간이 많이 걸리고, 장기간 수송으로 인해 화물의 손실 가능성이 높으며, 파업이나 적체에 의해 화물의 운송이 지연되는 단점이 있다.

해상컨테이너운송은 수송집약적인 항공운송과 재고집약적인 재래정기선운송 사이의 영역에 있다. 따라서 컨테이너정기선운송은 재래정기선운송에 비하여 수송집약적이라 할 수 있지만 항공운송과 비교하면 재고집약적이라 할 수 있다.

5 글로벌 물류전략

국경을 넘어 상품을 이동시키는 것은 국내시장에서의 이동과는 매우 다르다. 크게 확대된 각 역권 간 무역은 기회를 제공함과 동시에 새로운 규제로 인한 복잡성을 초래하기도 한다. 따라서 운송회사와의 가까운 협력관계, 긴밀하게 연결된 정보시스템, 유연한 서비스와 대응능력, 고객위주의 물류활동이 성공적인 기업의 필수요소가 되고 있다. 글로벌 물류의 성공요인은 신속하고 저렴한 가격에만 있는 게 아니라 창의적이고, 적극적인 물류전략으로 고객과 경쟁자에 대응하는 데 있다. 최근 개발된 새로운 물류관리 개념과 정보 및 커뮤니케이션의 신기술은 물류전략에서 중대한 위치를 차지하고 있다.

1) 글로벌 유통경로 전략

글로벌 시장에 진입할 때는 여러 요인이 영향을 준다. 진입에 유리한 여건은 시장의 잠재력이 크고 지역별 다각화가 가능할 때, 과다 생산능력 보유로 규모의 경제를 얻고 싶을 때, 국내시장에서의 수명이 다 된 상품으로 외국에서 판매가 가능할 때 그리고 신상품과 아이디어의 원천이 될 수 있는 외국시장이 존재할 때이다. 일반적으로 국제시장에 진입하려는 기업에게는 4가지 대안이 있다. 글로벌화의 초기에는 경험이 적으므로 자본이 적게 소요되고 위험이 적은 단순수출의 형태가 많지만 경험이 축적되면서 점차 기술판매 그리고 직접투자로 발전한다. 자국 산업의 보호를 목적으로 한 보호무역주의에 대처하기 위한 직접 자본투자는 투자국 현지의 유통구조, 소비성향, 토착문화, 사회적 규범 등의 시장 환경변화에 유연하고 민첩하게 대응하기 위함이다.

(1) 수출

가장 보편적인 국제시장 진출방법은 수출을 통한 것이다. 수출은 상대적으로 낮은 수준의 외국시장 관련경험을 요구하는데 그 이유는 국제선적, 유통업자, 관세사, 무역상사, 그 외 다른 기관이 물류와 마케팅을 대행하는 경우가 많기 때문이다. 가장 위험 부담이 적은 방법으로서 기업은 외국시장에 시설을 확장할 필요 없이 생산은 자국 내에서 하고 유통은 수출중개인에 맡기기만 하면 된다. 해당국의 정치적 불안정에도 영향을 적게 받고, 초기 시장진입에도 용이하며, 시장가능성이 확인되면 직접투자 등으로 투자를 확대하기도 한다. 국내시장에서 성장의 한계가 있는 경우에도 수출을 추진하게 된다.

그러나 물론 여러 가지 단점도 가진다. 수출에 의한 시장침투는 현지에 직접 소재하는 기업과의 경쟁에서 불리하며, 관세·쿼터 및 급격한 환율변동은 수입품 가격이나 판매에 불리하게 작용할 수 있다. 게다가 수출기업은 상품의 가격, 판촉, 유통에서 권한이 없어 성공 여부가 수출중개인에 의해 크게 좌우되는 경우가 많다. 우리나라는 외화가득을 위한 정책적 수출 드라이브와 1970년대 중반에 도입된 종합무역상사제도가 수출증대의 원동력이 되어 단기간 내에 비약적 수출증대를 이룩하였다.

(2) 기술공여(licencing)

기술공여(licencing)란 기업이 다른 나라의 기업에 제조과정, 상표, 노하우, 기술 및 판매 지식을 사용하도록 허락하는 것을 말한다. 수출과는 달리 기술공여는 상품유통에 관한 의사결정에서 보다 많은 통제력을 행사할 수 있게 된다. 왜냐하면 유통전략이 계약단계에서 논의되기 때문이다. 기술공여는 대자본을 요하지는 않으며 위험이 적고 유연성을 가지게 하는 장점이 있다. 이 전략은 주로 중소기업에 의해 선호되며 외국이 높은 관세율과 엄격한 수입 쿼터를 적용할 때 유리하다.

약점으로는 기술을 공여 받은 기업이 노하우를 개발해 미래의 경쟁자가 될 수 있다는 위험이 있다. 시장에 침투하기 위한 가장 빠르고 효과적인 방법이므로 위험이 적은 반면 자체 기술을 역이용한 부메랑 효과를 초래하기도 한다. 미국 RCA의 TV 기술을 받아 일본 가전기업이 세계시장에서 약진을 한 것이나 포항제철이 신일본제

철과 경쟁하고 있는 것을 이러한 예로 들 수 있다.

최근 서비스 부문에서 급증하고 있는 라이센싱과 유사한 프랜차이징(franchising)은 새로운 방법이다. 라이센싱은 특정한 기술·상표와 같은 무형자산을 외국기업이 일정기간 사용할 수 있는 권한을 부여하는 대신에 로열티를 받는다. 이에 반하여 프랜차이징은 라이센싱의 특수한 형태로서 기술·상표는 물론 실제 경영에 필요한 원자재, 기타 경영에 관한 조언과 지원을 제공하는 것을 말한다. 가맹점주(franchisor)와 가맹점(franchisee) 간의 계약으로서 패스트푸드나 호텔, 할인점 등 기타 서비스 업종에서 성행하고 있다.

(3) 합작투자(joint venture)

만일, 기술공여보다 유통경로에 대해 더 높은 수준의 통제를 하고 싶은 경우는 합작투자가 유리하다. 이 경우 위험은 커지고 유연성이 낮아지는 이유는 일부 자본 참여를 하기 때문이다. 자본참여시 경영진은 마케팅 경로와 유통전략에 더 많은 자원투입을 해야 하며, 이는 외국시장에 관한 더 많은 정보를 요구하게 되므로 부담이 된다. 이렇게 기업이 가지고 있는 인력이나 자본을 해외로 이동시켜 경영에 직접 참여하는 자본투자는 소유지분의 크기에 따라 단독투자와 합작투자로 나눌 수 있다. 우리나라의 기준은 투자비율이 20% 이상이거나 상근인원을 파견하는 경우를 자본투자로 간주하고 있다.

합작투자는 합작기업의 전문기술을 이용하고자 할 때, 합작선의 유통경로를 이용하거나 저개발국처럼 자국 산업발전과 유통경로 보호목적에서 정부가 단독투자를 허용하지 않을 때 그리고 기업이 외국시장에 확대하면서 자본과 인적 능력이 부족할 때 유리한 것이다. 합작투자는 초기투자가 적게 드는 장점이 있으나 합작선의 능력에 의해 사업의 성패가 크게 좌우되는 경우가 많다. 합작투자의 사례로는 일본 진출 시 특송업체 FedEX가 일본 내 소규모 트럭회사와 제휴한 계약을 들 수 있다. 유통망에 투자하는 대신 현지 유명기업의 네트워크를 이용할 수 있으므로 시장침투가 용이했던 것이다.

(4) 단독투자(ownership)

외국 자회사의 완전소유는 국제 마케팅과 물류전략에서 최대한의 통제력을 제공한다. 단독투자는 대개 기업인수나 확장을 통해 이루어진다. 기업인수가 유리한 점은 시설설립, 인력고용, 유통경로 네트워크를 구축하는데 초기투자가 적게 든다는 것이다. 대개 단독투자는 국제시장에 대한 넓은 지식을 요구하며 마케팅과 유통에 대한 전적인 책임을 진다. 반면 직접소유는 가격경쟁에서 유리하다. 그 이유는 국제운송 경비나 관세, 기타 수입 관련세금에서 면제되기 때문이다.

단점은 유연성을 상실한다는 것인데 외국에 장기적 직접투자로 시장상황이 불리해지면 시장에서 빠지기 어렵다는 것이다. 그리고 고객과의 관계 구축에도 시간과 비용이 많이 든다. 자회사 형태로 진출하는 것은 유통 및 물류에 상당한 투자를 필요로 한다. 반면 장점은 고객과의 관계가 가까워지고 시장대응성 및 미래 시장기회의 파악에 유리하다는 것이다. 베네통 그리고 장난감 양판점으로 이미 일본 완구시장을 크게 점유한 토이저러스(Toy's R Us)는 자회사 네트워크를 이용하여 일본시장에 침투한 사례에 속한다.

6 글로벌 네트워크 구축

물류활동은 장기적인 기업의 비전과 전략에 의해 수행되어야 한다. 단편적인 프로그램이나 단기적 성과를 강조하는 비용절감 활동은 단명하기 쉽다. 지속적인 물류능력의 개선을 위해서는 우선 기본에 충실해야 한다. 일반적으로 성공적 물류전략은 다음의 4가지 원칙에 기초를 두고 있다.

1) 물류계획의 전략적 연계

물류부문은 명확한 비전에 의해 인도되어야 하며 결과를 정기적으로 측정해야 한다. 다국적 의료전문기업 Baxter사는 부동산 관리기업과 계약을 맺고 물류활동의 합리화에 착수했다. 기본목표는 재료 및 제품을 위한 전체 공간이용을 대폭 줄이고 시설이 소재하는 지역을 20% 그리고 전체 시설을 절반 가까이 줄이는 것이었다. 이 회사는 7년 계약으로 135억 원의 절감목표를 세우고 모든 물류비용과 서비스 파라미터를 측정했던 것이다. 이를 위해서 인건비 절감, 대지비용 절감, 임대료, 수입, 세제의 혜택이 정밀하게 추적되고, 상설위원회에서 성과를 측정하고 개선을 제안하기 위한 분기별 모임이 열렸다.

2) 고객중심 물류 시스템

아직도 대부분 물류 시스템은 특정한 수요를 충족시키기보다는 많은 불특정 다수를 위한 활동을 위주로 하는 경우가 많다. 그러나 앞으로 성공적 물류전략은 주요

시장에서 변하는 고객 니즈를 지속적으로 탐구하며 이를 충족시키기 위해 끊임없이 적응해야 한다. 예를 들어, 일본 자동차 고급 모델인 렉서스와 인피니티는 정비를 담당하는 딜러에 대한 부품보유와 보충을 중앙집중적으로 관리하여 99%의 고객차량을 당일 수리한다는 데 초점을 맞추고 있다.

다국적 화학회사 듀퐁도 '전사적 공급사슬관리' 프로그램을 실행하여 전 세계 100여 개국의 30개 사업단위에서 이용하고 있다. 프로그램의 목적은 시장과 고객에게 초점을 맞추고 화학원료의 적시 인도를 위한 것이다. 이를 위해서 물류 전문 인력이 각 사업에 배치되어 입지선정이나 고객인도 프로그램까지 계획 활동을 지원하고 있다.

3) 통합물류 경영

글로벌 물류활동은 국내에 비해 훨씬 복잡하고 비용이 많이 들며 여러 유형의 위험에 노출되어 있는 점을 그 특징으로 하고 있다. 아직도 상당수의 물류활동은 기능적 측면으로만 인식되어 생산, 유통, 고객 사이에서 상품을 밀어내는 정도 외에는 기업 내에서 중요성을 인정받지 못하는 경우가 많다. 물류경영은 궁극적으로 고객중심적 물류프로세스(주문-선적-판매 후 관리)으로 진화하여 고객과 기업 간의 상호작용의 전 범위에 걸친 만족을 추구해야 하는 것이다.

따라서 물류활동은 출발부터 도착에 이르는 물류 공급사슬의 모든 요소를 통합적으로 관리하기 위해 노력을 경주해야 한다. 최근에는 각국의 규제완화와 물류산업의 구조변화로 과거에는 없던 독창적인 도어 투 도어(door-to-door) 서비스와 가격 패키지가 가능해짐에 따라 적당한 가격으로 고객의 요구사항에 맞는 인도를 할 수 있게 되었다.

미국 델(Dell) 컴퓨터사는 잘 훈련된 엔지니어로 하여금 주문을 받게 하여 고객이 자신의 니즈에 맞는 컴퓨터를 정확하게 디자인하게 한다. 컴퓨터가 고객의 주문에 맞추어 조립되면 1~2일 만에 고객에게 직접 배달된다. 또한, 24시간 응급라인이 개설되어 엔지니어가 애프터 서비스를 제공하여 지속적인 만족을 보장해 준다. 기술이 보편화되고 경쟁이 치열한 개인용 컴퓨터 시장에서 델 컴퓨터의 성공비결은 상품 자체가 아니라 고객화를 지향하는 마케팅과 효율적인 물류능력에 있었던 것이다.

4) 대응력 있는 유통경로

많은 기업은 아직 장시간이 소비되는 다단계의 상품 이동방법을 이용하고 있다. 그 결과 상품은 생산자, 유통, 소매점 창고를 거쳐야 소매점에 도착한다. 이 방법은 고객에게 도착되는 시간을 연장하는 것 외에 과다하게 중복되는 처리비용을 가격에 반영시키게 한다. 최근 혁신적인 기업은 불필요한 중개인과 부가적인 내부처리 그리고 저장비용을 줄이고자 노력 하고 있다. 미국 양판점 월마트사는 생산지에서 바로 소매점에 배달하여 창고·유통 단계를 제거하고 대량품목을 적시기준으로 보충하게 한다. 위성통신을 포함한 고도의 전자통신 장비와 POS 시스템 그리고 물류 네트워크를 이용해 세계 최대의 소매업체로 부상하게 된 것이다.

7 글로벌 물류 소싱

1) 물류 토털 서비스

글로벌 소싱이 향후 전 세계적으로 확대될 것으로 예상한다. 글로벌 시장의 경험은 엄청난 학습효과를 가져다주고 사업경험을 축적하게 되므로 많은 기업이 전 세계를 구매의 대상으로 하는 글로벌 소싱에 의존하고 있다. 공급원을 합리화하고 유통경로를 확보하기 위해 전 세계가 물류무대가 되고 있는 것이다. 물류활동의 글로벌 소싱도 간접경비와 위험을 줄이기 위해 제3자를 이용하여 원거리에서 수행되는 많은 부가가치 활동을 위탁한다. 여기에는 창고나 물류작업뿐만 아니라 구매, 재고보충, 구매금융, 간단한 조립 그리고 쿼터 관리까지 포함하기도 한다. 그 뿐만 아니라 상품준비, 물류경로 관리, 상품설치 및 유지보수도 물류활동에 포함하게 된다.

국제적 물류전문회사는 이제 정보제공과 물류관리 시스템의 개발을 포함하여 화물운송의 출발지부터 목적지까지 완벽한 토털 서비스를 제공할 수 있게 되었다. 예를 들어, 미국 아메리칸 항공사(AA)의 지주회사인 AMR과 거대 철도회사인 CSX는 합작으로 Encompass라는 회사를 만들어 정교한 턴키 방식 소프트웨어와 혁신적인 통신전달 기술을 활용하여 전 세계적으로 선적화물의 추적 및 관리 서비스를 제공하고 있다.

베네통은 80개 국 6,000개 점포에 외부 물류전문회사를 이용해 공급하는데 이 회사들은 고도화된 내부 상품추적과 운송변경 능력을 보유하고 있다. 휴렛패커드(HP)도 자사의 인바운드 원자재 창고를 로드웨이(Roadway)사에 아웃소싱하여 140명의 인력이 24시간 창고를 운영하고 있다. 이 물류전문 기업은 휴렛패커드사 창고에 부품입고 여부를 결정하고 저장관리 시스템을 완전하게 숙지하고 있다. 그 결과 휴렛패커드의 250명 물류관리 직원은 다른 부서로 전보되어 창고비용의 10% 절감을 이룩하였다.

다른 물류전문 기업인 프릿츠(Fritz)는 관세 브로커로서 자사의 주 고객인 시어즈(Sears) 백화점을 상대로 광범위한 서비스를 제공하고 있다. 아시아에서 수입되는 상품을 위해 일반적인 관세처리를 대행해 주는 것은 물론 홍콩이나 싱가포르에서 미국으로 향하는 화물선을 수배하고 컨테이너 화물을 통합하며, 화물을 시어즈의 유통시설에 인도하고 상품이동에 대한 정보를 제공한다.

2) 물류성과 측정기준

국제물류 활동을 아웃소싱하는 것은 무지한 지역에 대한 위험에 노출되지 않게 하므로 새로운 시장에 진입할 때 특히 유리하다. 물류전문 기업은 글로벌 구매와 인도 및 선적을 맡고, 관세환급·쿼터 관리 그리고 무역금융을 대행하게 된다. 또한, 유통경로를 만드는 것을 지원해 주며 업자선정과 관리, 배달 서비스를 제공하기도 한다. 과거 계약위주의 단순한 관계에서 외부 물류업자의 전폭적 이용으로의 전환을 위해서는 상호 합의된 목표를 실현하기 위한 상당한 수준의 헌신과 신뢰를 요구한다.

이상과 같이 자체 물류를 이용하는 과거의 관행에서 벗어나 이제는 외부 물류업자가 더 나은 글로벌 물류 서비스를 제공하는 것이 가능해졌다. 사실 복잡한 전달 시스템을 정보가 부족한 외국에서 운영하는 것은 비용만이 아니라 위험부담을 크게 한다. 전문화된 외부 물류업자는 단순한 물류 서비스 외에 글로벌 시장에서 유통업자의 선택 및 관리, 직접 배달 서비스 등을 포함하는 경로개발에 도움을 줄 것이다.

점차 물류전문 기업은 기업 내 부서처럼 구체적인 성과수준을 달성하는 데 책임을 지며, 주문주기 단축과 정시 화물인도를 지향하고, 특히 내국운송에서는 성과가 계약상의 약속에 미치지 못하면 배상하는 사례도 있다. 국제운송에서는 물론 여러 추가적인 변수가 있어 계약으로 규정하기는 어렵지만 정보와 교통수단의 발달 그리고 통합물류업체의 성장에 따라 일부 대규모 물류기업은 성과표준을 계약에 명기하기 시작했다. 동업자 관계처럼 구체적인 생산성 목표를 달성하기 위해서 정시인도의 비율, 주문충족율, 생산성, 자산이익률 달성을 목표로 정하기도 한다. 이제 물류업자는 풀(full) 서비스를 고객기업에 제공하지 않으면 안 된다. 창고업자도 과거와는 달리 정보관리, 운송, 매장관리 같은 새로운 능력을 배양해야 할 것으로 보인다. 이렇게 새로운 관계 하에서는 고객기업이 자신의 가장 중요한 능력에 집중하여 상품설계, 제조, 판매에 집중할 수 있게 된다.

제12장

제품과 물류 설계의 조정

제12장

제품과 물류 설계의 조정

오랜 동안 제조 엔지니어링은 제품 엔지니어링의 마지막 단계였었다. 연구개발자들과 설계 엔지니어들은 가능한 저렴한 자재를 사용하여 제품을 개발하는 일을 수행하였다. 제조 엔지니어들은 이러한 설계를 바탕으로 효율적으로 제품을 만드는 책임이 있었다.

그런데 1980년대 이와 같은 패러다임이 변하기 시작하였다. 경영자들은 제품과 프로세스의 설계가 핵심적 제품비용의 동인(driver)이라는 것과, 제조 프로세스를 설계 프로세스의 초기에 고려하는 것이 효율적인 제조 프로세스를 만드는 방안이라는 사실을 깨닫기 시작함에 따라, 제조를 위한 설계(DFM : design for manufacturing)의 개념이 등장하였다.

최근 유사한 움직임이 물류관리의 영역에서 시작되었다. 과거에는 물류를 설계하는 것은 주어진 제조 프로세스를 사용하여, 주어진 제품을 공급하는 최적의 방안을 결정하는 것이었다. 그러나 지난 수년간 관리자들은 물류관련 이슈들은 제품과 프로세스 설계단계에서 고려함으로써 보다 더 효율적인 물류를 운영하는 것이 가능하다는 것을 인식하기 시작하였다. 이것은 제품 설계단계에서 제조를 고려하는 DFM과 유사한 것이다.

본 장에서는 크게 세 가지 이슈들에 대하여 다루고자 한다.

첫째, 스탠포드대의 H. Lee교수에 의해 소개되었던 일련의 개념들, 즉 총체적으로 물류설계(DFL: design for logistics)로 알려진 개념을 소개하고자 한다. 이러한 개념은 물류비용을 통제하고 고객 서비스수준을 제고시키는, 제품과 프로세스 설계접근을 제시하고자 한다.

둘째, 제품설계 프로세스에서 공급자를 포함시키는 장점을 논의하고, 마지막으로 대량고객화(mass customization) 개념을 소개하고자 한다.

1 물류설계

1) 경제적 포장과 수송

여러 DFL 개념 중에서 가장 명백한 것이 효율적으로 포장되어 진열되게끔 제품을 설계하는 것일 것이다. 특별히 배달트럭이 무게보다 부피를 따질 때, 보다 압축되어 포장된 제품이 수송하는데 비용이 적게 들 것이다. 다시 말해서 배달 차량이 무게 제한이 없고 공간을 얼마나 차지하느냐에 따라 비용이 적용될 때, 보다 압축되게 저장할 수 있는 제품이 보다 적은 비용으로 수송될 것이다.

사 례 

Ikea

스웨덴의 Ikea는 연간 96억 달러의 매출로서 세계에서 가장 큰 가구 유통업자이다. Ingvar Kamprad에 의해 스웨덴에서 시작한 Ikea는 전 세계 35국에 143개의 점포를 가지고 있다. Ikea는 가구비즈니스의 재 창안(reinventing the furniture business)에 의해 획기적으로 성장하였다. 전통적으로 가구판매는 백화점과 소규모 지역매장으로 구분되어 있었다. 전통적으로 고객이 주문을 하면 배달은 주문 후 2개월 정도 지나서 이루어졌다.

Ikea는 도시에서 떨어진 매장에, 창고 같은 공간 안에 10000여개의 제품을 전시하고, 창고에 이 모든 제품들을 유지하는 방식으로 변경하였다. 이것은 제품들을 압축하여 포장하고 키트(kit)로 효율적으로 할 수 있도록 제품을 설계하여, 고객들이 이것을 매장에서 사서 집에서 조립할 수 있도록 하였다. 이러한 키트들은 수송하기 쉽고 비용이 저렴하였기 때문에, 소수의 공장에서 효율적으로 제조하여 전 세계 매장에 적은 비용으로 수송할 수 있었다. Ikea는 많은 매장을 보유하였고 그 각각은 매우 컸기 때문에, 회사는 커다란 경제적 규모의 이득을 얻을 수가 있었다. 이것은 회사가 그의 경쟁자들에 비해 좋은 품질의 제품을 보다 싼 가격으로 경쟁할 수 있게 하였다. Ikea는 계속해서 설계와 포장의 개선을 위해 노력하고 있다.

2) 동시병행 프로세싱(Concurrent and Parallel Processing)

동시병행 프로세싱은 과거에는 순서대로 수행되어 왔던 제조프로세스를 동시에 진행할 수 있도록 바꾸는 것을 포함한다. 이것은 제조리드타임을 단축하고, 개선된 예측에 의해서 보다 낮은 재고비용, 그리고 안전재고를 줄이는데 도움을 준다.

제조프로세스를 병행으로 유지하는 핵심은 완충(decoupling) 개념이다. 제품의 많은 부품들이 제조하는 동안에 완충되거나 물리적으로 분리될 수 있다면, 이러한 부품들은 병행하게 제조되는 것이 가능할 것이다. 각 개별적 부품의 생산이 새롭게 완충된 설계 내에서, 동일한 시간이 걸리나 제조 순서를 병행해서 수행한다면 리드 타임은 단축될 것이다. 이러한 모듈러 부품들의 일부가 제조하는데 조금 더 시간이 걸린다하더라도, 전체적인 리드타임은 여러 부품들이 병행으로 생산되기 때문에 줄어들 것이다. 이와 같은 완충의 생산전략은 추가적인 이득을 가져다주는데, 이는 여러 완충의 부품을 위한 서로 다른 재고전략 설계를 가능하게 해 주는 것이다. 어떤 특정 부품에 대한 원자재 공급이나 제조 수율이 불확실하다면, 전체 최종제품보다 그 단일 부품에 대하여 높은 재고 수준을 유지할 수 있을 것이다.

보드가 제조프로세스의 마지막 단계에서 프린터의 다른 부품들과 통합할 수 있도록 프린터 제조 프로세스와 제품을 재설계한 것은 유럽과 극동에서 병행 제조를 가능하게 함으로써 리드타임을 단축시킬 수 있었다. 그뿐만 아니라 최종조립을 유럽으로 이동함으로써 고객대응력을 높였고 리드타임을 단축할 수 있었다.

유럽의 한 제조업체는 유럽시장을 위해서 극동의 제조업자와 연합하여 네트워크 프린터를 생산하고 있다. 주 프린터 PC보드는 유럽에서 설계되어 조립된다. 그리고 이것이 아시아로 수송되어, 그 곳에서 보드에 프린터를 조립하는 프로세스에서 주 프린터 하우징과 통합되는데, 이 프로세스에는 모터, 프린트헤드, 하우징 등이 포함된다. 최종제품은 다시 유럽으로 수송된다. 긴 생산과 운송 리드타임으로 인하여 유럽시장에서 많은 양의 안전재고를 유지하여야 했다. 긴 제조리드타임은 대부분 순차적 제조프로세스에 의한 것이었다.

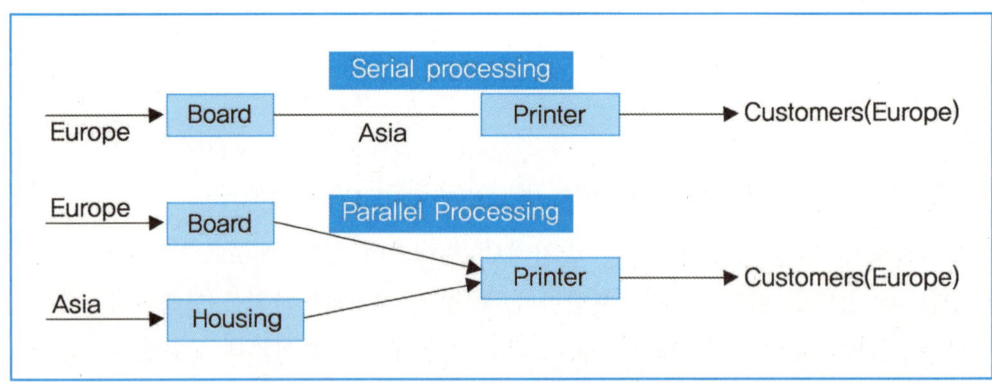

| 그림 12-1 | 순차 프로세싱과 병행 프로세싱

3) 표준화

Swaminathan 교수는 제품 모듈방식과 프로세스 모듈방식이 재고비용을 낮추고, 예측정확도를 높이는 표준화전략을 가능하게 하는 핵심 요소라고 제시하였다. 각각의 정의는 다음과 같다.

[모듈러 제품]

모듈러 제품은 다양한 모듈들로부터 제품이 조립되는데, 모듈들은 여러 가지 옵션이 있는 개별 모듈로 구성되어 있다. 모듈러 제품의 전통적인 예는 PC라고 할 수 있는데 서로 다른 비디오 카드, 하드 드라이브, 메모리 칩 등의 혼합에 의해 개별화(고객화)될 수 있다. 이러한 개념은 동시(병행) 프로세싱을 실행하는데 중요하다.

[모듈러 프로세스]

모듈러 프로세스는 비연속적 작업들로 구성되어 있어, 재고가 작업들 사이에 부분적으로 제조된 형태로 유지가 가능하다. 제품들은 제조 프로세스 중에 작업들의 서로 다른 집합의 완성에 따라 차별화된다. 모듈러 제품이 모듈러 프로세스를 만드는데 반드시 필요한 것은 아니다. 중간제품, 반제품을 재고로 유지하기가 가능하지 않을지도 모른다.

또한 Swaminathan 교수는 표준화에 관한 네 가지 접근법을 제시하였다.

① 부품표준화(part standardization)

공통 부품이 많은 제품들에 사용되며, 공통부품은 위험을 분산함으로써 필요한 부품재고를 줄이고, 규모의 경제로 부품비용을 절감한다. 물론 과다한 부품 공용화는 제품차별화를 줄일 수 있기 때문에 값싼 고객화 옵션은 보다 비싼 부품의 판매를 희생시킬 수 있다. 가끔 공용화를 이루기 위해 제품라인이나 제품군을 재설계할 필요가 있다.

② 프로세스 표준화(process standardization)

프로세스 표준화는 서로 다른 제품을 위해 가능한 많은 프로세스를 표준화하고, 가능한 늦게 제품을 고객화하는 것을 포함한다. 이 경우 제품과 제조프로세스는 어느 특정한 제품이 제조되는가-차별화-에 대한 결정이 제조가 진행되어진 후에 까지 지연될 수 있도록 설계되어진다. 제조프로세스는 나중에 특정한 최종제품으로 차별화되어지는 일반적(generic) 혹은 패밀리 제품을 만듦으로써 시작된다. 이러한 이유로 이와 같은 접근을 지연 혹은 지연된 제품차별이라고 한다. 차별화를 늦춤으로써 생산 개시는 총괄예측을 기준으로 할 수 있다. 따라서 지연된 제품 차별화를 위한 설계는, 예측 자체가 개선되지 않더라도 최종수요의 불확실성을 효과적으로 해소할 수 있도록 사용되어 질 수 있다.

일반적으로 지연된 차별화를 위해 제품을 재설계하는 것이 필요하다. 재순서(resequencing)란 특정한 품목이나 제품의 차별화를 가져오는 작업들이 가능한 최대로 지연되게끔 제품 제조단계의 순서를 변경하는 것을 의미한다.

공급사슬 운영을 개선하기 위해 재순서를 사용한 대표적 사례는 Benetton의 경우이다.

어떤 경우에는 재순서와 공용화의 개념은 최종 제조단계를 공장에서가 아니라 유통센터와 창고에서 마무리 되게끔 하여준다. 이러한 접근의 장점의 하나는 유통센터가 공장보다 시장에 훨씬 가까이 있다면 제품은 수요에 보다 가까이에서 차별화될 수 있고 따라서 급변하는 시장에 대응할 수 있는 능력을 증가시킬 수 있다는 점이다.

사 례

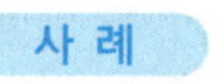

Benetton

베네통은 니트웨어의 주요 공급자로서 수백 개의 상점에 이를 공급하였고, 1982년 당시 전 세계 모(毛)의 최대 소비자였다. 패션산업의 특성은 고객 취향이 빠르게 변한다는 것이다. 그러나 긴 제조리드타임으로 말미암아 매장 주인들은 7개월 전에 울(wool)스웨터를 주문해야만 했다. 울(wool)스웨터의 제조프로세스는 일반적으로 실을 구입하고, 염색을 하고, 니팅(knitting)을 하고, 의류부품을 제조하고, 그리고 이 부품을 완성된 스웨터에 부착하는 것 등으로 구성되어 있다. 불행하게도 이것은 고객의 변하는 취향에 유연하게 대응하는 것을 어렵게 한다. 이러한 이슈를 해결하기 위해 베네통은 제조프로세스를 [그림 12-2]와 같이 변경하였다. 즉 염색하는 프로세스를 스웨터가 완전히 만들어진 이후로 바꾼 것이다.

따라서 색상 선택은 더 많은 예측과 판매 정보를 얻은 후까지 연기되어 질 수 있었다. 그러므로 염색과정의 지연으로 인하여 실 구입과 제조계획은 특정한 스웨터나 색상의 예측이 아니라 제품군의 총괄적 예측에 기초할 수 있었다. 이와 같이 변경된 프로세스는 스웨터 제조하는데 10% 더 비용이 들게 하였고, 새로운 설비를 구입하고 종업원의 재훈련을 필요로 하였다. 그러나 베네통은 보다 개선된 예측, 낮아진 추가 재고, 그리고 증가된 판매에 의해 충분한 이득을 취할 수 있었다.

부품과 프로세스 표준화는 자주 연결되어 있다. 가끔 부품표준화는 프로세스 표준화의 적용을 필요로 한다.

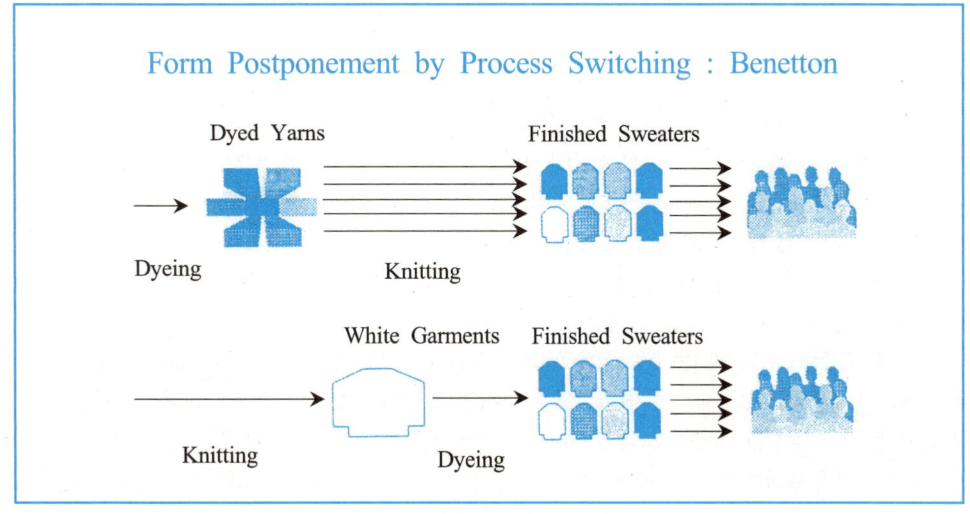

그림 12-2

한 주요 프린터 제조업체는 시장에 새로운 컬러 프린터를 소개하려고 준비하고 있었다. 새로운 프린터와 기존 프린터의 수요는 매우 변동이 크고 서로 음(–)의 상관관계가 있는 것으로 추정되었다. 두 프린터의 제조 프로세스는 서로 다른 회로판과 프린트헤드 조립품을 사용하는 것 이외에는 유사하였다. 그러나 헤드 조립품과 회로판의 차이는 매우 다른 제조 프로세스를 가져 왔다.

프로세스 표준화 즉, 지연된 차별화를 적용시키기 위하여 제조 프로세스들이 최종 단계까지는 유사하게끔 하는 것이 필요하였다. 이렇게 하기 위하여 두 개 제품에 공통 회로판과 프린트헤드를 같이 사용할 수 있게끔 프린터들이 재설계되었다. 이것은 차별화를 가능한 지연될 수 있게끔 하였다. 따라서 이 경우 부품표준화는 프로세스 표준화를 가능하게 하였다.

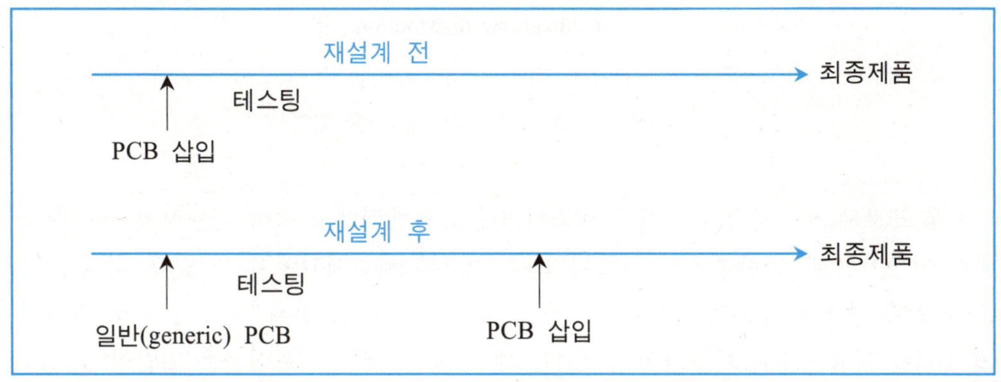

그림 12-3 차별화의 지연

사 례 

1990년 초기 유럽에서 HP는 데스크젯 프린터라인의 재고와 서비스 수준의 위기를 맞았었다. 그 당시 데스크젯은 밴쿠버에 있는 공장에서 독점적으로 제조되었다. 제조시점에서 프린터는 특정한 시장을 위해 현지화(localization)되었다. 프린터의 현지화는 적절한 전원공급(power supply)과 플러그의 조립, 그리고 매뉴얼과 라벨링으로써 포장하는 것을 포함하였다. 그런 후에 프린터는 지역 유통센터에 선적되었다; 유럽 프린터의 경우, 유통센터는 독일에 위치하였는데 밴쿠버로부터 유통센터까지 수송에 4~5주의 시간이 걸렸다.

불행하게도 유럽 유통센터는 전통적으로 어떤 특정한 유럽시장을 위하여 현지화된 많은 프린터를 보유하고 있었으나, 또 다른 유럽시장을 위하여 현지화된 프린터를 충분히 보유하고 있지 못하였다. 여러 가지 다양한 대안을 고려한 후 HP는 현지화가 밴쿠버 공장에서가 아니라 유럽의 유통센터에서 완결될 수 있도록 데스크젯 프린터를 [그림 12-4]와 같이 재설계하기로 결정하였다. 이와 같은 재설계는 비록 상당히 비싼 대가를 치렀지만 결과는 매우 성공적이었다. 서비스 수준을 개선하면서 재고 수준은 크게 떨어지게 됨으로써 상당한 비용절감과 수익성 증가를 가져오게 되었다.

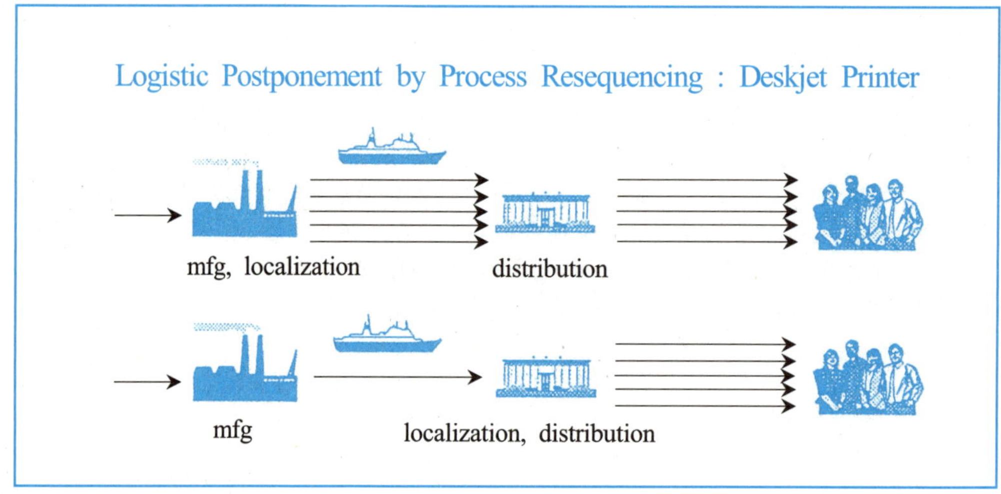

그림 12-4 프로세스 변경에 의한 지연

가끔 프로세스는 차별화 단계가 제조설비나 유통센터에서 수행되는 것이 아니라 판매가 이루어진 후 소매점에서 이루어질 수 있도록 재설계되어질 수 있다. 종종 이것은 제품에 쉽게 추가될 수 있는 모듈에 기능을 부여하는, 설계 단계 동안 modularity에 초점을 맞춤으로써 이루어질 수 있다. 예를 들면, 어떤 프린터들은 일반형(generic) Macintosh/PC 버전으로 판매된다. 프린터와 함께, 각 소매점에는 Macintosh 혹은 PC

를 위한 제품 차별화를 하는 포장된 모듈을 별개의 재고로 갖고 있다. 분명히 이것은 전체 프린터 대신에 Mac과 PC 버전에 사용되는 모듈만을 재고로 가지고 있기 때문에 필요한 재고를 크게 낮출 수 있다.

③ 제품 표준화(product standardization)

제품표준화란 많은 다양한 제품이 제공되나, 아주 작은 재고를 유지하게 한다. 재고로 보유하지 않은 제품이 주문이 될 경우, 이 주문은 고객에 의해 요구된 것 보다 더 나은 제품에 의해 채워질 수 있다. 이 프로세스는 하향대체(downward substitution)로 알려져 있으며, 많은 산업에서 일반적으로 사용되어진다. 예를 들면, 반도체산업에서 low-end칩의 재고가 없을 경우, 저속도/기능의 칩을 대신하여 고속도 혹은 고기능 칩을 파는 것은 상당히 일반적이다. 마찬가지로 자동차 렌트나 호텔의 경우 낮은 급의 자동차나 방의 재고가 없을 때 종종 보다 높은 급의 자동차나 방으로서 예약을 채울 수 있다.

가끔 하나의 제품이 여러 최종고객의 요구들에 맞게 조정될 수 있도록 제품들을 재설계하는 것이 가능할 수 있다. 예컨대 서로 다른 시장을 위한 많은 전자제품들의 경우, 전원공급 장치가 다른 것을 제외하고는 유사하다. 제품의 두 가지 버전을 제조하는 대신에 제조업자는 변경 가능한 전원공급 장치가 장착되어진 표준화된 제품을 사용할 수 있다.

④ 조달 표준화(procurement standardization)

조달표준화는 제품 자체는 표준화가 안 되었더라도 프로세싱 장비나 접근을 표준화하는 것을 포함한다. 이것은 프로세싱 장비가 매우 고가일 경우 특별히 가치가 있다. 예를 들면, ASICs(application specific integrated circuits)의 생산에는 매우 비싼 장비가 요구된다. 최종제품은 높은 고객주문형태이고 수요는 예측하기 어렵더라도, 동일한 장비가 각각의 가능한 최종제품의 생산을 위해 사용된다. 따라서 장비구입은 최종수요와 독립적으로 관리될 수 있다.

4) 표준화전략의 선택

적절한 표준화전략의 선택을 돕기 위해서 Swaminathan교수는 회사의 표준화전략의 선택은 제품과 프로세스를 모듈화할 수 있는 능력의 함수로 보는 것에 기초하여 다음의 프레임워크를 제안하였다.

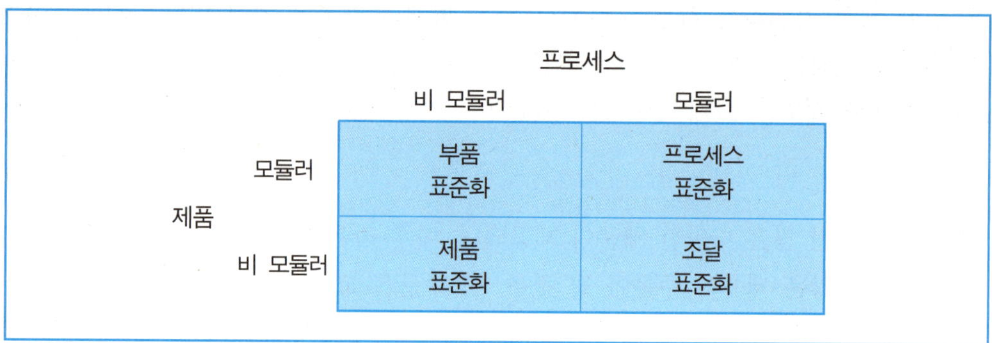

▎그림 12-5▎ 표준화를 위한 전략

[그림 12-5]는 서로 다른 상황에서 제안된 전략적 선택을 설명하고 있다.

(1) 프로세스와 제품이 모듈러이면, 프로세스 표준은 예측정확도를 최대화하고 재고비용을 최소화하기에 도움을 줄 것이다.
(2) 제품은 모듈러이나 프로세스는 아닌 경우, 차별화를 지연시키는 것이 가능하지 않을 것이나 부품표준화는 효과적일 것이다.
(3) 프로세스는 모듈러이나 제품은 그렇지 않은 경우, 조달표준화는 장비비용을 감소시킬 것이다.
(4) 프로세스나 제품 모두 모듈러가 아닌 경우, 제품표준화에 집중함으로써 큰 이득을 얻을 수도 있다.

2 신제품 개발에 있어서의 공급자통합

또 다른 핵심 공급사슬 이슈는 신제품의 구성요소를 위한 적절한 공급업자의 선정이다. 전통적으로 이것은 설계와 제조 엔지니어들이 제품의 마지막 설계를 결정한 후에 이루어졌었다. 최근 미시간 주립대의 GPSCBI(The Globlal Procurement and Supply Chain Benchmarking Initiative)에서 수행한 연구에 의하면, 종종 설계 프로세스에 공급자를 참여시킴으로써 엄청난 이득을 실현할 수 있다는 것을 발견하였다.

이러한 이득은 구매 자재비용의 절감, 구매자재의 품질 제고, 개발시간과 개발비용의 절감, 제조비용의 절감, 그리고 최종제품 기술수준의 증대 등을 포함한다.

1) 공급자 통합의 스펙트럼

공급자통합에 관한 어느 한 연구에서 단일의 공급자통합의 적절한 수준은 존재하지 않는다고 지적하였다. 대신 그들은 공급자통합의 스펙트럼을 개발하였다. 특별히 그들은 다음과 같은 가장 적은 공급자 책임으로부터 가장 큰 공급자 책임까지 단계들의 시리즈를 개발하였다.

(1) 없음(none)

공급자가 설계단계에서 제외된다. 자재와 서브조립품들이 고객의 스펙과 설계에 따라서 공급되어진다.

(2) 흰 상자(white box)

이 수준의 통합은 비공식적이다. 비록 공식적 협력관계는 없지마는 구매자는 제품과 스펙을 설계할 때 공급자와 비공식적으로 협의한다.

(3) 회색 상자(grey box)

이는 공식적 통합을 의미한다. 구매자와 공급자들의 엔지니어 간에 협력팀이 구성되어지고, 공동(joint) 개발이 이루어진다.

(4) 검정 상자(black box)

구매자는 공급자에게 인터페이스 요구들을 제공하고, 공급자들은 독립적으로 요구되는 구성요소들을 설계하고 개발한다.

물론, 검정 상자 접근이 연속선상의 끝에 있기 때문에 이것이 모든 경우에 최적 접근이라는 것을 의미하는 것은 아니다. 대신 회사들은 서로 다른 상황에서 공급자통합의 적절한 수준을 결정하는데 도움을 주는 전략을 개발하여야만 한다.

GPSCBI는 회사들이 이러한 결정을 하는데 도움을 주는 전략적 계획 프로세스를 개발하였다. 프로세스의 초기단계는 다음과 같이 요약할 수 있다.

(1) 내부 핵심 경쟁력을 결정하라
(2) 현재와 미래의 신제품 개발을 결정하라
(3) 외부 개발과 제조 니즈를 발견하라

이와 같은 세 단계는 경영자로 하여금 무엇을 공급자로부터 조달할 것이고, 공급자 전문성의 어떤 수준이 적절한지를 결정하여 관리하는 것에 도움을 준다. 만약 미래제품이 회사가 현재 보유하지 않고 있는 전문성을 요하는 구성요소를 필요로 하며, 또 이러한 구성요소의 개발이 제품개발의 다른 단계들로부터 분리될 수 있다면, 검정 상자(black box)접근을 택하는 것이 합당할 것이다. 만약, 이와 같은 분리가 가능하지 않다면 회색 상자(grey box)접근을 사용하는 것이 보다 합당할 것이다. 구매자가 설계 전문성을 가지고 있으나 공급자가 적절하게 구성요소를 제조할 수 있을 경우, 아마 흰 상자(white box)접근이 적절할 것이다.

2) 효과적 공급자통합의 핵심

공급자통합의 적절한 수준을 단순히 선정하는 것은 충분하지 않다. 관계가 성공의 핵심이라는 것을 확인시켜주는 많은 연구들이 있다. 전략적 계획 프로세스의 다음 단계는 이와 같은 성공을 보장하는데 도움이 될 것이다.

- 공급자의 선정과 그들과의 관계구축
- 선정된 공급자와의 목표 조정

일반적으로 공급자를 선정하는 것은 제조능력과 응답시간 등과 같은 여러 고려사항들을 포함한다. 공급자통합의 파트너들은 구성요소들을 공급하기 때문에, 모든 전통적 고려사항들이 여전히 적용된다. 거기에다 공급자통합의 특별한 성격은 다음과 같은 공급자요구의 추가적인 것들을 제시한다.

- 설계 프로세스에 참여할 수 있는 능력
- 지적재산권과 기밀사항에 대한 합의에 도달할 수 있는 능력을 포함하여 설계 프로세스에 참여할 자발적 의지
- 프로세스에 대하여 충분한 인력과 시간을 투입할 수 있는 능력. 필요시 인력의 배치를 포함할 수 있다.
- 공급자통합 프로세스에 대하여 참여할 수 있는 충분한 자원

물론 이와 같은 요구사항들의 상대적 중요성은 특별한 프로젝트와 통합의 형태에 따라 좌우된다. 일단 공급자를 찾은 다음 그들과의 관계를 구축하는 것은 매우 중요하다. 예컨대 회사들은 공급자들을 설계 프로세스 초기단계에 참여시키는 것이 유용하다는 것을 발견하였다. 회사들은 설계개념이 완성된 바로 직후 공급자를 참여시키는 것보다 초기단계에 참여시킬 때 훨씬 많은 이득이 있다고 이야기한다.

공급자와 미래 계획과 기술을 공유하는 것은 이러한 관계를 구축하는데 도움을 주고, 그렇게 함으로써 공동의 지속적인 개선목표를 가질 수 있다. 별개의 조직 그룹이 관계를 관리하는 것 또한 유용하다. 이러한 경우에 구매하는 회사의 목표는 신뢰하는 공급자와 장기적, 효과적 관계를 구축하는 것과 관련하여 설정하게 된다. 이러한 것들은 자연적으로 구매자와 공급자의 목표를 조정하게 될 것이고, 이것은 보다 효과적인 통합을 가져다 줄 것이다.

3 대량고객화(Mass Customization)

1) 대량고객화의 개념

Joseph Pine II(1993)는 그의 저서 'Mass Customization'에서 대량고객화(mass customization) 개념이 점차적으로 비즈니스에서 중요한 개념이 될 것이라고 소개하였다.

대량고객화는 20세기의 두 개의 대표적 제조 패러다임, 즉 도공(craft)생산과 대량생산으로부터 발전되었다. 대량생산은 제한된 소수의 제품을 대량으로 생산함으로써 높은 효율성을 얻을 수 있다. 산업혁명에 의해 촉발된 소위 기계 기업(mechanistic firms)은 자동화와 측정 작업에 높은 우선순위를 두는 관리를 개발하였다. 매우 관료적 관리구조를 가지고 있고 기능적으로 정의된 그룹들과 과업, 그리고 엄격하게 종업원들을 관리하는 것 등이 일반적이다. 이러한 종류의 조직은 높은 수준의 효율성을 이끄는 엄격한 관리와 예측성을 가능케 한다. 적은 항목의 수로서 품질은 상당히 높고 가격은 상대적으로 낮게 유지할 수 있다. 이것은 특별히 생활필수품의 경우 매우 중요한 데, 왜냐하면 이 경우 기업들은 전통적으로 가격경쟁을 하여 왔으며, 보다 최근에는 품질경쟁을 하기 때문이다.

반면에 도공생산은 높은 기능과 유연한 작업자, 그리고 종종 개인적 혹은 전문적 기준에 의해 지배되며, 독특하고 흥미 있는 제품이나 서비스를 창출하는 욕망에 의해 동기부요가 되는 기술자(craftsmen)를 포함한다. 이러한 작업자들은 유기적 조직(organic organization)이라 불리는 데서 볼 수 있는데 이들은 전통적으로 도예제도(apprenticeship)와 경험을 통하여 훈련되어지고, 조직은 유연하고 계속적으로 변화한다. 이러한 종류의 조직은 매우 높은 수준의 차별화되고 전문화된 제품을 생산할 수 있으나, 규정화하고 관리하는 것은 매우 어렵다. 결과적으로 이들 제품의 품질과 생산율은 측정하기와 재생산하기가 어려우며, 일반적으로 제조하는데 훨씬 더 비용이 많이 든다.

과거의 경영자들은 가끔 상충적 성격을 지니고 있는 위와 같은 두 개의 조직형태 중 하나를 선택해야만 하였다. 어떤 제품들은 낮은 비용, 낮은 다양성 전략이 적합한 반면, 다른 제품들은 보다 높은 비용, 높은 다양성, 그리고 보다 적응력이 있는 전략이 보다 효과적이다. 대량 고객화의 발전은 이러한 것이 항상 상충적일 필요는 없다는 것을 보여 준다.

대량고객화는 저비용에서 효과적이고 빠른 서비스 또는 다양한 특화된 제품을 제공하고자 한다. 그러므로 대량고객화는 도공생산 시스템과 대량생산 양쪽의 장점을 취하는 것이다. 비록 모든 상품에 적절하다는 않지만 대량고객화는 중요한 경쟁우위를 주고 새로운 사업모델을 찾는 데 도움이 된다.

Pine에 의하면 관리자는 특별한 고객수요와 수요를 충족시키는 모듈을 조정하기 위해서 대량고객화해야 한다. 대량고객화 작업의 핵심은 높은 기술과 자동화된 작업자와 프로세스, 모듈단위이다.

각 모듈울 설정하는 것은 작업자의 능력을 향상시키기 위해 필요한 것이다. 모듈의 성공은 얼마나 빠르게 그리고 효율적이면서 효과적으로 그 작업을 완수했는가, 그리고 얼마나 능력을 확장했는가에 달려있다. 관리자는 이러한 능력이 효과적으로 충족될 수 있도록 하는 책임이 있다. 따라서 관리의 성공은 얼마나 효율적으로 그것을 개발하고 유지하여 다양한 고객의 요구를 충족시키는가에 있으며, 이를 위해 다양한 방법들의 모듈들을 창조적으로 연결하고 통합할 수 있어야 한다. 그리고 다양한 모듈 개발이 되도록 주변 작업환경을 조성해야 한다.

각 모듈은 매우 전문화된 스킬, 전문성이 확보된 작업자, 그리고 대량생산방식에서의 효율성을 동시에 가진다. 따라서 이러한 묘듈은 많은 방식으로 조립될 수 있기 때문에 도공 생산에서의 차별성이 달성될 수 있다. Pine은 이 형태를 동태적 네트워크 조직이라고 부른다.

대량고객화를 성공적으로 수행하기 위해서, 기업이나 기업 내의 시스템은 상이한 모듈 간에 연계가 되어 있어야 하며 다음과 같은 특성들을 보유하고 있어야 한다.

- 즉시성(instantaneousness) : 모듈들과 프로세스들은 매우 빠르게 함께 연결되어져야 하는데, 이것은 다양한 고객의 요구에 신속한 대응을 가능하게 한다.
- 비용부담 없이(costless) : 이러한 연결은 추가적인 비용이 거의 들지 않아야 하며, 이 속성은 대량 고객화가 저비용의 대안으로 가능하게 한다.
- 끊어짐 없이 매끄러운(seamless) : 고객 서비스가 손상되지 않도록 이러한 연결과 개별적 모듈은 고객에게 보이지 않아야만 한다.

- 마찰 없이(frictionless) : 모듈들의 네트워크와 집합들은 간접비용 없이 형성되어야만 한다. 팀 형성을 위한 시간의 소요 없이 의사소통은 즉시 작동되어야 하는데 이는 여러 다른 형태의 환경에서 필요한 것이다.

사 례

National bicycle은 일본 마츠시다의 자회사로 파나소닉과 내쇼날이라는 브랜드로 자전거를 판매한다. 몇 년 전에 경영층은 매출이 극히 저조한 수준이라는 것을 발견하였는데, 이는 주로 변해가는 고객의 요구를 잘 예측하지 못하여 그들을 만족시킬 수 없었기 때문이었다. 대량 고객화 노력을 시작하기 전 해에, 전년도 생산의 20%가 재고로 쌓여 있었다. 틈새시장을 노린다든지 예측을 개선하기보다, 내쇼날은 대량 고객자(Mass Customizer)가 되었다.

회사는 매우 유연한 자전거 프레임 제조시설을 개발하였다. 즉 페인팅과 장착 그리고 구성품의 튜닝이 제조 시설 내에서 다른 모듈에 의해 수행될 수 있도록 분리된 기능을 갖추게 되었다. 그 다음, 소매상에 Panasonic Order System이라고 불리는 첨단 고객 주문시스템을 설치하였다. 이 시스템은 고객의 체중과 사이즈, 프레임의 적당한 치수, 의자의 위치 그리고 바 스템(bar stem)의 확장을 측정할 수 있는 독특한 기계가 포함되어 있다. 고객들은 또한 모델 형태, 색상 패턴 그리고 다양한 구성품 등을 선택할 수 있다. 딜러로부터의 정보는 즉시 공장으로 전해지는데 공장에서는 CAD 시스템을 이용하여 3분 내에 기술적 상세서가 만들어 지고, 이 정보는 자동으로 적절한 모듈로 전해져서 그 곳에서 제조는 종료되며, 그리고 자전거는 2주 후에 소비자에게 전달된다.

따라서 생산프로세스를 끊어짐 없이 매끄럽게(seamless)하고 본질적으로 추가비용 없는 독립된 생산모듈로 분리하고, 정교한 정보시스템을 설치함으로써, National Bicycle은 큰 제조비용의 증가 없이 판매와 고객만족을 증대시킬 수 있었다.

2) 대량 고객화와 공급사슬관리(SCM)

진보된 형태의 공급사슬관리 접근방식과 기술들은 대량고객화를 성공적으로 수행하기 위해서는 필수적인 요소들이다. 특히 네트워크상에서 각 구성요소들이 여러 기업 간에 걸쳐서 연계되어 있는 경우에는 더욱 중요하다.

공급사슬관리를 효과적으로 수행하기 위해 중요한 것이 정보기술이었는데 이 또한 다른 모듈들이 하나의 동태적인 네트워크에서 연계되기 위해서도 정보기술은 핵심적인 사항이다. 앞에서 제시된 시스템 특성의 요구사항들이 정보시스템을 효과적으로 만든다. 마찬가지로 동태적인 네트워크상에서 모듈들이 여러 기업 간에 걸쳐 있는 경우가 종종 있다. 이러한 이유로 전략적인 파트너십이나 공급자 통합 등이 대량고객화 성공의 열쇠이다.

마지막으로 지연(postponement)은 대량고객화를 실행하는 데 있어 핵심적인 역할을 담당한다. 효과적인 공급사슬을 위해 매우 중요한 정보기술은 동적 네트워크에서 다른 모듈을 조정하는데 중요하고, 고객요구를 충족시키는 것을 보장하는 데도 매우 중요하다. 프린터와 관련된 사례에서 보듯이 지연은 대량 고객화를 수행하는데 핵심적 역할을 한다. 예를 들면, 제품이 지역 유통센터에 도착하기 전까지 지역적 차별화를 지연시킴으로써 유통센터는 지역 고객화를 용이하게 할 수 있다. 다음의 사례는 주문이 도착할 때까지 차별화를 지연하는 것이 특정한 고객의 고객화를 가능하게 한다는 것을 보여준다.

사 례

Dell 컴퓨터

Dell 컴퓨터사는 – 1998년에는 PC업계의 두 번째 큰 제조사였지만 – 대량고객화(mass customization)라는 독특한 전략을 채택함으로써 PC산업계의 막강한 위치의 하나가 되었다. Dell은 고객의 주문이 접수되기 전까지는 결코 PC를 조립하지 않는다. 이것은 고객으로 하여금 특정한 요구를 허용하였고, Dell은 이 요구에 따라 만든다. 인터넷을 통한 주문은 점차 증가하게 되었다. 주문을 받는 시스템은 Dell사의 자체 공급사슬관리 시스템과 연계되어 있어서, 신속히 제조되어야 하는 컴퓨터를 위한 재고를 확인할 수 있다. Dell 매장은 아주 적은 재고를 보유하고 있으며 실제로 Dell의 공급자들은 Dell의 공장과 아주 가까운 곳에 그들의 창고를 지어, Dell은 부품을 JIT으로 주문한다. 이와 같은 전략을 사용함으로써 고객에게 그들이 원하는 것을 신속하고도 정확하게 제공할 수 있었다. 게다가 재고비용은 아주 낮고, Dell은 빠르게 변하는 컴퓨터산업에서 재고가 못쓰게 되는 위험을 최소화시킬 수 있었다. 이러한 방식으로 Dell은 데스크탑 PC 시장에서 강력한 지위를 얻었고, 랩탑과 서버 시장에서도 그들의 방식대로 잘 진행되고 있다.

Dell은 많은 중요한 개념들을 잘 활용하고 있다. 이 회사는 많은 주문을 접수하는 것부터 공급사슬 내 재고를 관리하는 것 까지 모든 것을 고급정보시스템(advanced information system)에 의해 운영되고 있다. 전략적 파트너십이 Dell의 많은 공급자들과 구축되어졌다. 또한 Dell은 새로운 컴퓨터와 네트워킹 장치들이 호환할 수 있도록 몇 개의 핵심 공급업자들 – 예를 들면 3Com, 네트워크 설비 공급자들 – 과 공급통합 파트너십을 구축해 놓고 있다. 마지막으로 Dell은 대량 고객화를 가능케 하기 위해서 주문을 받기 전까지 컴퓨터의 최종 조립을 연기하는 지연 개념을 사용하여 왔다.

제13장

물류비즈니스의 전략적 제휴

제13장

물류비즈니스의 전략적 제휴

1 물류관련 비즈니스 기능의 네 가지 방안

어느 회사가 특정한 업무를 수행할 활용자원이 있을 경우라도 공급사슬 내의 다른 회사가 그 업무를 수행하는데 보다 적합할 수 있는데 이는 단순하게 공급사슬 내에서 다른 회사의 상대적인 지역적 위치가 그 업무를 수행하는데 나은 위치에 있기 때문이다.

공급사슬 내에서의 위치, 자원, 전문성 등의 결합이 특정한 기능을 수행하기 위하여 가장 적합한 회사를 결정한다. 물론 특정한 기능을 공급사슬 내 누가 수행하여야 하느냐는 것을 아는 것만으로는 충분하지 않다. 그러한 기능이 적합한 회사에 의해 실제적으로 수행될 수 있도록 필요한 단계들이 취해져야 한다.

다른 비즈니스 기능과 마찬가지로 물류관련 비즈니스 기능을 수행하는데 기업들은 다음과 같은 네 가지 기본 방안들이 있다.

1) 내부적 활동

회사는 그들이 활용가능하다면 내부의 자원과 전문성을 활용하여 필요한 활동들을 수행할 수 있다. 이 활동들이 회사의 핵심강점의 하나라면 이러한 방법은 그 활동을 수행하는데 최선의 길이 될 수 있다.

2) 획득(acquisition)

회사가 내부적으로 전문성이나 필요한 자원을 가지고 있지 못한 경우, 그러한 것들을 보유하고 있는 다른 회사를 획득할 수 있다. 이러한 방법은 획득한 기업에게 특정한 비즈니스 기능을 수행하는 방법에 대하여 전적인 통제권을 부여하는 것인데 여러 가지 잠재적 단점들이 존재한다. 성공적인 회사를 획득하는 것은 어려울 뿐만 아니라 비용이 많이 들 수가 있다. 또한 획득되어진 회사의 문화는 획득한 회사의 문화와 충돌될 수 있고, 획득되어진 회사의 효과성은 동화되어가는 프로세스 중 잃어버릴 수 있게 된다.

3) 독립기업간 거래(arm's length transaction)

대부분의 비즈니스 거래는 이와 같은 형태이다. 회사는 어떠한 품목들의 배달, 자동차의 유지관리 혹은 물류관리 소프트웨어의 설계와 장착, 제품 혹은 서비스의 구입이나 리스 등과 같은 특정한 품목이나 서비스를 필요로 한다. 많은 경우 독립기업간 거래는 가장 효과적이고 적절한 해결책이었다. 물론 공급자의 목적과 전략은 구매자의 그것들과 부합되지 않을 수 있다. 일반적으로 이와 같은 단기적 약정은 특정한 비즈니스 니즈를 해결해 주지만 장기적인 전략적 장점들을 이끌어내지는 못한다.

4) 전략적 제휴(strategic alliances)

이것은 일반적으로 위험과 이득을 공유하는 두 회사 간의 광범위하고, 목적 중심적이고, 장기적인 파트너십이다. 많은 경우 기업획득으로 인한 문제점들을 피할 수 있는 반면, 두 회사의 공동목적은 독립기업 간 거래의 경우보다 많은 자원의 개입(commitment)을 이끌어 낼 수 있다. 전략적 제휴는 파트너 모두에게 장기적인 전략적 혜택을 가져다준다.

2 전략적 제휴의 프레임워크

적절한 전략적 제휴의 선택에 많은 전략적 이슈들이 존재한다. 특정한 전략적 제휴가 당신 회사에 적합한지를 파악하기 위하여 제휴가 다음과 같은 이슈들을 어떻게 도와줄지에 대하여 고려하여야 한다.

(1) 제품에 가치를 더함

적절한 회사와의 파트너십은 기존 제품에 가치를 더하는데 도움이 될 수 있다. 예컨대 시장에 출시시간, 수송시간 혹은 수리시간을 개선하는 파트너십은 특정회사의 지각된 가치를 증대시키는데 도움을 준다. 마찬가지로 회사 간 보완제품라인에 대한 파트너십은 양측 회사 모두의 제품에 가치를 더하여 줄 수 있다.

(2) 시장 접근의 개선

새로운 시장 채널에 대한 보다 나은 광고나 증대된 접근을 이끄는 파트너십은 이득이 될 수 있다. 예를 들면 보완적 소비제품 제조업체는 양측 모두의 판매를 증대시키면서 주요 소매업자의 필요를 해결하는데 협력을 할 수 있다.

(3) 운영의 강화

적절한 회사들 간의 제휴는 시스템비용과 사이클 시간을 감소시킴으로써 운영을 개선하는데 도움을 얻을 수 있다. 설비들과 자원들이 보다 효율적, 효과적으로 사용되어 질 수 있다. 예컨대 보완적 계절제품 회사들은 일년 기준으로 창고와 트럭을 효과적으로 이용할 수 있다.

(4) 기술적 강점의 더함

기술이 공유되는 파트너십은 양쪽 파트너의 기술 수준을 더하는데 도움을 줄 수 있다. 또한 옛 것과 새로운 기술 간의 어려운 이전이 파트너의 전문성에 의하여 용이해질 수 있다. 예를 들면 공급자는 어느 특정한 고객과 일을 같이 하기 위하여 특별한 고급정보시스템이 필요할 수 있다. 이러한 시스템에 이미 전문성을 가지고 있는 회사와 파트너십을 맺음으로써 어려운 기술적 이슈들을 해결하기가 보다 수월해진다.

(5) 전략적 성장 제고

많은 새로운 기회들은 높은 진입장벽을 가지고 있다. 파트너십은 이와 같은 장벽을 극복하고 새로운 기회를 얻기 위해서 전문성과 자원을 공유하는 것을 가능케 한다.

(6) 조직 스킬의 제고

제휴는 조직학습의 엄청난 기회를 제공한다. 다른 파트너로부터 배우는 것뿐만 아니라 파트너 그들 자신에 대하여 더 배울 것과 이러한 제휴가 작동할수록 보다 유연해지도록 강요받는다.

(7) 재무적 강점 구축

위와 같은 경쟁적 이슈들을 해결해줄 뿐만 아니라 제휴는 재무적 강점을 구축하는데 도움을 줄 수 있다. 수익은 증대되고, 관리비용은 파트너 간에 분배되어질 수 있고 심지어 파트너의 한 쪽 혹은 양쪽의 전문성으로 인하여 줄어들 수도 있다. 제휴는 또한 위험을 나눔으로써 투자 노출(exposure)을 제한한다.

사 례

IBM PC 사례는 핵심 비즈니스 기능의 아웃소싱의 장·단점을 잘 보여준다. IBM이 1981년 PC시장에 진출하기로 결정했을 때, IBM은 PC의 설계와 조립에 관한 하부구조를 가지고 있지 않았었다. 이러한 능력들을 자체적으로 갖추기보다 IBM PC의 거의 대부분 부품들을 아웃소싱하였다. 예를 들면, 마이크로 프로세서는 인텔에서 디자인하고 생산된 것을 사용하였고, 운영시스템은 마이크로소프트에 의해 공급되어졌다.

IBM은 다른 회사의 전문성과 자원을 활용함으로써 PC를 15개월 만에 시장에 출시할 수 있었다. 더구나 3년 만에 IBM은 Apple사를 제치고 PC의 가장 큰 공급자가 되었다. 1985년 IBM의 시장점유율은 40%를 넘게 되었다. 그러나 Compaq과 같은 경쟁자들이 IBM과 동일한 공급자들을 활용함으로써 시장에 진입했을 때, IBM의 하락은 곧 분명해지기 시작하였다. 더구나 IBM이 컴퓨터의 PS/2 라인과 OS/2라 불리는 새로운 자체 설계의 운영시스템을 소개했을 때 다른 회사들은 이를 따르지 않았고, 시장에서는 원래의 운영시스템이 우세하게 남게 되었다. 1995년 말 IBM의 시장점유율은 8% 미만으로 떨어져, 시장 선두인 Compaq의 10%에 뒤지게 되었다.

3 전략적 제휴의 형태

다음과 같은 형태의 전략적 제휴가 특히 공급사슬관리에서 주목할 만하다.

1) 3자 물류

(1) 3자 물류의 개념

3자 물류는 간단히 말해서 회사의 자재관리와 제품 유통기능의 전부 혹은 일부분을 수행하기 위하여 외부 회사를 이용하는 것이다. 3자 물류 관계는 전통적인 물류 공급자 관계보다 훨씬 복잡한데 그들은 진정한 의미의 전략적 제휴인 것이다. 회사들은 트럭배송과 창고와 같은 특정한 서비스를 제공하기 위하여 외부 회사들을 활용하여 왔지만 수년 동안 이들 관계는 거래 중심적이었고, 종종 고용된 회사들은 단일 기능의 회사들이라는 특징을 지니고 있었다.

3자 물류(TPL ; Third Party Logistics)라는 용어는 1988년 미국물류관리협회에서 처음 사용하였다. 3자 물류는 화주기업이 ① 물류서비스의 향상, ② 물류비용의 절감, ③ 물류활동의 효율향상 등을 목적으로, 물류활동의 전체 혹은 일부를 제3의 전문업체에게 위탁하는 것으로, 3자 물류는 수탁자의 전문지식을 활용하고 위탁자는 핵심업무에 자원을 집중하는 경영전략이다. 3자 물류업체는 고객기업의 물류문제를 해결해 주고 물류비용을 낮추는 물류전문가이다.

1996년 일본 정부의 '경제구조의 변혁과 창조를 위한 프로그램'에서, 3자 물류를 "화주에게 물류개혁을 제안하고 물류업무를 포괄하여 수탁하는 업무"라고 정의하였다. 3자 물류는 화주기업과 물류업체가 기존의 거래관계에서 파트너십으로 전환되는 것이다.

(2) 3자 물류의 발전과정

물류관리는 1970년대부터 미국에서 주목받기 시작하였으나 그 당시는 각 운송수단마다 미국 특유의 엄격한 규제를 받았기 때문에 물류를 종합적으로 서비스할 수 없었다. 이러한 규제가 70년대 후반부터 완화되고(1978년 항공운송, 1980년 화물자동차 및 철도운송), 경쟁체제로 전환되어 서비스 개선을 기치로 다수의 신규사업이 출현하였다. 한편, 경쟁의 심화로 경영혁신이 절실하였고, 물류개선을 통한 비용절감이 기업의 혁신과제가 되면서, 물류업체들은 화주기업의 요청에 부응하고 자신의 생존을 위해 3자 물류업체로 변신하였다. 이처럼 3자 물류는 미국의 규제완화를 배경으로 급성장을 이루었다.

유럽의 3자 물류도 규제완화에 힘입었다. 규제완화는 국제운송뿐만 아니라 국내운송의 운임에도 커다란 영향을 미쳤다. 특히 연안운송의 자유화로 운임이 인하되고 국가간 차이가 없어졌다. 이 때문에 오랫동안 운임규제가 이어져 온 독일 등에서 운임이 자유화된 1994년 1월 이후 반년 만에 20 ~ 30%가 인하되었다.

특히 포워더(forwarder)에 대한 규제완화가 커다란 변화를 가져왔다. 약 10만개에 달하는 유럽의 포워더는 통관업무가 주수입원의 하나였으나, 1993년 이후 관세통합에 의해 포워더의 수입이 급감하여 큰 타격을 받았다. 이에 포워더는 생존책의 일환으로 정보서비스를 핵심으로 3자 물류에서 활로를 찾게 되었던 것이다.

3자 물류는 수행 주체면에서 볼 때, 화주기업이 직접 수행하는 1자 물류, 자회사 형태인 2자 물류, 외부의 3자 물류로 구분할 수 있다. 그러나 이러한 단계적 발전과정을 거치는 업체는 많지 않다. 도리어 오랜 기간 전문성을 축적하고, 탄탄한 영업기반과 정보시스템을 구축한 운송업체나 주선업체가 3자 업체로 변신하는 경우가 더 많다.

최근의 3자 물류는 장기적 참여와 종종 다기능 혹은 프로세스관리를 포함한다. 예를 들면, Ryder사는 Whirlpool사와 국내물류(inbound)의 설계, 관리, 운영에 관해 5년간의 협약을 체결하였다. 3자 물류 제공자는 매출 몇 백만 달러의 소규모 회사로부터 수십억 달러에 달하는 거대회사까지 다양한 규모와 형태를 갖는다.

3자 물류의 사용은 대기업에 더 널리 보급되어 있다. 3M, Eastman Kodak, Dow-Chemical, Time Warner 그리고 Sears와 같은 대기업들이 그들의 물류 운영의 많은 부분을 외부 제공자들에게 넘겨주고 있다. 3자 물류 제공자들은 중소기업들이 3자 물류를 사용하게 되면 3자 물류가 더욱 보급될 것이기 때문에 이들과의 관계를 형성하기 위해 많은 노력을 하고 있지만 여전히 이들을 설득하는데 어려움을 겪고 있다.

(3) 3자 물류의 장점

일부 기업은 물류와 같은 기본업무에 대한 통제권을 외부에 위임하는 것에 거부반응을 보이지만 대부분의 기업은 아웃소싱을 함으로써 전문성 및 대물량으로 비용을 절감했다고 긍정적인 반응을 보인다.

대표적인 3자 물류의 장점은 다음과 같은 것들을 들 수 있다.

① 핵심강점에 집중

기업자원은 점점 제한되어 가기 때문에 비즈니스 모든 방면에 전문가가 되기에는 어려움이 있다. 물류를 아웃소싱하는 것은 회사로 하여금 그들의 특정한 전문분야에 집중할 기회를 제공한다.

Ryder Dedicated Logistic사와 GM의 새턴(Saturn) 사업부 간의 협력관계는 이러한 혜택의 좋은 본보기이다. 새턴은 자동차 생산에 집중하고, Ryder사는 새턴의 물류에 관한 고려사항들을 관리한다. Ryder는 공급자들과 거래한다 : 부품들을 테네시주 스프링 힐에 위치한 새턴공장에 배달하고, 최종조립 자동차를 딜러들에게 배달한다.

새턴은 전자데이터교환(EDI)을 이용하여 부품 주문을 하며, 동일한 정보를 Ryder에 보낸다. Ryder는 수송비용을 최소화하는 경로를 효과적으로 계획하는 의사지원 소프트웨어를 사용하여 미국, 캐나다 그리고 멕시코에 있는 300개의 공급자들로부터 모든 필요한 픽업을 선택한다.

② 기술적 유연성 제공

계속적으로 증가하는 기술적 유연성의 필요성은 3자 물류 사용의 또 다른 중요한 장점이다. 고객요구가 자주 변경되고 기술이 발전함에 따라 3자 물류 제공자는 항상 그들의 정보기술과 장비를 업데이트한다. 종종 개별 기업들은 그들 기술을 지속적으로 업데이트하는데 필요한 시간, 자원 및 전문성을 가지고 있지 않다. 많은 소매상들의 경우 변화하는 배달 및 정보기술에 대한 기술적 요구에 부응하는 것은 회사의 생존에 중요하게 된다. 3자 물류 제공자들은 종종 이와 같은 요구들을 신속하고 보다 비용효과적인 방법으로 대응할 수 있다. 또한 3자 물류 제공자들은 회사의 잠재적 고객의 필요에 부응하기 위한 능력을 이미 보유하고 있을 수 있다.

③ 또 다른 유연성 제공

3자 물류 제공자들은 회사에게 보다 커다란 유연성을 제공할 수 있다. 하나의 예는 지역적 위치에서의 유연성이다. 점차적으로 공급자들은 신속한 보충을 요구받고 있어 이들로 하여금 지역 창고를 요구한다. 이와 같은 창고를 위한 3자 물류 제공자를 활용함으로써, 회사는 새로운 설비를 건설하거나 장기 임대계약으로 인한 자금소요와 유연성을 제약받지 않고서도 고객의 요구를 충족시킬 수 있다. 또한 서비스 제공의 유연성도 보다 다양한 서비스를 소매 고객에게 제공하기 위해 준비되어진 3자 물류를 사용함으로써 이루어질 수 있다. 어떤 경우에는 이러한 서비스를 요구하는 고객의 수는 회사에게는 작을 수 있으나, 3자 물류 제공자에게는 클 수가 있는데 이는 여러 다른 산업의 많은 회사를 위해 일할 수 있기 때문이다. 더구나 자원과 종업원 규모에서의 유연성도 아웃소싱을 통해서 얻어질 수 있다.

(4) 3자 물류의 단점

많은 기업들은 아웃소싱을 하면 규모의 경제가 작용하여 비용을 절감하고 서비스를 제고할 수 있다고 믿는다. 그러나 3자 물류가 비효율 및 고비용 물류시스템의 유일한 해결방안이 될 수는 없다. 화주기업이나 물류업체가 상호 충분한 사전조율이 전제되지 않고 아웃소싱이 이루어질 경우, 그리고 충분한 합의가 있었다고 할지라도, 다음과 같은 문제점에 대한 인식 없이 3자 물류의 편익만을 기대하면 자칫 낭패를 볼 수 있다.

3자 물류 제공자를 사용할 경우 가장 분명한 단점은 특정한 기능의 아웃소싱에서 오는 통제의 상실이다. 이것은 특히 3자 물류 회사 종업원들이 회사의 고객들에 서로 영향을 끼치는 아웃트바운드 물류에 있어서는 더욱 그렇다.

많은 3자 물류 제공회사들은 이러한 우려를 불식시키기 위해 다양한 노력을 한다. 예컨대 트럭의 양 옆에 회사 로고를 표시한다든지, 3자 물류 종업원에게 고용회사의 유니폼을 착용시킨다든지 또는 각 고객에 대하여 영향을 미치는 것에 대한 광범위한 리포팅을 제공하는 것 등을 포함한다. 그러나 만약 물류가 회사의 핵심경쟁력의 하나라면 이러한 활동을 아웃소싱하는 것은 이치에 맞지 않는다. 예를 들면, 월마트는 그들 자신의 유통센터를 구축하고, 관리하며, Caterpillar는 그들의 부품공급을 운영한다. 이러한 것들은 경쟁적 우위에 있고 회사의 핵심경쟁력이기 때문에 아웃소싱은 불필요하다. 특별히 어떤 물류활동이 회사의 핵심경쟁력이고 다른 것은 그렇지 못할 때, 3자 물류 제공자에게 그들이 고용회사보다 더 낫게 일할 수 있는 영역만을 활용하는 것이 현명할 것이다.

예컨대 VMI(Vendor-Managed Inventory) 보충전략과 자재취급이 회사의 핵심경쟁력이고, 수송은 그렇지 못할 때 3자 물류 제공자는 도크(dock)에서 고객에게 독점적으로 선적을 담당하기 위해 접촉할 수 있다. 마찬가지로 제약회사들은 통제된 약을 위한 그들 자신의 유통센터를 건립하여 소유하지만, 종종 덜 고가이고 통제하기 용이한 품목들을 위해 고객에게 가까이 위치한 공공 창고를 이용한다.

그 밖에 ① 미미한 비용절감 효과, ② 시간 및 노력의 불감소, ③ 고객불만이 높아지는 현상 등을 들 수 있다.

화주기업과 물류업체의 파트너십 구축에 대한 경제적, 관리적, 전략적 측면의 잠재위험은 〈표 13-1〉과 같다.

그 외에 3자 물류를 이용함으로써 발생하는 변화에 대한 저항, 화주기업의 요구조건, 고객기업 시스템에 대한 3자 업체 요원의 교육, 그리고 정보시스템의 통합문제 등도 있다.

표 13-1 아웃소싱의 잠재위험

구분	화주기업	3자 업체
경제적	- 파트너 교체시 비용증대	- 상당한 초기투자 - 비호환 장비에 대한 투자
관리적	- 제품 및 재고에 대한 통제력 약화 - 정보유출 우려 - 고객서비스의 평가곤란 - 3자업체의 기회주의 우려	- 화주교체의 어려움 - 화주의 기회주의 우려
전략적	- 장기계약에 의한 선택의 제약 - 간접적 고객접촉으로 서비스갭 발생	- 화주에 의한 흡수합병 - 화주의 자가물류화

물류는 단순한 배송에 그치지 않는다. 물류는 시간이 고려된 자원의 배분으로 정의된다. 물류는 전략적 사고이며, 기업 활동 전반을 고려하는 분야로, 물류를 아웃소싱하면 전략적 사고의 반을 상실하게 되는 것이다. 최근에는 양극화 현상으로 바뀌어 3자 업체에게 모든 업무를 위탁하는 경우도 있지만, 직영하는 기업이 늘고 있다. 물류의 직영으로 고객만족을 높일 수 있어 3자 물류도 소비자의 이익을 위해 변하고 있다.

(5) 3자 물류의 선정요소

아웃소싱의 성공을 위해서는 물류업체를 신뢰하여야 하고, 아웃소싱을 통해 비용절감 및 서비스가 향상되어야 한다. 이러한 요건은 3자 업체의 선정에 결정적 요소이다.

표 13-2 3자물류업체의 선정요소

평가부문	평가항목
물류서비스에 대한 전문지식과 경험	- 제공하는 서비스의 범위 - 서비스의 제공경험 - 서비스의 하청여부 - 새로운 물류기술의 적용 - 업무의 특이성에 대한 올바른 이해 - 고객기업의 경영환경에 대한 이해
안정성	- 재무상태의 안정성 - 인적자원의 안정성
기존의 업무성과	- 요구사항의 이행정도 - 고객기업들의 만족도
파트너십 관리를 위한 하부구조	- 책임자의 지위 - 업무협조에 필요한 접촉점의 수 - 자원의 할당여부 - 고객기업과 원활한 업무연계
품질에 대한 관심도	- 품질에 대한 관심(ISO9000 획득) - 비용보다 품질이 우선하는 정도
파트너에 대한 배려	- 고객기업의 만족도 평가절차 - 고객기업의 이익과 이미지 제고노력 - 총체적인 비용절감을 위한 노력 - 보상과 위험의 공유
유연성	- 수량, 품질 등 요구변화에 대한 대처능력 - 계약조건의 유연성
기업간 커뮤니케이션	- 파트너간 비전과 전략의 일치성 - 올바른 조직문화와 가치의 소유 - 관리팀간의 호흡일치 - 정보시스템의 호환성

일반적으로 3자 업체의 선정기준은 서비스의 범위, 수탁경험, 동종 산업에 대한 사업경력, 재무상태, 소요비용 등이다. 그리고 서비스의 품질 및 비용이 물류업체의 가장 큰 선정기준으로 확인되었다. 이와 함께 보유하고 있는 정보시스템 및 전문지식, 업계내의 명성, 재무상태, 그리고 전국적 혹은 국제적인 네트워크의 보유여부도 중요한 기준이 된다.

물류서비스의 품질, 품질관리 시스템, 최신 설비 보유여부 등 가격보다는 품질이 강조되고 있다. 이외에도 신뢰성, 유연성 및 정보제공, 원활한 의사소통, 평가지표, 전국적 혹은 세계적인 네트워크와 전산망의 확보, 원가관리시스템, 재무상태 등 많은 요소가 물류업체의 선정기준이 된다. 서비스의 품질과 소요비용 외에 산업내 경험, 총매출액, 그리고 거래중인 고객수 등도 평가기준이 된다. 딜로이트 컨설팅은 〈표 13-2〉와 같이 8개 부문 및 세부평가항목을 선정기준으로 제시하였다.

(6) 3자 물류의 국내현황

국내에서도 3자 물류가 상당한 각광을 받고 있다. 2006년 8월 한국무역협회가 국내 수출입업체 1000개사를 대상으로 조사한 결과 현재 3자 물류에 물류를 아웃소싱한다는 업체가 전체 중 38.8%로 전년도의 35.6%에 비해 증가한 것으로 나타났다. 3자 물류의 증가는 화주 기업들이 물류부문을 아웃소싱하는 것이 회사 경영 효율화에 도움이 된다고 인식하고 있기 때문인 것으로 해석된다. 비핵심부문을 아웃소싱하면서 자사의 핵심사업에 집중하고 있는 기업이 늘어나고 있다.

특히 외환 위기 전후로 CJ, GLS를 비롯한 3자 물류 회사들이 생기기 시작해 경기가 하락한 2003년부터는 웅진그룹을 비롯한 대형 화주들이 전문 물류기업에 물류를 아웃소싱하는 경향이 더욱 높아지고 있다.

넥센타이어, 신도리코, GM대우, 신송식품 등은 트럭 창고 등을 갖고 전담직원까지 두며 비싼 고정비를 쓰던 물류처리를 물류전문회사에 일임하는 3자 물류 방식으로 바꾸고 있다. 넥센 타이어는 2004년 7월 물류시스템을 개선하기 위해 육상물류 전문기업인 한진에 "물류 경쟁력 강화 방안"이라는 프로젝트를 위탁하였다. 한진은 30개이던 넥센타이어의 물류센터를 8개로 통합하고 각 물류 단계별 관리를 효율적으로 하기 위해 정보기술 솔루션인 창고관리시스템(WMS: Warehouse Management System)을 설치하였다. 넥센타이어는 2004년 8월부터 한진에 내수 물류를 맡긴 결과 연간 물류비 100억 원 중 30% 가량을 줄였다. 이 회사는 2005년부터는 한진에 수출 물류도 일임하기로 하였다. 그동안 한진에 운송부문만 맡겼던 신도리코도 2004년 초 보관컨설팅까지 포함, 토탈 아웃소싱 계약을 맺은 것을 비롯, GM대우캐리어, 신송식품 등이 한진에 각각 물류를 전담시켰다.

(7) 4자 물류의 등장

물류활동이 고도화되면서 아웃소싱도 전략적 아웃소싱에서 인텔리소싱으로 발전되고 있다. 즉, 3자 물류가 연합운영모델(JOM; Joint Operating Model)로 진화되고 있는 것이다. 이는 장기적인 파트너십에 의한 통합시스템으로 단순한 비용절감보다는 기업의 성장 및 경쟁력·핵심역량 강화를 위한 대안으로써 임시적·단기적·반복적인 컨설팅, 외주, 하청 등과 구별된다.

2) 4자 물류

(1) 4자물류의 정의

3자물류보다 조직상 유연하고 더욱 고도화된 물류서비스를 제공한다는 4자물류(FPL; Fourth Party Logistics)가 등장하였다. 4자물류는 주요고객과 장기계약이나 합작기업으로 설립된 별도의 조직을 일컫는다. 즉, 여러 부문의 서비스 제공자들과 주간조직의 자원, 능력 및 기술을 조합하고 관리하는 통합시스템을 4자물류라 일컫는다.

4자물류는 주로 유력한 3자업체나 컨설팅회사가 중심이 되어, 각 부문의 전문업체를 조직하여 종합물류서비스를 제공하는 것이다. 즉, 4자업체는 물류네트워크 전반을 총괄하고 관리하는 공급사슬의 통합자이며 조직자이다.

3자물류는 배송, 보관, 조달 등 부문별로 이루어졌으나, 4자물류는 공급사슬 전반의 최적화를 도모한다. 화주기업의 물류 전반을 고려하여 창고입지, 재고축소, 상품확보, 인력배치, 용처계약 서비스 등을 제공한다. 화주의 물류활동을 혁신하고, 극단적인 경우 처음부터 다시 해 나가는 경우도 있다.

(2) 4자물류의 의의

4자물류는 3자물류의 발전된 형태, 즉 3자물류에 컨설팅과 IT 등의 기능을 더한 것이다. 공급사슬 전반의 솔루션 제공자이면서 기업의 경영자원 및 기술을 관리하고 결합하는 공급사슬의 통합자(integrator)가 4자물류라 할 수 있다. 따라서 4자물류의 핵심은 포괄적 공급사슬 솔루션 제공 및 공급사슬 전반의 원활한 통합에 의한 가치창출로 집약된다.

4자물류는 고객기업 및 공급사슬 파트너의 역량에 따라 서비스 범위를 확대해야 한다. 4자물류는 기업조직의 일부로 활동하고, 합작이나 제휴를 통해 다수의 서비스 공급자들을 관리해야 한다. 4자물류는 3자업체들을 최상의 상태로 묶어주는 프로그램이라 할 수 있다.

4자물류의 핵심은 솔루션 통합이다. 4자물류는 고객기업을 중심으로 공급사슬을 포괄적으로 운영하고 관리한다. 포괄적인 공급사슬 솔루션은 다수의 3자업체와 4자업체의 자원, 능력, 기술 등을 통합한다. 4자물류에는 화주기업과 다수의 3자업체 서비스가 통합된다.

4자물류는 아웃소싱 외에 기업내부에서 수행하는 인소싱의 장점도 살리는 조직이기 때문에 새로운 물류조직으로 각광받을 것이다. 4자물류의 이점은 수입증대, 비용절감, 운전자본 및 고정자본의 감소 등이다.

① 수입증대는 상품의 품질향상, 판매기회의 확대, 고객서비스 향상으로 가능하다. 4자물류는 공급사슬 전반을 관리하기 때문에 재고과잉 및 품절현상을 방지할 수 있고 고객서비스를 향상시킬 수 있다.

② 운영효율의 향상, 구매비용의 절감으로 운영비용을 절감할 수 있다. 규모의 경제를 통해 운영비를 절감하며, 모든 공급사슬 참여자의 활동을 동시화시켜 운영비를 절감하고 판매비를 절감할 수 있다.

③ 재고감소 및 사이클타임의 단축을 통해 운전자본을 절감할 수 있다. 주문처리 및 보관단위(SKU ; Stock Keeping Unit)의 이동에 관한 기술을 통해 사이클타임의 단축은 물론 재고량을 최소화할 수 있기 때문이다.

④ 자산이전과 자산이용의 극대화로 고정자본을 감소할 수 있다. 물류업체가 자산을 보유하고 고객기업은 고정자산을 보유하지 않아도 되기 때문에, 고객기업은 연구개발, 디자인, 상품개발, 마케팅 등 핵심부문에 집중할 수 있다.

3) 소매상-공급자 파트너십(RSP: Retailer-Supplier Partnership)

소매업자와 공급자 사이의 전략적 제휴는 여러 산업에서 이루어지고 있다. 전통적인 소매업자와 공급자간의 관계에서 소매상에서 공급자에게 전달되는 수요의 변동성이 소매업자 자체에서 발생하는 수요의 변동성보다 크게 나타나는 것을 황소채찍현상에서 보았다. 게다가 확보할 수 있는 마진은 점점 줄어들고 고객만족은 더욱 중요해지는 상황이다. 소매업자보다 공급자가 리드타임이나 생산능력에 대해 보다 많은 지식을 가지고 있다. 따라서 소매업자와 공급자 간에 존재하는 지식을 보다 극대화하기 위해서는 공급자와 소매업자 간의 창조적인 협동이 이루어져야 한다.

(1) RSP의 형태

RSP의 형태는 연속선상에서 볼 수가 있다. 한쪽 끝은 벤더에게 보다 효율적인 계획을 도와주는 정보공유 형태이고, 다른 한 쪽 끝은 벤더가 소매업자가 판매하기 전까지 완전하게 재고를 관리하고 소유하는 위탁판매(consignment) 형태이다.

기본적인 신속응답전략(quick-response strategy)에서 공급자는 소매업자로부터 POS 데이터를 받아서, 소매상에서의 실제 판매와 함께 생산과 재고활동을 동시화시키기 위하여 이 정보를 이용한다. 이 전략에서는 소매업자는 여전히 그들의 개별적 주문은 준비하지만 POS데이터가 예측과 일정계획을 개선하고 리드타임을 줄이기 위하여 공급자에 의해 사용되어진다.

사 례

신속반응 물류전략을 이용한 첫 번째 기업 중에 밀리컨 앤 컴퍼니(Milliken and Company)가 있다. 이 기업은 섬유 및 화학 제조기업이다. 밀리컨은 몇몇 직물 공급자와 주요 백화점과 함께 일하고 있는데 이들은 백화점에서의 POS를 사용하기로 동의하였다. 이 POS 자료는 주문과 생산계획을 동기화시켰다. 밀리컨이 주문을 받아서 백화점에 주문을 배송하는 데 까지 걸리는 총소요시간, 즉 리드타임이 18주에서 3주로 단축할 수 있었던 것은 POS 자료를 이용한 동기화의 덕분이라고 할 수 있다.

연속보충전략(continuous replenishment strategy)은 가끔 신속보충(rapid replenishment) 전략이라고도 불리는데, 벤더가 POS데이터를 받아 이 데이터를 재고의 특정 수준을 유지하기 위해 사전에 합의한 주기에 선적을 준비하기 위해 사용한다. 연속적 보충의 발전된 형태에서는 공급업자가 서비스 수준을 유지하는 한 소매점 혹은 유통센터의 재고를 점차적으로 줄일 수 있다. 따라서 구조화된 방식에서 재고수준은 연속적으로 개선되어진다.

VMI시스템은 종종 VMR(vendor-managed replenishment) 시스템이라고도 하며, 이 시스템에서는 공급업자가 각 제품의 적정한 재고수준(사전에 합의된 범위 내에서)과 이러한 수준을 유지하기 위한 적절한 재고정책을 결정한다. 초기단계에서는 공급업자의 제안은 소매상에 의해 승인이 되어야 한다. 최종적으로 많은 VMI 프로그램의 목적은 특정한 주문에 대해 소매상이 간과하는 것을 제거하는 것이다.

이런 형태의 관계는 아마도 월마트와 프록토 갬블(P & G)에 의한 것이 가장 유명한 사례인데, 이들의 관계는 1985년에 시작되었으며 재고회전율을 증가시키면서 월마트에 대한 P&G의 적시배달은 괄목할 정도로 개선되었다. 다른 대형 할인매점들 예컨대 1992년 200개가 넘는 VMI 파트너를 개발한 K-Mart를 포함하여 이를 따라하였다. 대체적으로 VMI 프로젝트들은 성공적이었다. 딜라드 백화점, JCPenny, 그리고 월마트 등은 매출이 20~25% 증가되고, 재고회전율은 30% 개선되는 결과를 가져왔다.

사 례 

퍼스트 브랜드(First Brand)사는 글래드(Glad) 샌드위치 가방 등과 같은 제품을 만드는 기업인데, K마트와 성공적인 파트너관계를 유지하고 있다. 1991년 이 회사는 제품흐름(Merchandise Flow)이라는 프로그램에 따라 K마트의 파트너가 되었다. 이 프로그램에서는 공급자인 퍼스트 브랜드가 K마트의 적정 재고수준을 책임져야 한다. 물론 K마트의 지원을 받는다. 처음에 K마트는 3년치의 매출 기록을 제공하였고 매일매일 POS 자료를 퍼스트 브랜드에게 제공했다. 퍼스트 브랜드는 이러한 자료를 특정 소프트웨어를 활용하여 K마트의 13개 물류센터에게 제품을 생산 배송하기 위한 계획 수립에 사용하였다.

RSP의 주요 특징들이 〈표 13-3〉에 요약되어 있다.

표 13-3 RSP의 주요 특징

기준 / 형태	의사결정자	재고소유권	벤더에 의해 사용된 새로운 기법
신속응답	소매업자	소매업자	예측기법
연속보충	계약으로 합의된 수준	양쪽	예측기법과 재고관리
고급연속보충	계약으로 합의와 지속적인 개선 수준	양쪽	예측기법과 재고관리
VMI	벤더	양쪽	소매관리

(2) RSP의 요구조건

효과적인 RSP를 위해서는, 특별히 파트너십 스펙트럼 끝의 VMI로 향해 갈 때 공급사슬 내 공급자와 소매점 모두의 첨단 정보시스템의 구축이다. EDI 혹은 인터넷기반의 사설교환은 데이터 이전시간과 입력오류를 줄이기 위해 필수적이다. 바코딩과 스캐닝은 데이터 정확도를 유지하기 위해 필요하다. 또 재고, 제품통제 그리고 계획 시스템은 추가적인 활용 가능한 정보를 이용하기 위해서 온라인이어야 하고 정확하고 그리고 통합되어야만 한다.

모든 시도들이 회사의 운영방식을 급격히 변하게 함에 따라 최고경영자의 참여가 프로젝트의 성공을 위해 반드시 요구된다. 이것은 지금까지 비밀로 유지해왔던 정보가 이제는 공급자와 고객들과 공유하게 됨에 따라 당연하고, 비용할당 이슈는 최상위층 레벨에서 고려되어야만 할 것이다. 또한 그와 같은 파트너십은 조직 내에서 어떤 그룹에서 다른 그룹으로 힘을 이동시키기 때문에 당연히 최고경영자의 개입이 필요하다.

마지막으로 RSP는 파트너들 간에 특정 수준의 신뢰형성을 요구하는데 그러한 것이 없이는 제휴는 실패하게 될 것이다. 예를 들면 VMI에서 공급업자는 그들이 전체 공급사슬을 관리할 수 있다는 것을 보일 필요가 있다. 마찬가지로 신속응답(quick response)에서 기밀정보가 공급자에게 제공되어야 한다. 더구나 많은 경우 전략적 제휴는 소매상 매점에 재고를 상당히 줄이는 결과를 가져다준다. 공급업자는 추가적인 활용 가능한 공간은 공급자의 경쟁자의 이득을 위해 사용되지 않을 것이라는 확인을 할 필요가 있다. 더 나아가 공급자의 최고경영자는 소매점에서 줄어든 재고의 즉각적 효과는 판매수입의 일시적 손실이 될 거라는 것을 이해하여야 한다.

(3) RSP적용의 단계

VMI 적용의 단계는 다음과 같이 요약할 수 있다.

① 초기에 협약의 계약조건이 협상이 되어야 한다. 이것들은 소유권과 소유권이 언제 이전될 것인지, 신용 조건, 주문책임, 그리고 서비스 혹은 재고수준과 같은 성과측정에 관한 결정들을 포함한다.

② 그리고 다음의 세 가지 태스크가 실행되어야 한다.

- 통합정보시스템이 양측 공급자와 소매업자를 위하여 개발되어야 한다. 이러한 정보시스템은 양쪽 당사자들에게 용이한 접근을 제공하여야 한다.
- 벤더와 소매업자에 의해 사용되어지는 효과적인 수요예측기법이 개발되어져야 한다.
- 재고관리는 수송정책을 조정하는데 도움을 주는 전술적 의사지원 도구가 반드시 개발되어야 한다. 물론 개발된 시스템은 파트너십의 특별한 성격에 의존할 것이다.

(4) RSP의 장·단점

VMI관계의 하나의 장점은 다음 사례에 의하여 잘 설명되어질 수 있다.

사 례 

Advil과 같은 의약품을 제조하는 Whitehall Robbins(WR)이라는 회사가 Kmart와 RSP관계를 맺었다. 초기에 WR은 Kmart와 수요예측에 대하여 이견이 있었다. 이 경우 WR예측이 훨씬 정확한 것으로 판명되었는데 왜냐하면 이 회사가 Kmart보다 훨씬 그들 제품에 대한 보다 광범위한 정보를 가지고 있었기 때문이었다. 예컨대 Kmart의 Chapstick 예측은 제품의 계절성을 고려하지 않았었다. 더구나 WR사의 계획자는 계획고장시간과 같은 생산에 관한 이슈들을 감안할 수 있었다. 또한 WR사는 다른 방법으로 이득을 취하였다.

과거에 Kmart는 종종 홍보와 연결하여 계절초기에 계절 품목의 많은 양을 주문하였다. 이러한 프랙티스는 가끔 반품을 가져왔는데 왜냐하면 Kmart가 그가 판매할 양을 정확하게 예측하는 것이 어렵기 때문이었다. 현재 WR은 매일매일 낮은 비용(Everyday Low Cost)으로 주간 수요를 공급함으로써 대형 주문과 계절 전 홍보들을 제거하였고, 이러한 것들은 반품을 엄청나게 줄이게 되었다. 계절품목의 재고회전은 3회에서 10회가 넘게 되었고, 비계절품목은 12 ~ 15회에서 17 ~ 20회로 증가하게 되었다.

- 장점

① 공급자가 주문 양에 대하여 지식을 가지게 된다. 이는 황소채찍효과를 통제할 수 있는 능력을 가졌다는 것을 의미한다.

② 공급업자의 보다 나은 서비스 수준, 관리비 절감, 재고비용 절감

③ 공급업자들이 예측 불확실성을 줄이는 능력을 갖추게 되어 제품과 유통의 보다 나은 조정이 가능하다.

④ 안전재고 절감, 보관 및 수송비용 절감

- 단점

① 종종 비용이 많이 드는 첨단 기술의 사용이 필요하다.

② 한때 적대적 관계였던 것을 신뢰관계로 구축하는 것이 필수적이다.

③ 전략적 파트너십에서 공급업자가 종종 전보다 훨씬 많은 책임을 지게 된다. 이것은 공급업자로 하여금 이러한 책임을 맡는 사람들을 추가로 고용하는 것을 필요로 한다.

④ 가장 중요한 것은 공급자의 관리책임이 증대함에 따라 공급자의 비용이 증가하게 된다. 또한 재고가 초기에는 공급자에게로 넘겨질 수 있다.

사 례 

Western Publishing사는 2000개가 넘는 월마트점에 포함된 여러 개의 소매점에 어린이용 책인 Golden Books라인을 위해 VMI를 이용하였다. 이 프로그램에서 POS데이터는 재고가 재주문점 아래로 떨어지면 재주문을 자동적으로 일어나게 하였다. 이 재고는 유통센터로 가든지 아니면 많은 경우 매점으로 직접 배달되었다. 이 경우 책의 소유권은 배달이 일단 이루어지면 소매점으로 이전되었다. Western Publishing은 이 회사뿐만 아니라 다른 공급자로 부터의 재고를 포함하여 소매점의 전체 책 부분을 관리하였다. 회사는 이 프로그램이 비용을 상당히 증가시켰지만 두 경우 모두 상당한 추가적인 판매를 창출하였다.

(5) RSP의 재고 소유권

소매업자와 공급업자간의 파트너십 형성에 들어가기 전에 다음과 같은 사항들이 고려되어야 한다. 누가 보충 결정을 할 것인가는 매우 중요한 고려사항 중 하나이다. 파트너십 형성은 크게 단계별 과정을 거친다. 초기에는 정보 공유에 의한 파트너십이 형성되고 나중에는 의사결정을 위한 파트너십이 형성된다.

전략적 제휴가 성공하려면 재고 소유권을 명확하게 하여야 한다. 특히 VMI시스템에서는 더욱 중요한 이슈이다. 재고에 대한 소유권은 제품을 수령할 때 생기게 된다. 일반적으로 소매업자가 제품을 수령하게 되면 소유권도 소유하게 된다. 최근 VMI시스템에서는 공급업자가 제품이 소매상에서 팔릴 때까지 소유권을 가진다. 공급업자가 소유권을 가짐으로써 소매업자는 분명 재고비용 감소 등의 이점이 있다. 한편 공급업자는 소매상에 위치한 재고에 대하여 소유권을 가지고 있으므로 그 재고에 대하여 보다 신경을 써서 가능한 한 효과적으로 관리하고자 한다.

VMI시스템에서의 소유권 문제와 관련하여, 공급업자가 가능한 많은 재고를 소매상에게 옮김으로써 인센티브를 얻는다는 비판도 있다. 만약 빠르게 회전하는 아이템이고 소매업자가 2주분의 재고를 유지하는 것에 동의했다면 소매업자는 계약이 허용하는 한도 내에서 많은 재고가 쌓이기를 원할 것이다. 왜냐하면 많은 재고를 가짐으로써 소매업자는 최종 소비자에 대한 서비스수준을 높이면서, 그 재고에 대한 소유권은 공급업자가 자기고 있기 때문이다. 이 때 만약 공급업자가 가능한 적은 재고를 유지하는 방향으로 전환하고자 한다면 기존에 협의된 서비스수준을 만족시켜야 할 것이다. 예를 들면 월마트는 식료품 등 많은 품목에 대하여 소유권을 가지지 않는다. 단지 그 품목들이 체크아웃 스캐너를 통과할 때 소유권을 가진다.

위탁방식인 경우 공급자가 비교적 오랜 기간 동안 재고를 보유하기 때문에 위탁방식이 공급업자에게 유리하다고 말하기는 어렵다. 월마트처럼 시장 전체에서 위탁방식을 채택하는 경우가 많은데, 이럴 때 공급업자는 선택의 여지가 없다. 항상 그렇지는 않지만, 이런 경우에도 공급업자는 전체 비용을 줄일 수 있다는 이점이 있다. 예를 들면 위탁방식을 통해 배송과 생산의 가능하기 때문이다.

사 례

소매에서 사용되는 하드웨어의 딜러 조합인 에이스 하드웨어(Ace Hardware)는 목재와 건축자재 부문에서 위탁 VMI를 성공적으로 수행하고 있다. 에이스 하드웨어는 소매상에 위치한 제품들에 대한 소유권을 가지고 있다. 소매업자는 제품의 보관에 대한 책임을 가지고 있다. 즉 제품이 파손되는 경우에는 소매업자가 책임을 져야 한다. 이 프로그램을 작동함으로써 서비스수준이 92%에서 96%으로 상승하게 되었다. 이는 매우 성공적인 것으로 간주된다. 에이스 하드웨어는 이 프로그램을 다른 제품 라인으로 확대하고자 한다.

4) 유통업자 통합(DI: Distributor Integration)

유통업자들은 고객의 니즈(needs)와 원츠(wants)에 대한 귀중한 정보를 가지고 있으며, 성공적인 제조업자들은 새로운 제품과 제품라인을 개발할 때 이러한 정보를 이용한다. 마찬가지로 유통업자들은 일반적으로 필요한 부품과 전문성을 공급하기 위하여 제조업자에게 의존한다.

(1) 유통업자 통합의 형태

유통업자 통합은 재고관련과 서비스관련 이슈들을 해결할 수 있는데 사용되어 질 수 있다. 재고에 관련해서는 DI는 전체 재고비용은 낮추며 동시에 서비스 수준은 제고하면서 전체 유통업자 네트워크를 가로 지르는 재고의 커다란 풀(pool)을 창출하는데 이용되어 질 수 있다. 마찬가지로 DI는 고객의 전문적 기술서비스 요청을 맞추는데 사용할 수도 있는데 이는 이러한 요청에 가장 적합한 유통업자를 연결해 줌으로써 가능하다.

전통적으로 증가된 재고는 특별한 주문의 쇄도에 대비하고, 수리를 신속하게 하게끔 스페어 부품을 제공하는데 사용된다.

사 례 

Caterpillar사의 도널드 파이츠 회장은 이 회사의 최근 성공의 많은 부분은 Caterpillar 딜러들 때문이라고 이야기한다. 파이츠 회장은 딜러들은 회사보다 고객에게 더욱 가까이 다가감으로써 고객의 니즈에 보다 신속하게 대응할 수 있었다고 지적한다. 딜러들은 제품을 판매할 때 파이낸싱을 해결해 주고 제품에 대해 신중하게 모니터하고, 수리하고, 서비스하여 준다. 파이츠 회장은 딜러들이 제품 뒤에 단순히 서있지 않고 세계의 어느 곳이든지 그의 제품과 함께 있다는 회사의 이미지를 창출하였다고 말한다. Caterpillar는 그들의 딜러 네트워크가 회사로 하여금 그들의 경쟁자, 특히 고마츠와 히다찌와 같은 일본의 거대한 건설·광산제조업자에 비하여 엄청난 강점을 가져다주었다.

그러나 이와 같은 유통업자들의 견해는 고객 서비스 니즈가 새로운 도전을 가져오고 정보기술이 이러한 도전들을 맞추기 위해 부상함에 따라 변하고 있다. 강하고 효과적인 유통업자 네트워크에서 조차 고객의 니즈를 항상 맞출 수는 없다. 밀려오는 주문은 재고로부터 만족시키는 것이 불가능할 것이고 또 고객은 유통업자가 갖추지 못한 특수한 기술적 전문성을 요구할 수도 있다. 과거에는 이와 같은 이슈들이 각 유통업자나 혹은 제조업자에 재고와 인력을 추가함으로써 해결되었다. 현대의 정보기술은 다른 해결책을 가져다주는데, 이는 유통업자들이 전문성과 하나의 유통업자에서 보유하고 있는 재고를 다른 유통업자들이 활용할 수 있도록 통합되는 것이다.

보다 앞선 회사에서는 위험분산(risk- pooling) 개념이, 필요할 경우 유통될 수 있는 공급사슬 내 초기 단계에 재고를 유지함으로써 사용될 수도 있다. DI협정에서는 각 유통업자는 필요한 제품이나 부품을 위치하게 하기 위하여 다른 유통업자들의 재고를 체크할 수 있다. 딜러들은 어떤 특정한 조건과 합의된 댓가 아래 계약에 의하여 부품을 교환하게끔 되어 있다. 이러한 형태의 협정은 첨단정보시스템이 유통업자로 하여금 각자의 재고를 점검하는 것이 가능하고, 또 통합물류시스템이 부품들이 값싸고 효율적으로 배달하게끔 할 때만이 가능하다.

마찬가지로 DI는 각 유통업자의 기술적 능력과 특수한 고객요청에 대응하는 능력을 개선하는데 사용되어 질 수 있다. 이러한 종류의 제휴에서 서로 다른 유통업자는 서로 다른 영역에서 전문성을 구축할 수 있다. 고객의 특별한 요청은 가장 전문성이 있는 유통업자에게로 가게 된다. 예를 들면, 약 70개의 전기도매 자회사를 보유한 네덜란드의 지주회사 Otra는 그 자회사의 일부를 창고설계 혹은 POS 자재와 같이 특정 영역에서 우수센터(Centers of Excellence)로 지정하였다. 고객뿐만 아니라 다른 자회사들은 특별한 요청을 해결하기 위해서 이와 같은 우수센터를 찾게 된다.

사 례 

공작기계업체인 오쿠마(Okuma Ameriac Corp.)사는 DI시스템을 적용하여 왔다. 오쿠마는 많은 값비싼 공작기계와 수리용 부품을 유지하였는데 전체라인을 유지하는 것의 높은 비용은 북남미에 있는 오쿠마의 46개 유통업자가 그렇게 하는 것을 불가능하게 하였다. 오쿠마는 그의 각 딜러들에게 최소한의 공작기계와 부품을 유지하도록 요구하였다. 회사는 각 공작기계와 부품이 회사의 두 개 창고 중의 하나에 있든지 혹은 유통업자의 한 곳에 있든지 시스템의 어느 곳에는 재고로 있게 전체시스템을 관리하였다.

오쿠마링크(Okumalink)라 불리는 시스템은 각 유통업자로 하여금 창고의 재고를 체크하고 필요한 부품을 발견하는데 다른 유통업자와 커뮤니케이션을 할 수 있게 하였다. 일단 부품이 찾아지면 회사는 신속하게 요청한 딜러에게 배달되도록 하였다.

각 유통업자가 모든 유통업자에 의하여 유지되고 있는 재고에 관한 모든 지식을 얻을 수 있게끔 이 시스템의 업그레이드가 계획되어 있다. 시스템이 실행된 이후 시스템을 통해서 재고비용을 줄어들었고 유통업자는 재고부족으로 인한 판매손실 가능성이 줄게 되었으며, 한편 고객만족은 높아지게 되었다.

(2) DI의 이슈들

DI 제휴를 실행하는데 포함되는 두 개의 주요한 이슈가 있다. 첫 번째, 유통업자들은 그와 같은 시스템에 참여하여 얻는 보상에 대하여 회의적일 수 있다. 그들은 특히 어떤 유통업자들이 다른 유통업자들보다 크고 또 커다란 재고를 가진 경우에 재고관리에 대한 그들의 전문성을 능력이 덜한 파트너에게 넘겨줄 수 있을 거라는 생각을 할 가능성이 있다. 더구나 참여한 유통업자는 다른 유통업자에게 의존하기를 강요받는데 의존을 해야 하는 어떤 유통업자는 좋은 고객 서비스를 제공하기 위하여 어떻게 해야 할지조차 모르는 수가 있다. 또한 이와 같은 새로운 종류의 관계는 어떤 유통업자와는 거리가 먼 어떠한 책임과 전문성의 영역을 취하고 소수의 유통업자에게 그러한 것을 집중할 경향이 있다.

유통업자들이 그들의 기술과 능력을 잃을 것에 대하여 신경을 쓸 수 있다는 것은 놀라운 일이 아니다. 이것이 왜 DI관계를 구축하는데 제조업체의 부분에서 자원과 노력의 커다란 합의를 필요로 하는지에 대해 설명된다. 유통업자는 이것은 장기적 제휴라는 것을 느껴야만 할 것이다. 조직들은 참여자 간에 신뢰를 구축하는데 많은 노력을 하여야 한다. 마지막으로 제조업체는 유통업자 합의를 확실하게 하기 위하여 담보와 보증을 제공해야 할지도 모른다.

사 례 

Dunlop-Enerka사는 전 세계에 걸쳐서 광산과 제조업체에 컨베이어 벨트를 공급하는 네덜란드 회사이다. 전통적으로 이 회사는 유럽 전체를 통하여 유통업자에 많은 양의 재고를 쌓아 둠으로써 유지 및 보수에 대한 요구를 맞추었다. 재고를 줄이기 위하여 회사는 각 유통업자의 창고에 있는 재고를 추적하기 위한 Dunlocomm이라는 컴퓨터 기반의 정보시스템을 개발하였다. 부품이 필요하게 되면 유통업자는 부품을 주문하고 배달을 약속하기 위하여 이 시스템을 사용한다.

유통업자의 참여를 유도하기 위하여 Dunlop-Enerka사는 각 유통업자에 각 부품의 24시간 내 배달을 보장하였다- 만약 부품이 재고로 있지 않으면 Dunlop-Enerka사는 고객주문에 따라 특별 제조하여 이것을 가능한 시간 내에 배달하겠다는 보장도 하였다. 이와 같은 보장은 유통업자들로 하여금 이 시스템에 참여시키는데 충분하였으며, 시간이 흐름에 따라 전 시스템 내의 재고는 20% 가량 감소하였다.

제14장

공급사슬 관리

제14장

공급사슬 관리

1 공급사슬관리(SCM : supply chain management)의 개념

오늘날과 같은 치열한 글로벌경쟁 환경 하에서는 핵심역량의 공유를 통한 강한 경쟁력을 지닌 기업만이 생존할 수 있는 상황이다. 공급사슬관리(SCM: supply chain management)는 이러한 차원에서 제조업체와 공급업체 그리고 고객 등이 마치 사슬처럼 엮여져 서로 긴밀한 협조체제를 이루어 공동 운명체를 형성하는 것으로 새로운 패러다임의 창조인 것이다. 기존에는 제조업체가 주도권을 잡고 공급업체들과의 관계가 일방적이었으나, 세계시장에서의 경쟁이라는 개념에서 보았을 때, 가능한 한 적은 비용으로 세계최고 수준의 제품을 만들어 내지 않으면 안 되기 때문에 이제 개별 회사 간의 경쟁이 아니라 공급사슬 간의 경쟁이 불가피하게 되었다.

과거 1980년대에는 기업의 업무형태가 기능중심이던 것이 1990년대에는 프로세스 중심으로, 그리고 최근 2000년부터는 공급사슬(Supply Chain)중심으로 변화하고 있다([그림 14-1] 참조).

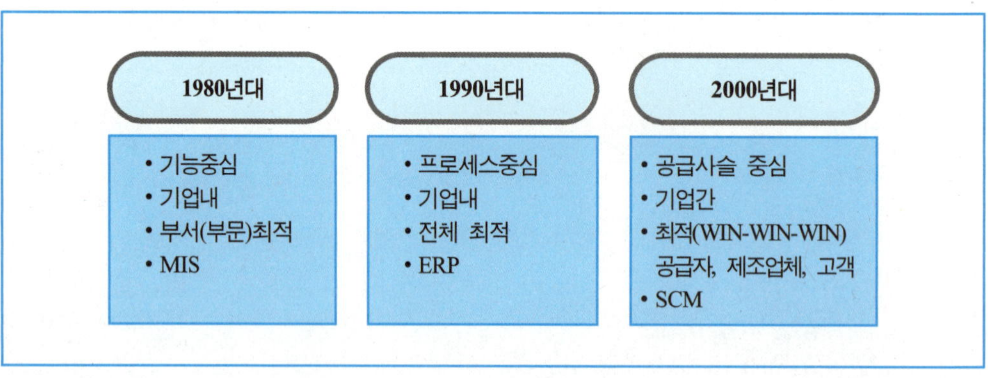

| 그림 14-1 | 기업 업무형태의 변화

1980년대 후반 미국을 중심으로 전개된 경영혁신운동인 BPR(Business Process Re-engineering)의 추진성과가 저조한 경우가 많이 발생하였는데, 정작 BPR에 의하여 경영혁신을 해 놓으면 회사가 제대로 돌아가지 않는 엉뚱한 결과를 낳았던 것이다. 이것은 경영혁신의 결과를 정보기술이 뒷받침하지 않았기 때문으로 지적되고 있다.

이와 같은 BPR 사상을 토대로 첨단 정보기술을 활용하여 패키지로 구현한 것이 전사적 자원관리(ERP : Enterprise Resource Planning)인데, 이는 BPR을 실천적으로 실현하는 수단으로서 대단히 효과적이라 할 수 있다. 또한 ERP는 표준화를 추구하며 기업 내의 통합을 통하여 경영효율화를 촉진하는 수단으로써 기업 또는 그룹(자회사 포함) 내에서 고밀도의 업무를 제휴하여 실시간 처리를 실현하게 된다. 거대한 데이터베이스에 기본 업무의 모든 데이터가 통합되어 실시간으로 제휴할 수 있도록 되어 있다.

ERP는 기업 내 또는 그룹 내의 프로세스 중심의 제휴를 실행하지만 보다 뛰어난 생산성, 최대의 고객만족을 실천하기 위해서는 기업의 틀을 과감히 뛰어넘어 고객위주의 업무 프로세스를 실현해 가지 않으면 안 된다.

그러나 ERP에서 이것을 기대하는 것은 무리가 있다. 왜냐하면 업종, 업태, 규모, 역사, 토양, 문화 등이 제각기 다른 기업들이 동일 ERP로 통합된다는 것은 매우 비현실적이기 때문이다. 업무 프로세스 통합의 궁극적인 목표는 [그림 14-2]와 같이 자사(제조업체)를 중심으로 거래처의 고객, 공급자의 공급자까지 기업의 틀을 뛰어넘어 통합하는 것이다.

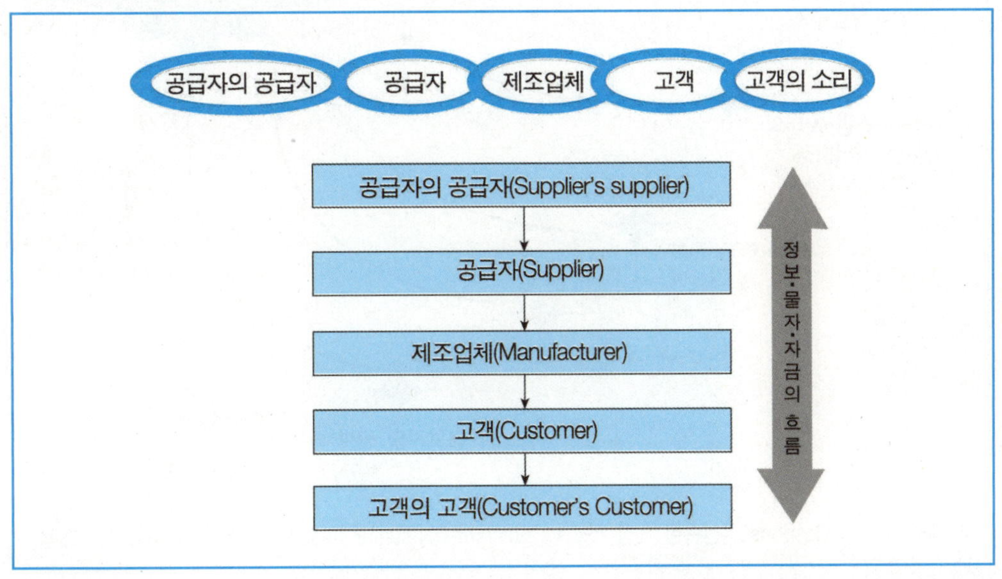

그림 14-2 공급사슬(supply chain)

공급사슬(Supply Chain)이라는 용어는 비교적 최근에 등장한 개념인데, 그 개념은 수주, 생산, 판매, 구매, 재고, 배송, 고객관리 등이 공급사슬에 통합적으로 운영되어야 한다는 것이다. 공급사슬은 크게 기본적 원료를 공급하는 공급단계, 상품이나 서비스를 만들어 내고 조립하며 변환하는 기능의 생산단계, 최종 상품을 생산자로부터 창고나 물류센터에 운송하고 고객이 요청할 때 적당한 양을 공급해주는 유통단계로 나눌 수 있다.

ERP가 기업 내 전사적 자원의 효율적인 활용을 위한 최적의 시스템이라고 한다면, SCM은 이보다 넓은 개념으로 기업과 기업 간의 자원, 정보, 자금 등을 통합 관리하여 이해관계에 있는 모든 기업들의 최적화를 도모하는데 주목적이 있다.

다시 말해서 SCM은 물품의 공급자에서부터 고객에 이르기까지 거래와 관련하여 발생된 정보, 자원, 자금 등의 흐름을 총체적인 관점에서 각 기업 간의 인터페이스를 통합하고 관리함으로써 효율성을 극대화하는 전략적 기법이다.

지금까지의 경영혁신 기법은 주로 기업 내의 전략, 구조, 기능 등의 개선 및 혁신에 중점을 맞추어 왔다. 그 결과 정보시스템 등 기업 내에 한정된 시스템 구축에 그 중점을 두어온 반면, SCM은 기업 내 뿐만 아니라 기업 간 부문까지를 관심영역으로 두고 있다.

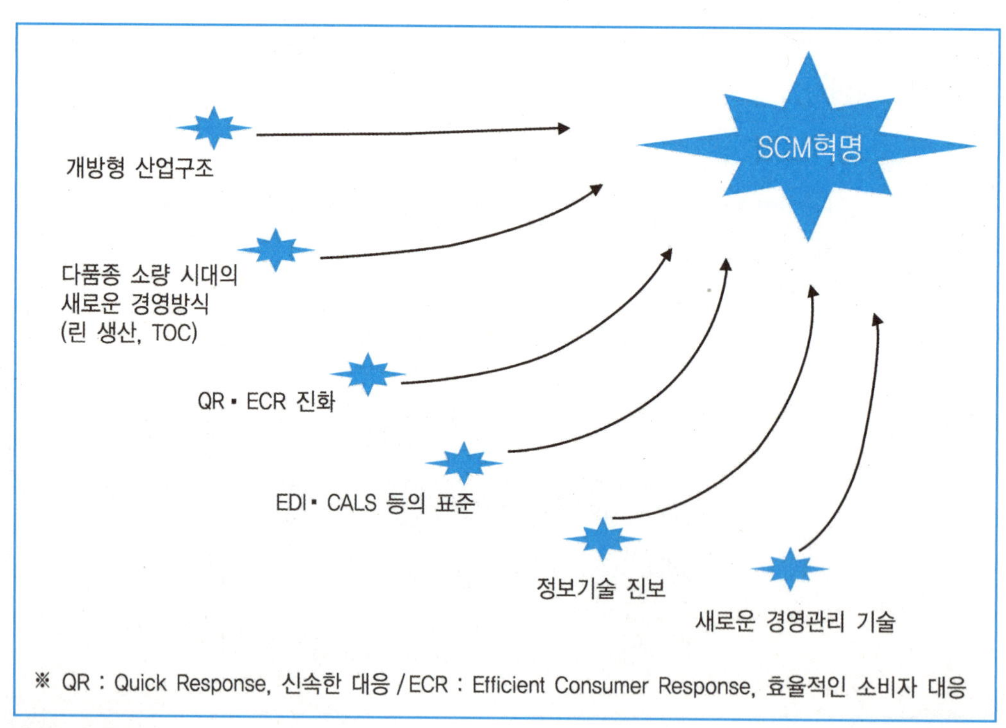

그림 14-3 SCM의 등장배경

즉 공급자, 자사, 고객을 모두 통합하여 하나의 파이프라인으로 연결하고자 하는 것이다. SCM은 정보시스템과 파트너십을 기반으로 하여 공급자, 자사, 고객 모두가 승리하는 것을 목표로 하고 있다.

SCM은 21세기를 향한 최고의 비즈니스 프랙티스(Business Practice : 사고방식, 기법)로서 미국의 많은 문헌에 거론되고 있다. 그러나 SCM이 어느 날 갑자기 등장한 것은 아니며, 다양한 베스트 프랙티스나 정보기술이 진보되고 융합되면서 하나의 커다란 개념으로 통합된 것이다([그림 14-3] 참조).

SCM은 다음 5가지의 과정을 통해서 융합되었다고 볼 수 있다.

- 정보 기술의 혁명적 진보
- 정보기술의 진보에 따른 경영관리 기술의 발전
- 다품종 소량생산 시대의 새로운 경영방식에 따른 개념의 등장
- EDI, CALS 등의 표준화 진전
- 유통업계의 QR(Quick Response), ECR(Efficient Consumer Response)의 진화

2 공급사슬의 정의

SCM은 바라보는 시각과 범위에 따라 그 정의가 다양하게 내려질 수 있지만 다음과 같은 몇 가지 정의로 표현될 수 있다.

- SCM은 원자재를 조달해서 생산하여 고객에게 제품과 서비스를 제공하기 위한 프로세스 지향적이고 통합된 접근 방법이다(Peter, 1998).
- 공급사슬(Supply Chain)은 첫째로 최초의 원재료에서 최종적인 완제품의 소비에 이르기까지 공급자-사용기업간을 연계시키는 과정이다. 둘째로, 제품을 생산하고 고객에게 서비스를 제공하여 가치체인(Value Chain)을 용이하게 하는 기업 내·외부의 기능이다. SCM은 이러한 공급사슬 활동을 계획하고 편성하며 통제하는 것이다(APICS, 1998).
- SCM은 ERP를 근간으로 하여 전략적 의사결정을 도울 수 있도록 각 공급사슬과 접점을 이루는 부문에서 계획을 수립하는 시스템이다(Gartner Group).
- SCM은 원재료로부터 고객에 이르기까지의 전 과정을 공급사슬이라고 하며, 각 부문들 사이의 물류, 정보, 자금의 흐름을 총체적으로 관리하여 공급사슬의 효율을 증가시키는 전략이다(Thomas and Griffin, 1996).

- SCM이란 조직에 조달되는 모든 공급관련 사슬, 즉 공급자에서부터 제조업체, 운송업자, 유통업자, 소비자에 이르는 일련의 사슬(Chain)을 관리하여 유통에 드는 비용과 시간을 최소화하고 각 주체들(공급자, 제조업체, 운송업자, 유통업자, 소비자)의 이해에 맞는 의사결정을 할 수 있도록 지원하는 것이다(Bover, Sheffl, 1998).
- SCM은 공급과 수요를 관리하고 원자재와 부품의 출처를 밝혀내며, 제조와 조립, 창고관리와 재고추적, 수주입력과 수주관리, 모든 경로를 통한 유통 그리고 고객에의 인도를 포함한다(Supply Chain Council).

위에서 언급된 정의와 같이 SCM의 개념으로 공통적으로 표현되는 내용들은 공급자와 소비자의 사슬(chain) 사이에서 속도와 확실성하에서 최적의 효율을 얻을 수 있도록 의사결정을 지원하는 방안으로 설명되고 있다. 다시 말해서 SCM은 공급사슬 참여기업들의 성공적인 수직적 통합 및 조정을 통하여 다른 공급사슬에 비하여 경쟁우위를 확보하기 위한 과정이라 할 수 있다. 또 이것은 전체적인 공급사슬의 효율성을 극대화시켜 고객의 납기를 준수하고 고객의 만족도를 높이며, 기업의 재고보유량을 최소화시켜 기업의 생산력을 극대화시키려는 총체적 활동이라고 정의할 수 있다.

3 SCM전략 결정요소

공급사슬이 추구하는 목표를 달성하기 위해 필요한 전략적 접근노력은 공급사슬이 최종고객에게 제공하게 되는 제품의 특성 즉, 공급사슬이 제공하는 최종제품이 가지는 제품수명주기상의 위치에 따라서 달라지며, 최종제품이 가지는 구조적 복잡성의 정도에 따라서도 달라지게 된다. 이러한 제품의 특성은 공급사슬의 유형에 따라서 적합성의 정도가 높아지거나 낮아지게 된다. SCM전략의 접근방법을 결정하기 위해 고려해야 하는 요소들은 다음과 같다(Cigolini 등, 2004).

(1) 제품수명주기상의 위치

시장에서의 제품의 수명은 통상 도입기 - 성장기 - 성숙기 - 쇠퇴기의 단계를 거치게 된다. 도입기와 쇠퇴기에 속하는 제품의 경우는 관리자가 취하는 의사결정의 방향이 반대이더라도 공급사슬 시스템이 본질적으로 동일한 탄력성과 속도를 필요로 하기 때문에 같은 범주로 묶어서 생각해 볼 수 있다. 식품이나 자동차와 같이 제품이 성숙기에 위치하는 경우는 수요의 예측가능성이 높고, SKU(stock keeping unit)별 매출규모가 크며, 동일한 제품을 몇 년간이나 정상가격으로 판매할 수 있다. 따라서 이 경우 관리자는 기존 제품에 관한 신뢰성 높은 데이터를 풍부하게 가질 수 있게 되며, 새로운 제품의 개발이 제한적으로 이뤄지기 때문에 이를 관리하기도 용이하게 된다.

반면에 패션의류와 베스트셀러 도서 등과 같이 성숙기를 거치지 않고 도입기에서 바로 쇠퇴기로 넘어가는 제품들도 있다. 이 경우 변덕스러운 시장 추세를 따라 잡으려면 공급사슬의 대응능력이 매우 높아져야 한다. SKU별 매출규모가 낮고 제한된 기간에만 정상가격을 받을 수 있기 때문에 매장에 재고를 유지하는 것은 매우 위험성이 높다. 반면에 판매마진이 크고 충동적 구매가 빈번하게 일어나기 때문에 고객 가까이에 많은 재고를 두고 싶은 욕망도 발생하게 된다. 이러한 두 가지 상반된 특성은 재고관리계획을 수립하는 데에 많은 어려움을 겪게 된다.

(2) 제품의 구조적 복잡성

제품구조의 복잡성은 BOM(Bills of Material) 상에 명시된 최종제품생산에 필요한 부품과 부분품 및 결합단계의 수로 나타나게 되며, 관리하고 조정해야 할 제조 프로세스, 공급업체 및 기술의 수를 결정하게 된다. 따라서 제품의 복잡성이 높을수록 조달과 제조에 따르는 관리적 측면의 어려움이 높아지게 된다. 예를 들어 자동차와 같이 내부적으로 복잡성이 높은 경우는 전통적으로 공급사슬의 상류흐름, 즉 제품설계, 구성부품의 제조 및 조립활동의 개선에 초점이 맞추어지고 있다. 반면에 내부구조가 단순한 시품의 공급사슬에 대해서는 전통적으로 물적 유통의 개선에 중점적인 개선 노력이 두어지고 있다.

(3) 공급사슬 유형

공급사슬의 전략을 결정하게 되는 마지막 요소는 공급사슬의 유형이다. 공급사슬의 유형은 다음의 〈표 14-1〉에 나타낸 바와 같이 효율적 사슬, 신속대응사슬 및 린 사슬의 세 가지로 구분해 볼 수 있다.

① 효율적 사슬(efficient chain)

효율적 사슬은 식품과 같이 대량으로 판매되는 제품들을 주요 대상으로 한다. 제품흐름의 안정성이 높기 때문에 대규모의 자본집약적인 설비투자가 이루어지게 되며, 개선의 초점은 제품의 혁신보다는 생산운영 프로세스에 맞추게 된다. 가격에 대한 수요탄력성이 매우 높고, 수요가 안정적이기 때문에 경쟁이 치열하다. 결과적으로 이러한 형태의 공급사슬은 통상 높은 효율성과 낮은 이익마진을 가지게 된다.

표 14-1

특 징	공급사슬 유형 효율적 사슬	린(Lean) 사슬	신속대응사슬
고정비용에 대한 변동비용의 비율	낮음	중간	높음
제조유연성	낮음	중간	높음
가격에 대한 수요탄력성	높음	중간	낮음
주요 경쟁수단	가격	제품, 가격, 시간, 서비스	제품, 시간

② 신속대응 사슬(quick chain)

신속대응 사슬은 패션의류와 같이 수요예측이 어려운 제품을 대상으로 한다. 주로 제품가격보다는 제품혁신을 바탕으로 경쟁하기 때문에 높은 수준의 제조유연성을 추구하게 된다. 따라서 제조시스템에 대한 투자는 고정비용에 대한 변동비용의 비율이 높은 특징을 가지게 된다. 수요패턴에 대한 제품혁신의 결과를 활용하는 것에 중점을 두기 때문에 패션지배적인 제품혁신과 기술지배적인 제품혁신이 동시에 다뤄지게 되고, 그 결과 제품판매의 예측이 어려워지게 된다.

③ 린 사슬(lean chain)

린 사슬은 자동차와 같이 중간적인 특성을 가지는 제품을 대상으로 한다. 제품의 가격이나 혁신성만을 위주로 경쟁하기 보다는 제품가격, 혁신성, 품질 및 고객서비스 등의 다양한 특성을 동시적으로 고려하게 되며, 내부구조가 복잡한 제품을 시장에 소개하게 된다.

4 SCM전략 상황모델

공급사슬 전략을 결정하는 세 가지 요소의 적합한 조합의 형태는 무엇일까? 다음의 〈표 14-2〉에는 7가지 산업부문 및 SCM 특성을 연구한 자료를 바탕으로 3가지 결정요소의 바람직한 조합을 나타내는 SCM 전략 상황모델을 제시하고 있다(Cigolini 등, 2004).

표 14-2

수요유형: 지배적인 제품수명주기상의 위치				
공급사슬 유형	도입기/쇠퇴기	성장기	성숙기	
			복잡한 구조	단순한 구조
효율적 사슬				A(식품, 의약품, 기본의류, 고전도서)
린 사슬		C(컴퓨터)	B(백색가전, 자동차)	
신속대응 사슬	D(패션의류, 도서출판, 베스트셀러도서)			

(1) 성숙기의 단순한 구조제품 – 효율적 사슬

결정요소의 '조합 A'는 식품, 의약품, 고전도서 및 기본의류 산업부문과 같이 성숙기에 위치한 단순한 구조의 제품으로 경쟁하는 공급사슬에 적합한 형태이다. 공급사슬 전략의 초점은 물적 유통체계의 효율성과 효과성을 향상시키기 위해서 연속적인 보충에 초점을 맞추게 된다. 지속적인 보충체계를 갖추게 되면 소매점의 재고회전율을 높일 수 있게 되며 결과적으로 생산업체의 판매도 증가시키게 된다.

지속적인 보충이 가능해지기 위해서는 유통네트워크의 구조적인 변경이 뒷받침되어야 한다. 배달 리드타임을 줄이고 물류경로에 존재하는 안전재고를 제거시키기 위해서 크로스 도킹(cross docking)을 도입하거나 자동화된 창고관리시스템의 도입이 필요하게 된다. 상대적인 자본투자의 요구가 큰 것은 이 때문이다. 수요의 안전성과 긴 제품수명주기를 가지기 때문에 고객서비스 수준을 높게 유지할 수 있으며, 이것은 경쟁을 위한 전제조건이 되기도 한다.

(2) 성숙기의 복잡한 구조제품 – 린 사슬

결정요소의 '조합 B'는 백색가전이나 자동차산업부문과 같이 성숙기에 위치한 복잡한 구조의 제품으로 경쟁하는 공급사슬에 적합한 형태이다. 공급사슬 개선의 초점은 사슬의 상류흐름, 즉 최종조립과 구성부품 공급영역에 두어지게 된다. 제품구조의 복잡성을 개선하기 위해 설계측면의 향상노력을 중요하게 고려하게 된다. 제품구조의 단순화는 비용의 감축과 물류시스템의 단순화를 가져올 수 있는 효과적인 수단이 되기 때문이다. 따라서 1차 공급업체와 제조업체 간의 파트너십 구축을 통한 공동설계방식의 추구가 효율적일 수 있다.

설계측면의 개선노력과 구성부품과 하위부품의 효율적인 공급체계를 갖추는 것도 중요하다. JIT공급방식과 같이 제조업체의 요구에 부응하여 필요한 수량의 신뢰성 높은 구성부품을 신속하게 공급할 수 있도록 상류흐름의 배달체계를 개선하는 노력이 뒷받침되어야 한다.

(3) 성장기의 복잡한 구조제품 – 린 사슬

결정요소의 '조합 C'는 컴퓨터와 같이 성장기에 위치한 복잡한 구조의 제품으로 경쟁하는 공급사슬에 적합한 형태이다. 기본적으로 공급사슬 개선의 초점은 '조합 B'와 같이 사슬의 상류흐름에 두어지며, 제품설계측면의 개선노력에 두어지게 된다. 이러한 유사성은 두 조합 모두 복잡한 제품구조를 대상으로 하기 때문이라고 할 수 있다. 그러나 '조합 C'는 수명주기가 짧은 제품을 대상으로 하기 때문에 사슬 내에 기존의 제품을 제거하고 신제품을 신속하게 공급하기 위해서 사슬흐름 시간을 줄이기 위한 노력에 보다 중점을 두게 된다. 이익마진이 적은 것도 이러한 단축노력의 중요성을 강조하게 되는 요소가 된다. 판매기회상실비용과 진부화비용을 줄이기 위해서는 사슬 내의 정보흐름과 공급흐름의 가속화가 필수적으로 요구되기 때문이다.

일례로 HP는 이러한 이유로 유통관리 접근방식을 대폭 바꾼 바가 있다. 월단위 MPS(Master Production Schedule)로는 주단위 혹은 일단위로 변화하는 고객수요에 대응하기 어려웠기 때문에 주단위 DRP(Distribution Requirement Planning)를 도입하였다. 그 결과 고객수요에 부응할 수 있는 제품유용성의 수준을 높여서 경쟁력을 높이는 결과를 거두고 있다.

(4) 도입/쇠퇴기의 단순한 구조제품 – 신속대응사슬

결정요소의 '조합 D'는 패션의류, 도서출판, 베스트셀러도서와 같이 주로 도입기와 쇠퇴기만을 거치게 되는 단순구조제품의 공급사슬에 적합한 형태이다. 다른 공급사슬에 비해 상대적으로 공급사슬 개선을 위한 노력이 적은 특징을 가지고 있다. 매우 짧은 수명주기와 수요의 불안전성 때문에 개선을 위한 접근노력이 제한적일 수밖에 없기 때문일 것이다. 그럼에도 불구하고 제조업체와 주요 유통업체 간에는 수요예측의 필요성을 줄이고, 사슬의 효율성과 효과성을 높이기 위한 수단으로서 연속적인 보충프로그램의 도입이 이루어지고 있다. 이를 통해서 판매시즌에 판매자료를 조기에 활용할 수 있게 되며, 결과적으로 판매기회의 상실과 재고비용 및 할인의 폭을 줄이는 효과도 거둘 수 있게 된다.

5 SCM과 타 기법과의 연관성

1970년대 MRP(Material Requirements Planning)와 1980년대 MRP II(Manufacturing Resource Planning)가 생산자원을 계획하고 관리하는 종합생산관리시스템으로 등장하였다. MRP는 자재소요계획이라고 불리는데, 제품을 구성하는 원자재/가공품/반조립품 등에 대한 자재수급계획과 생산관리를 통합시킨 체계적인 제조정보 관리기술이다. MRP가 구현되기 위해서는 제품명세서(BOM, Bills of Materials), 기준생산계획(MPS ; Master Production Schedule) 및 재고기록철(Inventory Status File) 등의 기준정보가 필요하다. MRP는 이들 기준정보를 근거로 하여 어떤 물건(원자재나 가공품, 반제품 등)이 언제, 어느 곳에서 얼마만큼 필요한지를 예측하고, 이에 따라 모든 제조활동과 관리활동이 계획에 근거하여 움직이기 때문에 기업 자원의 비능률과 낭비를 제거하고 생산 활동을 최대한 효율적으로 운영하도록 해 주는 기법이다. 그러나 초기의 MRP 시스템은 확고한 개념의 미정립, 컴퓨터기술의 부족 등으로 인하여 시스템 구현에는 여러 가지 미흡한 점이 많았다. 특히 제조자원의 용량제한을 고려하지 않거나 일정계획의 변동사항을 실시간으로 반영하지 못했기 때문에 실현 불가능한 생산계획을 수립하는 등의 문제점이 있었다.

1980년대에 이르러 다품종 소량생산의 기업형태가 시장을 주도하고 고객 지향의 업무체계가 각광받기 시작하면서 수주관리, 판매관리, 재무관리의 중요성이 대두되기 시작하였다. 그리고 컴퓨터 기술의 발달로 데이터베이스나 통신 네트워크가 사용가능한 기술로 등장하자 기존 MRP의 문제점을 개선시키면서 재무관리 등 중요 기능을 새로이 포함시켜 확장된 시스템으로서 MRP II가 탄생하게 되었다. MRP II는 제조자원계획이라고 불리는데 시뮬레이션 등 생산 활동의 분석도구가 추가되면서 더욱 지능적인 생산관리 도구로 발전하게 되었다. MRP와 MRP II를 확대 적용해 기업전반에 걸친 모든 경영자원을 통합컴퓨터시스템에 의해 계획적으로 관리, 낭비요소를 없애고 자원의 생산성을 극대화하려는 시도로 전사적 자원관리(ERP ; Enterprise Resource Planning) 시스템이 소개되었다. 또한, 기업 업무를 분석하여 효율적으로 재설계하는 과정이 BPR(Business Process Reengineering)인데 이러한 과정을 소프트웨어로 구현하면 ERP 소프트웨어가 된다.

ERP는 생산, 판매, 자재, 인사, 회계 등 기업 전부분에 걸쳐 있는 인력, 자금, 정보 등 모든 경영자원을 하나의 체계로 통합, 계획 및 관리함으로써 기업의 생산성을 높이는 종합경영관리 시스템으로 발전되었다.

따라서 ERP가 완벽하게 구축되면 자동 자재발주, 최적의 생산 스케줄에 의한 최저

원가의 생산이 가능하며 재고의 최소화는 물론 모든 자금의 흐름이 실시간으로 파악되어 기업 내부 업무에 관한 모든 것을 파악할 수 있다.

ERP 기법에서는 주된 대상이 기업 내부가 되었지만, 경영혁신을 회사 내부에만 국한하지 않고 고객과 협력업체 등 전체를 대상으로 변화를 시킴으로써 성과 개선을 극대화하는 시도로서 SCM 개념으로 발전하게 된다. SCM에서는 모든 업무를 협력회사와 연계해 재설계하고 모기업에서 협력회사의 역량을 개선하는데 주안점을 두어 동반자 관계를 구축하는 한편, 제조유통을 묶어 최종소비자에게 주는 가치와 만족을 극대화하려는 노력을 목적으로 하고 있다.

SCM 전략을 수립함에 있어서 간과하지 말아야 할 것은 EC(Electronic Commerce)와의 연관성에 관한 것이다. SCM은 EC기술, 전략 그리고 전문가 없이는 진행될 수 없다. QR(Quick Response), JIT(Just In Time) 및 VMI(Vendor Managed Inventory)와 같은 산업분야의 SCM 전략은 EC 기술과 EDI 표준 등과 매우 밀접한 관계가 있으며 지속적으로 Web Commerce와도 연관성이 높아지고 있다. 지금까지 기술한 기존 기법들과 SCM의 연관성은 [그림 14-4]에 표시되어 있다.

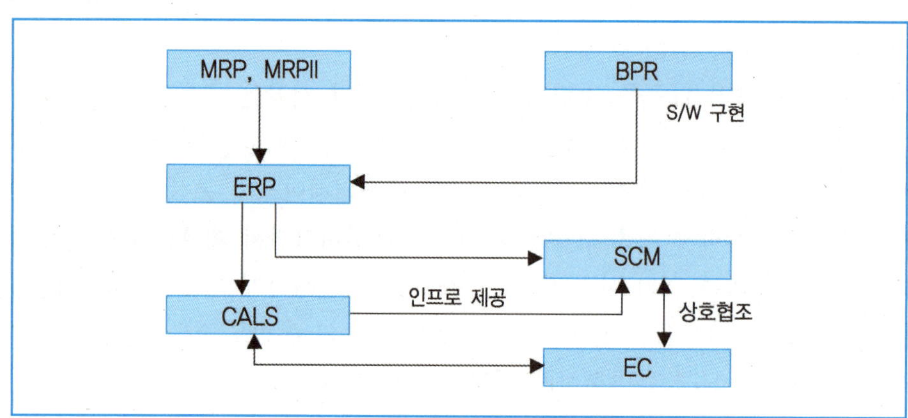

| 그림 14-4 | SCM과 타기법과의 연관성

6 SCM의 구성

1) 공급사슬(Supply Chain)의 흐름

공급사슬관리(Supply Chain Management)는 전체적인 공급망의 효율성을 극대화시켜 고객의 만족도를 높이고 기업의 생산성을 극대화시키는 총체적인 활동인데, 다음의 2가지 기능이 핵심적인 역할을 한다.

(1) 조정

- 기능 간(설계, 생산, 물류 등)
- 조직 간(공급자, 매입자 등)

(2) 사슬에서의 3가지 흐름을 관리

- 정보, 물자, 자금

3가지 흐름에 초점을 둔 공급망의 흐름을 나타내면 [그림 14-5]와 같다.

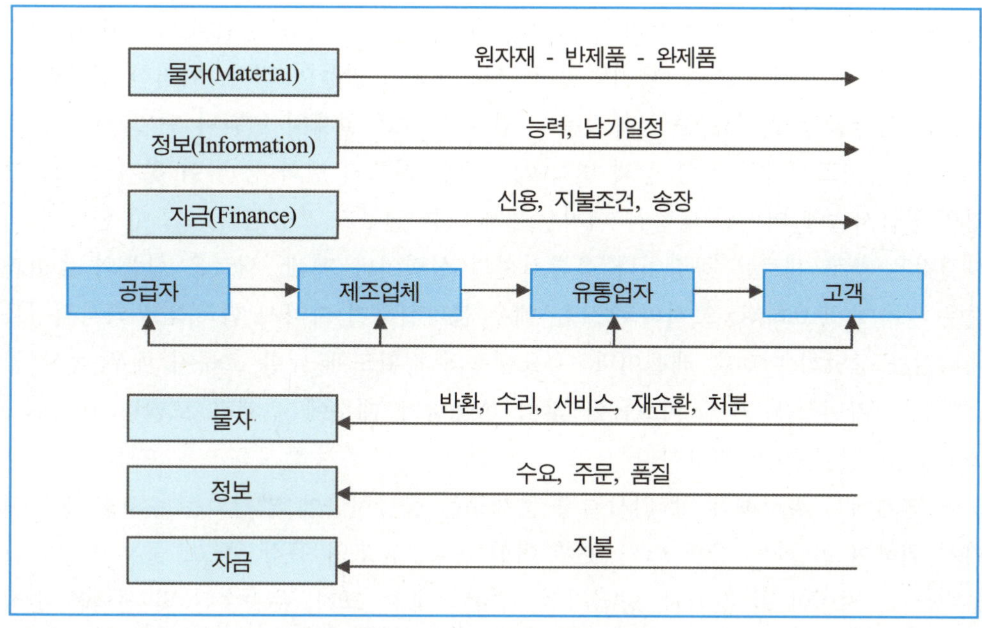

그림 14-5 공급사슬의 흐름

2) SCM의 구조

SCM에 있어서 필요한 기업의 활동들은 그 관심영역에 따라 전략레벨(Strategic Level), 전술레벨(Tactical Level) 및 운영레벨(Operation Level)의 3가지 레벨로 분류할 수 있다([그림 14-6] 참조). 특히 SCM은 이 중에서도 최상위 레벨인 전략레벨에 더 초점을 두고 있다. 이들 3가지 레벨은 공급사슬의 의사결정 단계가 된다.

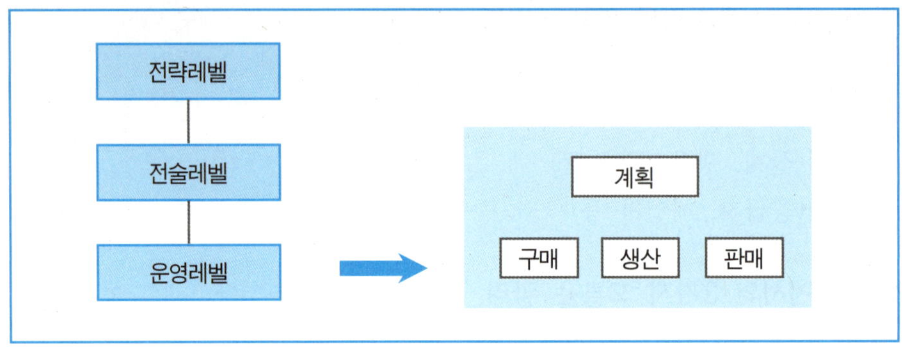

그림 14-6 SCM의 3계층 구조

① 전략레벨(Strategic Level)

적어도 1년 이상 수년 동안의 기업 활동에 관련 있는 가장 상위의 레벨이다. 장기간의 고객수요를 바탕으로 한 기업의 전략적 계획이 만들어 진다. 이러한 전략적 계획에는 생산공장의 폐쇄/증설과 같은 기업 네트워크 설계의 변화나 단일 사이트 또는 멀티 사이트에서의 운영 정책 변화(예 : 생산 정책의 변화 등)들이 장기적으로 기업의 공급사슬에 어떠한 영향을 미치는지에 대한 연구가 포함된다. 즉, 이 단계의 의사결정은 주로 새로운 공장이나 유통시설의 설립이나 폐쇄, 새로운 상품의 출현과 같은 경우에 필요하다. 고객의 수요는 매우 불확실하며 따라서 합리적인 의사결정을 내리기가 상당히 어려운 레벨이다. 수요예측의 정확도에 대한 요구가 매우 높고 공급망상에 가변성을 가진 요소들이 많이 존재하기 때문에 추계적 모델링(Stochastic Modeling) 및 분석이 필요하다.

이 단계에서 결정해야 할 의사결정 문제로는 공급사슬에 발생되는 수요를 충족시키기 위하여 공급사슬상의 어느 곳에 어떤 종류, 규모의 공장, 창고, 물류센터와 같은 시설을 지어야 할 것인지, 공급자의 위치와 개수, 크기, 운송수단 및 선택을 결정하고 파트너와의 협력은 어떻게 할 것인지를 결정하는 단계로서 장기적인 관점과 최고 경영자의 참여가 요구된다.

② 전술레벨(Tactical Level)

일반적으로 몇 개월에 걸친 기간 동안의 기업 활동을 포함하고 있는 레벨이다. 단일 사이트보다는 여러 사이트를 포함하고 있는 지역을 대상으로 하거나 기업전체를 대상으로 하고 있다. 자원의 범위가 단일 기계에서 단일 공장으로 확대가 되고 어느 공장에서 어떤 제품을 생산해야 될 것인가 하는 문제들이 관심분야이다. 자원은 생산

공장의 수처럼 고정될 수도 있지만 노동인력의 크기처럼 고정되지 않을 수도 있다.

운영레벨에 비하여 수요의 불확실성이 매우 증가한 상태이다. 일반적으로 전술적 단계의 공급계획 프로세스는 여러 단계의 계획프로세스 또는 계층구조로 분리되기도 한다. 예를 들어, 상위단계에서는 주어진 공급사슬 구조 아래 알맞은 공급자를 선택한다든지 상품을 생산할 수 있는 대체공장이 여러 개 있는 경우, 각 기간의 수요와 대체공장의 용량을 고려한 생산시설을 찾아내는 문제를 다루게 되고 하위단계에서는 좀 더 자세한 공장에서의 생산량과 재고량을 결정하는 문제를 다루게 된다.

③ 운영레벨(Operation Level)

스케쥴링 레벨로 볼 수도 있으며 일반적으로 생산공장, 물류센터와 같은 단일 사이트에서의 단일제품을 대상으로 한 짧은 기간 동안의 활동을 포함하고 있다. 이 레벨은 SCM을 위하여 구체적으로 어떤 일을 하는가의 수준이다. 자원과 수요가 고정적인 경우 자원의 할당과 작업의 우선순위 결정 등에 관련된 영역이다. 이 레벨의 업무를 분류하는 방법은 미국 SCC에서 제시한 SCOR 모델과 같이 기업의 업무영역에 따라 계획(Plan), 구매(Source), 생산(Make), 판매(Deliver)로 구분하는 것이 보편적이다. 〈표 14-3〉은 앞서 언급한 공급사슬 관리의 레벨을 요약한 것이다. 〈표 14-3〉과 같이 공급사슬 관리는 관리 목적과 기간, 목적 사이트에 따라 3가지 레벨로 분류할 수 있다.

표 14-3 공급사슬 관리의 레벨

레벨	기간	목적 사이트	솔루션과 방법론	예
전략	1년 ~	전사적	시뮬레이션	• 각 사이트에서의 운영정책 결정 • 공장 또는 물류센터의 수 결정
전술	1개월 ~ 12개월	복수공장 또는 단일지역	최적화 및 시뮬레이션	• 각 공장에서의 제품생산 목록 결정 • 각 사이트에서의 자원분배 문제 결정
운영	1주 ~ 4주	단일공장	최적화	• 제품의 생산 스케쥴 결정

7 황소채찍(Bullwhip)효과와 지연(Postponement)전략

공급사슬에 있어 주요한 관리원칙은 크게 두 가지이다. 첫 번째는 공급사슬 내 투명성(정보공유)에 초점을 맞춘 것으로 황소채찍효과로 알려져 있는 것과 연관이 있다. 두 번째는, 예측과 함께 생산을 시작하는 것 보다 고객주문을 바탕으로 하는 것인데 이를 지연(postponement)원칙이라 한다.

1) 황소채찍효과(Bullwhip Effect)

공급사슬에서 가장 다이나믹한 것의 하나는 황소채찍효과라고 불리는 현상이다. 공급사슬의 맨 앞에 위치한 고객 제품 수요의 조그마한 변화가 공급사슬의 뒤로 가면 갈수록 점점 크게 변동하게 되는 것은 무엇 때문일까? 공급사슬 내의 서로 다른 단계의 회사들은 시장수요의 매우 다른 모습을 맞고 있으며, 이에 따라 공급사슬의 조정이 와해된다. 회사들은 처음에는 제품부족을, 그 후에는 초과 제품공급을 일으키는 식의 행동을 한다.

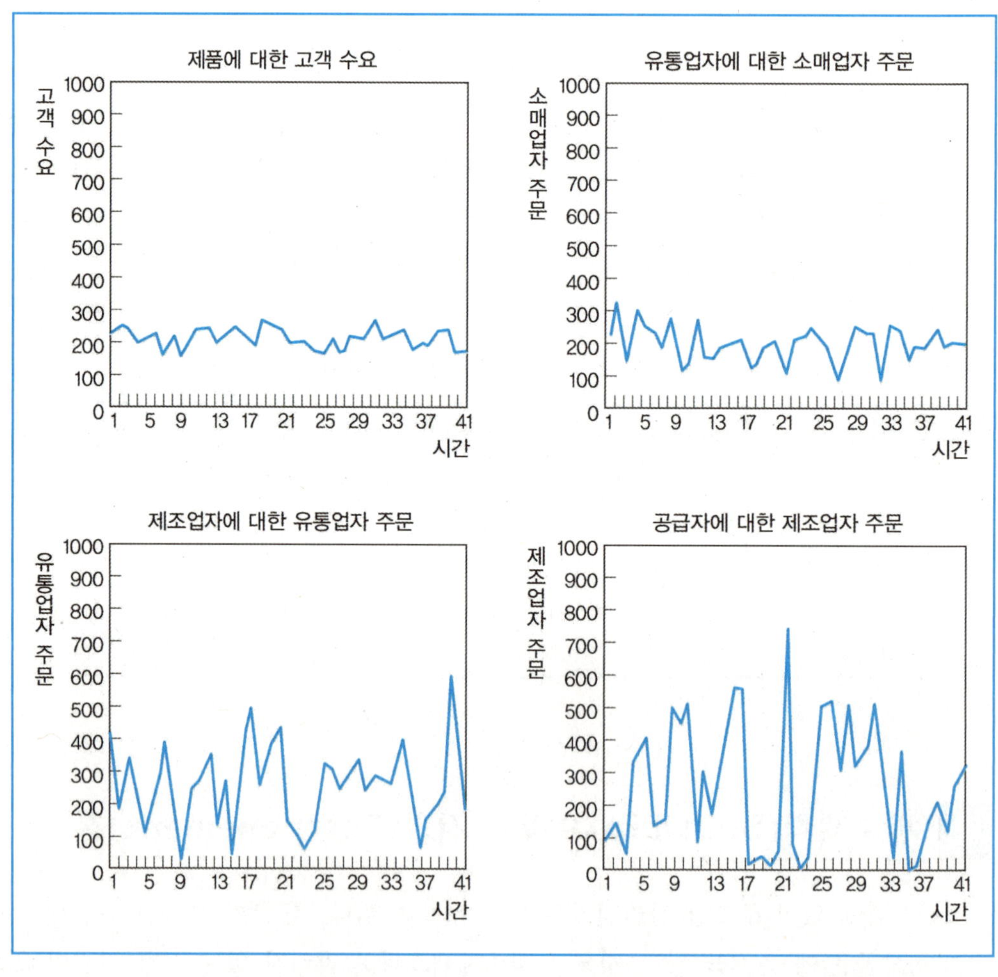

| 그림 14-7 | 황소채찍효과

특별히 이것은 수요가 급증하는 성장시장 산업에 있어 더욱 그러하다. 이것의 좋은 예는 통신장비나 컴퓨터 부품 시장에서 종종 발견될 수 있다. 사이클은 강력한 시장수요가 제품의 부족을 가지고 올 때 시작한다. 유통업자와 제조업자는 그들의 재고를 서서히 늘리면서 생산율은 수요에 맞춰 대응한다. 어느 시점에서 수요가 변화하든지 제품의 공급이 수요 수준을 초과하게 된다. 유통업자와 제조업자는 공급이 수요를 초과하는 것을 인식하지 못하고 만드는 것을 계속한다. 마침내 제품의 재고가 너무 많아지게 되면, 제조업자는 공장을 폐쇄하고 근로자들을 해고한다. 유통업자는 가치가 하락한 재고가 넘치게 되고 이를 소진하는 데 애를 먹게 된다.

(1) 공급사슬 내의 조정

황소채찍에 관한 연구를 통하여 이러한 현상을 일으키는 다섯 가지 주요한 요소를 발견하였다. 이러한 요소들은 공급사슬의 활동들을 조정하기 위하여 이해되어야만 한다.

① 수요예측

최종사용자 데이터 대신에 접수된 주문을 기준으로 수요예측을 하는 것은 본질적으로 공급사슬로 이동함에 따라 더욱 더 부정확하게 될 것이다. 최종 사용자와의 연결로부터 제외된 회사들이 그들의 역할을 바로 다음의 고객에 대한 주문을 채우는 것이라고 단순히 생각한다면, 실제 시장 수요와 연결고리를 잃게 될 것이다. 공급사슬 내의 각 회사는 황소채찍효과에 의해 발생되어 그들에게 다가오는 주문의 변동을 보게 된다. 그들이 수요 예측을 하기 위하여 이러한 주문 데이터를 사용할 때 그들은 수요 모양에 더욱 커다란 왜곡을 하게 되며, 이 왜곡은 그들의 공급자에게 주문의 형태로 넘겨진다.

수요 예측에서 이러한 왜곡을 방지하는 한 가지 방법은 공급사슬 내의 모든 회사들이 예측을 할 때 공통된 수요데이터를 공유하는 것이다. 이러한 수요데이터의 가장 정확한 원천은 최종고객과 가장 가까이 있는 공급사슬 구성원이다. 공급사슬 내의 모든 회사들 간에 POS를 공유하는 것은 황소채찍효과를 극복하기 위한 하나의 방안이다. 왜냐하면 이는 모두에게 공급사슬 왜곡 대신에 실제 시장수요에 대응하게끔 하기 때문이다.

② Order Batching

배치로 주문하는 것은 회사들이 그들의 주문처리비용과 수송비용을 최소화하는 제품의 양을 주기적으로 주문을 하기 때문에 발생한다. 회사들은 경제적 주문량으로 정해진 로트 량으로 주문하는 경향이 있다. 배치로 주문하기 때문에 이러한 주문은 실제 수요수준과 다르게 되고, 이러한 변동은 공급사슬로 이동함에 따라 커지게 된다.

배치로 주문하는 것에 의해 발생하는 수요왜곡을 처리하는 방안은 주문처리비용과 수송비용을 절감하는 방안을 찾는 것이다. 이는 경제적 주문량 로트 크기를 더욱 작게 하고, 더욱 빈번하게 주문을 하는 결과를 가져다 줄 것이다. 이러한 결과, 유통업자와 제조업자들이 더욱 효율적으로 처리할 수 있는 주문의 원활한 흐름이 될 것이다. 주문비용은 전자 주문 기술을 사용함으로써 줄여질 수 있다. 수송비용은 공급자들로부터 많은 작은 양의 선적을 픽업해서 많은 고객들에게 소형 주문을 배달하는 3자 물류(3PLs : third party logistics suppliers)를 이용함으로써 줄일 수 있다.

③ 제품 할당

이것은 제조업자가 그들이 생산할 수 있는 것보다 많은 수요에 직면했을 때 그들이 일반적으로 취하는 대응방법이다. 제조업자가 택하는 대표적 할당 접근은 활용가능한 제품의 공급량을 그들이 받은 주문량에 근거해서 할당하는 것이다. 그러므로 가능한 공급이 받은 주문의 70%라면, 제조업자는 각 주문의 70%만 채우고 나머지는 이월주문으로 처리한다. 이것은 공급사슬 내의 유통업자와 소매업자들이 그들에게 할당될 제품 양을 늘리기 위해서 인위적으로 주문량을 증가하게끔 한다. 이러한 행태는 제품 수요를 크게 과장하게 하는데, 이를 “부족 게임(shortage gaming)”이라 부른다.

이에 대응하기 위한 몇 가지 방안이 있다. 대표적인 방안으로 제조업자들은 그들의 할당 결정을 주어진 유통업자나 소매업자의 현재 주문량이 아닌 과거의 주문 패턴을 기준으로 할 수 있다. 이는 부족게임을 위한 동기의 대부분을 제거시킨다. 제조업자들은 그들의 고객이 갑자기 많은 주문을 하는 것인지 사전에 주의 깊게 보아야 한다.

④ 제품 가격책정

빈번한 제품가격책정은 제품가격이 변동하게 하고 이는 제품수요의 왜곡을 가져다 준다. 만약 특별 세일이 제공되든지 제품가격이 낮아지면 고객으로 하여금 더 많은 제품을 사거나 제품을 미리 사게끔 유도한다. 그 후 가격이 정상수준으로 돌아오면 수요는 떨어지게 된다. 공급사슬을 통해서 제품의 원활한 흐름 대신에 이와 같은 가격변동은 수요의 파동과 효율적으로 처리하기 어려운 제품흐름의 불안정을 가져온다.

이 문제에 대한 답은 일반적으로 “Everyday low prices” 개념에 있다. 제품의 최종 고객이 그들이 제품을 구입할 때마다 최저 가격에 구입했다고 믿는다면, 그들은 실제 필요를 기반으로 구매할 것이다. 이는 수요를 예측하기 쉽게 하고 공급사슬 내의 회사들은 더욱 효율적으로 대응할 것이다.

⑤ 성과 인센티브

이것은 공급사슬 내의 서로 다른 회사들과 개인들에 있어 종종 다르다. 각 회사는 그들의 일(job)을 공급사슬의 다른 회사들과 분리하여 그들의 위치를 관리하는 것으로 볼 수 있다. 또한 회사 내에서 개인들은 회사의 다른 것과 분리해서 그들의 일을 볼 수 있다. 회사들이 세일즈맨들에게 매월 또는 매분기 그들이 달성한 판매에 대하여 보상하기 위한 인센티브를 제공하는 것이 일반적이다. 그러므로 월 또는 분기 말이 가까 옴에 따라 판매원들은 할인을 제시하거나 그들의 할당량을 맞추기 위해 제품을 이동시킬 다른 수단을 취한다. 이것은 실제 수요가 아닌 공급사슬로 떠밀게 되는 것이다. 이는 또한 회사 내의 관리자가 회사의 다른 목표와 상충하는 인센티브에 의해 동기부여가 되는 것이 일반적이다. 예를 들면, 수송담당 관리자는 고객 서비스나 재고유지비용을 희생함으로써 수송비를 최소화하는 조치를 취할 수도 있다.

공급사슬 효율성으로 성과 인센티브를 조정하는 것은 대단히 어려운 일이다. 이것은 결합비용이 강조되는 정확한 활동기준비용(ABC : activity based costing)의 사용으로 시작된다. 회사는 월말 혹은 분기 말 판매 인센티브로 인해 미리 구매하는 것에 의해 발생되는 비용을 정량화할 필요가 있다. 회사들은 또한 내부 성과 인센티브의 상충하는 것의 효과를 확인할 필요가 있다. 다음 단계는 효율적인 공급사슬 운영을 지원하는 새로운 인센티브 계획을 시험하는 것이다. 이것은 각 회사가 그들 자신의 방법으로 일할 필요가 있는 프로세스이다.

(2) 황소채찍효과를 해결하기 위한 방안

① 불확실성의 감소(Reducing uncertainty)

황소채찍효과를 줄이거나 제거하기 위하여 가장 자주 제시되는 것 중의 하나는 수요에 관한 정보를 중앙에 집중시킴으로써 - 즉 공급사슬의 각 단계에 실제 고객 수요에 관한 완전한 정보를 제공함으로써 - 공급사슬전체의 불확실성을 줄이는 것이다. 그러나 각 단계에서 동일한 수요데이터를 사용한다 하더라도 각자의 서로 다른 예측기법과 서로 다른 구매 관습 등은 황소채찍효과를 가지고 올 수 있다.

② 변동의 감소(Reducing variability)

황소채찍효과는 고객 수요과정에서의 본질적인 변동의 감소를 통해서 줄일 수 있다. 예를 들면 소매업자에 의해 보여 지는 고객수요의 변동을 줄일 수 있다면, 황소채찍효과가 발생한다 할지라도 도매업자에 의해 보여 지는 수요의 변동 또한 줄일 수 있을 것이다.

또한 EDLP(everyday low price)를 사용함으로써 고객 수용의 변동을 줄일 수 있다. 소매업자가 EDLP를 사용할 경우, 이것은 정기적 가격 판매촉진의 가격을 제시하기 보다는 한 제품에 대해서 일관된 단일 가격을 제시하는 것이다. 가격 판매촉진을 제거함으로써, 소매업자는 이러한 촉진활동에 따라서 일어나는 수요의 급격한 변동을 제거할 수 있다. 그러므로 EDLP전략은 훨씬 안정된 고객 수요 패턴을 가져다 줄 것이다.

③ 리드타임 감소(Lead time reduction)

리드타임은 수요예측으로 인하여 변동의 증가를 크게 하는 데 기여한다. 리드타임의 단축은 공급사슬 전반의 황소채찍효과를 상당하게 감소시킨다.

리드타임은 전통적으로 두 가지 요소 즉, 주문리드타임과 정보리드타임으로 구성된다. 주문리드타임은 크로스 도킹의 사용으로 줄어들 수 있고, 정보리드타임은 EDI(electronic data exchange)의 사용을 통해서 줄어들 수 있다.

④ 전략적 파트너십(strategic partnership)

황소채찍효과는 많은 전략적 파트너십에 참여함으로써 제거될 수 있다. 이러한 전략적 파트너십은 공급사슬 내에서 정보가 공유되고 재고가 관리되어지는 방식을 변경시켜 황소채찍효과의 영향을 제거할 수 있다. 예를 들면, VMI(vendor managed inventory)는 제조업체가 소매업자 판매장의 제품재고를 관리하는데, 이렇게 함으로써 어느 정도의 재고를 유지해야 하는지와 매 기간 소매업자에게 얼마나 공급해야 하는지를 결정한다. 그러므로 VMI는 제조업자가 소매업자에 의해 발행된 주문에 의존하지 않게 되고, 따라서 황소채찍효과를 피할 수 있게 된다.

파트너십의 다른 형태도 황소채찍효과를 줄이기 위해 적용된다. 예컨대 수요정보를 중앙 집중화하는 것은 공급사슬 내에서 상류단계에 의해 나타나는 변동을 획기적으로 줄일 수 있다. 그러므로 이러한 상류단계들은 고객 수요 데이터를 공급사슬의 나머지 구성원들이 활용할 수 있게끔 소매업자에게 인센티브를 제공하는 전략적 파트너십으로부터 혜택을 얻을 수 있을 것이다.

2) 지연(Postponement) 전략

미래의 발전은 대량고객화(mass customization) 방향으로 나아 갈 것이다. 이는 생산이 고객화되어지고 설비들은 보다 높은 효율성을 위해 셋업되고 최종조립은 하나의 제품에서 다른 제품으로 용이하게 변경됨으로써 가능하게 될 것이다. 이러한 생산형태는 전체 공급사슬에서 당사자 간에 매우 가까운 상호작용을 요구한다. 생산이

고객의 주문에 의해 결정됨에 따라 회사는 최종제품 재고를 갖고 있는 것이 어렵게 되었다. 반면에 회사는 실제 고객주문을 받았을 때 최종조립 프로세스에 들어갈 수 있는 부품과 표준품의 재고를 구축함으로써 개별적 고객주문의 생산을 준비할 수 있다.

고객화된 생산은 서로 밀접하게 관련된 두 개의 주요 원칙을 기초로 한다. 첫 번째는 모듈화이고 두 번째는 지연이다. 모듈화는 잘 정의된 상호연계에 의해 서로 다른 부품으로부터 준비되어지고, 개별화되어진 최종제품을 의미한다. 특정한 제품을 위한 고객의 니즈를 만족시키기 위해 부품을 결합함으로써 제한된 수의 부품으로 서로 다른 많은 종류의 제품을 만드는 것이 가능하다.

지연은 공급사슬의 설계에서 중요한 원칙인데, 왜냐하면 이는 최종제품 재고에 묶이는 자본과 관련된 비용뿐만 아니라 불확실성을 줄여줄 수 있기 때문이다. 세 가지의 대표적 지연 전략이 있다.

(1) 생산지연 전략

생산지연 전략은 고객주문을 받기 전까지 제품의 실제 고객화를 지연하는 것을 뜻한다. 예를 들면, 고객화는 제품의 최종조립단계, 포장, 가격표 부착, 그리고 국가표시일 수 있다. 특정한 고객그룹이나 시장지역을 위한 최종제품의 재고를 갖는 대신에, 제조업자는 서로 다른 고객과 시장지역에 사용되어 질 수 있는 일반형(generic) 제품을 재고로 가질 수 있다.

잘 알려진 예는 HP의 데스크젯 프린터의 고객화이다. 특정 주문을 받았을 때 각 유통센터에서 데스크젯의 범용버전에 매뉴얼, 전기플러그 그리고 포장을 추가한다.

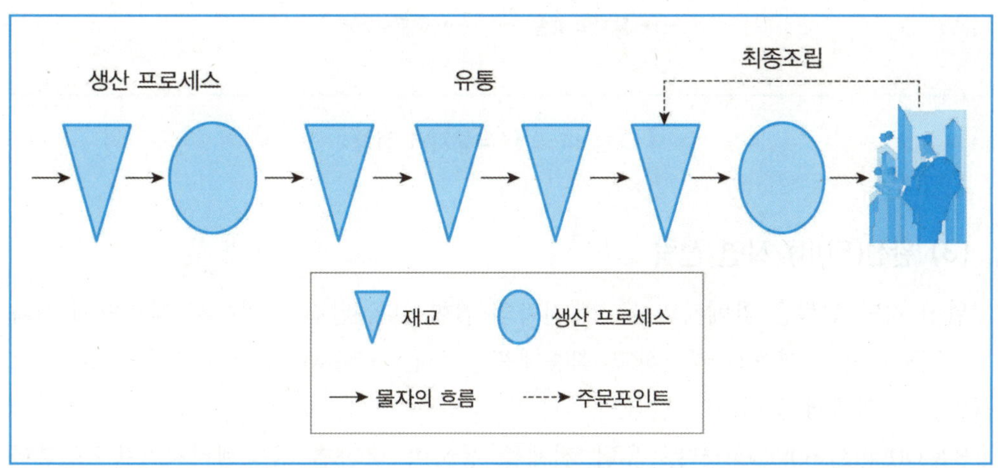

| 그림 14-8 | 생산지연 전략

이렇게 함으로써 HP는 지역유통센터에 대량으로 수송할 수 있었고, 이에 따라 생산과 수송에 있어 규모의 장점을 얻을 수 있었다. 동시에 HP는 특정한 시장에서만 팔릴 수 있는 값비싼 제품의 재고를 가지고 있는 것을 피할 수 있었다.

생산지연 전략은 다음의 [그림 14-8]에 나타나 있다.

(2) 유통지연 전략

유통지연 전략은 제품을 중앙창고로부터 고객에게 직접 수송하는 것을 의미한다. 창고에서 제품은 완성되어진다. 유통지연을 사용하여 얻는 장점은 최종제품이 실제수요에 따라 서로 다른 고객 혹은 시장에 직접 수송될 수 있다는 것이다. 아틀라스 콥코(Atlas Copco Tools)사는 이 전략을 사용하는데 그들의 제품은 서로 다른 공장으로부터 유럽유통센터에 직접 수송되어지며, 여기에서 제품은 고객들에게 직접 보내진다.

유통지연 전략은 [그림 14-9]에 나타나 있다.

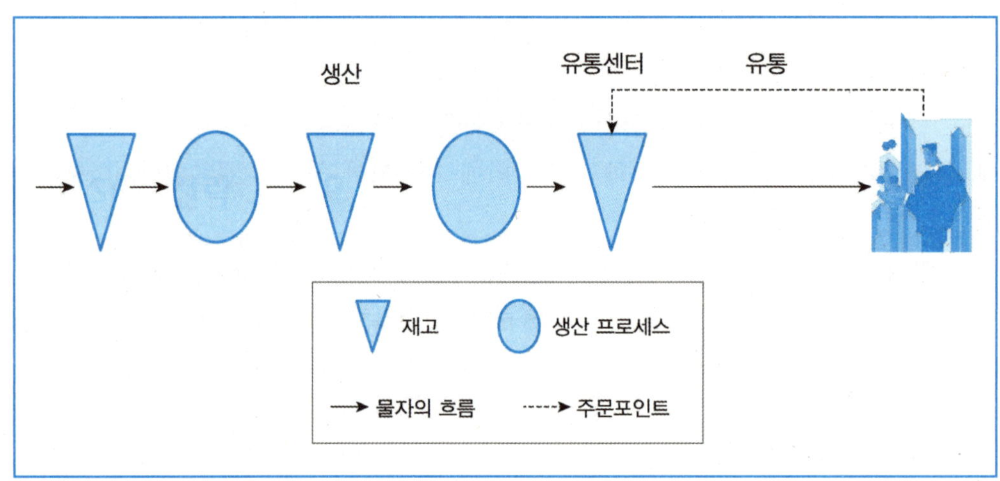

| 그림 14-9 | 유통지연 전략

(3) 완전(Full) 지연 전략

완전 지연 전략은 앞에서의 두 개 전략의 결합이다. 완전 지연에서 제품의 고객화는 주문을 받을 때까지 지연하고 최종제품은 중간(in-between)에 저장을 하지 않고 곧바로 고객에게 선적되어 진다.

B & O(Bang & Olufsen)사는 유럽 전체를 통하여 국가별 유통센터시스템으로부터 덴마크의 하나의 중앙유통센터로 변경하였다. 이 중앙유통센터로부터 제품은 직접

딜러들에게 선적되어지고, 가끔 최종고객에게도 직접 선적된다. 이 프로세스를 통해서 B&O는 재고로 묶인 비용을 절약할 수 있었는데, 왜냐하면 15개 국가의 창고보다 하나의 중앙 집중 방식은 안전재고가 덜 필요했기 때문이다. 동시에 한 국가에서는 품절이 되고 또 다른 국가에서는 과다한 재고로 갖고 있는 상황을 피할 수 있었다. 또한 하나의 중앙 집중화된 창고에서 효율적인 재고관리와 재고취급을 하는 것이 훨씬 수월하였다.

완전지연 전략은 [그림 14-10]과 같이 나타낼 수 있다.

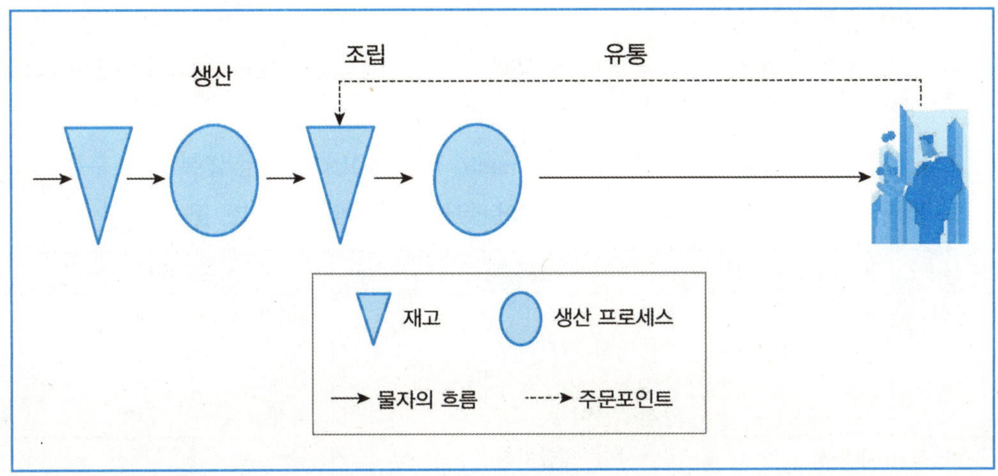

| 그림 14-10 | 완전지연 전략

8 공급사슬 성과측정과 SCOR모델

1) 공급사슬성과측정

공급사슬성과는 고객가치를 제공하는 능력 - 특히 제품의 활용가능성의 대부분 기본 차원에 - 에 영향을 미친다. 그러므로 공급사슬성과를 측정하기 위한 독립적 기준을 개발할 필요가 있다. 공급사슬과 같은 조직간 시스템에 있어서 전체 시스템과 개별적 시스템 구성에 있어서 적시의 정확한 평가는 매우 중요하다. 효과적인 평가측정 시스템은 ① 시스템을 이해하는 기초를 제공하며, ② 시스템 전체를 통해서 행위에 대해 영향을 미치며, ③ 공급사슬 구성원들과 외부 주주들에게 시스템 노력의 결과에 관한 정보를 제공한다.

실제로 평가측정은 복잡한 가치창출 시스템을 함께 묶어주며, 전략의 수행을 모니터링하는 주요한 역할을 수행할 뿐만 아니라 전략적 형성(strategic formulation)에 관한 방향을 제시한다. 거기에 덧붙여서 많은 연구결과들은 공급사슬의 성과를 측정하는 것은 전체적 성과의 개선을 가지고 온다고 주장하고 있다. 또한 공급사슬에 있어 명확하게 정의된 측정치가 필요한 이유는 프로세스 내에 많은 파트너가 존재함으로 인한 공통 언어의 요구 때문이다. 이것은 SCOR모델과 같은 표준화 작업 시도의 동기부여가 되고 있다.

(1) 공급사슬성과평가

PRTM에 의해 수행된 "전체비즈니스 성과(Overall Business Performance)"에 아래와 같은 측정치들의 예가 있다.

표 14-4 SCOR 1단계 성과측정치

관 점	측정치	측정단위
공급사슬 신뢰도	적시 배달 주문이행 리드타임 충족율 완전주문이행	퍼센티지 일 퍼센티지 퍼센티지
유연성과 대응성	공급사슬 응답기간 상승 생산 유연성	일 일
비용	공급사슬 관리 비용 수입에 대한 보증비 비율 종업원 당 부가가치	퍼센티지 퍼센티지 달러
자산/이용율	공급의 총재고일자 현금화 사이클 시간 순 자산 회전	일 일 회

- 전체 공급사슬관리 비용(Total supply chain management costs) : 이것은 주문처리, 자재를 획득하고, 재고를 관리하고, 공급사슬 재무와 정보시스템을 관리하는데 소요되는 모든 비용을 포함한다. 조사에 의하면 일류회사들은 이 비용이 판매액의 4~5%를 차지한다. 중간정도 회사들은 5%에서 6% 조금 넘는다.
- 현금화 사이클 시간(Cash-to-cash cycle time) : 원자재에 대해 지불하는 시점과 제품에 대해 현금화하는 시점 사이의 일수를 의미한다. 이것은 공급의 재고일자에 판매의 미결제일자를 더한 뒤 자재를 위한 평균지불기간을 차감하여 구해진

다. 조사에 의하면 최고수준의 회사는 30일보다 작은 사이클 시간을 가지고 있으며, 중간 정도의 회사는 100일 정도가 된다.

- 상승생산 유연성(Upside production flexibility) : 계획되지 않은 생산의 20% 증가를 달성하기 위해 요구되는 날짜 수를 의미한다. 이 측정치는 현재 최고 수준의 회사에서는 2주일이 소요되나 어떤 산업의 경우에는 일주일도 안 걸린다. 주요 제한조건은 자재 활용가능성이며 내부 제조나 노동력 제약이 아니다.
- 요청한 것에 대한 배달성과(Delivery performance to request) : 주문 중 요청한 일자 혹은 그 전에 채워진 퍼센트로 계산된다. 조사에 의하면 최고 수준의 회사는 적어도 94%를 나타내고 어떤 산업에서는 100%에 근접한다. 중간정도의 회사는 69%에서 81%의 사이에 있다.

(2) 균형점수카드 접근

공급사슬관리는 공급사슬의 각 구성조직들이 최종 고객의 요구를 만족시키기 위한 전반적 공급사슬의 성과를 평가할 수 있는 수단을 가질 것을 요구한다. 이에 더하여 공급사슬 내에서 개별 구성조직들의 상대적 기여도를 평가해야 하는 것이 필요하다. 이는 성과측정 시스템이 여러 다른 단계에서 작동되는 것뿐만 아니라 공급사슬의 목적에 맞추도록 이러한 여러 단계에서의 노력들을 연결하고 통합하도록 요구한다. 1996년 카플란과 노튼(Kaplan & Norton)은 이러한 필요에 맞춰서 공급사슬 성과측정에 있어서 획기적인 새로운 접근을 제안하였다. 즉, 그들이 제안한 '균형점수카드(Balanced scorecard)' 접근은 공급사슬의 모든 단계에서 사용할 수 있는 재무와 운영지표를 포함하고 있다. 조직간 공급사슬 환경에 있어서 공급사슬 단계는 균형점수카드를 위한 시발점을 나타낸다.

공급사슬 카드는 공식적으로 전반적 공급사슬 목표와 공급사슬 전반의 성과측정을 위하여 이러한 목표들을 맞추기 위해 택하여진 전략들을 연결시킨다. 조직간 공급사슬을 관리하기 위하여 요구되는 균형점수카드의 서로 다른 단계의 예가 [그림 14-11]에 나타나 있다.

공급사슬 단계에서의 목표, 전략 그리고 성과지표들이 조직 단계로 연결될 수 있다. 여기에서 개별 조직들은 조직 수준에서의 목표, 이 목표를 달성하기 위한 전략, 그리고 결합된 성과지표들을 개발한다. 이러한 프로세스는 개별 공급사슬 구성 조직 내에서의 기능 단계까지 반복된다. 예를 들면, 제조 공급사슬 구성 조직 내에서의 조달기능은 조직의 목표, 전략, 그리고 성과지표를 기초로 하여 그들 기능의 목표, 전략, 그리고 성과지표를 개발할 것이다.

공급사슬 점수카드(Supply chain scorecard)
조직 점수카드(Organization scorecard)
기능 점수카드(Function scorecard)
팀/개인 점수카드(Team/Individual scorecard)

그림 14-11 공급사슬관리의 균형점수카드

이와 같은 프로세스는 그 후 여러 기능 내에서 팀 혹은 개인으로 세분될 것이고, 여기에서 팀이나 개인들은 그들의 개별적 기능 영역을 바탕으로 하여 그들 자신의 목표, 전략, 그리고 성과지표들을 개발한다.

각 단계에서 균형점수카드는 ① 재무(financial), ② 고객(customer), ③ 비즈니스 프로세스(business process), 그리고 ④ 학습과 성장(learning and growth) 등 네 가지 성과 영역을 포함한다. 이러한 영역들의 각각에서 점수카드 계층에서 바로 다음 상위단계의 목표와 전략에 의해 추진된 핵심목표들이 정해진다. 그 후 목표와 성과목표 그리고 목표들을 얻기 위한 실천(initiatives)과 결합된 특정한 성과지표들이 개발된다.

균형점수카드는 장·단기 계획 기간의 비재무적 결과와 재무적 결과 간의 균형을 얻기 위한 공식적 프레임워크를 관리자들에게 제공하기 위하여 만들어진 것이다. 균형점수카드 체계는 [그림 14-12]와 같이 네 개의 관점으로 구성되어 있다.

① 재무적 관점 : 수입 증가, 제품 믹스, 비용 절감, 생산성, 자산 활용도 및 투자전략들을 포함하는 측정치

② 내부비즈니스 프로세스 관점 : 품질, 유연성, 프로세스의 혁신적 요소 그리고 시간기반(time-based)의 측정치를 포함하는 조직의 가장 중요한 내부적 비즈니스 프로세스의 성과에 초점을 맞춤

③ 고객 관점 : 고객만족 순위, 고객 유지, 새로운 고객 확보, 고객 가치 요소, 고객 수익성 그리고 시장점유율 등을 포함하는 고객의 요구와 만족에 초점을 둔 측정치

④ 학습과 성장 관점 : 지적 자산(intellectual assets), 종업원 재훈련, 정보기술과 시스템의 제고 그리고 종업원 만족도 등을 포함하는 조직의 사람, 시스템, 그리고 절차에 초점을 맞춘 측정치

이러한 관점들은 네 개의 영역의 각각 안에서 성과측정을 통하여 서로 모두 연결되어있다. 측정치들은 조직의 전략적 계획안에서 각 목표를 위해 개발되어지고, 결과측정치와 그러한 결과의 성과 동인(driver)들을 포함한다. 이와 같이 함으로써 최고경영자들은 회사의 목적을 달성하기 위한 조직 안에서 능력들의 특별한 조합에 관심을 돌리게 할 수 있다. 적합하게 만들어진 점수카드는 회사의 전략을 지원하여야만 하고, 일관되고 강화된 연결된 측정치들의 시리즈로 구성된다.

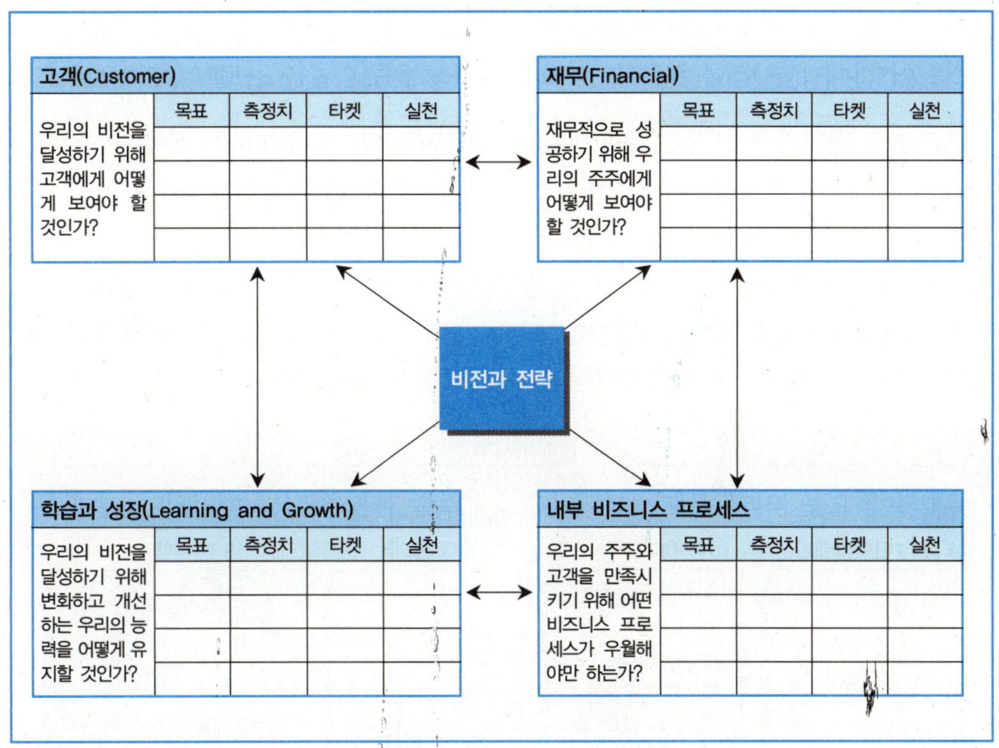

그림 14-12 균형점수카드(Balanced Scorecard) 프레임워크

균형점수카드를 개발하는 프로세스는 회사의 전략을 정의하는 것부터 시작한다. 일단 회사의 전략이 이해되어지고 최고경영층에 의해 승인이 되면, 다음 단계는 전략 목표를 성과측정의 시스템으로 변환하는 것이다. 균형점수카드의 네 가지 관점의 각각은 4~7개의 성과측정치를 필요로 하는데, 이에 따라 단일 전략에 관련하여 약 20여 가지의 측정치들이 산출된다. 그러나 회사가 그들이 무엇을 얻기를 원하는 것이 불분명하고, 회사전략과 연결된 적합한 성과측정의 최선의 점수카드라고 확신하지 못하면서 균형점수카드를 사용할 때 잠재적인 실패가 존재하게 된다.

2) SCOR(Supply Chain Operations Reference) 모델

공급사슬협의회(Supply-Chain Council)는 1996년 설립된 독립적 비영리단체로서 공급사슬 적용모델을 개발하기 위하여 많은 시도를 하고 있다. 모두 69개의 세계적 기업들이 이의 창립에 참여하였다. 오늘날 이 협의회의 사명은 기술개발, 연구, 교육 그리고 컨퍼런스 등을 통하여 SCOR모델의 사용을 계속적으로 확산시키는데 있다. 2001년 말까지 협의회의 기술공동체는 SCOR의 다섯 가지의 연속된 버전을 발표함으로써 프로세스 요소, 성과측정(metrics), 실행 그리고 기술 등을 최신의 것으로 만들었다.

(1) SCOR(Supply Chain Operations Reference) 모델의 정의

프로세스 레퍼런스 모델은 BPR(Business Process Reengineering), 벤치마킹(Benchmarking), 프로세스 측정(Process Measurement)를 기능 간 프레임워크로 통합시킨 모델이라고 할 수 있으며, [그림 14-13]과 같이 나타낼 수 있다.

그리고 SCOR범위는 주문 입고부터 송장 발송까지의 모든 고객의 상호작용, 공급자의 공급자로부터 고객의 고객까지 모든 물리적 거래 활동, 그리고 통합된 수요의 이해로부터 각 오더의 수행까지의 시장 상호작용을 포함한다.

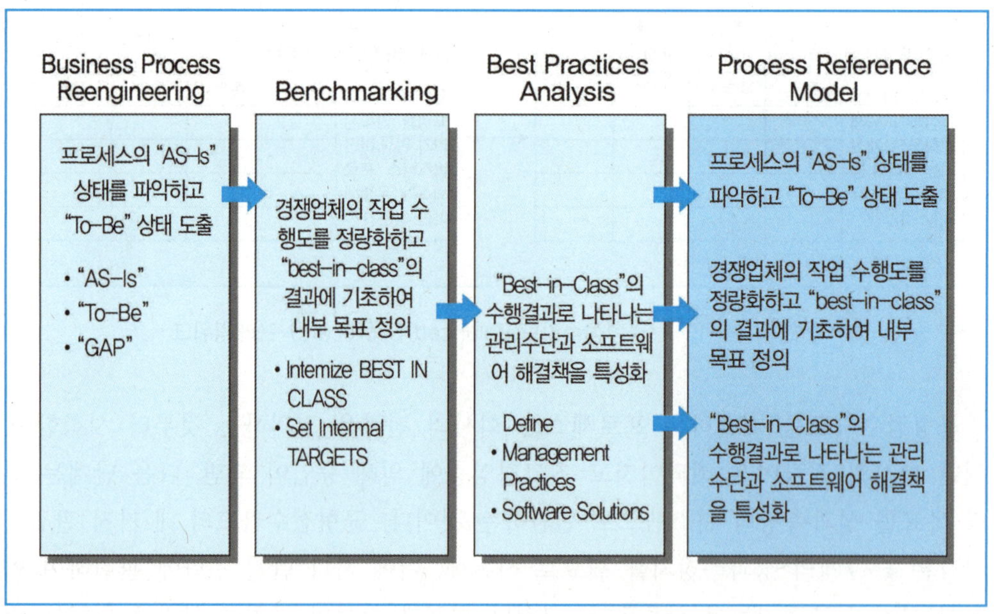

그림 14-13 SCOR 프로세스 레퍼런스 모델

(2) SCOR 프레임워크

SCOR는 비즈니스 프로세스 엔지니어링(business process engineering), 벤치마킹 그리고 앞서가는 실천(leading practices) 등의 요소를 하나의 단일 프레임워크로 합한 것이다. SCOR에서 공급사슬관리는 계획(PLAN), 구매(SOURCE), 생산(MAKE), 배달(DELIVER) 그리고 회수(RETURN) 등의 통합된 프로세스로서 정의한다.

이러한 프로세스 요소의 각각은 다음과 같다.

- 계획(PLAN) : 자원과 요구의 균형을 맞추는 것을 포함한 수요와 공급계획, 공급사슬을 위해 계획을 수립하고 전달한다. 비즈니스 규칙, 공급사슬 성과, 자료수집, 재고, 자본, 운송, 그리고 규제사항들을 관리한다.
- 구매(SOURCE) : 재고, 주문생산, 주문설계 생산에 대한 조달 업무로 배송 시간 계획과 제품의 접수, 확인, 전달을 포함한다. 공급자에 대한 지불, 공급자 파악과 선정, 공급자 평가, 입고되는 재고와 공급자 합의 사항의 관리를 포함한다.
- 생산(MAKE) : 생산활동의 스케쥴링을 포함하는 재고생산(make-to-stock), 주문생산(make-to-order), 주문설계생산(engineer-to-order)의 실행. 생산, 테스트, 포장, 설치, 배송을 위한 제품출하 작업을 포함한다. 주문설계생산 제품을 위한 설계의 완성, 중간품재고, 장비, 시설, 그리고 생산 네트워크를 관리한다.
- 배달(DELIVER) : 재고와 주문생산 및 주문설계생산 제품을 창고에 보관하거나 운송, 설치 관리하는 프로세스로, 주문문의에서부터 가격제시, 선적계획과 운송업자 선정의 모든 주문처리 업무를 포함한다. 제품의 입고, 선별, 선적과 출하의 창고관리 업무를 포함한다. 고객에게 청구서 발송, 완제품 재고관리, 수입과 수출 요구사항 관리 업무를 포함한다.
- 회수(RETURN) : 구매 재료를 공급자에게 반송, 고객으로부터 반품된 완제품 수납 및 확인과 반송계획, 불량품과 초과물품의 수납 및 확인과 처분, 반품의 재배치와 환불, 반품재고의 관리 등을 포함한다.

SCOR모델은 세 가지의 프로세스 레벨을 포함한다. 실제적으로, 레벨 1은 공급사슬의 수와 그들의 성과가 어떻게 측정되는지를 정의한다. 레벨 2는 재고형 생산(make-to-stock), 주문형 생산(make-to-order), 주문형 엔지니어(engineer-to-order)와 같은 표준분류를 사용하여, 자재흐름에 있어 계획과 집행 프로세스의 형태를 정의한다. 레벨 3은 판매주문의 거래, 주문의 구입, 주문을 실행하고, 승인을 반환하고, 주문의 보충 그리고 예측을 하는데 사용되는 비즈니스 프로세스를 정의한다.

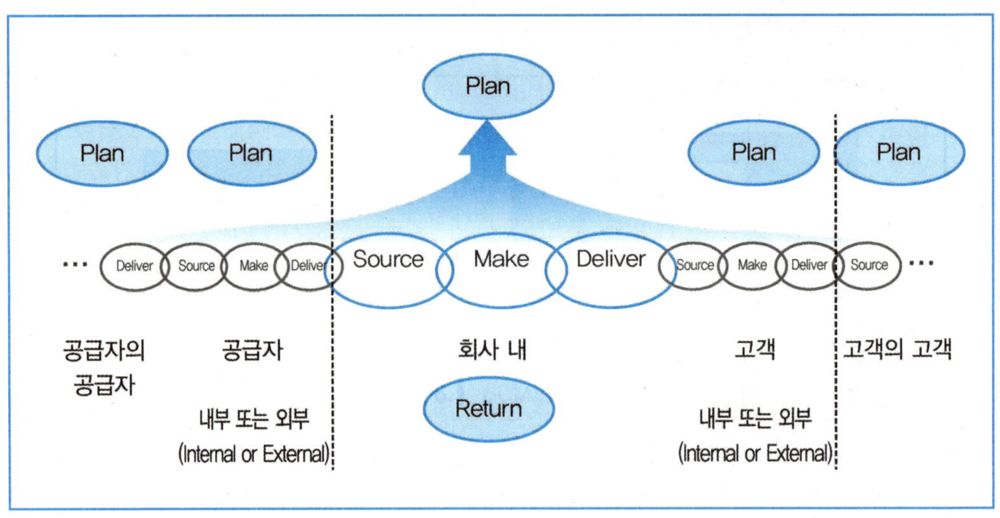

| 그림 14-14 | SCOR 모델

9 SCM 도입 기업의 과제

SCM을 도입하려는 기업의 경우 도입범위가 대단히 방대하고 큰 프로젝트이기 때문에 처음 도입 시부터 진행과정 기업 경영자와 실무자들은 많은 관심을 가지고 임해야 한다.

실제 SCM을 도입하는 기업 입장에서는 첫째, 기업 간 발생하는 미묘한 상황들이 어떤 내용들이 있으며, 이 문제를 어떻게 해결할 것인가와, 둘째, 기업 내부에서 발생하는 다양한 내용들과 이들을 어떻게 해결할 것인가 하는 차원에서 고려해야 할 점들이 많다.

1) 기업 간 과제

(1) 보안 문제

공급사슬상의 기업들은 서로 간에 정보를 공유하고 싶은 마음은 많겠지만 여러 가지 여건 때문에 실제로 이를 실행하기는 쉽지가 않다. 왜냐하면, 매출정보, 수요 정보 등이 상대기업과 공유된다면 그 정보가 과연 안전하게 거래에만 활용될 것인가에 의문점이 발생하기 때문이다. 공유시킨 정보가 만약 외부에 노출된다면 경쟁기업에게 새로운 전략을 수립하게 만드는 근거를 제공할 수도 있으며, 또한 세금을 공정히

납부하지 않은 기업의 경우는 추가 세액징수와 같은 위험을 회피하고자 할 것이다. 이러한 보안 문제들이 선결되지 않는다면 SCM이 추구하는 원래의 방향과 어긋나 목표성과를 달성하기 힘들지 모른다.

(2) 수요의 가시성 확보문제

1991년에서 1993년 사이에 Motorola는 대리점들과의 공급사슬상의 정보공유 실패로 과다한 생산 능력을 보유하게 되어 결국 많은 이익의 감소를 초래했고, 주가도 크게 하락된 경험이 있다. 이유는 대리점들이 휴대폰의 수요가 가파르게 상승할 것으로 예상하고 실제 수요보다 많은 양을 Motorola에 주문했기 때문에 Motorola는 이를 믿고 생산능력을 확장한 것이다. 그러나 불행하게도 수요가 곧 감소되어 공장의 가동율은 떨어지고 그것이 재고의 증대로 연결된 것이다. 그러므로 기업 간의 실제 정보를 어떻게 확보할 것인가는 중요한 이슈이다.

(3) 의사결정의 공유문제

기업들은 종종 공급사슬상에 있는 다른 기업들이 내린 결정들을 잘 알지 못한다. 그러한 상황이 발생하면 결과는 난감해지는 경우가 많다. 만약 우리 회사가 HP이고, 지금 차세대의 레이저 프린터를 시장에 출시하려고 한다고 가정하자. 매출증대를 위하여 북미 지역에서 과감한 판매촉진 전략도 실시하려고 하는데 만약 소매업자들이 이러한 HP의 전략에 대해 통보를 받지 못한다면, 그들은 현재 HP가 추진하고 있는 프로젝트에 역행하는 다른 프로모션을 실시할지도 모른다. 이러한 실수 때문에 의사결정을 공유한다는 것은 SCM상에 대단히 중요한 이슈가 될 수 있다.

(4) 공급사슬의 인터페이스 부분의 취약 문제

기업들이 서로 협력할 때, 모든 사람들이 얼마나 잘하고 있는지를 파악하는 것은 어렵다. 우리 회사는 우리에게 발생되고 있는 것들을 잘 측정할 수 있으나 나와 파트너 기업 사이에 존재하는 활동들에 대해서는 정확히 측정할 수가 없다. 왜냐하면 그러한 활동들은 아무도 측정하지 않는 경향이 있기 때문이다.

예를 들면, 싱가포르 공항은 가장 효율적인 공항중의 하나로 알려져 있다. 공항은 비행기 승객들이 세관을 통과하여, 짐을 찾는 과정 등에 대한 모든 시간을 측정하며, 더욱 탁월한 것은 승객들이 택시를 기다리는 시간까지도 측정한다는 것이다. 그들이 이러한 노력을 하지 않는다면 아무도 하지 않기 때문이다. 그래서 공항 총책임자는 택시기사들과 비행기 스케줄을 공유하고, 기사들이 짧은 시간 내에 승객들을 태우는

지를 계속 추적하고 있다. 이와 같은 방법으로 공급사슬의 특정부분 대신에 전체 공급사슬의 성과를 개선시킬 수가 있었다.

(5) 최고정보경영자(CIO)의 역할

일반적으로 기업 내 CIO의 역할은 너무 기술적인 분야에만 국한된 경향이 있다. SCM이 잘 되려면 이러한 사고를 벗어나야 한다. CIO는 회사의 모든 정보가 가시화될 수 있게 하는 역할을 해야 한다. 그러므로 CIO는 시스템과 프로세스를 디자인할 필요가 있다.

CIO는 현재 우리가 어떤 기술을 도입할 것인가에 대해 질문을 하는 것뿐 아니라, 어떤 종류의 정보를 공유해야 하며, 어떤 정보들은 보안을 유지하여야 하는가? 등의 질문에도 답할 수 있어야 한다.

(6) 중소기업 간의 연결문제

SCM이 실천되기 위해서는 고객도 중요하지만 중소업체들이 대부분인 공급자들을 어떻게 전산망으로 연결시킬 것인가가 중요하다. 왜냐하면, 중소기업의 경우 자금력의 부족과 직원들의 전산화 마인드 부족 등 여러 가지 문제점이 존재하기 때문이다.

(7) 이익배분 문제

정보공유, 의사결정의 공유 등이 잘 이루어지기 위해서는 상호간의 신뢰가 가장 중요한 문제이다. 실제 기업 간의 신뢰는 돈 문제가 결국 가장 민감하므로 협력을 이룬 결과로서 발생되는 이익의 배분을 정확하고 신뢰성 있게 하는 것이 가장 중요하다.

2) 기업 내 과제

(1) 목표의 명확화

SCM 도입을 위하여는 명확한 목표의 설정, 즉 프로세스상 어떤 분야에 목표를 맞추어 진행시킬 것인지 등의 내용이 명확히 존재하여야 한다. 그러나 국내 대부분의 기업들은 이러한 목표의 설정이 미약하다. 외국 기업들의 경우 SCM, ERP 등을 도입하기 전에 분명히 무엇을 위하여 이러한 프로젝트를 하는지를 명확히 하고, 도입 전에 이미 실시하고 있는 기업들의 사례를 면밀히 분석 검토하여 자기 기업이 SCM을 도입할 때 시행착오가 발생하지 않도록 사전 준비를 철저히 하여야 한다. 이러한 주도면밀한 준비가 있을 때 CEO의 관심과 실무자들의 열의가 높아지고 효과적인 추진이 이루어질 것이다.

(2) CEO와 조직원의 열의문제

새로운 혁신기법을 도입할 때 CEO의 역할은 성과에 지대한 영향을 끼친다. CEO가 철저하게 일을 파악하고 관여하는 경우, 비록 단기적인 차원에서는 종업원들의 불만을 사기도 하겠지만 프로젝트가 마무리 되어 가는 시간이 되면 이러한 관심이 높은 성과를 견인하고 있음을 알 수 있다. 조직원들의 열의 또한 중요한 데, 처음에는 열심히 참여하다가 어느 정도 시간이 지나 본격적으로 일을 추진할 때는 서서히 업무에서 빠진다든가, 혹은 다른 부서로 배치되던가 하는 관행들이 종종 보인다. 이렇게 되어서는 결코 새로이 시도하는 혁신 기법인 SCM을 정착시킬 수 없을 것이다.

(3) 전문 인력의 부족

SCM에 대한 전문적인 경험과 식견을 가진 사람들을 사내에서 찾기란 매우 힘든 일이다. 전반적으로 전문 인력이 부족한 상태로서 바로 이러한 점이 SCM을 정착시키는데 있어서 아쉬운 점이 되고 있다. 학계와 기업에서는 관련 전문가 양성을 위하여 적극적인 예산지원과 교육과정 및 경력관리 등 인력 양성에 힘을 기울여야 할 것이다.

(4) 조직 간의 장벽 문제

SCM은 기업의 전체 물자흐름과 관련된 모든 프로세스를 다루는 내용인 만큼 관련되지 않는 조직이 없다. 그러나 기능 간에 존재해 왔던 지금까지의 독특한 관습과 역할들 때문에 각 기능 간의 이해가 충분하지 않고 따라서 SCM을 위하여 조정하는 문제에는 모두들 익숙하지가 않다. 회사의 전체적인 최적화를 위하여 기능의 최적화는 과감히 버리는 자세가 필요하다. 물론 이러한 노력이 정착되려면 전체 관점에서 성과를 평가할 수 있는 준비가 함께 이루어져야 한다.

참고문헌

김남영, 공급사슬관리- Lean 접근법, 경문사, 2007.

김선민 공역, 수정판, 물류관리론(D. Lambert et al., Fundamentals of Logistics Management), 한올출판사, 2005.

김대수 외 공역, 공급사슬관리: 비전에서 실행까지(S. Fawcett et al., Supply Chain Management), 시그마프레스, 2009.

김숙한·이영해, "공급사슬경영 연구의 현황 및 향후 연구 방향", IE Interfaces, vol.13, no.3, pp.288-295, 2000.9.

김태현 외, 전략적 물류관리, 한진물류연구원, 2007.

김태현·문성암 공역, 물류 및 공급체인 관리(D. Simchi-Levi et al., Designing & Managing the Supply Chain), McGraw-Hill Korea, 2008.

노부호 외, 물류관리의 종합적 이해, 형설출판사, 1998.

민정웅 외, 회수물류 체계 효율화를 위한 선진기업 사례의 비교분석 연구, 정석물류통상연구원, 2007.

박귀환 외, 최신물류관리론, 두남, 2003.

윤현덕·박재원 공역, 물류관리론(D. Bowersox & D. Closs, Logistical Management), 법영사, 1999.

이상범, 현대 생산운영관리, 2판, 명경사, 2005.

임석민, 전자상거래시대의 물류관리론, 두남, 2006.

임세헌·박연우, e-비즈니스시대의 SCM과 유통정보화 전략, 한올출판사, 2005.

임세현외 공역, 물류와 SCM(M. Christopher, Logistics & Supply Chain Management), 청람, 2011

장성기, 생산운영관리, 대명사, 2008.

장성기, 공급사슬관리의 실천적 이해, 21세기사, 2007.

장성기·공명달, 생산정보시스템의 이해, 대영사, 2001.

추창엽·김웅진, 물적유통론, 형설출판사, 2003.

한종길, 물류관리론, 청목출판사, 2000.

매일경제신문, "미국시장 '대량맞춤'시대 도래", 2004.1.14일자.

매경 이코노미, "물류도 아웃소싱하라", 2004.6.3일자.

한국경제신문, "글로벌 유통업체, RFID 도입 가속화", 2005.9.29일자.

한국경제신문, "생산라인에도 '전자태그 시대' 활짝", 2004.11.4일자.

Benton, W. C. and M. Maloni, "The Influence of Power Driven Buyer/Seller Relationships on Supply Chain Satisfaction", Journal of Operations Management, 23, 2005, pp.1-22.

Chen, I. J. and Paulraj, A.(2004), "Understanding Supply Chain Management: Critical Research and a Theoretical Framework", International Journal of Production Research, 42(1), 131-163.

Chopra S. and P. Meindl, Supply Chain Management, 2nd ed., Pearson Prentice Hall, 2004.

Dion, P., Banting, P., Picard, S. and Blenkhorn, D.(1992), "JIT Implementation: A Growth Opportunity for Purchasing", International Journal of Purchasing and Materials Management, 28, 33.

Dixion, J. R., Nanni, A. J. and Vollmann, T. E.(1990), The New Performance Challenge- Measuring Operations for World-Class Competition, Homewood: Dow-Jones-Irwin.

Duadel, S. and G. Vialle, Yield Management: Applications to Transport and Other Service Industries, Paris: ITA, 1994.

Dwyer, F. R., Schurr, P. H. and Oh, S.(1987), "Developing Buyer-Seller Relationships", Journal of Marketing, 51(2), 11-27.

Eccles, R. G. and Pyburn, P. J.(1992), "Creating a Comprehensive System to Measure Performance", Management Accounting, October, 41-44.

Fredendall, L and E. Hill, Basics of Supply Chain Management, The St. Lucie Press, 2001.

Geanuracos, J. and Meiklejohn, I.(1993), Performance Measurement : The New Agenda, London: Business Intelligence.

Handfield, R. B. and Pannesi, R. T.(1995), "Antecedents of Lead-time Competitiveness in Make-to-Order Manufacturing Firms", International Journal of Production Research, 33, 511-537.

Hines, T., Supply Chain Strategies, Elsevier Butterworth-Heinemann Pub., 2004.

Hofman, D., "Getting to World-Class Supply Chain Management", Supply Chain Management Review, Oct. 2006, pp.18-24.

Hugos, M., Essentials of Supply Chain Management, 2nd ed., John Wiley & Sons, 2006.

Ireland, R. K. and C. Crum, Supply Chain Collaboration, J. Ross Publishing, 2005.

Jesperson, B. D. and T. Skjøtt-Larsen, Supply Chain Management in Theory and Practice, Copenhagen Business School Press, 2005.

Kaplan, R. M. and Norton, D. P.(1996a), The Balanced Scorecard: Translating Strategy into Action, Boston, Harvard Business School Press.

Kaplan, R. M. and Norton, D. P.(1996b), "Using the Balanced Scorecard as a Strategic Management System", Harvard Business Review, 75-85.

Kent, L. J. and Mentzer, T. J.(2003), "The Effect of Investment in Interorganizational Information Technology in a Retail Supply Chain", Journal of Business Logistics, 24(2).

La Londe, B. J. and Powers, R.F.(1993), "Disintegration and Re-integration: Logistics of the Twenty-First Century", International Journal of Logistics Management, 4, 1-12.

Lee, H. L., and C. Billington, "Managing Supply Chain Inventory: Pitfalls and Opportunities", Sloan Management Review, Spring 1992, pp.65-73.

Kaplan, R. S. and D. P. Norton, "The Balanced Scorecard - Measures That Drive Performance", Harvard Business Review, 70(1), 1992, pp.71-79.

Maloni, M. and Benton, W. C.(2000), "Power Influences in the Supply Chain", Journal of Business Logistics, 21(1), 49-73.

Medori, D., Steeple, D.(2000), "A Framework for Auditing and Enhancing Performance Measurement Systems", International Journal of Operations and Production Management, 20, 520-533.

Medori, D., Steeple, D., Pye, T. and Wood, R.(1995), "Performance Measures : The Way Forward",

Proceedings of the Eleventh National Conference on Manufac- turing Research, De Montfort University, Leicester, UK, 589-593.

Monczka, R. M., Peterson, K.J., Handfield, R.B. and Ragatz, G.L.(1998), "Success Factors in Strategic Supplier Alliances : The Buying Company Perspective", Decision Sciences, 29(3), 553-577.

Moorman, C., Zaltman, G. and Deshpande, R.(1992), "Relationships between Providers and Users of Marketing Research : The Dynamics of Trust within and between Organizations", Journal of Marketing Research, 29(8), 314-429.

Morgan, R. M. and Hunt, S. D.(1994), "The Commitment-Trust Theory of Relationship Marketing", Journal of Marketing, 58(3), 20-38.

Neely, A. D., Gregory, M. J. and Platts, K. W.(1995), "Performance Measurement System Design: A Literature Review and Research Agenda", International Journal of Operations and Production Management, 15, 80-116.

Pine, J. B., II. Mass Customization, Boston: Harvard University Business School Press, 1993.

Poirier, C., M. Bauer, E-Supply Chain, Berrett-Koehler Pub., 2000.

Robeson, J. F. And W. C. Copacino, The Logistics Handbook, Free Press, 1994.

Ross, D., Introduction to e-Supply Chain Management, St. Lucie Press, 2003.

Safizadeh, M. H., Ritzman, L. P., Sharma, D. and Wood, C.(1996), "An Empirical Analysis of the Product-Process Matrix", Management Science, 42, 1576-1591.

Simchi-Levi, D., P. Kaminsky, E. Simchi-Levi, Designing & Managing the Supply Chain, 2nd ed., McGraw-Hill/Irwin, 2003.

Simchi-Levi, D., P. Kaminsky, E. Simchi-Levi, Managing the Supply Chain, McGraw-Hill, 2004.

Swaminathan, J. M., "Enabling Customization Using Standardized Operations", California Management Review, 43(3), 2001, pp. 125-135.

Tersine, R. J. and Hummingbird, E. A.(1995), "Lead-time Reduction : The Search for Competitive Advantage", International Journal of Operations and Production Management, 15, 8-18.

Towill, D. R.(1997), "The Seamless Supply Chain - The Predator's Strategic Advantage", International Journal of Technology Management, 13, 37-56.

Tunc, E. A. and Gupta, J. N. D.(1993), "Is Time a Competitive Weapon among Manufacturing Firms?", International Journal of Operations and Production Management, 13, 4-12.

Yu, Z. X., Yan, H., and Cheng, T. C. E.(2001), "Benefits of Information Sharing with Supply Chain Partnership", Industrial Management and Data Systems, 101(3), 114-119.

찾아보기

●··· ㅈ ···●

●··· ㅊ ···●

●··· ㅋ ···●

●··· ㅌ ···●

ㅍ

ㅎ

A

B

C

E

F

G

I

저자 약력

■ **장 성 기(張成基)**

- 저자는 서울대학교 계산통계학과(1976년)를 졸업하고, 미국 조지아주립대학교(Georgia State University)에서 경영학 석·박사학위(1985년·1990년)를 취득하였다. 한국경제연구원, LG생산기술원에서 근무하였고, 1999년부터 영산대학교 경영학과, 해운항만물류학과에 교수로 재직하다 2018년 정년퇴임을 하였다. 동 대학 호텔관광·경영대학원장과 법경대학장 그리고 교무처장, 학생처장 및 산학협력처장 등을 역임하였고, 미국 휴스턴대학교(University of Houston)의 SCRC(Supply Chain Resource Center)에서 교환연구원(visiting researcher)으로 근무하였다.
- 한국생산관리학회 및 한국 CAD/CAM학회 이사를 역임하였으며, 주요 관심분야는 생산관리, 생산전략, 생산정보시스템, MRP, CIM, ERP, SCM 등이다. 9년여 동안 LG생산기술원에 근무시 생산시스템 그룹장, CIM연구실장 및 CAD/CAM/CAE 센터장을 역임하였다. 저서로는 물류관리의 종합적 이해(공저), 생산정보시스템(공저), 공급사슬관리의 실천적 이해, 공급사슬관리, 생산운영관리 등이 있다.

물류관리론 – 개정3판

초　판 1쇄 발행 —— 2009년 1월 10일
초　판 2쇄 발행 —— 2011년 2월 10일
개정1판 1쇄 발행 —— 2014년 8월 10일
개정1판 2쇄 발행 —— 2015년 8월 5일
개정1판 3쇄 발행 —— 2017년 2월 25일
개정2판 1쇄 발행 —— 2018년 8월 30일
개정3판 1쇄 발행 —— 2022년 8월 10일
지은이 —— 장 성 기
펴낸이 —— 전 두 표
펴낸곳 —— 도서출판 두남
서울시 강동구 성내로 6길 34-16 두남빌딩
신 고 : 제25100-1988-9호
TEL : 02) 478-2065~7, 2311
FAX : 02) 478-2068
E-mail : dnbooks@dunam.co.kr
http://www.dunam.co.kr

정가 32,000원

ISBN 978-89-6414-952-2 93320